U0959883

权威·前沿·原创

皮书系列为

“十二五”“十三五”国家重点图书出版规划项目

BLUE BOOK

智库成果出版与传播平台

汽车蓝皮书

BLUE BOOK OF AUTOMOBILE

中国汽车品牌发展报告（2020）

REPORT ON THE DEVELOPMENT OF CHINESE AUTOMOBILE BRANDS (2020)

《中国汽车报》社有限公司
博世（中国）投资有限公司 ／研创
中国汽车技术研究中心有限公司数据资源中心

社会科学文献出版社
SOCIAL SCIENCES ACADEMIC PRESS (CHINA)

图书在版编目(CIP)数据

中国汽车品牌发展报告.2020／《中国汽车报》社有限公司，博世（中国）投资有限公司，中国汽车技术研究中心有限公司数据资源中心研创．--北京：社会科学文献出版社，2020.10
（汽车蓝皮书）
ISBN 978－7－5201－7243－1

Ⅰ.①中… Ⅱ.①中… ②博… ③中… Ⅲ.①汽车工业－品牌战略－研究报告－中国－2020 Ⅳ.①F426.471

中国版本图书馆CIP数据核字（2020）第170559号

汽车蓝皮书
中国汽车品牌发展报告（2020）

研　　创／《中国汽车报》社有限公司
博世（中国）投资有限公司
中国汽车技术研究中心有限公司数据资源中心

出 版 人／谢寿光
组稿编辑／高　雁
责任编辑／颜林柯

出　　版／社会科学文献出版社·经济与管理分社（010）59367226
地址：北京市北三环中路甲29号院华龙大厦　邮编：100029
网址：www.ssap.com.cn
发　　行／市场营销中心（010）59367081　59367083
印　　装／三河市东方印刷有限公司

规　　格／开　本：787mm×1092mm　1/16
印　张：23.25　字　数：347千字
版　　次／2020年10月第1版　2020年10月第1次印刷
书　　号／ISBN 978－7－5201－7243－1
定　　价／158.00元

《中国汽车品牌发展报告（2020）》
编　委　会

编著机构简介

《中国汽车报》社有限公司　《中国汽车报》社成立于1984年，是以汽车全产业链高层管理者为主要读者的汽车产经类媒体，由人民日报社主管、主办。《中国汽车报》是我国汽车产业内历史最长、极具影响力的专业产经类新闻媒体，连续14次被评为“中国500最具价值品牌”，品牌价值高达136.85亿元；在2013年、2015年先后两次入选国家新闻出版广电总局“百强报刊”；在新闻媒体中率先通过ISO 9000质量管理体系认证。

《中国汽车报》社旗下拥有《中国汽车报》、《汽车族》杂志、《汽车与运动》杂志、《商用汽车新闻》杂志、《城市轨道交通》杂志、《房车时代》杂志、东方艾狄尔会展有限公司等一报、五刊和多家延伸类业务公司，同时拥有汽车智库和多种新媒体平台，涵盖网站、两微一端、小程序等由20余个终端构筑的全媒体矩阵。《中国汽车报》是汽车行业举足轻重的媒体，是汽车企业值得信赖的合作伙伴。

博世（中国）投资有限公司　博世为中国市场和用户提供汽车与智能交通、工业、消费品以及能源与建筑四大领域先进的技术和解决方案。2019年是博世进入中国110周年，博世集团在华实现超过千亿元人民币的销售额，表现依然优于市场平均水平。博世在中国经营着近60家公司，在华员工人数约6万名。

汽车与智能交通技术是博世在中国最大的业务板块，主要的业务领域包括：传统内燃机、混合动力及纯电动等多样化的动力总成解决方案，转向系统，安全和驾驶员辅助系统，用户友好型车载信息娱乐技术，车辆对车辆和车辆对基础设施通信，维修服务网络，以及汽车售后市场技术与服务。博世致力于实现交通出行零排放、零事故、零担忧的美好愿景，同时致力于提供一体化、个性化的交通解决方案，实现灵活的联运交通模式。战略重点包括优化动力总成，扩大在电气化、自动化和电动化领域的业务，并大力发展与之相关的业务和服务。

中国汽车技术研究中心有限公司数据资源中心　中国汽车技术研究中心有限公司数据资源中心作为中国汽车行业最重要的数据资源整合及服务机构，在工业和信息化部、商务部、财政部、国家税务总局的领导和支持下，积极推进信息化与工业化融合，以综合解决方案为主要手段，促进汽车行业的可持续发展，建立了基于大数据、大平台、大计算三大发展领域的多维度业务框架。为行业、企业提供一站式解决方案，助力企业、行业发展，致力于成为国家级汽车行业数据中心。

编委会成员简介

辛 宁 高级工程师，中国能源汽车传播集团党委副书记、董事、副董事长、总经理兼《中国汽车报》社社长，兼任全国工商联汽车经销商商会常务副会长，中国汽车工业协会副会长，中国人才研究会汽车人才专业委员会副理事长。曾主持出版“汽车电子商务蓝皮书”等。

陈玉东 美国密歇根大学博士。2007 年，任德国博世集团汽油机系统部高级副总裁，主管中国区的业务发展。2008 年 5 月至 2010 年 12 月，任博世（中国）投资有限公司执行副总裁，领导博世在中国的汽车销售业务。自 2011 年起担任博世中国总裁。

郑继虎 中国汽车技术研究中心有限公司数据资源中心主任，C－ECAP 管理中心常务副主任，汽车与保险大数据产业联盟秘书长。

长期从事汽车行业大数据、节能与新能源、绿色发展、有害物质管控等领域的科研工作。通过翔实的数据分析以及建立科学的分析模型，取得了丰富的研究成果，其中部分成果对国家汽车产业政策的制定及调控起到了重要的支撑作用。同时，主持并参与完成多项国家级重要科研课题，在专业技术领域形成一定影响力。

桂俊松 中国能源汽车传播集团董事、副总编辑兼《中国汽车报》社总编辑、高级编辑，中国汽车工程学会常务理事，中国汽车新闻工作者协会副理事长、法定代表人。

徐大全 1985年毕业于清华大学热能工程系。此后，赴日本千叶大学留学，于1989年获得机械工程硕士学位，1992年获得生产科学和技术博士学位，2000年获得美国罗彻斯特大学Simon商务学院工商管理硕士学位。

1992～1999年，先后在通用汽车公司日本东京和美国纽约技术中心任发动机管理系统高级工程师；2000年起在某大型国际汽车零部件集团美国纽约技术中心担任国产化项目经理；2005年归国后，先后在该公司中国区任工程部经理、质量部总监、总经理以及动力总成事业部中国区总裁。

2010年9月起担任博世（中国）投资有限公司执行副总裁，负责博世中国汽车业务。

蒋　健 美国圣路易斯华盛顿大学EMBA，曾服务于某大型国际汽车零部件集团，先后担任诸多管理要职，并赴美国工作两年，在此期间负责集团下属事业部（年销售额达30亿美元）的全球市场和传播事务。自2013年6月起任博世（中国）投资有限公司副总裁，负责博世集团在中国及亚太区的品牌及企业传播工作。

胡铁坤 东北师范大学中文系研究生，《中国汽车报》社副总编，主要负责《中国汽车报》社新媒体建设和中国汽车品牌研究院管理。

张彦武 《中国汽车报》中国汽车品牌研究院执行院长。

朱向雷 高级工程师，中国汽车技术研究中心有限公司大数据技术领域首席专家，数据资源中心总工程师。

主要从事汽车及相关行业大数据建设与应用挖掘、政策研究、产品研究、市场及预测研究、品牌研究、消费者研究等工作。曾主持或参加工信部、生态环境部、国家税务总局、交通运输部等省部级课题及中汽中心课题30余项，发表学术论文50篇。

朱志宇　中央民族大学新闻学硕士，《中国汽车报》采访中心主任。从事汽车产经新闻报道13年，对汽车行业发展趋势有较深见解，尤其熟悉智能网联与新能源汽车领域。曾获得中国新闻奖三等奖。

孟　菲　中国汽车技术研究中心有限公司数据资源中心数据业务本部总监。从事汽车行业研究10余年，主要负责汽车产业大数据的建设与应用，已建成涵盖汽车全产业链、全生命周期的大数据体系，并在此基础上致力于跨行业大数据融合，成功推动汽车与金融、保险、电商等行业大数据互联互通，长期为政府及企业提供支撑，在国内外知名期刊发表论文若干篇。

摘　要

“汽车蓝皮书·品牌”是关于中国汽车品牌发展的综合性系列报告。《中国汽车品牌发展报告（2020）》是由《中国汽车报》社有限公司、中国汽车技术研究中心有限公司数据资源中心、博世（中国）投资有限公司，组织中国汽车品牌研究院、中国汽车技术研究中心有限公司数据资源中心多位研究人员、行业资深媒体从业人员，通过对大数据、云平台的监测共同撰写，准确、全面地论述了中国汽车品牌发展现状和趋势的权威性报告。

全书分为总报告、市场篇、品牌篇、舆情篇、案例篇及附录共 6 个部分。总报告分类梳理了中国品牌汽车及零部件行业发展现状、取得的成绩和存在的不足。其中，中国品牌乘用车产销量下滑压力增大，向上突破势在必行，应加强技术和品牌建设，从而进一步缩小与合资品牌的差距；中国品牌商用车增速放缓，新排放标准带动企业新一轮的技术发展和革新；中国品牌零部件企业通过技术多元化发展来应对转型升级，市场表现虽有下滑，但新增长点不断涌现。同时对中国汽车品牌的未来加以展望，中国品牌乘用车应加强以技术为主的核心竞争力建设，从而应对市场变化；中国品牌商用车应立足市场，加快新能源和智能科技的研发与应用，不断开拓国内、国际市场；中国品牌零部件企业应通过加强内部管理、提升技术竞争力来适应市场变化。

市场篇分别从乘用车、商用车和零部件行业的总体格局、细分市场表现等方面进行分析，研究显示中国汽车品牌的市场地位不断提升，市场影响力和占有率也有不同程度的提升。同时，从市场、政策和技术线路三方面阐述了中国汽车品牌在 2019 年新市场、新变化下的现状与亮点，其中“国六”排放标准的实施尤其引人关注；从新技术、新企业、新市场格局入手，分析中国汽车品牌所面临的问题与机遇，阐明对核心技术的掌握程度是赢得发展的关键；对未来市场变化前景做了分析与预测，开拓新能源领域、扩大国内外市场是大势所趋。

品牌篇探讨了中国企业在国际化领域取得的成绩与进步，说明了中国企业在走出国门、开拓海外市场中所面临的问题与挑战。同时通过大数据分析，对中国乘用车品牌竞争力、中国品牌乘用车消费人群、中国商用车品牌竞争力及新兴中国乘用车品牌成长几个方面，进行了系统的数据整理和清晰的判断，对相应领域中国汽车品牌的竞争力与成长、发展进行了系统的阐述和对比分析，总结得出：中国乘用车品牌头部企业的竞争力加强，消费需求全面提高，商用车领域的新技术应用在加强，新兴中国品牌乘用车则是机遇与挑战并存。

舆情篇从中国品牌汽车的品牌传播量、品牌关注度、品牌满意度等角度入手，总结归纳了中国品牌汽车在各细分市场的品牌建设情况。在销量和传播量上，轿车领域中国品牌持续萎缩，SUV 领域市场占有率不断提高，MPV 领域中低端市场“称王”；在口碑上，中国品牌“高端向好”趋势明显，口碑两极分化加大。站在中国品牌车企角度，通过舆情大数据分析，阐述了主流中国品牌车企在各细分行业领域所取得的成就，其中：自主品牌乘用车企两极分化明显，市场淘汰日趋残酷，SUV 车型是发展重点；自主品牌商用车企业竞争激烈，新技术、新能源是新的市场突破口。

案例篇选取了具有代表性的汽车行业企业，梳理了企业近年尤其是 2019 年所取得的成绩，其中一汽解放是自主品牌商用车企业的典型代表，而长江玻璃公司则是零部件企业的代表。同时，从不同角度分析车企及品牌的发展模式与竞争力所在，总结了企业的优势与面临的问题。一汽解放通过紧练“内功”，掌握核心竞争力，不断突破；长江玻璃公司紧抓市场和技术两方面，积极面对市场竞争，走出了自己的一条“特色”之路。

本书发布了 2018 ~ 2019 年度中国汽车品牌发展的翔实数据，包括品牌传播量、品牌关注度、品牌竞争力等，预测了中国汽车品牌今后发展的趋势，利用大数据提出了一套独具特色的中国汽车品牌评价体系，同时提出了大量对今后中国汽车品牌发展有益的、独到的见解和建议。本书可以为汽车企业、汽车消费者、汽车从业人员以及各级汽车管理部门研究中国汽车品牌提供相关参考。

在本书中，由于各作者引用资料来源不一，处理相关信息、数据、资料的方式、方法不同，可能存在某些相同领域数据不完全一致的现象。但各篇报告都是依据公开、可信资料撰写，在资料来源合理可信的前提下，结论会趋于一致。

关键词： 汽车行业　乘用车　商用车　零部件　大数据

目　录

Ⅰ　总报告

Ⅱ　市场篇

Ⅲ　品牌篇

Ⅳ 舆情篇

Ⅴ 案例篇

Ⅵ 附录

皮书数据库阅读使用指南

总 报 告

General Report

B.1 2019年中国汽车及零部件品牌发展现状及展望

张彦武 朱志宇 王金玉 姚会法 赵玲玲*

摘 要： 本报告整理了2019年中国汽车在乘用车、商用车、零部件三大分类中的发展现状以及对今后发展的展望，为认清中国汽车发展现实，更好地建设汽车行业的未来，做了明确清晰的分析。本报告系统梳理了2019年度中国乘用车品牌的发展现状，对转型发展期中国品牌取得的成绩、出现的问题进行总结，并探讨未来发展之路；2019年中国商用车行业虽然增速放缓，但亮点频现，在海外市场、“国六”排放标准实施、新能源、新科技等方面都有突破；客车虽然受到新能源补贴政

* 张彦武，《中国汽车报》社中国汽车品牌研究院执行院长；朱志宇，《中国汽车报》社全媒体采访中心主任；王金玉、姚会法、赵玲玲，《中国汽车报》社全媒体采访中心记者。

策影响，但出口和海外市场“喜报频传”，卡车市场则加速分化，轻卡和重卡是发展的两个重心；中国汽车零部件行业在2019年同样受到汽车行业整体发展形势影响出现下滑趋势，随着整车市场全球化发展与技术革新速度加快，零部件行业同时还面临转型升级和多元化发展的现实，中国零部件行业要兼顾短期增长和长期规划布局，在提升“内功”的同时，从更多的方面找到市场切入点，抓住机遇，壮大并发展自己。

关键词： 乘用车　商用车　汽车零部件　汽车产业　中国汽车品牌

一　中国乘用车品牌发展现状与展望

2019年对中国汽车产业来说是不平凡的一年。这一年，中国的汽车产业格局和汽车市场出现了前所未有的变化和调整，深度、广度、力度史无前例。泡沫挤去，中国汽车品牌的发展呈现出最真实的状态，边缘企业生存困难，头部企业转型向上，中国品牌的转型升级表现得更具活力。

在客观总结2019年乘用车市场的表现之际，我们必须对宏观经济发展有正确的认识。国家统计局数据显示，2019年社会消费品零售总额达到41.2万亿元，相比上年增长8%，扣除汽车行业，同比增长9%。汽车消费的下降必然带来终端消费的下降。国家统计局公布的全年数据显示，2019年全国居民人均可支配收入达到30733元，比上年名义上增长了8.9%，扣除价格因素的影响，实际上增长了5.8%。其中城镇居民的人均可支配收入达到42359元，增长了7.9%，扣除价格因素的影响，实际增长5.0%；同期农村居民的人均可支配收入为16021元，同比增长9.6%，扣除价格因素的影响，实际增长6.2%。2019年全国居民的人均消费支出达到21559元，比上年名义上增长了8.6%，扣除价格因素的影响，实际上增长了5.5%。

其中，城镇居民的人均消费支出达到28063元，相比上年增长了7.5%，扣除价格因素的影响，同比实际上增长了4.6%；农村居民的人均消费支出为13328元，同比增长了9.9%，扣除价格因素的影响，实际上增长了6.5%。各项增幅都远低于上年同期。在经济结构调整中，中小企业生存困难，中低收入者就业、创业遭遇波折，“推倒重来”是普遍现象。受此影响，购车需求被压缩、延缓。

当前，中国宏观经济正处于转型发展的关键期，调整经济结构，最先受到影响的就是中低收入群体，而这部分群体正是中国品牌乘用车的主要消费群体。受他们购买能力下降的影响，中国品牌乘用车销售下滑在所难免。

2019年，中国乘用车产销量增速继续下滑，其中，中国品牌乘用车的降幅更为明显，市场占有率处于2006年以来的第二低点，仅高于2014年的38.4%，降至39.2%。而且，在轿车、SUV、MPV三个细分车型领域，销量都在下滑。可以说，在数字上中国品牌乘用车表现得相当不好看。2019年中国汽车市场继续下滑，高速增长不再，而且似乎不具备高速增长的基础，这种下滑或将持续一段时间。作为基础最薄弱的中国品牌乘用车，在这种结构调整的背景下，下滑更严重。这种表现在“国六”排放标准提前实施中得到凸显。

2020年将是中国汽车品牌发展更加艰难的阶段。从目前的态势看，2020年的市场仍将处于下行压力中，加之新冠肺炎疫情影响，行业下行压力巨大。各方分析，2020年车市总体下滑将超过5%甚至可能会更高。其中，中国汽车品牌势必将受到更猛烈的市场冲击。随着汽车消费的结构性调整，目前，中国市场的汽车消费从初次购买向换购为主倾斜，这种消费结构的转变不仅意味着单车价格的提升，而且对车辆品牌、品质等各方面都提出了更高的要求，也相当于对中国品牌提出了更高的要求。怎样增加品牌黏性，让换购消费者仍能选择中国汽车品牌是中国汽车品牌企业必须面对的问题。

同时，在更加复杂的国际经济贸易形势下，中国汽车品牌在海外市场的发展也将面临更多挑战。尤其是2020年初暴发的新冠肺炎疫情正在全球蔓延，持续对中国乃至全球造成影响，这将对中国汽车品牌的发展带来一定的影响，加剧中国汽车品牌的下行压力。

（一）2019年中国乘用车品牌发展现状

市场从增量竞争转为存量竞争，伴随着国内汽车消费的不断升级，2019年成为汽车产业结构调整更加凸显的一年，不仅传统车企强者越强、弱者越弱，造车新势力也出现了两极分化，包括动力电池在内的新能源汽车产业呈现更加明显的头部效应。在这个过程中，中国乘用车品牌首当其冲。

2019 年底，一汽夏利正式对外披露与中铁物晟科技发展有限公司的资产重组方案。在公告中，一汽夏利表示："本次交易完成后，公司将全部剥离盈利能力较弱的整车制造与销售相关资产。"曾连续 18 年占领全国销量冠军的夏利从"国民轿车"的神坛逐渐跌落，频繁靠卖资产来"保壳"，经典的夏利牌汽车在 2017 年正式停产，一汽夏利最终难逃离开汽车市场的命运。一汽夏利只是 2019 年优胜劣汰的代表之一，中国乘用车品牌中的边缘者正在残酷的市场竞争中被淘汰。

2019 年 8 月，重庆市政府与北汽集团签订了推进北汽银翔战略重组的协议，该项目未来将不会再生产幻速和比速品牌的汽车。10 月，市场传闻 4 家边缘企业处于破产倒闭状态，虽然没有被官宣，但停产是不争的现实。中国乘用车品牌的边缘企业在 2019 年经历了激烈的竞争，呈现颓势。同时，造车新势力开始出现两极分化，末端企业陷于资金压力中悄然无声。

曾在《2017 年中国独角兽企业发展报告》中与蔚来、小鹏处于同一序列的奇点汽车，时至今日，仅仅向市场交付了 6 种新车，曾经风光无限的前景如今饱受质疑，令人唏嘘不已。4 月 16 日，随着拜腾汽车两大创始人毕福康和戴雷的分道扬镳，拜腾汽车也开始渐渐"掉队"，7 月 3 日有消息称公司启动内部裁员计划，拜腾回应是"组织架构调整优化"。截至 2019 年底，拜腾已进行过两次股权质押。此外，游侠汽车的湖州工厂停工半年多，博郡汽车和长江汽车等接连被曝出拖欠员工薪资……

与边缘车企的节节退败形成鲜明对比的是以长城和吉利为代表的自主品

牌，已经渐显突围之势：长城汽车是2019年为数不多一直保持增长态势的企业之一；吉利以超过136万辆的年销量连续三年蝉联中国品牌乘用车销量第一。以蔚来、威马、小鹏为代表的头部造车新势力也展现出一定的竞争优势。

1. 行业管理政策趋严，市场开放度不断提升，立足长远，建设汽车强国要求中国品牌必须向上突围

2019年，我国汽车产业所面临的压力进一步增加，产销量与行业主要的经济效益指标都呈现负增长。虽然我国的经济运行仍然处在合理的区间，经济发展稳中向好、长期向好的基本态势没有变，但是在我国汽车行业转型升级的过程中，受到新能源汽车补贴退坡、环保标准切换、中美贸易摩擦等相关因素不同程度的影响，压力较大。中国汽车工业协会数据显示，2019年汽车产业连续出现负增长现象，上半年的下降幅度较为明显，下半年的形势逐步好转，其中，12月的当月销售略微下降了0.1%，大体上与2018年同期的销售保持同一水平。

《进一步优化供给推动消费平稳增长　促进形成强大国内市场的实施方案（2019年）》《推动重点消费品更新升级　畅通资源循环利用实施方案（2019～2020年）》《鼓励限购城市优化机动车限购管理措施》等政策都为应对汽车市场下滑提出了解决方案，比如着力破除消费市场壁垒，严禁各地出台新汽车限购规定和政策等。地方政府也为提振消费做了各种努力，优化汽车消费环境，扩大准购规模。但在具体执行层面，政策前期并未及时落地，曾经一度引发消费者的持币观望情绪，对拉动汽车市场增长的实际效应并不明显。

日益严苛的环保和油耗标准是当今中国车市的大势所趋，“国六”排放标准的提前实施也成为对2019年中国乘用车品牌的考验。多地提前实施机动车“国六”排放标准，在一定程度上干扰了市场的节奏。事实上，由于“国六”排放标准在多地提前实施，终端市场经销商开展清理“国五”库存车的促销，因此在政策正式实施之前的6月，国内汽车市场销量出现大幅增长。由于提前透支了消费，加之一部分消费者对“国六”车型仍保持观望

态度，7～10月国内汽车销量出现连续下滑。“国六”排放标准的实施，对车企而言是个不小的挑战，技术较薄弱、体系较弱小的中国品牌车企面临更大的压力。“国六”排放标准的提前实施，要求厂商不得不限期清理“国五”库存车，导致降价销售现象严重，打乱了既有的价格体系。面对随之而来的“国六”新车上市，中国乘用车品牌普遍存在准备不足的情况，不仅在技术层面存在问题，而且在零部件供应商方面也存在很大缺口，这也是中国乘用车品牌在2019年表现不佳的重要因素。“国六”标准提前实施，给中国乘用车品牌带来的影响是长期的。

2019年，新能源汽车补贴持续退坡。在2018年的基础上，2019年的补贴标准平均退坡50%。面对“断崖式”的补贴退坡，2019年的新能源汽车市场出现疲态。2019年国家有关部门发布了两次“双积分”政策的调整方案，调整后的“双积分”政策，有望改变此前节能汽车相对不受重视的状况，进一步优化我国的汽车产业结构。《新能源汽车产业发展规划（2021～2035年）》（征求意见稿）中提出，2025年，新能源汽车的新车销量，要占汽车市场总体销量的25%左右。除了销量目标，更规定了严格的技术指标。在补贴退坡后，新能源汽车市场化，中国乘用车品牌的先发优势面临更大考验。尤其是随着“双积分”政策的实施，来自合资品牌的竞争将日益激烈，中国品牌在新能源汽车领域的考验似乎才刚刚开始。

2. 中国乘用车销量大幅下滑，头部企业下行中回暖，向上发展成效初显

2019年，中国品牌乘用车的销量为840.7万辆，同比下降15.8%，占乘用车销量的39.2%。根据中国汽车工业协会的数据，这是自主品牌自2015年以来市场份额首次跌至40%以下（见图1）。

在残酷的市场竞争面前，吉利汽车和长城汽车两家龙头企业均在2019年选择下调销量目标，吉利将目标下调至136万辆，长城汽车则下调至107万辆。吉利汽车第三次蝉联自主品牌冠军，销量超过136万辆，却没能逆市上行，出现同比下滑。中国汽车流通协会汽车市场研究分会（乘用车市场信息联席会，简称乘联会）统计的数据显示，规模在50万辆以上的自主品牌企业中，2019年实现整体上涨的仅有奇瑞一家。包括捷途和星途品牌在

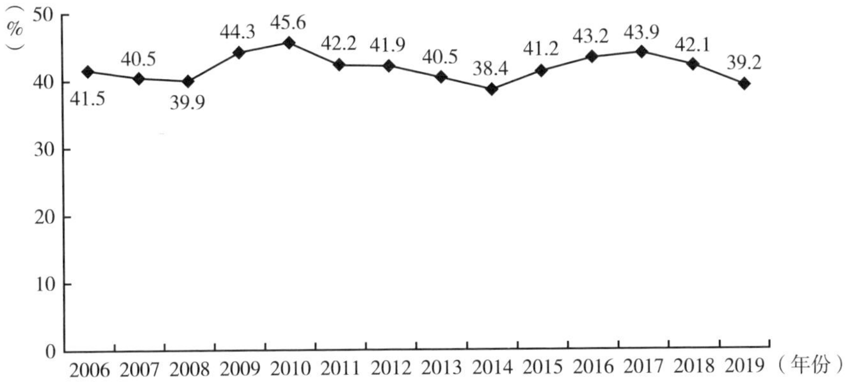

图1　2006～2019年中国品牌乘用车市场份额变化趋势

资料来源：中国汽车工业协会。

内，奇瑞整个集团自主品牌车型销量为63.9万辆，同比增长6.9%。

面对合资品牌价格不断下压的局面，从中低端市场起步的中国品牌车企包括头部企业的营收下滑，净利润均出现大幅下滑。近几年，在与合资品牌的竞争中，中国品牌利用对中国市场需求的快速反应，在SUV和MPV领域积累了一定优势，占据了较高的市场份额。然而，随着合资品牌不断下探和在SUV领域布局，中国品牌在该领域的优势渐渐失去。2019年，中国品牌SUV销量同比下滑15%，仅为492万辆，市场份额也下降了5.4个百分点，为52.6%；MPV销量为104.1万辆，同比下降21.6%，市场份额则下降了1.3个百分点，为75.3%。

在市场竞争日益激烈的当下，中国品牌也出现成功向上突围者，如长城WEY和吉利领克，它们在2019年取得了不错的成绩，尤其是在品牌建设领域，成为中国品牌中高端品牌的代表。而且，除长城汽车外，吉利、长安和奇瑞都不再仅依靠SUV打天下，在轿车领域也表现出了一定的竞争力。更关键的是，无论是WEY还是领克，表现都可圈可点，在中高端市场上积累了一定的用户认可度，足以说明其在向上突围的过程中取得了阶段性成绩。尤其是在轿车领域，虽然总体市场份额仍较低，甚至出现下降，但中国品牌轿车也出现了爆款，且不止一家车企出现多款深受市场欢迎的产品。中国品牌的这种好成绩虽然在持续性上还没有达到合资品牌的水平，但阶段性的突破足以说明其实力的提升。

尤其是在海外市场，中国品牌正处于缓慢爬升期。尽管2019年受到中美贸易摩擦、伊朗市场停摆等客观因素的干扰，但2019年中国乘用车出口量仍达到72.5万辆。虽然出口量较上年略有下降，但单车价格在不断上升，而且还实现了新能源汽车的对外出口，这是一个难得的好成绩。中国品牌在国际市场上的订单，充分说明了品牌影响力的不断提升。

中国汽车工业协会提供的数据显示，2019年，我国新能源汽车的产销量分别达到124.2万辆和120.6万辆，同比分别下降2.3%和4.0%。其中，纯电动汽车生产完成102万辆，同比增长3.4%，销售则完成了97.2万辆，同比下降1.2%；插电式混合动力汽车的产销量分别是22.0万辆和23.2万辆，同比分别下降22.5%和14.5%；燃料电池汽车的产销量分别为2833辆和2737辆，同比分别增长85.5%和79.2%。

3. 在下行压力下销量普遍下滑

根据中国汽车工业协会的数据，2019年中国品牌乘用车销售为840.7万辆，同比下降15.8%，市场份额下降2.9个百分点，为39.2%。销量排名前十的轿车生产企业总共销售758.7万辆，占轿车销售总量的73.6%。而在销量排名前十的轿车企业里，相比上年同期，北京奔驰和广汽丰田的销量呈较快增长，广汽本田、一汽丰田和东风有限（本部）的增速略低，其他5家企业的销量均呈下降态势。四川野马、重庆比速、力帆、华泰、众泰等中国品牌乘用车企业2019年销量均呈现同比大幅下滑，最高下滑幅度超过80%。原本销量较小的一些弱势品牌，在这一轮市场行情整体下滑的过程中遭到重创，甚至有停产倒闭的风险；另一部分头部企业则逆势上扬。

2019年，上汽乘用车销售67.3万辆，同比下滑4.08%；上汽通用五菱销售166.0万辆，同比下滑19.42%；东风风神销售7.5万辆，同比增长8.5%；红旗品牌销售超10万辆，同比增长200%以上；奔腾品牌的销量达到12.05万辆，同比增幅达到33.4%；北汽新能源的销量下滑超11%，未达预期目标，但仍居中国纯电动汽车销量榜首；广汽乘用车销售38.46万辆，同比下降 28.14%；长安自主的销量达到 133.1 万辆，同比下滑 11.2%，其中乘用车销售 82.2 万辆，同比下降 13.7%。

吉利自主2019 年的销量达到 136 万辆，尽管较上年有所下降，但仍超额完成全年销售目标。而且吉利在马来西亚的销量也突破了 10 万辆，同比增长 55.7%。2019 年，吉利领克的销量达到 12.8 万辆，累计销量突破 25 万辆，这在自主高端领域并不多见。长城汽车 2019 年几乎每个月的销量都在增长，实属不易。长城汽车 2019 年的销量为 108.46 万辆，同比增长 2.98%。其中，哈弗销售 78.36 万辆，同比增长 2.81%；WEY 销售 10.28 万辆，同比下滑 26.51%。2019 年华晨汽车自主品牌车型的销量为 25.6 万辆，同比下降 18.1%。其中，乘用车的销量为 17.6 万辆，同比下降 24.3%。华晨汽车的自主品牌成绩平平，尤其是在“国五”和“国六”车型的切换上，华晨自主研发实力不足的短板凸显。华晨中国 2019 年半年报显示，2019 年上半年，其营收为 19.04 亿元，同比下滑 16.74%；净利润为 32.3 亿元，同比下滑 9.43%。

2019 年奇瑞集团的累计销量达到 74.53 万辆。其中，自主品牌车型共销售 63.9 万辆，同比增长 6.9%。自 9 月开始，奇瑞集团屡屡刷新月销数据，9~12 月分别为 6.8 万辆、7.03 万辆、7.47 万辆、9.3 万辆，12 月环比增速达到 24.5%。奇瑞瑞虎 8 累计销售 11.65 万辆，同比增长 130.4%，连续 5 个月销量过万；艾瑞泽系列轿车全年销售 12.45 万辆，同比增长 11.8%，连续 4 个月销量过万。据统计，奇瑞乘用车销量达到了 69.1 万辆，同比增长 3.2%。

（二）2019年中国乘用车品牌建设面临的主要问题与成因

1. 核心技术问题是自主品牌当前面临的最迫切的问题，也是老生常谈的问题

“国六”排放标准提前实施带来的影响凸显了这一短板。2019 年 7 月 1 日，全国多数省份突然大规模实施“国六”排放标准，这打乱了企业的产品研发、上市节奏，甚至扰乱了整个供应链体系，自主品牌在这场以排放技术为基础的突击战中落了下风。更为关键的是，这场排放标准升级战，对企

业的供应链体系提出严峻的考验，受制于核心零部件掌握在跨国零部件公司手中，相较于跨国整车集团，自主乘用车品牌的供货订单被推后，这也体现了这些企业对供应链体系的管控不足，或者说，核心零部件受制于人，被“卡了脖子”，导致产品供应不足。面对大部分地区“国六”标准的提前实施，自主乘用车未能对“国五”车型库存做出科学合理的安排，导致营销层面正常的价格体系被打乱。在“国六”排放标准提前实施这一考验中，中国乘用车品牌从技术研发到供应链管控再到市场管理的各种不足凸显，这是中国乘用车品牌遭遇的最大考验，也是一次成长中的洗礼。

让人担忧的是，中国乘用车品牌用差不多半年的时间消化了“国六”排放标准提前实施带来的影响，准备在2020年重整旗鼓，可是突然暴发的新冠肺炎疫情打乱了企业的布局，尤其是“国六”排放标准对PN值的要求，需要企业重新标定、验证。疫情造成车企的零部件供应短缺，员工面临延迟复工，部分新车车型在研发、测试、认证、生产与销售方面受到全面影响。与此同时，整车的物流运输遇到了相应的阻碍，经销商面临暂缓营业的窘境，消费者的购车需求和消费能力下降。因此，2020年上半年，各家汽车企业受到比较严重的影响。

中国乘用车品牌在核心技术上的缺失不仅体现在传统汽车领域，而且体现在新能源汽车领域。在新能源汽车核心的“三电”领域，虽然国内大部分供应商的装机量排名靠前，但这在很大程度上是受益于政策门槛。以电池为例，除宁德时代之外，大部分电池企业表现出的竞争力并不明显，中国电池行业整体处于跟随状态，落后国际先进水平3～5年。在智能网联汽车领域，中国在某些方面的技术水平也未能跻身世界一流，芯片等核心零部件以海外采购为主。核心技术的缺失，直接导致中国乘用车品牌的整体竞争力不强。

2. 品牌建设已经初具雏形，但仍需积累

2019年，北汽集团发布了新的北汽自主乘用车BEIJING品牌，并喊出“从BEIJING到世界 向未来!”这样豪迈的口号。BEIJING品牌是北汽集团整合旗下北汽新能源及北京汽车的相关产品与技术资源全力打造的核心品牌，代表北汽“高、新、特”战略中的“新”字主力军，将以新能源、新技术为核心，推动北汽自主品牌乘用车业务的全面创新和发展。至此，几大中国乘用车品牌新一轮体系建设初步展开。

不过，综观中国乘用车品牌的发展历程可发现，中国乘用车品牌仍需积累，尤其是近几年，换标、推出新品牌“另起炉灶”的现象屡有发生，宝骏、奔腾都在2019年启用了新标。虽然说常换常新，2019年换标、推出新品牌体系的企业也表现了新的发展面貌，但一个品牌频繁换标、一家企业不断推出新品牌另辟市场，也在一定程度上说明品牌体系不够稳定，中国乘用车品牌在品牌积淀上的确还有很多功课要补。

3. 中国品牌新车质量与合资品牌的差距缩小

J. D. Power发布的《2019中国新车质量研究（IQS）》显示，中国汽车行业新车质量问题数量显著减少，新车的整体质量有了大幅提升。虽然自主品牌发生的质量问题是所有品牌原产国中最多的，但与自身原有状况相比进步明显，发生质量问题的数量从上年同一时期的115个PP100下降到2019年的101个PP100，下降幅度达到12%。而且，在所有八大类别的问题中，七个类别均有了相应进步，唯一退步的是发动机&变速系统类别（同比增加了2.1个PP100）。可见，自主品牌同国际品牌的质量差距在逐步缩小，在过去三年，自主品牌同国际品牌的平均质量差距一直保持在14个PP100左右，2019年两者之间的差距已经缩小到9个PP100。综观J. D. Power在全球的研究，当前中国乘用车品牌正在经历一个质量艰难攀升的阶段，当质量水平总体趋同于合资品牌时，每减少一个PP100，都是非常困难的。这也说明，当前中国品牌的新车质量已经达到一个不错的水平，而质量水平的提升为中国乘用车品牌的建设奠定了很好的基础。

中国品牌在新能源汽车领域的质量表现却不尽如人意。在J. D. Power发布的《中国新能源汽车体验研究》中，蔚来（67个PP100）和宝马（82个PP100）分列新能源汽车新车质量第一和第二位，奇瑞新能源（84个PP100）和广汽传祺（84个PP100）并列第三位。虽然中国品牌在新能源领域的质量较合资品牌没有太大差距，但前提是合资品牌相关量产车型还不多。更为关键的是，相较于燃油车，新能源汽车的质量普遍不高，而在这方面，中国品牌乘用车表现得非常明显。“三电”之外，车身各处小问题频出，不但拉低了新能源汽车行业的整体质量水平，也对中国新能源汽车的品牌建设产生很大副作用。

（三）中国乘用车品牌建设的展望与建议

2020年，中国乘用车品牌将面临更严峻的考验，市场下行压力将继续加大，新冠肺炎疫情也将带来更大冲击。尽管目前还很难预测这场疫情究竟会给汽车行业带来多大影响，但从目前的发展态势看，销量的大幅下滑已成定局。

从长远来看，中国汽车市场将在2020年迎来下行阶段，这对于中国乘用车品牌而言恰是一个休养生息的机会。在下行市场，多数品牌加速回归到原点，加强在产业链中的竞争力，抢占舒适性、科技化、智能化、人性化、高品质等更多的消费制高点。汽车产业囊括生产、研发、零部件采购、物流、终端销售、服务等超长的产业链条，信念不坚定、实力不足的相关企业将加速淘汰出局，而剩下的企业将展开更加激烈的竞争，马太效应更强，体现健康、安全理念的车型将会在新市场中迎来新的机会，更加创新、灵活的营销模式和方法将会开辟新的光明前途。

在市场端，蛋糕变小，竞争激烈。过去靠瓜分大蛋糕红利快速增长的一众车企都将面临更大的竞争压力。在企业端，用工、采购等一系列成本都将增加。这正是比拼实力的时候，实力强的企业更有可能熬过去，而实力较弱的企业则可能面临更大的生存压力甚至被淘汰。借此机会，对企业的研发、生产、销售甚至包括供应链体系都进行系统梳理，修炼“内功”正是企业急需的。

汽车行业的竞争是技术的竞争，不能掌握核心技术，势必无法在激烈的市场竞争中生存下去。在过去很长一段时间，依靠市场快速增长的红利，中国车企通过跟随学习甚至模仿，快速推出产品，却并没有真正掌握最关键的技术，无论是在技术研发，还是在市场体系和品牌构建上中国车企都需要积累。

尤其是在新能源汽车领域，无论是在技术上还是在市场端，都存在需要查漏补缺的地方。在技术上，动力电池领域一直存在安全问题；在市场端，以私人消费为主的消费市场并未真正形成，以至于当集团购买不可持续和补贴大幅退坡后市场开始大幅下滑。在面向无人驾驶的智能网联汽车领域也存在同样的问题。现在市场上大部分热销车型具有很多智能网联属性，配备了各种辅助驾驶功能，但专业机构的测试显示，这些技术功能并不过硬，未能在使用中完全呈现设计效果。当前中国品牌乘用车需要休养生息、积蓄力量，构建健康的从研发、制造到营销、服务甚至品牌的产业链。

在休养生息的过程中，借助联合的力量共度寒冬不失为一个明智的选择，这似乎也是那些实力不够的边缘企业的最佳甚至唯一选择，更是这个时代赋予中国品牌乘用车企业最好的选择。在当前的中国汽车行业，企业单打独斗的时代已经结束。开放共享可以促使效率快速提升、成本快速下降、技术高度集聚。对于大部分造车新势力也是一样，发挥所长、互补所需恰是时代的选择。

二　中国商用车品牌发展现状与展望

（一）发展现状与成就

受整体汽车市场的低迷行情影响，2019 年国内商用车行业增长放缓，不过依然成为市场寒冬中的一股暖流。在“国六”排放标准实施、新能源物流车快速发展和治超加严等利好因素的共同促进下，商用车的产销量分别完成 436 万辆和 432.4 万辆，产量同比增长 1.9%，销量下降 1.1%。

虽然增长放缓，但这一年我国商用车市场仍有许多亮点：重型货车市场销量再次突破百万辆；客车海外出口捷报频传；商用车相关企业“奋战国六”取得了阶段性的胜利；氢燃料客车、纯电动物流车、无人驾驶商用车不断推陈出新；新技术在商用车领域的应用翻开了新的一页。

目前，除一汽解放、东风商用车、中国重汽外，福田、陕汽、江淮、江铃、跃进、南京依维柯等企业都推出了智能化产品，多款概念车、首发车在2019年推出，并且首次在外场进行了无人驾驶智能动态演示。自2017年开始，一汽解放进入智能化发展的快车道，2019年9月6日，解放全球首款L2级量产商用车在上海正式投放。未来，一汽解放全系产品将标配智能驾驶辅助系统，而L3级智能车也将投放市场，并实现限定区域各场景下的L4级智能车运营。东风商用车也首次推出了两款概念车型——东风天龙概念车和东风天锦概念车；此外，东风汽车股份也于2019年展出了无人驾驶新型智慧物流平台——Sharing Box。Sharing Box平台采用了智能互联、智能感知、智能决策及V2X等智能化前沿技术，可以实现特定场景下基于高精地图的L4级无人驾驶，结合5G通信技术，可以实现实时信息监控及远程驾驶。11月9日，上汽集团智能重型货车在上海洋山港也正式迎来了“5G + L4级智能驾驶重型货车”示范运营，上汽5G智能重型货车示范运营将切实提升港区的作业效率、环保水平、通行效率及安全水平，创造显著的商业效益及社会效益，积极助力洋山港加快建设成为具有全球领先水平的智能港口。

在客车方面，宇通客车、金龙客车、海格客车等多家主流客车企业均展出最新一代无人驾驶客车车型，智能网联技术及自动驾驶技术势必成为客车行业的新风向。2019年3月26日，在博鳌亚洲论坛年会期间，宇通客车最新研发的一款L4级自动驾驶巴士正式投入使用。这意味着此型产品已跨越了封闭场景试验运营阶段，具备了半开放道路运营的能力。4月16日，苏州金龙海格客车携手中国汽车技术研究中心、天津清源汽车共同签署无人驾驶电动客车战略合作协议，并联合发布了3家共同研发的L4级量产无人驾驶客车“深蓝”（Pro - Blue）。“互联网 +”的广泛应用、人工智能的出现以及5G时代的来临，给我国商用车的升级换代、智能无人化带来新的发展机遇。可以预见，商用车智能化的时代已然到来。

在过去十几年，中国品牌商用车特别是大中型客车和货车的市场占有率不断提高，目前已经占据了90%以上的市场份额。在雄踞国内市场的同时，随着“一带一路”倡议的深入推进，我国商用车在海外市场也硕果累累。据中国汽车工业协会的统计，2019 年 1 ~ 11 月，我国商用车累计出口 27.1 万辆，同比增长 4.6%。对于我国商用车而言，海外市场是未来重要的增量市场，中国的重型货车、轻型货车、新能源客车等部分产品在亚洲、非洲、拉美地区取得了一定的竞争优势，甚至还出口到欧洲、韩国、日本等发达国家市场。在出口方面，中国商用车借“一带一路”倡议的东风，拓展出口和合作模式，进一步优化产品布局和提升售后服务质量，扩大了我国商用车在海外市场的影响力。

（二）“国六”排放标准的实施是商用车发展历程中的重要节点

2019 年，“国六”排放标准的实施，是国内商用车在发展过程中的一个重要转折点，对于坚持自主研发并掌握了关键核心技术的商用车生产企业来说，同样也是一个重大的机遇。值得一提的是，2019 年，几乎所有商用车企业都达到了“国六”排放标准，开启走进市场接受用户考验的新征程。

在重型货车方面，一汽解放以全新升级换代产品全面展示技术实力，目前一汽解放打造了全系“国六”产品新平台，包括牵引品系车型共 56 个、载货品系车型共 103 个、自卸品系车型共 37 个、专用品系车型共 92 个、轻型车车型共 13 个，其中已获得相应产品公告的有 252 个。

东风商用车旗下经典车型天龙 KL、天龙 KC 及天锦 KR 均达到“国六”排放标准。早在 2016 年，东风商用车有限公司已启动“国六”产品前瞻性战略布局。作为国内商用车行业的领导者，东风商用车有限公司严格按照“国六”排放标准，对产品进行迭代升级，历时 3 年，投入 23 亿元研发费用，进行了 18 万台时的台架测试，研发出全系列“国六”标准车型，覆盖 KX、KL、KR、VR、VL 五大平台。东风柳汽符合“国六”排放标准的车型产品覆盖了长头、平头牵引车，自卸车，载货车和专用车四大类型。同时，福田欧曼 EST、江淮格尔发 K7、江铃重型货车威龙 HV5 也全部达到“国六”排放标准。

在中、轻型商用车领域，江淮轻卡、福田奥铃、东风股份、上汽跃进、南京依维柯等商用车企业都提前在动力、产品、技术等方面做了全方位的战略布局，真正走进了“国六”时代。

在货车加速向中高端发展、产品更新换代速度加快的大背景下，基于提高效率、降低成本、更加安全的目标，一系列自动变速的车型闪亮登场。福田欧曼 EST、江淮格尔发 K7、东风柳汽乘龙 T7、东风柳汽乘龙 H7、江铃威龙 HV5 - AMT 及上汽跃进纪念版 C500 等车型都配装了自动变速器。

同时，东风商用车还在 2019 年重磅发布了龙擎动力总成品牌，其中作为核心之一的 DA14 型自动变速箱，是东风商用车自主研发的第一款重型 14 挡 AMT 型变速箱，成功打破技术垄断，为提升总成自制化率打下了坚实的基础。

人们普遍认为，商用车配装自动变速器已经成为未来的发展趋势，是我国商用车高端化的一种体现，自动挡商用车更符合高效运输的需求，不仅可以解放驾驶员的左脚和右手，降低驾驶强度，更能通过准确及时的自动换挡操作降低油耗、节省运营成本。

（三）“商用车 + 氢燃料”将会成为下一个风口

当下，在推动新一轮科技革命与产业变革的过程中，汽车产业是重要的一环，汽车产业同时也是建设制造强国的重要支撑产业之一，是发展国民经济的重要支柱。汽车产业的健康、可持续发展，关乎人民群众的日常出行、社会资源的顺畅流通和生态文明的全面建设。2019 年，新材料、信息通信技术、新能源与汽车产业加速融合，促使汽车产业发生了深刻的生态变革，汽车行业的竞争格局也将“重新洗牌”，我国的汽车产业已经进入了新的由大变强的时期，同时也是各家车企转型升级的重要机遇期。在新的时期，利用好人工智能、5G 等新科技，加速新能源、新科技和汽车产业的跨界融合，势必在新的形势和发展中重新定义汽车产品的形态及其附属属性。

我国的《汽车产业中长期发展规划》将智能化作为科技革命的主要路径，毫无疑问，智能化、网联化推动了新产业、新业态、新模式的不断涌现。目前，各商用车企业均将智能化产品提升到有史以来的新高度，并展开激烈的竞争，专用车和零部件企业也在加快通过智能制造推动产品升级换代。

而在智能化之外，鉴于使用环境和基础设施的因素，氢燃料电池技术能够更好地满足商用车的运营需求，如果氢燃料电池汽车能够在政策上获得大力支持，“商用车+氢燃料”很可能会成为下一个风口。

根据中国汽车工业协会的统计，我国应用氢燃料电池技术的汽车，市场总销量已达3000多辆，主要应用在商用车领域，氢燃料汽车产业的商业化已经粗具规模。从燃料电池车型方面来看，2019年中国共生产氢燃料电池客车1335辆、氢燃料电池专用车1683辆。据分析，客车市场目前主要取决于地方政府对当地运行车型的规划，氢燃料电池汽车订单具有一定的局限性。对于专用车市场，氢燃料电池汽车具有一定的市场驱动性。

在重型货车、物流等领域，氢燃料电池因其长续驶、低排放特点，相较于锂电池和柴油机具有明显优势，因此在重型货车、物流领域具有较强的扩展性。相比于2018年，2019年氢燃料电池装配车型除传统的客车、厢式运输车以外，在垃圾车、洒水车、保温车、半挂牵引车等领域都有所扩展。

总之，种种迹象表明，氢燃料电池商用车将会成为下一个风口。氢燃料汽车以氢燃料电池为动力能源，不管是在城市的公交车领域还是园区内接驳车领域，抑或是在厢式物流车领域，正在突破商业应用模式关、成本控制关及技术实际应用关这三大门槛，逐步进入规模化、示范性运营的应用阶段，具有实力的商用车代表企业，正在以氢燃料电池为未来主要发展方向，努力实现氢燃料商用车在商业领域的成功应用。

三 中国零部件品牌发展现状与展望

零部件强则汽车工业强，这已成为业内的共识。改革开放40多年来，我国汽车零部件产业经历了从封闭到开放、从小到大的转变，特别是随着我国乘用车产业的起步和发展，我国零部件产业逐渐从整车制造产业中分离出来，通过技术引进、消化、吸收、工艺改善、产品质量提升，获得迅速发展。中国汽车零部件企业经历了闷头搞技术、造产品的过程，在转型升级的战略指导下，越来越多的企业开始整合国内外资源，打响品牌升级战。

当前，以提高自主技术研发能力为发展核心的中国汽车零部件企业，在不断强化“内功”的同时，还需要打破关键的汽车零部件被垄断的现状，从而挑战外资企业在领域内的垄断地位。在国际汽车零部件市场，中国印记格外鲜明，中国零部件企业已是全球汽车产业的重要一员。

（一）零部件产业发展现状

从2019年开始，中国汽车年产销量每况愈下，产销量同比不断下降，新能源汽车受到补贴政策退坡的影响，产销量同样出现了下滑，而配套主机厂的汽车零部件企业更是连带性地受到了汽车市场萎缩的影响。通过2019年各家上市企业上半年报就可以看出，各家上市汽车零部件企业的销售额和收入不断下滑，仅有不到30%的上市零部件企业实现了盈利，大多数企业只维持微薄利润。13000家较大规模的汽车零部件企业及超过10万家中小规模的汽配企业，受到汽车市场不景气的相应影响。在2019年百强企业中，约40%的企业零部件营收下降，但整体降幅可控，降幅超过20%的有6家。不过在中国，自主品牌零部件带头企业的业绩依然稳固，潍柴及华域的领先地位无可动摇，2018年潍柴和华域的营收均超过1400亿元。

虽然中国的零部件企业面临整体增速下滑的严峻现实，但不同类型企业的市场表现各不相同。得益于汽车“新四化”技术的提升，在新能源与智能汽车电子领域，整体经营状况受到的市场下行压力较小，其中大部分相关零部件企业的市场表现有所提升，这类企业在新兴领域提前进行了布局，市场先导效应初步显现。而供应商则在空调零部件、被动安全防护系统、变速器领域面临窘境，营收下滑严重，主要原因在于其产品和技术本身较为成熟，附加值较低，可替代性比较强，而市场下行导致整车需求减少，进而加剧了市场竞争并挤压利润空间。

新能源汽车整车厂商的需求不断增长，同时新能源汽车零部件企业也在不断提升自身的竞争力，使得新能源板块的零部件企业实现“逆增长”。最好的例子就是：宁德时代通过提升自身产品的质量，将客户群从开始的自主品牌车企和新兴造车势力，逐步拓展至知名的国际车企，如戴姆勒、宝马、现代等跨国企业，有效促进了企业的持续发展。

（二）技术多元化发展引领产业不断转型

有史以来最大规模的价值链、产业链重构正在影响当前的汽车产业发展，新一轮汽车革命的爆发点就在于动力技术的发展与革新。现在，信息共享、绿色环保、智能化网联、电动化等新技术正在推动汽车产业快速前进，正在将汽车从经典的机械产品，重新塑造为凝结大量新科技、新技术的新型产品。

在此趋势之下，汽车零部件技术也迎来了诸多变化。首先就是技术呈现出多点、多线甚至多面的立体结构。传统技术正演变得越来越“时髦”，新兴技术正表现得越来越“亲民”，“新四化”是方向，技术多元化的崭新风景已然显现。

新能源汽车的推广归根结底在于动力电池技术的发展，更安全、能量密度更高、成本更低是锂电池的核心目标，对材料、技术与生产提出了更高的要求。工信部等四部委联合发布的《促进汽车动力电池产业发展行动方案》中提出，2020 年我国新型锂离子动力电池的单体比能量将超 300 Wh/kg，2025 年单体比能量将达 500Wh/kg。对动力电池的安全需求和对成本控制的市场要求，促使动力电池产业链上的各个相关企业在现有的研究基础上对材料体系和技术进行不断探索，从而找到新的前进方向。2019 年，蜂巢能源科技有限公司有针对性地提出了两条全新的产品解决之道：全球首发无钴材料、四元材料电池。

随着行业对新能源汽车发展的认识越来越理性，内燃机也摆脱了被“一棒子打死”的命运。有关汽车动力路径的选择开始逐步从纯电动力向混合动力迈进。混合动力专用内燃机与常规车用内燃机相比，动力性要求降低，有利于采用更高效的节能技术。从技术角度来看，汽油机是混合动力的首选发动机，下一代混合动力专用内燃机将采用高压缩比、稀燃、压燃等技术，进一步提升热效率。

在智能化驾驶领域，各企业在“仰望星空”的同时更注重“脚踏实地”，寻找技术“落地”的机会。在自动驾驶传感器方面，固态激光雷达等先进技术产品的量产脚步也在加快。行业人士普遍认为，车载激光雷达的发展趋势是固态化、小型化和低成本。依靠高精度和高可靠性，激光雷达基本被认为是L3～L5级自动驾驶汽车必需的核心传感器。速腾聚创2019年为自动驾驶出租车开发了一套完整的激光雷达感知解决方案RS－Fusion－P5，产品对标Waymo激光雷达解决方案，将在海外市场率先推出。2019年8月，亮道智能、长城汽车、Ibeo就L3/L4级的自动驾驶汽车量产研发签署战略合作协议，而该项合作也将采用纯固态激光雷达的技术方案。在巨头环伺的自动驾驶芯片竞赛中，初创公司地平线突围而出，于2019年量产了中国首款车规级AI芯片征程二代，可对多种类型的目标进行实时检测与及时识别，从而满足自动驾驶过程中对视觉建图定位、视觉感知等不同场景的需求，并满足手势智能识别、眼球转动跟踪、语音系统识别等人机智能交互的要求。

随着氢燃料电池汽车的产业化进程不断推进，技术突破成为2019年这一领域出现的高频词。当前，我国已经基本掌握了35MPa的高压储氢罐及加注系统关键技术，实现了高压氢气瓶等部件的国产化开发，同时70MPa氢气存储的关键技术已取得突破。2019年7月，坐落于辽宁葫芦岛兴城经济开发区的全球第一座低压加氢站建成并正式进行推广示范。在燃料电池领域，未势能源旗下的企业上燃动力于2019年发布第三代超越－300E型燃料电池发动机，最大功率达到100kW，系统部件实现100%国产化。

（三）迎接未来转型升级

虽然我国的自主零部件企业已经取得了可喜的成绩，但是与博世、大陆、电装等领先企业相比，中国的汽车市场还没有真正催生出以技术能力著称的国际型零部件企业，中国的汽车零部件企业依然还有很长的路要走。

中国的零部件企业面临两个方面的挑战：一是在短期提升企业的发展能力；二是在长期面临对外拓展、布局的考验。所以，零部件企业应立足当前，实施精细化管理，先从内部入手，再找好外部发展方向。从短期可以提升的方面来分析，通过搞好内部组织变革、稳固企业资金链、积极促进产品升级三方面措施，提升市场不景气状况下企业的生存能力；从发展规划的角度分析，可以通过收购优质资源、开拓产业生态、对外拓展布局三大举措，促进企业转型并构建优势地位。在市场寒冬下，各零部件企业需要根据自身的实际情况和优缺点，加大科技研发力度，将产品技术的升级迭代放在首位，巩固市场地位。

与传统燃油车相比，新能源汽车供应链的变化相对较大，整车零部件的总数减少30%左右，产业链参与主体也发生了较大的变化，传统的供应商以机械类为主，现今逐渐转变为机械和新科技（包含半导体、电子、通信、软件、电化学）等多类型供应商并存。受汽车“新四化”发展大趋势的推动，汽车零部件各细分板块的重要性和产业价值也快速提升。

为了快速应对不断升级的市场和客户需求，零部件企业应构建产业生态体系，产学研联合攻关，掌握价值链重要环节的核心技术。同时，零部件企业需要在内部提升智能制造的技术水平，为数字化转型提速增效。

汽车零部件企业属于整车厂汽车原材料的采购方，受到供应链上下游的影响，资金压力逐步加大，因此需要在内部制定投资规划来保障企业资金安全，避免跟风投资，同时需要完善内部的资金管理模式和方法，及时跟踪财务状况，及时识别潜在的风险，制订应对的方案，从而尽可能地化解相关风险。

零部件企业需要充分利用当前的市场转型期积极进行布局，例如，通过拓展新的客户资源并发掘新的市场增长点，从而强化自身的抗风险能力。当下，“新四化”浪潮势不可当，零部件企业必须直面市场变化，紧跟行业趋势，及时调整发展战略，只有这样，才能补足短板，在严峻的市场形势下继续生存，迎来零部件行业的新发展。

面对市场萎靡不振的现状，零部件企业如果再依靠单一客户及市场，将会日趋被动，而拓展海外市场就成为零部件企业能否逆势突破的关键举措之一。自主零部件企业要走国际化的道路，就必须面向未来的新产品研发，在核心技术方面形成自己独特的国际市场竞争力，引领企业发展。在未来，中国汽车零部件企业应继续加强核心技术自主研发能力，提升旗下产品的先进性与附加值，并积极开展国际化合资、合作，为中国汽车产业由大变强提供相应的动力。

参考文献

欧阳明高：《2020 年新能源汽车技术展望》，《新能源汽车报》2020 年第 1、2 期。

郭少丹：《中国车市“淘汰赛”加速》，《中国经营报》2020 年第 4 期。

李争光：《2018 商用车产销两旺　2019“降”字当头》，《现代物流报》2019 年第 8 期。

市　场　篇

The Market

B.2
2019年中国品牌乘用车市场格局发展报告

施芸芸*

摘　要： 2019年，中国品牌乘用车经历了更加低迷的一年，全年产销量大幅下滑，轿车、SUV和MPV三大细分市场的销量同比降幅均高于15%，其中MPV下滑的幅度最大。与销量表现相同，自主品牌乘用车的市场份额在这一年连续8个月低于40%，直至2019年12月才重回42%的水平。不过，在整体市场下滑的大环境中，中国品牌乘用车在豪华市场的布局初见成效，红旗品牌以10万辆的销售成绩首次进入中国豪华品牌乘用车销量排名前十，吉利和长城的高端品牌年销量也双双超过了10万辆。此外，新能源乘用车在新能源汽车市场首

* 施芸芸，《中国汽车报》社全媒体采访中心记者。

次出现下滑的情况下实现微增，虽然比亚迪痛失了全球销量冠军的宝座，但国内新能源汽车销量的TOP10仍牢牢被中国品牌所占据。值得一提的是，共有4家造车新势力在2019年的交付量突破了1万辆，增长势头强劲，有望成为我国自主品牌新能源乘用车队伍中的一支生力军。

关键词： 中国品牌乘用车 新能源汽车 高端汽车市场

2019年，我国汽车产销量连续第二年下滑，且降幅创下了20年来的新纪录，这主要是受到乘用车产销量大幅下降的拖累。据中国汽车工业协会提供的数据统计，2019年，我国乘用车产销量分别达到2136万辆和2144.4万辆，占汽车产销量的比重分别为83%和83.2%。从历年我国乘用车市场销量的增速走势来看，2019年也是自2006年以来我国乘用车销量下滑最严重的一年（见图1）。

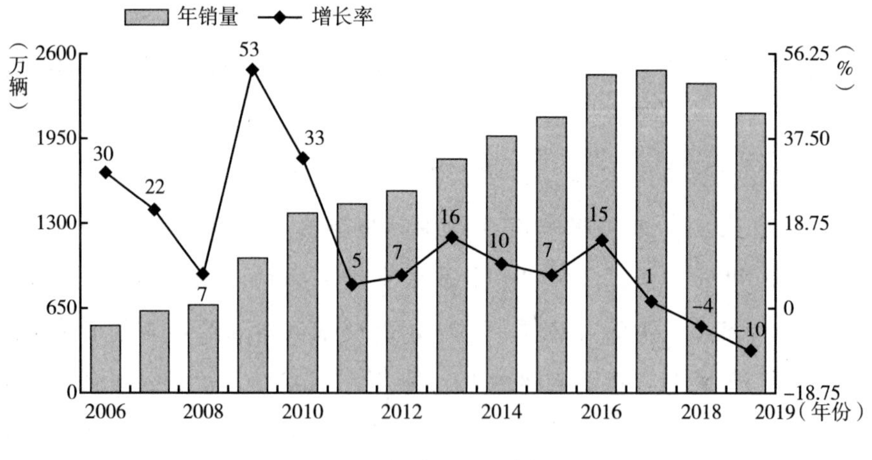

图1 2006~2019年中国乘用车销量及增长率

资料来源：中国汽车工业协会。

从细分市场表现来看，2019 年，四类车型的销量均出现不同程度的下降。其中，轿车全年销量完成 1030.8 万辆，同比下降 10.7%；SUV 全年销量为 935.3 万辆，同比下降 6.3%。两者加起来共比 2018 年减少 186.2 万辆，同比下降 8.6%。2019 年，我国 MPV 销量为 138.4 万辆，与 2018 年相比下降 20.2%；交叉型乘用车仅销售 40 万辆，同比下降 11.7%。两者加起来比 2018 年共减少销售 40.4 万辆，同比下降 18.5%。

一　销量和市场份额双下滑

2019 年，在乘用车市场整体下行的大背景下，自主品牌乘用车市场表现整体不佳，全年销量完成 840.7 万辆，同比下降 15.8%。其中，轿车的销量为 204.6 万辆，同比下降 15.2%；SUV 的销量为 492 万辆，同比下降 15%；MPV 的销量为 104.1 万辆，同比下降 21.6%。三大细分市场的销量降幅均不低于 15%。对此，中国汽车工业协会分析称，自主品牌乘用车销量的下滑主要受市场结构调整的影响，数据显示，2019 年我国乘用车市场中 12 万元以上的中高级市场变化并不大，但与之相对的，12 万元以下尤其是 8 万元以下的乘用车市场下滑极为明显，而这正是自主品牌的主要市场。从销售区域来看，2019 年三线、四线及以下城市和农村地区的消费者较容易受到宏观经济变化的影响，加上房市火爆，汽车消费的信心和动力不足，这一区域恰是自主品牌乘用车的主要阵地。

在全年销量下滑严重的同时，2019 年我国自主品牌乘用车的市场份额也呈现下降趋势，尽管仍占据乘用车市场的主导地位，但相较 2018 年下降了 2.9 个百分点，降至 39.2%，这是继 2015 年以来，自主品牌乘用车的市场份额首次降到 40% 以下。相较之下，德系和日系品牌乘用车的市场占有率都出现了不同程度的提升。数据显示，2019 年，德系品牌乘用车销售 519.3 万辆，市场占有率达到 24.2%，较 2018 年提升了 3.2 个百分点；日系品牌乘用车销售 457.5 万辆，市场占有率提升了 3.5 个百分点至 21.3%。

2016 年和 2017 年，自主品牌乘用车的年销量连续两年突破了 1000 万辆大关。2017 年全年，国内自主品牌乘用车的月度市场份额均稳定保持在 40% 以上，在当年的 12 月还一度攀升到 48.8%。眼看就要占据国内乘用车市场的“半壁江山”，然而到了 2018 年之后，自主品牌乘用车的月度市场份额开始出现变化，2018 年 8 月，市场份额首次跌破 40%，降到 38.2%，9 月小幅回升到 39.1%。不过除了 8 月和 9 月，其他月份的市场份额依旧高于 40%，其中 2 月市场份额最高，达到 47.4%。到了 2019 年 3 月，自主品牌乘用车的市场份额再次跌破 40%，并在 5 月降到了 36.2% 的历史最低点。在经历了 8 个月的低迷后，2019 年 12 月，自主品牌乘用车的月度市场份额终于再次冲破了 40% 的红线，达到 42%。

与 2018 年的“有涨有跌”不同，2019 年中国品牌乘用车的头部企业在持续的“寒冬”中也未能幸免，排在 2019 年自主品牌乘用车销量前十名的车企几乎全面下滑，领跑的上汽和吉利的销量同比下降幅度均超过 10%，受新能源汽车市场变化影响的北汽集团的降幅更是高达 27.6%，这几年增长势头较好的广汽集团的全年销量也出现了大幅下滑，下降幅度仅次于北汽集团（见表 1）。

表 1　2019 年中国品牌乘用车销量 TOP10

单位：万辆，%

汽车企业	销量	同比增长
上汽	197.6	-17.5
吉利	136.7	-10.5
长城	91.1	-0.4
长安	82.2	-13.7
奇瑞	63.7	4.1
东风	54.7	-15.9
比亚迪	45.3	-9.7
北汽	40.8	-27.6
广汽	39.8	-26.0
一汽	23.3	12.7

资料来源：中国汽车工业协会。

在中国品牌乘用车排名前十的企业中，只有奇瑞汽车和一汽集团实现了同比正增长。其中，近几年一直身处“转型阵痛期”的奇瑞汽车可以说是“厚积薄发”，在2018年实现同比正增长的基础上，2019年旗下三款明星产品（全新一代瑞虎8、艾瑞泽系列轿车和捷途系列）继续发力，支撑集团整体保持向上发展的好势头，比2018年前进一位，位居第五。虽然排在第十位，但一汽集团自主品牌乘用车在2019年的表现也极为突出，增长势头最强劲的是红旗品牌，全年销量超过10万辆，同比增长200%以上，2018年10月更换新标的奔腾也在2019年取得了12.05万辆的销售成绩，同比增幅达到33.4%。

在整体下滑的大环境中，自主品牌乘用车企业的队伍排名逐渐清晰。以100万辆为界限的话，上汽和吉利虽然2019年销量下滑幅度不小，但牢牢占据着第一和第二名的位置，市场表现已经较为稳定，不出意外的话，在接下来的时间里也将继续站在遥遥领先的第一梯队里。在身处第二梯队的长城汽车、长安汽车和奇瑞汽车中，长城汽车的增长势头强劲，有望突破100万辆。其实，在同比出现下降的自主品牌乘用车企业中，长城汽车只比2018年少销售了4000辆，微降0.4%，取得如此成绩实属不易。

2019年，我国自主品牌轿车市场份额依然在三大细分市场中最低，仅为19.9%，比2018年下降了1.1个百分点。虽然自主品牌在轿车市场份额中下降幅度最小，但在合资品牌面前整体竞争力仍偏弱，以至于在2019年我国轿车销量排名前十的榜单中，已经找不到自主品牌汽车的身影。

根据中国汽车工业协会的统计，2019年销量排名前十的中国品牌轿车依次为帝豪、荣威i5、逸动、D50、缤瑞、远景、帝豪GL、启辰D60、艾瑞泽GX和MG6，分别销售了21.1万辆、15.9万辆、12.4万辆、9.8万辆、8.4万辆、8.0万辆、7.9万辆、7.4万辆、7.2万辆和6.1万辆，上述10个品牌总共销售104.2万辆，占轿车销售总量的10.1%，占中国品牌轿车销售总量的50.9%。相比2018年，荣威i5、D50、缤瑞、启辰D60和艾瑞泽GX的销量增长明显，逸动略有下降，其他品牌均呈较快下降态势。其中，排名第一的帝豪在2019年轿车销量的总排行榜上降到了第11位，成为轿车销量排名前 15 中唯一的自主品牌。

虽然从总量来看，我国自主品牌 SUV 的市场表现好于轿车，但在 2019 年，自主品牌 SUV 的市场份额仅为 52.6%，下降了 5.4 个百分点，与 2018 年同期相比，自主品牌在 SUV 市场的下降幅度明显加大。这一点在 2019 年 SUV 的销量排名中也可见一斑。在 2019 年中国 SUV 销量的前十名中，自主品牌仅占五席，与合资品牌呈现“平分秋色”之势。其中，哈弗 H6 以 38.64 万辆的绝对优势蝉联了年度冠军，吉利博越则以 23.23 万辆的成绩位居第二，大众途观仍是季军，全年共销售 21.78 万辆。宝骏 510 跌出前三名，本田 CR－V 和日产奇骏分别凭借 21.33 万辆和 20.78 万辆的成绩，排在第四和第五名。

对于自主品牌 MPV 而言，在市场总量上还没有达到“独挑大梁”的地步，不过在市场占有率统计中，自主品牌的市场占有率一直是各车型/车系中占比最高的。2019 年，中国品牌 MPV 销售 104.1 万辆，同比下降 21.6%，占 MPV 销售总量的 75.3%，比上年同期下降 1.3 个百分点，在自主品牌各细分市场中同比下滑幅度最大。

二 高端市场品牌逆势增长

2019 年，我国乘用车新车总销量为 2144.4 万辆，同比下滑 9.6%，然而，豪华品牌却实现了逆势增长，总销量达到 313.08 万辆，同比增长超过 12%，市场占有率约为 14.6%。在豪华品牌乘用车中，头部集中效应越发明显，身处第一梯队的 BBA（奔驰、宝马、奥迪）表现亮眼。数据显示，2019 年，宝马（含 MINI 品牌）在中国的销量达到 72.4 万辆，同比增长 13.1%；梅赛德斯－奔驰（包含 smart 品牌）共交付 70.2 万辆新车，同比增长 4%；奥迪在华销量为 68.9 万辆，同比增长了 4.1%。三大品牌 2019 年共销售新车 211.5 万辆，占豪华品牌总销量的 67.55%，遥遥领先于第二梯队的雷克萨斯、上汽通用凯迪拉克及沃尔沃。

近年来，我国消费升级趋势明显，以近年来呈现高速增长态势的 SUV

市场为例，中低端产品的需求日益萎缩，在高端产品持续增长的同时，低端品牌销量节节下滑，有些甚至陷入了零销量、停产的困局。为开拓市场、提升品牌，同时也作为合资豪华品牌不断下探的应对之举，中国品牌乘用车踏上了高端化之路，虽然2019年我国自主品牌高端乘用车仍然处于起步阶段，但呈现与大环境同样的趋势。

2019年，红旗是中国豪华汽车市场当之无愧的“黑马”，全年销量超过10万辆，与2018年的3.3万辆相比，实现了203%的同比增长，一举超过林肯、东风英菲尼迪和广汽讴歌，成为2019年全国豪华品牌销量的第七名，也是唯一一个排名进入前十的中国豪华品牌汽车（见表2）。在实现了10万辆的“小目标”后，红旗还在2020年1月举行的“2020年中国一汽红旗品牌盛典”上，公布了接下来的销量规划：2020年达到20万辆，2022年达到40万辆，2025年达到60万辆，2030年实现80万～100万辆的年销量。

表2　2019年中国豪华品牌汽车销量TOP10

单位：万辆

品牌	销量
宝马(包含MINI品牌)	72.4
梅赛德斯－奔驰(包含smart品牌)	70.2
奥迪	68.9
上汽通用凯迪拉克	21.3
雷克萨斯	20.1
沃尔沃	16.1
红旗	10.0
林肯	4.7
东风英菲尼迪	3.5
广汽讴歌	1.5

资料来源：各企业官网。

作为2019年中国品牌乘用车中同比增速最高的品牌，红旗助力一汽集团在车市全面下滑的2019年取得了超过两位数同比增长的好成绩。比一汽集团更早发力高端品牌的吉利汽车和长城汽车，凭借旗下高端品牌的市场表现，不仅在2019年继续处于总销量第一梯队的位置，而且品牌影响力也得到了进一步提升。

作为吉利汽车旗下的高端品牌，领克在2019年共销售12.81万辆，同比增长6.4%，在8~12月，领克连续5个月突破万辆大关，2019年8月，领克成为最快突破20万辆的中国汽车品牌。其中，领克03表现最好，2019年销售52887辆，对于一款售价在10万元以上的自主紧凑型乘用车而言，这个成绩还算不错。

同一年成立的长城WEY也在2019年取得了10万辆的销售成绩，虽然与2018年相比出现下滑，但仍然在车市寒冬中站稳了脚跟。其中，主力车型VV6在2019年累计销售57724辆，贡献了WEY品牌一半以上的销量。相较之下，VV5和VV7的市场表现略差，2019年仅分别销售21997辆和19678辆，这两款产品的销量偏低是WEY销量下跌的主要原因。

需要说明的是，按照中国汽车流通协会此前的排名，领克和WEY并未被列入豪华品牌乘用车的范畴，因此，这两大品牌虽然销量都超过了10万辆，但并未被列入2019年中国豪华品牌汽车销量排行榜中。

尽管中国品牌乘用车与此前相比进步明显，拥有了与合资豪华品牌一较高下的勇气，但并非所有中国品牌的高端产品都能斩获佳绩。经过一年半的酝酿，奇瑞在2019年上海车展上推出了全新高端品牌EXEED星途，旗下产品TX/TXL正式上市，售价为12.59万~17.59万元。然而，在不到一年的时间里，星途2019年的总销量不足2万辆，与领克、WEY和红旗相比，存在较大差距。

总体来看，2019年中国品牌在豪华车市场方面虽有惊喜，但仍然“路漫漫其修远兮”。

三　补贴退坡，新能源汽车市场“急刹车”

2019年，一直以来高歌猛进的新能源汽车市场踩下了“急刹车”。据中国汽车工业协会的数据统计，2019年，我国新能源汽车总计销售120.6万辆，同比下降4%，这是2013年以来，我国新能源汽车销量首次出现同比下滑。不过，新能源乘用车仍然完成了 106 万辆的销售成绩，实现了 0.7% 的逆势微增长。

值得关注的是，从月度销量数据来看，2019 年新能源乘用车全年走势呈现前高后低的特征，1～6 月新能源乘用车市场走势相对较强，上半年全国新能源乘用车销量为 57.7 万辆，同比增长高达 65.9%，7 月新版补贴政策实施后，开始显露疲软态势，除了单月销量完成 13.7 万辆的 12 月以外，每个月的销量均低于 8 万辆。这与 2018 年及以前新能源乘用车的全年走势恰好相反，主要原因在于补贴标准平均退坡超 50%，补贴的大幅退坡加上汽车消费信心不足，新能源乘用车销量难以再现高增长的态势。

中国汽车市场的下滑加上特斯拉产能迅速爬坡，曾牢牢占据全球新能源汽车销量冠军位置的比亚迪在 2019 年退居第二名，并且与第一名特斯拉的差距近 14 万辆（见表 3）。令人欣慰的是，在全球新能源汽车销量排名前五中，中国品牌仍然占据三席。北汽集团共销售 16.03 万辆，位列第三；上汽集团以 13.77 万辆的成绩，首次进入前五名，排名第四；宝马汽车 2019 年共销售新能源汽车 12.89 万辆，位于榜单第五名。在全球销量排名前十的榜单中，吉利也超过了现代和丰田，排在第八名的位置。从单一车型来看，特斯拉 Model 3 理所当然地成为全球最热销的新能源乘用车型，全年销量超过 30 万辆，亚军是北汽集团的 EU 系列，2019 年的销售成绩为 11.1 万辆，日产聆风仍然是季军，全年销售成绩为 6.99 万辆。

表 3　2019 年全球新能源汽车销量 TOP10

单位：万辆

品牌	销量
特斯拉	36.78
比亚迪	22.95
北汽集团	16.03
上汽集团	13.77
宝马汽车	12.89
大众集团	8.42
日产集团	8.05

续表

品牌	销量
吉利汽车	7.59
现代汽车	7.30
丰田汽车	5.52

资料来源：各企业官网。

虽然没有成为全球冠军，但中国品牌新能源汽车在国内市场表现优异，占据国内新能源汽车销量的前十名。北汽 EU 系列依旧遥遥领先，比亚迪旗下的元 EV、唐 DM 和 e5 共三款车型上榜，分列第 2、第 5 和第 6 名，比亚迪唐 DM 还成为榜单中唯一的一款插电混动车型。值得一提的是，在 2019 年销量排名前十的新能源车型中，实现同比增长的仅有北汽 EU 系列、比亚迪元 EV、宝骏新能源、比亚迪 e5 以及荣威 Ei5 五款产品，由此可见，新能源汽车市场的下滑对于头部企业也造成了不小的冲击和影响（见表 4）。

表 4　2019 年中国新能源汽车销量 TOP10

单位：万辆

车型	销量
北汽 EU 系列	11.11
比亚迪元 EV	6.16
宝骏新能源	4.81
奇瑞 eQ	3.94
比亚迪唐 DM	3.41
比亚迪 e5	3.30
广汽埃安	3.25
荣威 Ei5	3.05
欧拉 R1	2.85
帝豪 EV	2.84

资料来源：乘联会。

同时值得关注的是插电混合动力型汽车，2019 年，我国插电混合动力型汽车的产销量分别达到 22 万辆和 23.2 万辆，同比分别下降了

22.5%和14.5%，其中，插电混合动力乘用车全年销售22.6万辆，同比下降14.7%。在市场全面下滑的背后，是中国品牌插电混合动力乘用车的“节节败退”。近年来，合资品牌不断加大在插电混合动力汽车方面的攻势，自主品牌的市场份额逐渐从2017年的98%下降到2018年的88%、2019年的58%，2019年第四季度，自主品牌的插电混合动力汽车的市场份额甚至降到了50%以下，在40%左右徘徊，与传统燃油车的市场份额相近。

此外，在2019年的中国品牌乘用车市场中，造车新势力正在成为一支不容忽视的力量，包括蔚来、威马、小鹏和零跑等在内的12家车企实现了交付，其中有4家车企的全年交付量超过了1万辆，加起来总和为6.41万辆，约占国内新能源乘用车销量的6%。

在造车新势力中，交付量排名第一的是蔚来汽车，2019年共交付20565辆新车，与2018年相比，增长81%。其中，价格更“亲民”的ES6交付了11433辆，ES8则交付了9132辆。值得强调的是，蔚来汽车的2万多辆销量的“含金量”较高，是为数不多能进入30万元以上价格区间的自主品牌。

交付量排名第二的是威马汽车，共实现交付16876辆。威马旗下主销也是首款车型EX5的全年交付量为16810辆（根据上险数统计），创下了造车新势力单车年度交付量的新纪录。

小鹏汽车以微弱的差距位列第三，全年完成交付16608辆，上险量为14191辆。由于仅有一款产品，这也是小鹏G3 2019年的销售成绩，小鹏G3排在了造车新势力单车年度交付量排行榜的第二位。

交付量超过1万辆的最后一名是合众汽车，旗下的哪吒N01在2019年共计销售1万辆。据悉，合众汽车旗下的第二款车型——哪吒U将在2020年第一季度上市。

尽管造车新势力目前两极分化严重，2019年底还未实现产品上市的或将失去抓住新能源汽车市场窗口期的机遇，但目前排名靠前的头部企业优势显现，销量也处在稳步爬升的过程中，有理由相信，只要不发生资金链断裂等关乎生存的大问题，造车新势力有望逐渐成为我国自主品牌新能源乘用车企业中的一支生力军，成为推动我国新能源乘用车发展不可或缺的力量之一。

参考文献

李稻葵：《中国宏观经济形势分析与前瞻》，《改革》2020年第1期。

B.3
2019年中国品牌商用车市场格局发展报告

姚会法*

摘 要： 本报告从客车、货车这两大类型产品出发，分析中国品牌商用车在2019年的市场表现和市场格局，通过不同渠道的数据，综合分析各类商用车品牌及产品的市场份额及其相应的市场地位。2019年，我国商用车市场在治超加严、“国三”汽车淘汰、新能源物流车快速发展、基建投资回升等利好因素的促进下，产销量要高于乘用车。但受整体汽车市场低迷影响，2019年，国内商用车行业的增长放缓，其中，货车产销量分别完成了388.8万辆和385万辆，产量同比累计增长了2.6%，销量同比下降了0.9%。在货车的主要细分市场中，相较于上年同期，重型货车的产量及销量均呈现增长态势；在轻型及微型货车市场，全年产量微有增加，销量则微有下降；在中型货车市场，产销量呈明显下降趋势。2019年，客车行业的形势同样如此，全年产销量分别为47.2万辆和47.4万辆，同比分别下降了3.5%和2.2%。虽然增长放缓，但这一年我国商用车市场仍有许多亮点：重型货车市场销量再次突破百万辆；客车海外出口捷报频传；商用车企业“奋战国六”取得了阶段性胜利；无人驾驶商用车、氢燃料客车、纯电动物流车不断推陈出新；新技术在商用车领域

* 姚会法，《中国汽车报》社全媒体采访中心记者。

的应用掀开了新的一页。

关键词： 中国品牌商用车 智能网联 5G技术 自动驾驶

2019年，对于商用车行业来说是颇为不平凡的一年。从各个细分市场来看，呈现冷热不均的态势。重型货车销量再创新高，中型货车市场“跌跌不休”，新能源货车销量先增后降，轻型货车、客车市场表现像是坐过山车，极不稳定。从行业发展趋势来看，“大吨小标”事件对卡车市场产生深远影响；取消省界收费站、推广ETC，加速实现高速公路不停车快速收费，一套组合拳让运输从业者拍手称快；按轴收费即将实施，势必会对物流运输市场产生一定冲击；受补贴退坡影响，客车市场低迷；“国六”排放标准实施，倒逼商用车企业转型升级……一系列政策刺激着商用车市场起伏不定。

2019年汽车总体生产情况如表1所示。根据中国汽车工业协会发布的产销数据，2019年，我国商用车产销量分别完成436万辆和432.4万辆，产量同比增长1.9%，销量同比下降1.1%（2006～2019年商用车销量见图1）。分类来看，货车产销量分别完成388.8万辆和385万辆，产量同比累计增长2.6%，销量同比下降0.9%。其中，1～12月，重型货车产销量分别为119.3万辆和117.4万辆，同比分别增长7.3%和2.3%；中型货车销售13.9万辆，同比下降21.5%；轻型货车销售188.3万辆，同比下降0.6%；微型货车销售65.3万辆，同比下降1.8%。

客车全年产销量分别完成47.2万辆和47.4万辆，同比分别下降3.5%和2.2%。其中，1～12月，大型客车销售7.5万辆，同比下降2.6%；中型客车销售6.7万辆，同比下降9.5%；轻型客车销售33.3万辆，同比下降0.6%。

2018～2019年商用车分车型具体销售情况详见图2、表2和表3。

表 1　2019 年 12 月及全年汽车生产情况

单位：万辆，%

	12 月	1～12 月累计	环比增长	同比增长	同比累计增长
汽车	268.3	2572.1	3.5	8.1	-7.5
乘用车	218.5	2136.0	1.0	6.4	-9.2
轿车	99.2	1023.3	1.2	-1.9	-10.9
MPV	14.0	138.1	-4.2	-16.8	-18.1
SUV	101.2	934.4	1.2	21.5	-6.0
交叉型乘用车	4.1	40.2	13.5	-1.5	-4.3
商用车	49.8	436.0	15.6	16.4	1.0
客车	6.4	47.2	29.2	19.8	-3.5
其中:客车非完整车辆	0.3	3.0	-18.6	-19.9	-14.0
货车	43.4	388.8	13.9	15.9	2.6
其中:半挂牵引车	6.9	58.1	0.9	53.4	23.6
货车非完整车辆	6.3	58.2	27.4	13.8	10.7

资料来源：中国汽车工业协会。

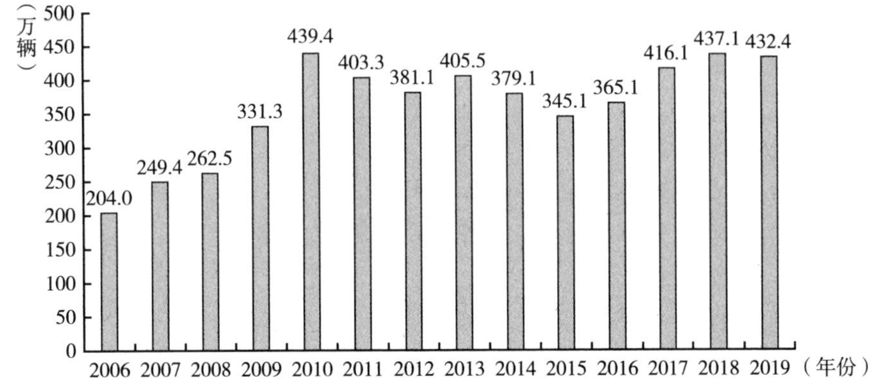

图 1　2006～2019 年商用车销量

资料来源：中国汽车工业协会。

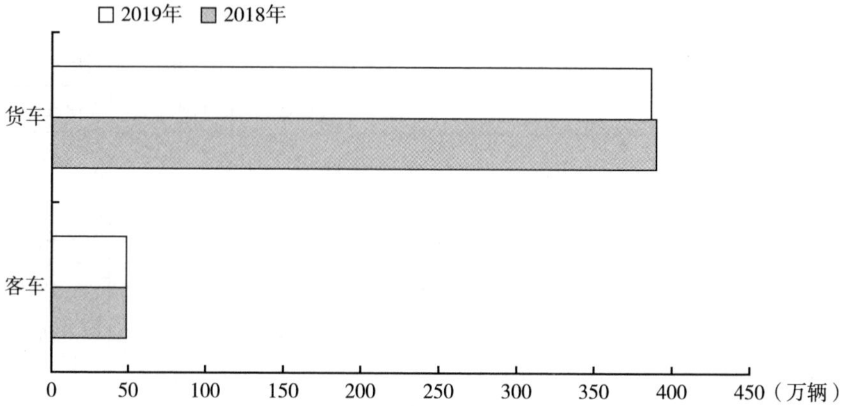

图 2　2018～2019 年商用车分车型销量

资料来源：中国汽车工业协会。

表 2　货车分车型销售量

单位：万辆

货车总计	2019 年	2018 年
	384.9	388.6
重卡	117.4	114.8
中卡	13.9	17.7
轻卡	188.3	189.5
微卡	65.3	66.6

资料来源：中国汽车工业协会。

表 3　客车分车型销售量

单位：万辆

客车总计	2019 年	2018 年
	47.5	48.6
大型	7.5	7.7
中型	6.7	7.4
轻型	33.3	33.5

资料来源：中国汽车工业协会。

一　重型货车市场概况

2019 年，重型货车市场的销量再创历史新高，给我国商用车市场的提振给予了极大的支撑。回顾重型货车在 2019 年的市场表现，全年实现同比增长的时间段共计有 8 个月，尤其是下半年，曾连续 6 个月销量持续得到提升，表现十分亮眼。

其中，天然气重型货车无疑是该市场的一大亮点。业内人士分析认为，一方面，进入 2019 年，气价持续回落，柴油价格上升，油气差价不断拉大，使得天然气重型货车的经济性凸显；另一方面，随着加气站数量的增多，加气的便捷性也在推动天然气重型货车的销量持续上扬。再加上 2019 年 7 月 1 日天然气汽车“国六”排放标准实施，经销商和用户提前储备、购买“国五”天然气汽车，为天然气重型货车销量井喷式增长创造了非常好的条件。

2019 年上半年，重型货车市场呈现“前高后低”的发展态势。从具体月份来看，3 月重型货车销量创造了当月销量的历史新高（14.88 万辆），到了 4 月，行业却开始需求乏力，走势急转直下。进入下半年，业内普遍认为销量会继续下降之时，市场却开始回暖（见图 3）。

从产品结构来看，2019 年牵引车市场一枝独秀，载货车和自卸车销量均出现不同程度下滑。从市场份额来看，重型货车企业前 10 强的市场集中度有所下降。2019 年 1～12 月，前 10 强企业合计销量达 113.5 万辆，合计份额 96.7%，比上年同期（97.6%）降低 0.9 个百分点。

具体来看，1～12 月，一汽解放以售车 27.63 万辆、同比增长 6% 的优异成绩，稳坐头把交椅，连续 4 年保持重型货车行业销量第一；东风集团的发展势头依旧迅猛，1～12 月累计销售重型货车 24.11 万辆，同比增长 11%，排名第二；中国重汽 1～12 月销售 18.7 万辆重型货车，市场份额达 16.3%，位列第三；陕汽集团与前三强的差距正在逐步缩小，全年累计销售 17.53 万辆重型货车，同比增长 2%，市场份额为 14.8%；北汽重卡福田累

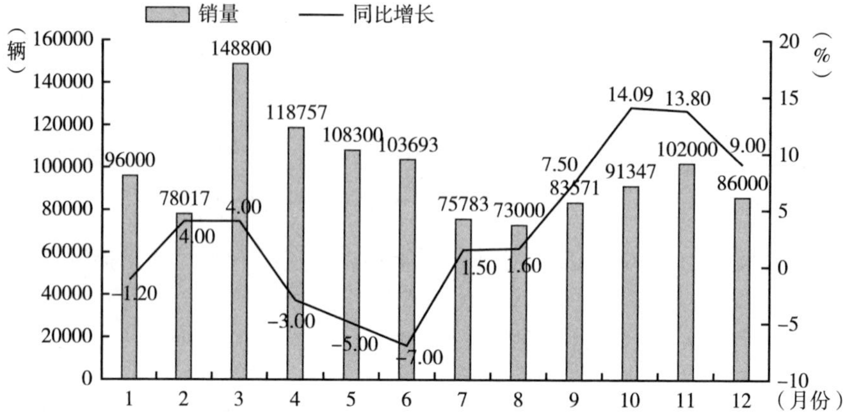

图3　2019 年重型货车月度销量及同比变化

资料来源：中国汽车工业协会。

计销售重型货车 8.61 万辆，市场份额为 7.4%，位列第五。

2019 年，上汽红岩守住了行业第六的位置，全年累计销售 5.81 万辆，与上年基本持平，市场份额为 4.9%；江淮重卡全年累计售车 3.78 万辆，同比下降 7%，排名第七；紧随其后的大运汽车 1～12 月共销售 32341 辆重型货车，市场份额为 2.8%；跃升行业第九的徐工汽车累计销量达 20555 辆，同比增长 19%，在前 10 强中增幅排名第一，市场份额为 1.7%；华菱汽车 11 月和 12 月的销量重回行业第九，但全年累计销量（20184 辆）逊于徐工汽车，市场份额为 1.7%，排名第十。2019 年重型货车企业所占市场份额见图 4。

从市场变化的大趋势上我们可以了解到，智能化、自动化、高端化是我国重型货车今后的发展方向，是为了满足我国国民经济不断发展的需要。2019 年重型货车的销量表现，也振奋了 2020 年的重型货车市场。业内普遍认为，按轴收费、超载治理等种种政策带来了重型货车需求的增加以及企业重型货车产品线结构的变化，车辆更新需求将会非常强劲。同时，基建回暖将拉动工程类重型货车的需求增加，2020 年重型货车市场有望同比持平或继续增长。

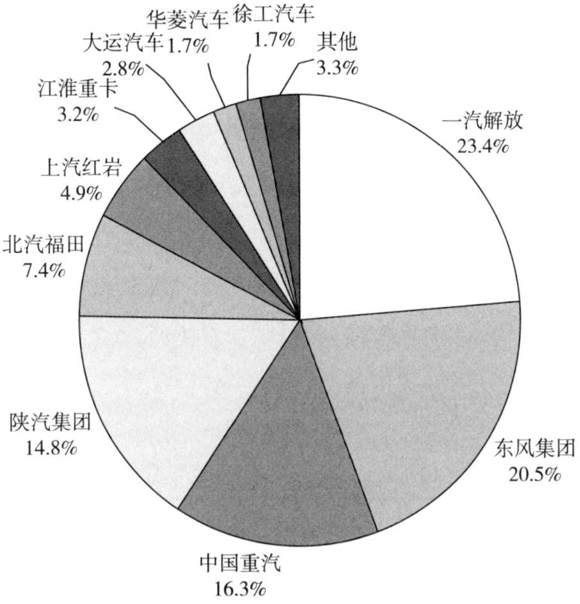

图4　2019年重型货车企业所占市场份额

资料来源：中国汽车工业协会。

二　中型货车市场概况

2019年，中型货车的市场表现不尽如人意。根据中国汽车工业协会发布的产销数据，12月，中型货车销售1.2万辆，同比下降16.1%；2019全年，中型货车销售13.9万辆，同比下降21.5%，降幅收窄。

据了解，在整个货车市场，中型货车的占比仅约为4%，尴尬地存在于重型货车和轻型货车的夹缝之中，近两年中型货车的市场体量已进一步被挤压。

具体来看，2019年12月中型货车销量排名前十中，五增五降，增幅最大的为一汽解放，而四川南骏下降最明显，前三名依次为北汽福田、大运汽车和东风汽车（见表4）。

表 4　2019 年 12 月中型货车销量 TOP10

单位：辆，%

排名	企业	销量	同比增长
1	北汽福田	3108	36.50
2	大运汽车	1956	2.73
3	东风汽车	1849	-25.41
4	庆铃汽车	1643	9.90
5	一汽解放	1297	243.12
6	江淮汽车	1165	93.52
7	中国重汽	497	-71.71
8	山东唐骏欧铃	359	-32.52
9	浙江飞碟	199	-84.36
10	四川南骏	143	-85.10

资料来源：中国汽车工业协会。

2019 年中型货车全年的销售数据中，北汽福田位于冠军位置，第二、三名依次为大运汽车、东风汽车。陕汽集团也冲入了前十，夺得最后一席（见表 5）。

表 5　2019 年全年中型货车销量 TOP10

单位：辆，%

排名	企业	销量	同比增长
1	北汽福田	34293	165.67
2	大运汽车	23018	0.08
3	东风汽车	21182	-29.63
4	庆铃汽车	11925	-0.57
5	山东唐骏欧铃	10593	-6.56
6	江淮汽车	10528	-10.25
7	一汽解放	9359	32.73
8	中国重汽	8605	-50.97
9	浙江飞碟	2853	-87.90
10	陕汽集团	2166	351.25

资料来源：中国汽车工业协会。

我国经济进入新常态后，消费、投资和出口低速运行，环保需求升级，各地政府治理整顿载货汽车市场。由于与重型货车在价格上存在明显的差异，以及使用区域及性能等各不相同，近年来中型卡车的需求比较稳定，特别是用于中短途物流的中型货车进入了刚性需求阶段。

目前，中国的物流行业不断催生出新物流理念及新物流经营方式，促使企业对高效物流运输装备的需求日益迫切。而中型货车作为中短途物流运输的主力车型备受重视，因此，对物流运输装备在品质上进行升级就势在必行。

随着“大吨小标”治理的深入，车辆合规化越来越受到重视，一部分市场需求逐渐转向中型货车市场。在运距、油耗、路桥费、按轴收费等诸多因素的综合影响下，中型货车开始迎来全新的发展机遇。

三　轻型货车市场概况

轻型货车是城市配送的主要交通工具，人们的日常生活离不开它的支撑。当前，轻型货车在我国商用车市场占有相当大的市场份额，在城市物流运输中发挥着不可或缺的作用，是城镇化进程加快、城市物流业迅速发展的必然结果。

受“大吨小标”治理的影响，2019 年轻型货车市场出现了下滑，但幅度并不大，比 2018 年的 189. 5 万辆下降了 1. 2 万辆。后期合规产品相继上市，市场出现了一定程度的回暖。从全年来看，“大吨小标”虽对行业产生了比较大的影响，但轻型货车的销量并未出现太大的起伏。

2019 年前 4 个月，我国轻型货车的市场表现良好，分别实现了 1 月 3%、2 月 14%、3 月 3%、4 月 5%的月度增幅，前 4 个月月累计总销量增长 5%。然而从 5 月开始，轻型货车的市场有所下滑，5 月下滑 8%，6 月下滑 23%，7 月下滑 12%，连续 3 个月出现下滑。

市场下滑趋势在 8 月结束，9 月和 10 月，轻型货车市场又出现了连续增长的状况，8 月同比增长 0. 1%，9 月同比增长 2%，10 月同比增长 10%，呈现增幅逐月扩大的趋势。

11月，货车市场整体增长8%，轻型货车虽然也有增长，但对比货车市场的大盘还有不小的差距。从全年销量累计数据来看，2019年前11个月，轻型货车的市场销量同比下降0.4%，而销量累计的降幅呈现逐渐变小的趋势（据统计，前7个月累计下降3%，前8个月累计下降2.6%，前9个月累计下降2.2%，前10个月累计下降1%），0.4%的累计降幅则是跑赢了货车市场1.5%的累计降幅。

具体来看，在轻型货车方面，12月销售19.3万辆，环比增长12.2%，同比下降2.3%；1~12月，轻型货车销售188.3万辆，同比下降0.6%。12月销量排名前十企业中，六增四降，其中江淮汽车增幅最高，为32.99%（见表6）。

表6　2019年12月轻型货车（含非完成车辆）销量TOP10

单位：辆，%

排名	企业	销量	同比增长
1	北汽福田	41828	7.09
2	东风汽车	20080	30.36
3	江铃控股	18725	-16.99
4	重庆长安	16048	22.60
5	江淮汽车	15781	32.99
6	长城汽车	15498	15.36
7	中国重汽	10755	-20.29
8	金杯汽车	6092	22.43
9	江西五十铃	4634	-21.14
10	上汽大通	4424	-2.85

资料来源：中国汽车工业协会。

从全年累计销量来看，北汽福田位居第一，东风汽车排名第三，保定长安进位前十，排名第九。排名前十企业中，江铃、长安、重汽三家2019年累计销量较2018年有所下滑。

从市场份额来看，2019年累计销量排名前十企业的市场份额与2018年的市场份额相比，七增三降，福田、江淮、东风、长城、一汽、保定长安、金杯 7 家企业呈增长态势。

随着国民经济的发展，以及城市物流要求的升级，轻型货车高端化已是大势所趋，人们更加注重车辆本身的全生命周期成本，可靠性更好、出勤率更高、运营成本更低、产品寿命更长、舒适性更强的轻型货车备受用户青睐。现在的畅销高端轻型货车产品中，电子油门、助力转向、离合助力、电动空调、电动车窗、遥控钥匙等轿车化舒适配置已经得到大量应用，接近乘用车标准。

此外，随着环保压力的不断加大，轻型货车电动化趋势明显。在新能源物流车领域，得益于政策推动，近年来我国新能源轻型货车市场发展迅速，国务院办公厅于 2018 年印发了《推进运输结构调整三年行动计划（2018 ~ 2020 年）》，其中指出，2020 年，在城市的建成区中，更新和新增的物流轻型配送车辆中，达到“国六”排放标准的清洁能源车辆及新能源车辆的比例，应该超过总体数量的 50%，而在重点的区域，总体占比需达到 80%。目前来看，京东、顺丰等物流企业的新能源物流车已投入运营，未来新能源轻型物流车行业将是一片蓝海。

四　客车市场概况

2019 年是中华人民共和国成立 70 周年的年头，是我国实现第一个百年奋斗目标、全面建成小康社会的关键时刻，同时也是客车行业的形势非常严峻的一年。随着新能源补贴的大幅退坡和公路客运市场的日渐萎缩，我国客车行业充满了挑战。

根据中国汽车工业协会的产销数据，2019 年，我国的客车产销量分别完成了 47.2 万辆和 47.4 万辆，同比分别下降 3.5% 和 2.2%，2019 年客车市场继 2017 年、2018 年之后连续第三年下跌。由此可见，受宏观经济下行以及新能源汽车补贴政策退坡的影响，近年来，城市公交客运量及全国公路客运总量都出现了逐年负增长的变化趋势，而且幅度持续加大，与此同时，全国客车市场的总体表现也受到各种相关因素影响，出现疲软的状态，“存量竞争”的时代已经降临我国客车市场。

从最近5年的数据来看，国内公共汽电车的数量大幅增加，而营运类客车的数量则小幅下降。呈两位数下滑的城市公交客运量及全国公路客运总量，加剧了供需矛盾，这种形势将会进一步对国内客车市场的需求造成影响。

从具体情况来看，2013～2018年，全国营运类客车的总量由85.3万辆逐步下降到79.7万辆，总体保有量下降6.6%，全国公路客运总量则由185.4亿人次逐步下降到136.7亿人次，下降了26.3%。与此同时，全国公共汽电车的总数量由51.0万辆逐步增加到67.3万辆，增加了近32.0%，而城市公交客运数量由771.2亿人次逐步下降到697.0亿人次，下降了近10%。

根据相关数据统计，2019年11月，全车长度5米以上级别的客车销量为16.44万辆，同比下降8.05%。其中，城市公交车的销量为6.73万辆，同比下降12.03%。采用新能源的公交车数量占公交车总销量的84.85%，同比减少7700多辆；公路客车的销量共计7.13万辆，同比下滑5.56%；校车类客车的销量总共1.04万辆，同比下滑32.47%。不过有一点值得高兴的是，2019年前11个月中，客车的出口总数量达到3.66万辆，总销售额达到126.97亿元，同比分别增长了24.34%和10.67%，是我国客车行业2019年中少有的亮点。

2019年客车行业遭遇了大幅“缩水”，目前客车行业面临的形势复杂而严峻。2019年，市场客车表现出七大特点：①主流企业的市场业绩不尽如人意，行业重组的迹象显而易见；②公交客车的市场表现继续下滑，好在销量累计的总降幅并不是很大；③客车销量未来仍将呈现继续下滑的状态；④新能源客车只剩下寥寥数家企业在支撑，市场竞争越来越激烈；⑤虽然校车的市场份额仅占客车总体市场的7%，但依然是客车市场的重要组成部分之一；⑥客车出口数量大幅增长，显示出客车行业中各家企业的战略重心转向增加出口、转战海外；⑦受到客车出口大幅增长的影响，传统客车的下降趋势有变缓的迹象。

专家预测，未来的国内客车市场可能受到新能源准入政策实施、沃特玛事件及新能源补贴政策退坡并最终退出市场这三大因素的影响，我国客车市场2020年还将继续下滑。不过还是可以看到新的希望，旅游客车及新能源客车的出口将是客车市场2020年的两大希望。2019年9月，中共中央和国务院印发的《交通强国建设纲要》中明确指出：加强车路协同技术的开发研究，加快自动驾驶技术的应用，大力发展智能化汽车，从而形成我国独立自主且可控的客车行业完整产业链。与此同时，大力推动城市物流配送车辆及城市公共交通工具提高科技含量，力争全部实现能源清洁化、新能源化和电动化，指明了我国客车行业的发展方向和道路。2019年12月，工信部发布的《新能源汽车产业发展规划（2021~2035年）》（征求意见稿）中，明确了行业发展目标：预计到2035年，我国公共领域的用车要实现全面电动化，纯电动汽车将成为市场中的主流，同时要实现商业化燃料电池汽车的市场应用，普及运用高度自动化驾驶技术和智能网联技术的新型汽车。

由此可见，面向未来中国的客车行业，还需要攻克各种“艰难险阻”，不断努力前行，坚定发展新型智能客车的战略方向，坚持发展新能源客车，大力提升核心技术力量，进一步提高产品的市场竞争力，面对新一轮的产业变革及科技革命，从而实现安全、智能、绿色的既定发展目标，立足现状，争取实现更大的突破。

参考文献

云清：《2019客车市场研究会：把脉客车市场发展》，《商用汽车》2020年第1期。

高驰：《2019年度行业盘点政策推动行业良性发展》，《汽车与配件》2020年第1期。

威尔森：《2019车市政策多措并举》，《汽车与配件》2020年第2期。

B.4
2019年中国品牌汽车零部件市场格局发展报告

姚福太 *

摘　要： 2019年，汽车零部件市场与整车市场一样，面临着严峻的生存考验。本报告通过发动机和变速器技术升级、汽车“新四化”技术应用、质量控制的转变这三个方面，从企业技术发展的角度，对2019年汽车零部件市场的发展与变化进行了描述，展现了市场格局的变化，总结分析了各家企业的措施和方法。其中，在发动机和变速器领域，零部件企业积极“合纵连横”来加强技术创新，共同突破技术难关；在汽车“新四化”技术的应用上，新能源应用研发是重中之重，自动化驾驶技术也正从实验室逐步走向实际应用，人工智能方面的投入正在加大，以应对未来技术的需求和市场竞争；在质量控制方面，从被动的产品质量抽检转变为通过科学有效的制造体系来保障零部件质量。

关键词： 汽车零部件　技术升级　“新四化”　产品质量控制

整车产销量直接决定零部件的市场形势。

中国汽车工业协会的统计结果显示：2019年，中国汽车产量和销量分

---

* 姚福太，《中国汽车报》社主任编辑。

别为2572.1万辆和2576.9万辆，同比分别下降7.5%和8.2%。在这样的整车产销形势下，零部件市场难免陷入寒冬。

“不经一番寒彻骨，怎得梅花扑鼻香?”2019年，国内汽车零部件市场正是经受苦寒修炼，才散发出迷人的“梅花香”。

一　发动机和变速器技术升级持续进行

技术是汽车零部件产业之魂。技术进步，不断地引起汽车零部件市场变革。

2017年，挪威、比利时、瑞士、法国、英国、瑞典和印度等国家政府都推出了禁售燃油汽车的时间表，内燃机似乎正在迅速“退出历史舞台”。

汽车内燃机究竟会不会很快退出历史舞台？2018年，全世界很多人都在关注这个问题，瑞士、日本、美国和西班牙等国家甚至召开专门会议讨论这个问题。

汽车发动机技术在政策和市场的作用下不断发展。汽车氮氧化物、一氧化碳和二氧化碳等排放物比最早实行汽车排放法规前减少了99%。汽车行业通过燃烧系统改进和后处理技术进步，基本消除了尾气中的有害物。

汽车排放颗粒物（PM）可以通过皮肤进入人的身体，与细胞发生反应，对人体伤害很大。它越微小，危害越大。因此，各个国家和地区都非常重视减少PM。当前，汽车内燃机排放的颗粒物数量已经降到很低。“国六”排放标准也开始对此进行控制，技术升级正在推进。

二氧化碳排放与燃油消耗直接相关。减少汽车二氧化碳排放，就得少烧油。同样，汽车越节油，二氧化碳排放量就越少。总体而言，美国汽车二氧化碳排放量较高，中国汽车二氧化碳排放量仅次于美国，日本和欧洲汽车二氧化碳排放量较低。当前，中国正在紧追欧洲和日本，快速降低汽车油耗，从而减少汽车二氧化碳排放量。

发动机使用VVT（可变气门正时系统）、双VVT（进排气气门连续可变正时系统）、柴油发动机气门间隙自动调整检测技术、NVH（噪声、振动与声振粗糙度）检测技术等，动力性越来越强，油耗越来越低。很多小型发动机都在使用集成式排气歧管。涡轮增压系统已经实现小型化。涡轮增压发动机的动力性提升非常快，可以降低油耗。直喷汽油机也能增强动力、降低油耗。这些技术都是成熟技术。

经过激烈的争论，中国汽车产业界在2019年初基本上达成了共识：内燃机还会存在相当长时间；电气化是发动机产品的主要发展趋势，其程度将在技术、法规、车型和成本等因素的影响下逐渐加深；内燃机将向热效率更高、排放更清洁、动力性更强的方向持续改进。

随着汽车电动化不断深入，发动机将越来越简单、高效，各种新概念发动机有可能涌现。

有了这样的共识，相应的行动随即展开。

2019年，一汽解放发动机事业部坚持自主正向开发，把握“国六”领先优势，增强技术创新能力，充分发挥市场营销、质量监督、团队管理、生产保障的协同作用，抢占“国六”发动机市场先机：采用废气再循环（EGR）、颗粒捕捉器（DPF）、选择性催化还原（SCR）等技术，将“国六”发动机缸内爆发压力提升20%；同时，利用独创的分布式燃烧技术和高爆压技术，确保燃油燃烧更加充分，节油3%以上，10万公里运行成本可以降低1万元。

随着以技术为核心的市场竞争越来越激烈，汽车发动机行业在2019年进入“战国时代”，企业之间的“合纵连横”大戏轮番上演。

2019年2月21日，北汽福田汽车股份有限公司发布公告称，福田与云南云内动力集团有限公司、吉林恒联精密铸造科技有限公司、北京汽车股份有限公司拟共同出资设立河北规一汽车部件有限公司。

2019年3月14日，康明斯与一汽解放发动机事业部的双方高层人士会晤，达成以新技术为支撑项、全力打造“三最”（最节油、最高效、最可靠）发动机的一致意见。

2019年5月31日，康明斯公司与五十铃汽车有限公司宣布签署五十铃康明斯动力总成合作伙伴协议。这个协议正式确定：双方联合开发，为全球市场引入新的柴油动力及其动力总成。

2019 年 7 月 11 日，福田汽车集团总经理巩月琼带队访问玉柴，进行深度座谈，就“国六”产品配套、海外市场开拓、新能源产品开发等议题达成了重要战略合作共识。

早在 2013 年，安徽江淮汽车集团股份有限公司就与潍柴签署了战略合作协议。双方在开发、制造、销售、服务等领域深度合作，实现快速发展。2019 年 7 月 25 日，双方在合肥正式签署新的战略合作协议。按照这个新协议，双方进一步加大节能新技术、新能源汽车技术特别是软件等关键技术研究合作力度，自主发展，牢牢掌握科技发展主动权，努力突破关键技术难关，打造可持续发展和良性循环的产业链、生态链、价值链，共同提升市场竞争力，实现合作共赢。

“合纵连横”能增强技术创新的有效性，保障发动机市场销量，对产业格局的影响非常大。

频繁上演的“合纵连横”大戏表明：发动机市场竞争进入白热化阶段，发动机企业寻求战略联盟突破技术难关的愿望越来越强烈。

珠海华粤传动科技有限公司依靠自主开发与产业链协同创新，走出了一条自立自强的转型升级之路，打破了湿式双离合器产业强国的技术垄断，引领中国自主湿式双离合器产业发展，提升中国自主湿式双离合器自动变速器的市场竞争力，也为中国自主混合动力汽车产业的发展增加了一条有效技术路线。

2019 年，华粤形成年产 20 万台湿式双离合器的能力。这标志着华粤正式成为中国第一家独立湿式双离合器供应商，彰显了中国汽车零部件产业巨大的发展潜力。

一汽解放发动机事业部抢占“国六”发动机市场先机、“合纵连横”和华粤突破湿式双离合器技术难关，是 2019 年中国发动机和变速器技术升级持续进行的代表性事件。

二　汽车新“四化”技术遍地开花

2019 年，汽车向着“新四化”（电动化、智能化、网联化、共享化）

加速演变。

汽车原有零部件将被“三电”（电池、电机、电控）系统取代，引起汽车零部件产业深度变革。在某种程度上，汽车“新四化”就是零部件“新四化”，零部件“新四化”驱动和引领整车“新四化”发展。零部件企业应该以“新四化”为契机，超前布局，超前开发，在市场竞争中占据一席之地。

2019 年，在激烈的市场竞争中，中国动力电池企业的数量进一步减少，市场集中度进一步提升。

宁德时代新能源科技股份有限公司执着开发三元锂电池，逐渐赢得政策支持和市场青睐，形成独特的技术竞争优势。2019 年，宁德时代进一步扩大动力电池生产规模，在汽车动力电池市场上的占有率超过 50%。

宁德时代的作为足以表明：汽车“新四化”是中国汽车零部件产业发展的重大机遇。

中国科学院院士欧阳明高说：“发展燃料电池汽车和发展纯电动汽车并不矛盾，不存在谁取代谁的问题。”

氢是燃料电池汽车最理想的清洁能源。

相比纯电动汽车，氢燃料电池汽车能源补充快、能量密度高、续驶里程长。另外，氢燃料电池本身无污染，不像纯电动汽车的电池那样存在重金属污染问题；低温性能适合在极寒地区使用。因此，氢燃料电池汽车是比纯电动汽车更好的新能源汽车。

2019 年，中国生产 3018 辆氢燃料电池汽车，同比增长 86.41%；中国氢燃料电池汽车保有量超过 6000 辆。因此，2019 年被称为中国氢燃料电池汽车商业化元年。

氢燃料电池汽车发展速度势必赶超纯电动汽车。国际能源署预测结果显示：2025 年，氢燃料电池汽车的市场需求量将占全球汽车市场总需求量的 17.5%。丰田、本田、现代等日韩企业对氢燃料电池汽车技术情有独钟。

致力于产业升级的中国自然不会轻视具有广阔发展前景的氢燃料电池汽车产业。在中国，氢燃料电池汽车产业与电动汽车产业将长期并驾齐驱，优势互补。

广东、上海等17个地区已经开始氢燃料电池汽车商业化运营。当前，在售氢燃料电池汽车以中型货车和大中型公共汽车为主，氢燃料电池重型卡车仍在开发验证阶段：陕汽、重汽、红岩、大运、江铃等企业的氢燃料电池重型卡车样品已经纷纷亮相；潞宝集团、燕山石化、康明斯、雪人股份、长城、亿华通等企业均在氢能源汽车产业领域有专项投资。

业界公认，中国有望成为全世界氢燃料电池汽车保有量最大的国家。

2030年，中国将拥有1000座加氢站，氢燃料电池汽车进入量产阶段，中国氢能源汽车产业产值有望突破1万亿元大关。

相比乘用汽车，商用汽车受燃料电池体积的影响较小。当前，中国氢燃料电池汽车主要是城市公共汽车、景区旅游客车等商用汽车。

2019年2月，中国科学技术大学研制出可解除氢燃料电池一氧化碳中毒休克危机的新型催化剂，攻克了氢燃料电池汽车推广应用的难题。

每个加氢站的建设成本在1500万元左右。国内加氢站极少，制约氢燃料电池汽车发展。2019年3月，中国政府首次提出推动加氢站等设施建设，这将极大地推动氢燃料电池汽车发展。

当前，氢燃料电池系统和储氢系统占氢燃料电池汽车制造成本的65%。燃料电池系统质子交换膜技术壁垒高，用贵金属铂和双极板加工工艺生产氢燃料电堆催化剂，导致氢燃料电池系统成本高，阻碍氢燃料电池汽车的市场化进程。因此，降低氢燃料电堆催化剂中的铂用量和氢燃料电池系统小型精密件的制造成本，是中国氢燃料电池汽车行业必须重点攻克的技术难关。

广东国鸿氢能科技有限公司以氢燃料电池关键技术和产品为核心，引领中国燃料电池产业自主发展。2019年7月16日，山西美锦能源股份有限公司发布公告称，以自有资金向广东国鸿增资1.8亿元。增资完成后，山西美锦持有广东国鸿9.09%的股权。本次增资，将进一步完善山西美锦氢能源全产业链布局，有助于山西美锦与氢燃料电池汽车企业飞驰汽车制造有限公司、氢燃料电池高性能膜电极（MEA）企业鸿基创能科技（广州）有限公司形成协同效应，降低生产成本，支持氢燃料电池汽车产业发展。

当前，国内氢燃料电池发动机功率为30～60kW。提升燃料电池系统功率、体积比功率、低温启动性能和耐久性，是氢燃料电池发动机技术发展的重点。

2019年11月8日，上海燃料电池汽车动力系统有限公司发布第三代超越－300E型100kW大功率氢燃料电池发动机产品，标志着国内自主氢燃料电池发动机技术成功向全功率化迈进。相比市场上主流大功率氢燃料电池发动机产品，其制造成本下降28%。这款新型大功率氢燃料电池发动机主要配装城市客车、中重型载货车等氢燃料电池商用车，将在2020年下半年正式投入量产。

2019年10月18日，中国第一个自主氢燃料电池技术产业化基地由安徽明天氢能科技股份有限公司在六安建成投产，自主生产出第一台（套）电堆，标志着国内自主开启电堆产业化进程。

湖南科力远新能源股份有限公司自主开发的氢燃料电池和镍氢电池电电混合无级变速驱动系统在2019年12月19日通过中国高科技产业化研究会组织的科技成果鉴定。这个系统具备自主知识产权，有较好的动力性和经济性，技术达到国际先进水平，应用前景广阔。

国内甲醇重整制氢燃料电池汽车开发已经取得进展。2018年10月，全世界第一辆基于甲醇重整制氢燃料电池的东风T7厢式货车（轻卡）在昆山正式投入商业运营。这个车型以液体甲醇为原料，可在卡车上实现制氢、发电、驱动或为电池充电。续驶里程长于同类型锂电池电动轻卡，而成本低于同类型柴油轻卡。相应地，甲醇重整制氢燃料电池生产投资随即跟进。2019年，上海博氢新能源科技有限公司投资约30亿元在宁波开始兴建全世界第一个以甲醇为加注介质的氢燃料电池生产基地。这个基地将在2020年建成投产，可实现年产20万台（套）氢燃料电池。

国内质子交换膜、碳纸、铂催化剂、高纯度石墨等关键产品还依赖进口，空压机、增湿器、氢循环设备的开发能力有待提升。总之，在制氢、存储、氢燃料电池系统、电机、电控等核心技术方面，国内氢燃料电池汽车产业还需加快追赶国际先进水平。

自动驾驶汽车又被称为无人驾驶汽车、电脑驾驶汽车或轮式移动机器人，是一种用电脑系统实现无人驾驶的智能汽车。它依靠人工智能、视觉计算、雷达、监控装置和全球定位系统的协同合作，让电脑在没有任何人操作的情况下自动安全地驾驶。

经过多方多年的探索实践，自动驾驶汽车业界在2019年开始逐渐从“仰望星空”回归理性，脚踏实地，寻找自动驾驶汽车技术的实际应用。

2019年，电动化和智能座舱等业务增长，对新能源汽车和智能汽车零部件供应商的营业收入产生了积极的拉动作用。

2019年9月，百度和一汽联手打造中国第一批量产L4级自动驾驶乘用车红旗EV，获得5张北京市自动驾驶道路测试牌照。

2019年9月22日，国家智能网联汽车（武汉）测试示范区揭牌，百度、海梁科技、深兰科技等企业获得全世界第一张自动驾驶汽车商用牌照。

2019年9月26日，百度在长沙宣布，自动驾驶出租车队Robotaxi试运营正式开启。

自动代客泊车（AVP）技术成为颇具战略价值、最有可能率先面向大众消费市场实现商业化的自动驾驶汽车技术。一汽、广汽、小鹏、博世、德赛西威、禾多等企业都在布局AVP技术。博世在2019年先后与戴姆勒和广汽研究院就AVP技术进行合作，共同推动AVP的商业化进程。

激光雷达是L3～L5级自动驾驶汽车的核心传感器，固态化、小型化和低成本是车载激光雷达的发展趋势。中国自动驾驶汽车固态激光雷达等先进产品正在加快实现量产。

深圳市速腾聚创科技有限公司在2019年为自动驾驶出租车开发了一套完整的激光雷达感知解决方案，将在海外市场率先推出。

2019年8月27日，长城汽车股份有限公司、北京亮道智能汽车技术有限公司和Ibeo公司就L3、L4自动驾驶汽车量产开发签署战略合作协议。长城汽车股份有限公司将选用新一代4D固态激光雷达ibeoNEXT作为自动驾驶汽车传感器系统的核心组成部分，亮道将负责ibeoNEXT和环境感知系统在长城量产专项中的验证工作。这是全世界第一个纯固态激光雷达量产合作专项，也是全球第一个纯固态激光雷达的车规量产合作专项。

中国巨大的汽车芯片市场一直被发达国家的企业垄断。自动驾驶汽车对芯片性能、功耗等方面的要求更高。好在2019年出现了可喜的情况：中国一些企业在自动驾驶汽车芯片技术开发方面奋起直追。

2019年12月18日，英伟达发布了软件定义的自动驾驶汽车平台DRIVE AGX Orin，其中内置了英伟达全新的自动驾驶芯片Orin。这是一款系统级芯片，拥有170亿个晶体管，配套对象可从L2级自动驾驶汽车扩展到L5级自动驾驶汽车。

2019年8月30日，边缘人工智能芯片企业地平线宣布量产中国第一款车规级人工智能芯片征程二代。

特别值得注意的是，传统跨国公司越来越注重芯片的战略地位。2019年7月10日，丰田和电装联合宣布成立合资企业，专门开发下一代汽车半导体芯片。

虽然中国一些企业开发自动驾驶汽车芯片取得了一些成就，但是在总体上，中国开发汽车芯片特别是高端汽车芯片的能力与发达国家相比差距还是很大。为缩小差距，需要中国有关各方持续投入大量开发资金，付出巨大努力。

三　质量靠山开始从检查变成生产

汽车由许多零部件组装而成，零部件质量直接决定汽车质量。

零部件有质量缺陷，无疑会给整车企业造成巨大损失，同时给零部件企业造成巨大灾难。比如，高田汽车安全气囊过去有过极其严重的质量缺陷，造成不少人间悲剧。

高田汽车安全气囊质量事件为我们敲响了警钟：零部件质量是整车企业和零部件企业的生命线，整车企业和零部件企业都务必坚守零部件质量这条生命线。

最关键的问题是，汽车零部件企业如何提高产品质量？

长期以来，国内许多汽车零部件企业在提高产品质量方面迷信检查的作用，甚至认为产品质量就是检查出来的。这样的质量检查也就是离线（离开生产线）检测，即每隔几个小时采样一次，进行人工分析，然后根据分析值指导生产。离线检测滞后，远远不能满足生产线上的质量控制需求。在现代化生产条件下，这是落后的质保观念和做法。

大批量是现代化汽车零部件的生产特点。人为检查质量，运用大量离线检测设备，耗费大量人力、物力和财力，增加了生产成本，无法适应大批量生产节奏。

汽车零部件是有技术含量的产品。表象的汽车零部件故障往往由多种因素相互作用引发，零部件之间的故障关联和故障转移也十分复杂，离线检测难以精准定位很多汽车故障。因此，汽车故障责任方的确定很困难。比如，发动机出现故障，也许不是因为产品本身存在质量问题，而是油品或其他协作零部件拖累所致。

汽车零部件质量应当由科学有效的制造体系来保障，汽车零部件企业更应该集中精力加强生产过程的质量管理和监督。保证零部件质量，不应该依靠耗费大量人力、物力和财力的离线检测环节。

现代化汽车零部件企业把原材料、产品功能、质量和价格纳入设计之中，在设计产品时就应注意质保问题。

过去，国内许多人认为汽车动力总成装配很简单。10 年前，国内汽车动力总成行业在装配方面投入 500 万元的企业就算很有魄力的企业。很多企业在装配环节都少不了用试验台检验产品是否合格。用这种堵塞质量缺口的办法，可能在一定程度上减少不合格品流入市场，同时也会引发一些隐形问题，导致客户投诉。

“有了合格零部件，就可以做出好产品。有了进口装配线，就可以做出好产品。有了机器人，就可以做出好产品。有了检测设备，就可以做出好产品。有了试验台，就可以做出好产品。”国内业界许多人对装配重要性的认识不足，固守这样一些错误观念。

正是因为产品质量是生产出来的，不是试验或检查出来的，所以，国际品牌汽车发动机企业和跨国传动系统企业进入中国，动辄引入上亿元的装配线。

近年来，国内一些有识之士和有为企业陆续意识到检查无法确保汽车零部件质量的问题，开始注重通过生产保障产品质量。这种现象在2019年凸显。

“汽车产品的性能好坏主要由发动机、变速器、车桥三大总成质量高低决定。质量低是国内汽车三大总成的主要问题。正是质量低，导致国内汽车三大总成的市场认可度低。因此，一些高端汽车零部件总成的市场被发达国家企业垄断。”2019年，北京泰诚信测控技术股份有限公司董事长陶发荀在各种场合强调：“汽车零部件质量不是检查出来的，而是生产出来的。”

北京泰诚信开出了打造高效能零缺陷汽车发动机和传动系统的良方：数字化装配技术。所谓数字化装配技术，就是依据数据链进行装配全过程质量控制的装备技术和软件技术。

北京泰诚信奉行数字化装配理念，致力于提升汽车发动机、变速器和车桥的可靠性和效能，提供工艺规划、设计、制造、安装调试及交付服务等全套数字化装配方案，系统地解决装配不当所导致的汽车发动机和传动系统油封漏油、轴承损坏、噪声高三大痼疾。

2019年，北京泰诚信整合多年创造和积累的精深装配技术，开发并应用大量控制装配过程质量的高新技术，所开发的柴油发动机气门间隙自动调整系统、车桥在线制动力检测系统、车桥轮端间隙及扭矩检测系统填补了国内外空白，其前束自动调整系统、全齿间隙测量系统、变速器及车桥NVH测试台弥补了国内之不足，为客户打造卓越汽车动力传动系统提供了可靠的装备及服务。

国内企业必须构建产品数据链，通过对产品数据链数据的动态应用，打造优质产品。

北京泰诚信被业界公认为汽车发动机和传动系统数字化装配技术开发应用先行者。

2019年，专业化生产汽车转向拉杆、悬架摆臂、球头、稳定杆连杆等总成的索密克汽车配件有限公司以领先同行业的“高起点、专业化、高质量”铝合金零部件开发生产理念为指导，对标国际先进工艺和产品，以先进高效、实用可靠为原则选购高精密铝合金锻造、热处理、加工等设备，对汽车铝合金零部件生产线进行升级改造，研究、分析、试验和评估铝合金零部件产品的结构、材料、工艺，为客户开发新一代悬架摆臂等产品，保证产品质量，满足了绿色节能汽车需求。

豫北转向系统（新乡）有限公司是航空工业新航集团所属的国有汽车动力转向系统制造商，是国家智能制造试点示范企业。2019 年，这家公司强化“产品质量是制造出来的，不是检验出来的”理念，采用精益生产方式，建造智能化集成生产线，实现生产线防错，通过全自动化检测系统对生产过程进行实时监控，保证了制造过程的产品质量。

2019 年，中国汽车市场开始从增量市场变成存量市场，集中度开始迅速提升。这个转型对汽车零部件企业发起巨大挑战，势必倒逼汽车零部件质量靠山快速从检查变成生产。

参考文献

饶柏清：《人工智能在自动驾驶汽车中的应用研究》，《时代汽车》2019 年第 10 期。

马俊：《1.7 的潜力——陈光祖点评中国汽车零部件市场》，《汽车维修与保养》2013 年第 12 期。

任飞等：《基于多级安全的车联网平台》，《信息安全与通信保密》2014 年第 2 期。

B.5
2020 ~2021年中国品牌乘用车市场分析与预测

朱向雷　刘春辉　杨少武*

摘　要： 继2018年的负增长后，中国乘用车市场在2019年仍延续低迷态势。究其原因，宏观经济下行影响整体乘用车市场，国家和地方层面调整相关政策，导致消费者“持币而观”。本报告通过深度分析2019年中国乘用车市场发现，体现整体走势的销售终端市场虽然依旧低迷，但降幅已经减小。本报告从整体经济、消费刺激、市场变化等方面进行了全面分析，指出中国乘用车市场正处在转型升级的关键时期，市场由增量向存量转变，进入全面调整的发展新时期，2019年经济下行阶段导致汽车消费承压，购置税减免、新能源车补贴、二手车限迁这几方面政策的调整同时影响了汽车消费的增长。从地域、消费能力、技术发展等各方面解读乘用车市场的结构性亮点可以看出，高端城市的购买力依旧旺盛，高档车、SUV车型、日欧系车型是消费热点，各家车企“抱团”应对行业优胜劣汰和技术发展难关，新能源车发展加速向低级城市扩展，由此判断未来乘用车领域的发展环境必将“回暖”。

关键词： 中国乘用车市场　汽车消费购置税　消费升级

---

* 朱向雷，中国汽车技术研究中心有限公司大数据首席专家；刘春辉，中国汽车技术研究中心有限公司数据资源中心市场数据部高级主管；杨少武，中国汽车技术研究中心有限公司数据资源中心市场数据研发工程师。

一　中国乘用车市场整体情况分析

（一）乘用车市场走势回顾

在经历中国经济稳定增长、购置税减半政策利好等之后，中国汽车产业高速发展的时代已经结束。2019 年在经济呈低迷态势、汽车行业调整政策尚未落地的背景下，乘用车购买力和购买意愿仍旧不足，延续 2018 年的低迷态势，2019 年中国乘用车市场终端累计零售 2166.3 万辆，同比下滑 3.8%，连续 3 年负增长，但降幅较 2018 年有所收窄，体现市场的回调态势（见图 1）。当前中国乘用车市场正处在转型升级的关键时期，市场由增量向存量转变，进入全面调整的发展新时期。

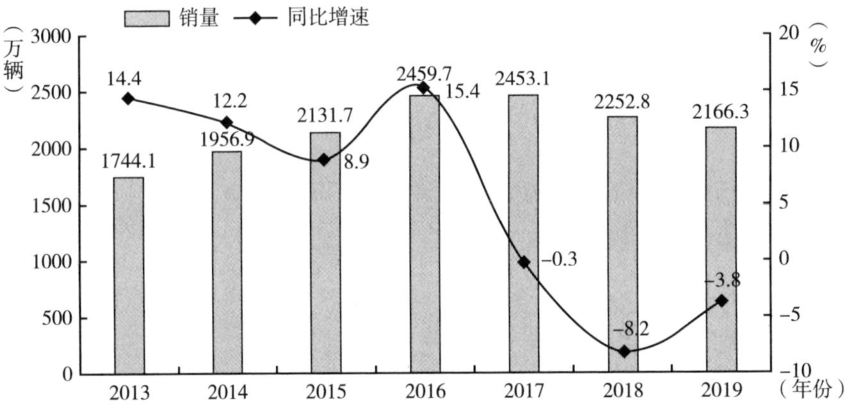

图 1　2013～2019 年中国乘用车市场终端零售走势

资料来源：中汽中心数据资源中心。

从 2019 年月度走势来看，受 2018 年同期高基数以及春节因素影响，2019 年 2 月同比降幅高达 41.9%；得益于企业季度末冲量，3 月降幅大幅收窄；由于“国五”和“国六”排放标准切换，6 月各厂商大力促销“国五”库存车，销量大幅增长，增速高达 40.6%，但也提前透支了 7、8 月的市场需求；9 月起市场逐步回暖，降幅有所收窄；12 月在 2018 年同期高基数的影响下，同比增速回落，降幅较 11 月扩大 2.1 个百分点（见图 2）。

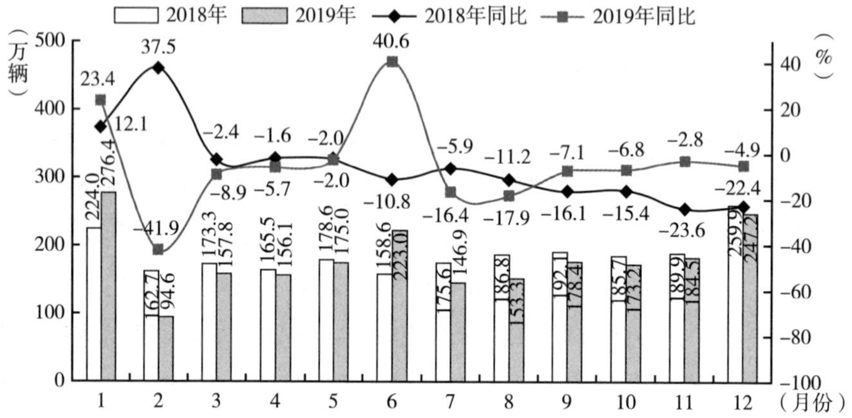

图 2　2018～2019 年中国乘用车市场终端零售量月度走势

资料来源：中汽中心数据资源中心。

（二）2019年乘用车市场走势原因解析

1. 2019年经济下行压力加大，在经济下行阶段汽车消费承压

从短期来看，2018 年以来，我国市场资金大幅减少，市场投融资活动活性降低，整体需求低迷，经济进入下行短周期。2019 年延续了 2018 年的经济下行趋势，企业融资困难、融资意愿弱等问题尚未缓解，投融资需求持续疲弱。与此同时，2019 年全球多个主要经济体同步步入下行阶段，导致我国经济的外部需求减弱。因此，在我国内外需求双双减弱的背景下，经济下行压力增大，2019 年全年实际经济增速为 6.1%，较 2018 年下降了 0.6 个百分点（见图 3）。

从长期来看，我国正面临人口红利逐渐消退、投资效用边际递减、环境约束增强等情况，导致我国经济潜在增速阶梯式下降，经济面临长周期的下行阶段。而新的经济动能尚未发展成熟，传统行业与新兴行业的工业增加值出现分化，新兴行业的增长难以支撑我国经济的整体增长，内需动力尚待形

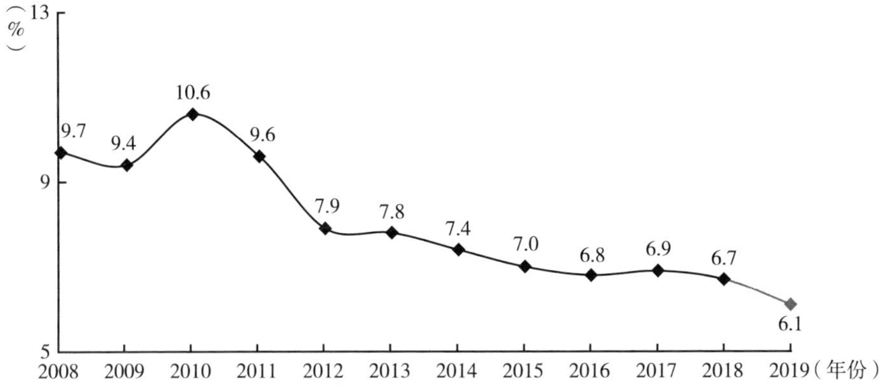

图3　2008～2019年实际GDP增速

资料来源：国家统计局。

成，因此本轮长周期的下行阶段仍将持续。

综合来看，2019年经济处于长短周期叠加下行的阶段。实体经济活性降低，企业盈利增速降低，将直接影响到居民人均收入水平与就业情况。2019年居民人均可支配收入实际增速相比2018年下降0.6个百分点，失业率从4.9%上行至5.2%（见图4）。收入增速的降低将直接影响居民消费能力；而失业率的提升将影响居民对未来经济及收入情况的预期，在悲观预期

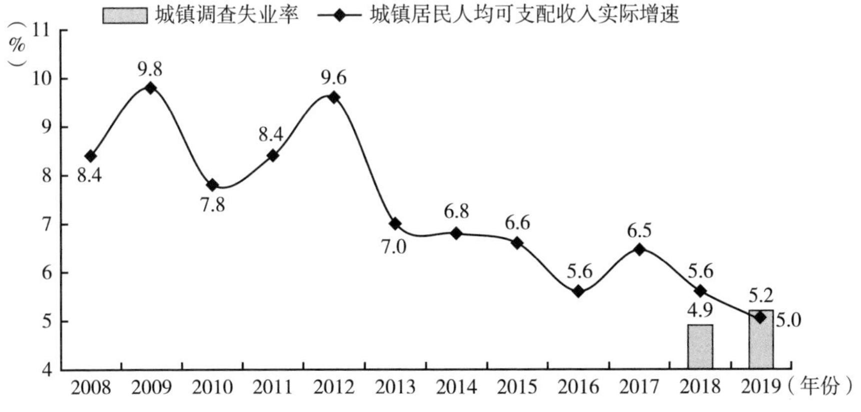

图4　2008～2019年城镇居民人均可支配收入实际增速与城镇调查失业率

资料来源：国家统计局。

下，居民将通过减少消费的方式节约现金流。因此在经济下行阶段，消费意愿都将受到抑制，导致消费增速下行。

2010～2019 年，汽车零售额占社会零售额的比例超过 10%，反映出汽车产业在国民经济发展中的重要地位。一方面，汽车市场的发展情况将直接影响经济运行结果；另一方面，经济增长将通过企业盈利、居民收入以及市场预期等多角度影响汽车市场。在本轮经济增速下行阶段，汽车销售增速整体承压。

2. 居民部门杠杆率的快速提升挤压汽车消费

近年来，我国居民部门的杠杆率快速提升，从 2008 年的 17.87% 提升至 2018 年的 53.20%，10 年时间内增长了 35.33 个百分点。从其他国家的历史数据来看，美国居民部门杠杆率 1952 年为 26%，1985 年提升至 50%，居民部门杠杆率在超过 30 年的时间里增长了 24 个百分点；而韩国居民部门杠杆率从 1982 年的 20% 提升至 2001 年的 50% 也历时约 20 年的时间（见图 5）。相比于这些国家，我国居民部门杠杆率的提升速度明显更快。居民部门杠杆率的快速上升表明居民的偿债负担不断加大。从债务的内部构成来看，我国居民部门债务超过半数与住房相关，房地产行业的快速发展成为拉动我国居民部门债务不断增长的一个主要原因。

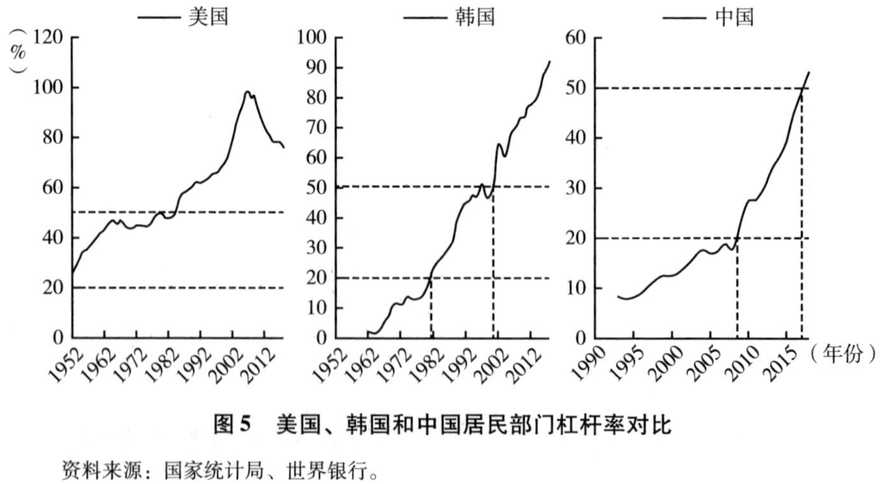

图 5　美国、韩国和中国居民部门杠杆率对比

资料来源：国家统计局、世界银行。

在经济增速逐渐下行的背景下，居民部门杠杆率快速提升，居民财富储备逐渐被消耗，消费能力受到不断挤压。在这种情况下，汽车消费等大额消费将会受到显著影响。

3. 人口结构的变化导致新购汽车需求增速下行

从调查数据来看，近些年我国汽车市场的主力消费人群为“80后”及“90后”，也就是20～40岁的青壮年人群（见图6）。1949年以来，我国每隔20～30年会出现一次出生人口数量高峰（“婴儿潮”），最近一次也是第三次“婴儿潮”出现在1990年前后，自此之后我国新出生人口数量一直处于下行阶段，且距离第三次“婴儿潮”已过去将近30年，第四次“婴儿潮”尚无出现迹象。这一现象将直接导致我国20～40岁青壮年群体占总人口的比例不断下降且青壮年群体人口规模不断收缩，新购汽车需求的人口基数减少，是汽车消费增速下行的影响因素。

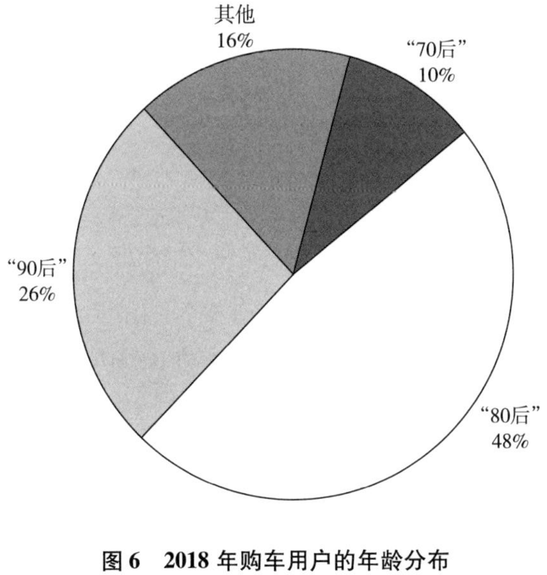

图6　2018年购车用户的年龄分布

资料来源：《消费主张》——《2018年度消费报告（六）》。

4. 前期的购置税减免政策透支近两年汽车消费需求

2015～2017年在购置税减免政策的拉动下，汽车市场呈现快速增长的趋势。2018 年初车辆购置税恢复到 10%，2018 年底车辆购置税立法，意味着大幅度的购置税优惠政策难以再现。然而，2015～2017 年政策刺激下汽车需求的快速增长有一部分来自对未来汽车需求的透支，购置税政策恢复常态后透支作用逐渐显现，导致后期汽车需求增长乏力。

5. 新能源汽车补贴退坡，新能源汽车增长的支撑动力减弱

除此之外，由于新能源汽车在技术等方面的发展尚未完全成熟，新能源汽车仍处于普及阶段，在这一阶段补贴是消费者选购新能源汽车的一个重要动力。然而，2019 年，国家对新能源汽车的补贴政策开始调整，国家补贴标准逐步下降，地方补贴政策取消，补贴政策的退坡将导致对新能源汽车增长的支撑大幅减弱。

6. 取消二手车限制迁入的进程缓慢导致二手车流通受限，制约换购需求增长

尽管各地陆续出台了政策取消二手车限制迁入，但部分政策尚未落地执行，导致二手车流通不畅。部分有换购需求人群的已有旧车无法顺利卖出，二手车大量积压，同时受到部分城市限购政策的影响，整体换购受到限制。这一现象阻碍二手车交易的同时也制约了换购数量的增长，从而对新车销量产生影响。

二　中国乘用车市场结构性亮点分析

（一）区域发展不平衡，高级别城市为市场增长主要驱动力

受到各区域经济发展水平差异的影响，各级城市汽车市场发展并非完全同步。汽车市场发展阶段可作为经济水平的映射，经济水平较高的城市，汽车市场发展比较成熟。如图 7 所示，经济发达的一线城市新购和再购用户的增长都相对处于高位，增长动力充足；而二线至五线城市的新购和再购市场尚处于爬坡阶段，增速较低，增长动力相对较弱；六线城市的新购和再购市场处于起步阶段，换购驱动销量增长尚不明显。

经济基础越薄弱的地区受到经济下行的影响越大，因此在经济下行阶

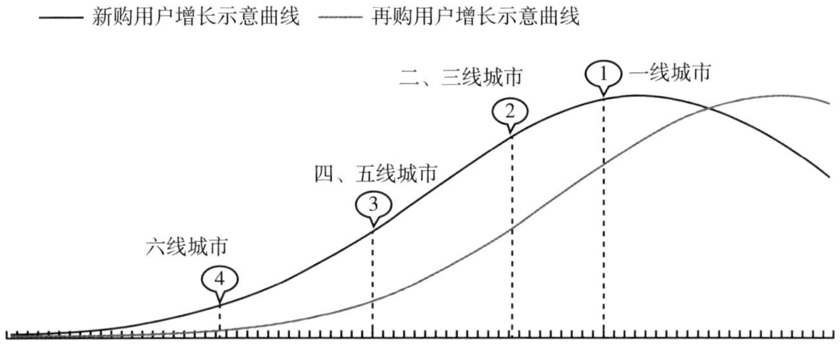

图7　各城市级别增购、换购用户增长阶段

资料来源：中汽中心数据资源中心。

段，不同级别城市发展不均衡的现象将更为显著。2019年，汽车消费呈负增长状态。在经济水平与区域汽车市场发展水平分化的基础上，从各城市情况来看，各级城市市场增长情况出现分化。一线城市下滑幅度最小，全年乘用车销售增速为-0.7%；五线、六线城市下滑幅度最大，全年乘用车销售增速为-6.7%（见图8）。从现象来看，也基本符合城市级别越高，经济水平越发达，市场增长支撑力越大。在这种分化的情况下，一、二、三线高级别城市，成为乘用车消费增长的主要驱动力。

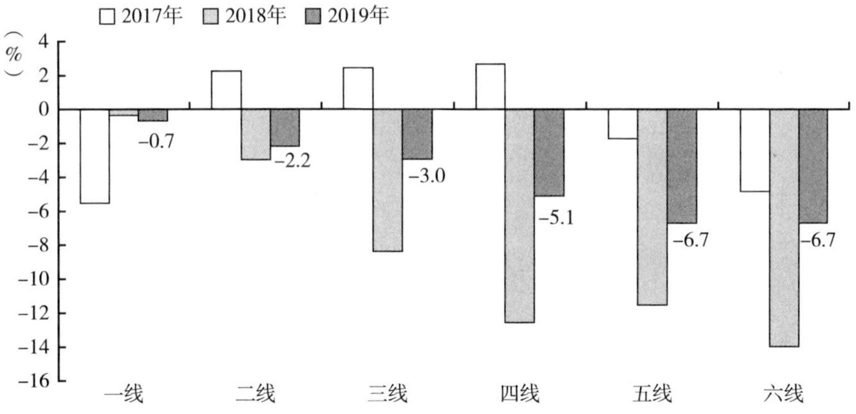

图8　各级别城市汽车消费增速

资料来源：中汽中心数据资源中心。

（二）消费升级背景下高价格区间实现增速、份额双提升

随着居民可支配收入的持续增加、新中产规模群体的不断扩大和汽车换购比例的不断增加，2019 年高价格区间实现了市场份额、增速双提升。在增速方面，高端市场表现整体向好，20 万元以上价格区间的车型全部逆势增长，20 万 ~25 万元价格区间车型同比增长了 15.3%（见图 9）；在市场份额方面，20 万元以上价格区间的车型，市场份额均呈增长态势，20 万 ~25 万元区间车型的市场份额同比提升 1.3 个百分点（见图 10）。整体汽车消费市场的价格区间段在向上偏移，消费价格升级的变化“显而易见”。

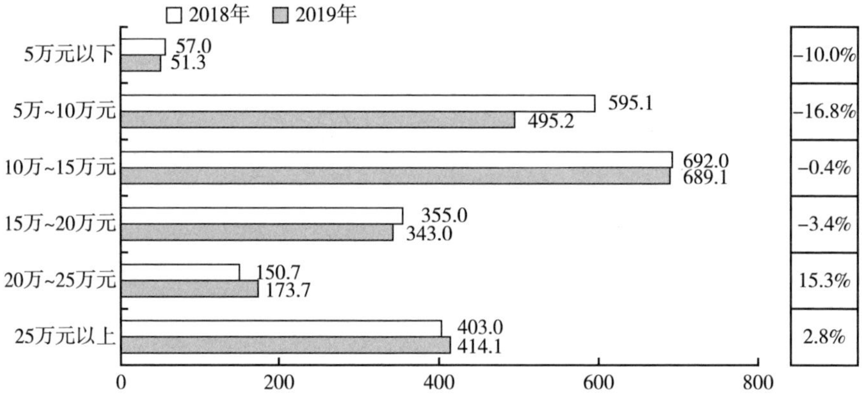

图 9　各价格区间的增速

资料来源：中汽中心数据资源中心。

（三）消费升级结合产品升级，推动 SUV 市场份额持续提升

值得注意的是，SUV 的市场份额近年来持续提升，2019 年 SUV 市场份额再创新高，达到 44.0%（见图 11）。汽车市场的供给端和需求端都发生了转变，推动 SUV 市场份额的增长。从供给端来看，2019 年合资车企加快 SUV 产品布局，同时自主企业加速产品更新换代，从供给端丰富了 SUV 的产品供给。

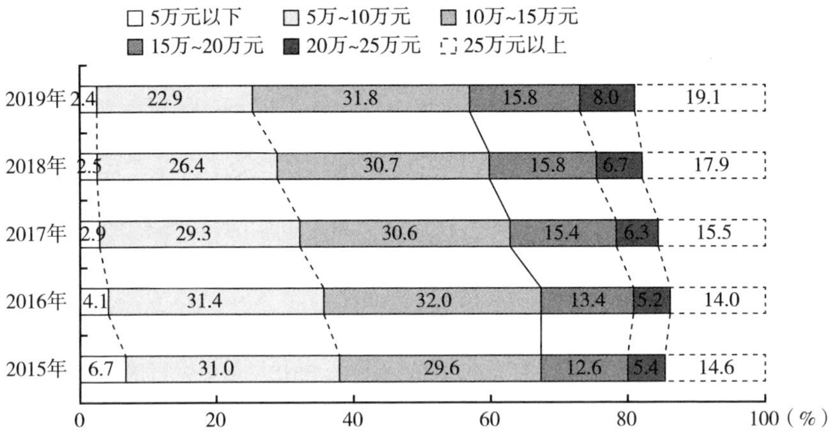

图 10　各价格区间的市场份额

资料来源：中汽中心数据资源中心。

从需求端来看，在宏观经济下行和消费升级同时出现的背景下，MPV 及交叉型乘用车等低端市场不断受到挤压，市场份额逐年下降，这也是推动轿车及 SUV 市场份额提升的原因。相比轿车来说，SUV 市场份额提升显著，反映出消费者对乘用车更加多样化的需求。

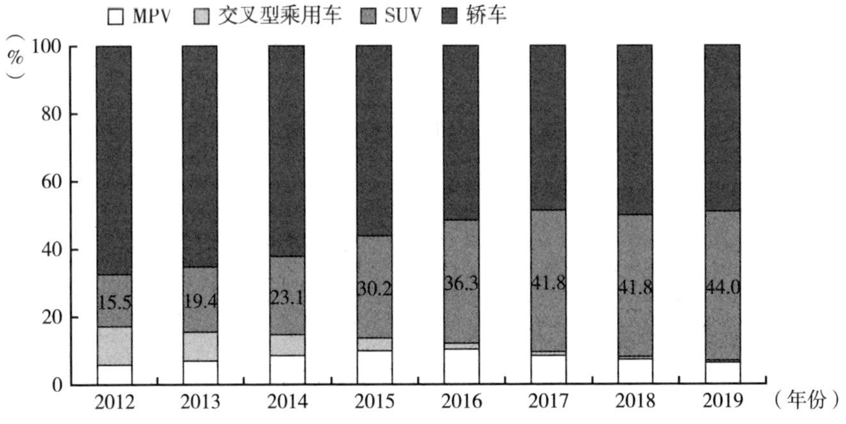

图 11　2012～2019 年乘用车细分市场结构演化

资料来源：中汽中心数据资源中心。

（四）系别表现差异化显著，日系、欧系实现增速、份额双提升

2019 年乘用车市场各系别呈现差异化发展，其中日系、欧系实现逆势增长，韩系市场份额小幅下滑，自主品牌、美系依旧呈现高位下滑。具体来看，韩系因自身产品竞争力不足，传统主力车型的市场表现不佳，出现份额和增速下降；消费者受到中美贸易摩擦和产品迭代速度慢等因素的影响，对美系车的购买意愿大幅下降；自主品牌以往的经济型 SUV、新能源汽车等的拉动力减弱，导致份额呈现大幅下降；日系则以 13.7% 的增速领跑市场，一方面是由于日系产品处于生命周期强势期，明星车型完成更新改款，另一方面是在经济下行压力下消费者更偏好用车成本低、保值率高的日系产品；欧系则在南北大众 SUV 新产品发力和 BBA 豪华车市场销量稳定增长的共同拉动下同比增长 2.7%（见图 12）。

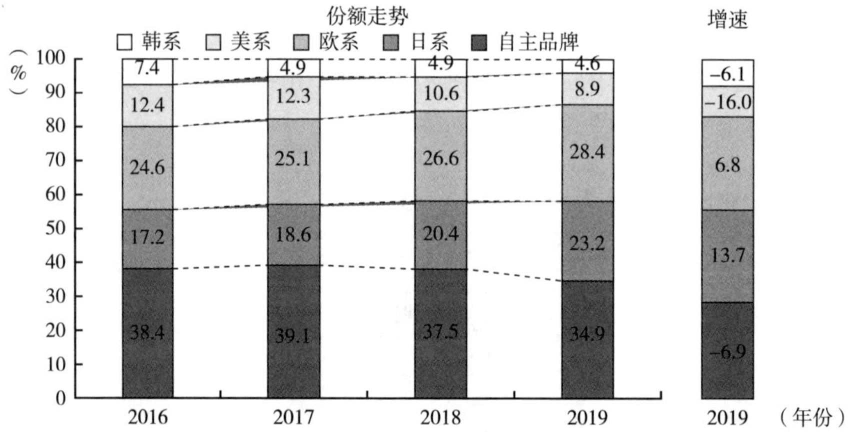

图 12　2016～2019 年各系别份额走势及增速

资料来源：中汽中心数据资源中心。

（五）企业集中度明显提升，加速行业优胜劣汰

在市场由增量转为存量的背景下，优势企业不断抢占存量市场份额，2019 年乘用车 TOP10 企业集中度为 58.1%，较 2018 年同期提升 1.4 个百分

点（见图 13），集中度提升预示着市场竞争的加剧。具体到企业来看，TOP10 企业中上汽通用、吉利汽车、上汽通用五菱、长安汽车 4 家累计销量下滑，拖累整体乘用车市场，其中降幅最大的是上汽通用五菱，其使用已久的低价策略同消费升级需求已不相适应，销量同比下滑幅度超过 20%；一汽大众、上汽大众表现突出，主要得益于其加速 SUV 新产品的导入以及多年积累的良好市场口碑；东风本田、广汽本田产品布局合理，车型阵容覆盖所有主流细分市场，保持较高的市场增速（见图 14）。因此，为了在激烈的市场竞争中占据更有利的市场地位，各家企业必须加速产品迭代和技术升级，并积极提升品牌、车型的市场口碑，抓住机会，扩大自己的市场份额。

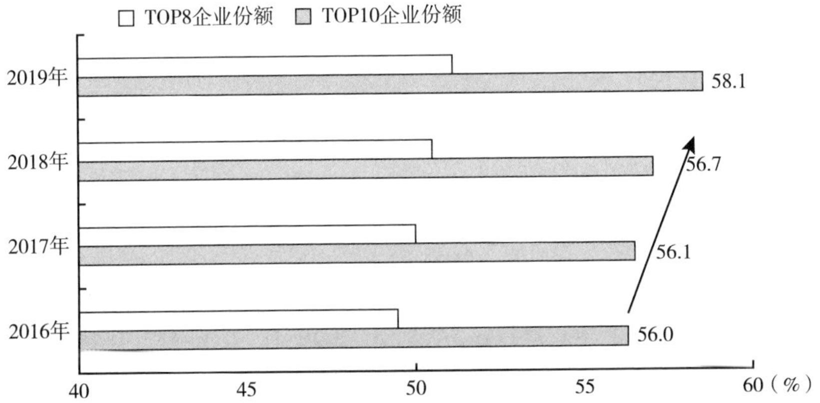

图 13　2016～2019 年 TOP8 和 TOP10 企业份额

资料来源：中汽中心数据资源中心。

（六）车市寒冬，各大车企抱团取暖

面对 2019 年的车市寒冬，各大车企相互结盟与合作已是一种常规操作。2019 年，戴姆勒与宝马宣布在出行领域成立合资公司；FCA 和 PSA 正式同意合并，成为全球销量第四、收入第三的汽车集团；自主品牌吉利和戴姆勒成立合资公司，推动 smart 品牌向电动智能化转型；上汽和广汽两大国内汽车集团签署战略合作框架协议，加强在核心技术、海外市场等方面的合作（见图 15）。新“四化”转型迫在眉睫，抱团取暖成为企业发展的新选择。

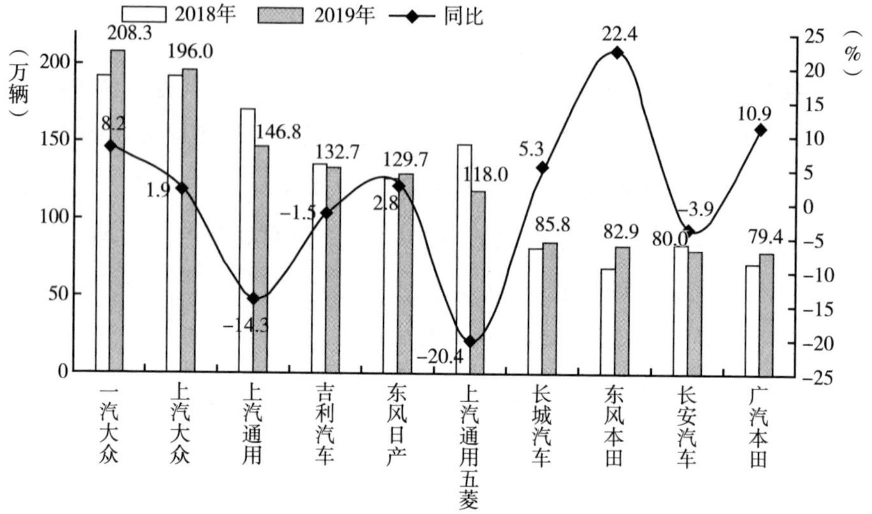

图 14　2018～2019 年 TOP10 企业销量走势

资料来源：中汽中心数据资源中心。

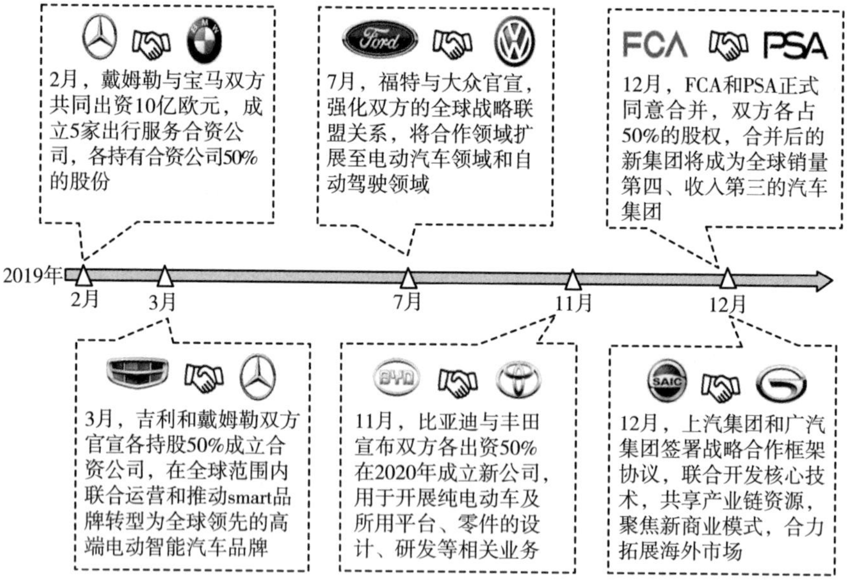

图 15　2019 年各大车企联手合作，抱团取暖

资料来源：根据网络公开资料整理。

（七）豪华品牌保持逆势高增长，价格下探成新增长点

得益于消费升级背景下的换购以及首购升级，豪华车市场表现突出，保持强劲的增长势头，2019 年豪华车终端市场的销量达到 321.3 万辆，逆势而上同比增长了 11.4%，而非豪华车型同比下滑 6.1%，两者形成了明显的反差（见图 16）。

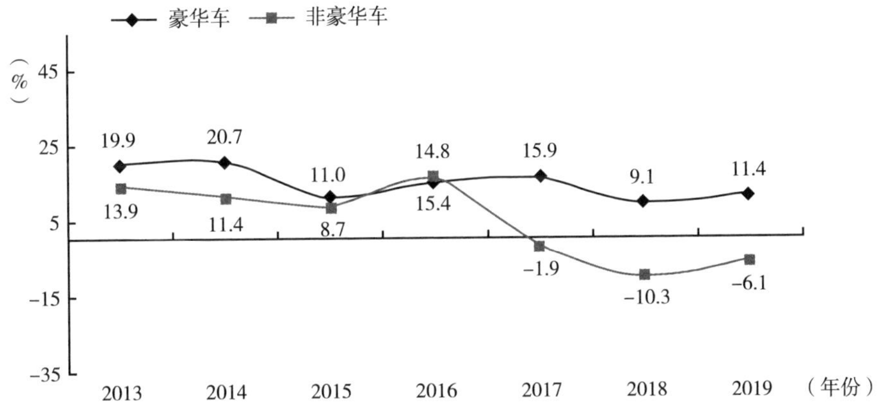

图 16　2013～2019 年乘用车市场豪华车、非豪华车销量增速

资料来源：中汽中心数据资源中心。

除消费升级的推动作用，BBA 等豪华品牌的小尺寸车型如奔驰 A 级、宝马 3 系、奥迪 A3 以及自主豪华品牌红旗系列车型等拉低了豪华品牌汽车的入门价格门槛，满足了消费者对高端体验的需求。2019 年，25 万元以下豪华车的市场份额明显提升，增速高达 49.1%，成为豪华车市场新的增长点。

（八）新能源市场持续低迷，市场逐步向非限购城市转移

近年来，在财政补贴及新能源相关推广政策的作用下，中国新能源乘用车市场快速发展。受到补贴退坡的影响，消费者的购车意愿下降，新能源乘用车市场呈现连续下滑态势，12 月降幅高达 67.2%，创年内新低，造成 2019 年新能源乘用车同比下滑 2.1%。

新能源乘用车经历在限购城市的快速增长之后，需求趋缓，尽管广州、深圳及贵阳响应国家放开限购政策，出台准购限额增加政策，但受限于总量控制，新能源乘用车在限购城市的份额逐渐减少。而非限购城市的扶持政策及充电设施逐渐完善，有利于新能源乘用车的普及，2019 年非限购城市的新能源乘用车需求得到进一步释放，其增速、份额实现双提升（见图 17）。

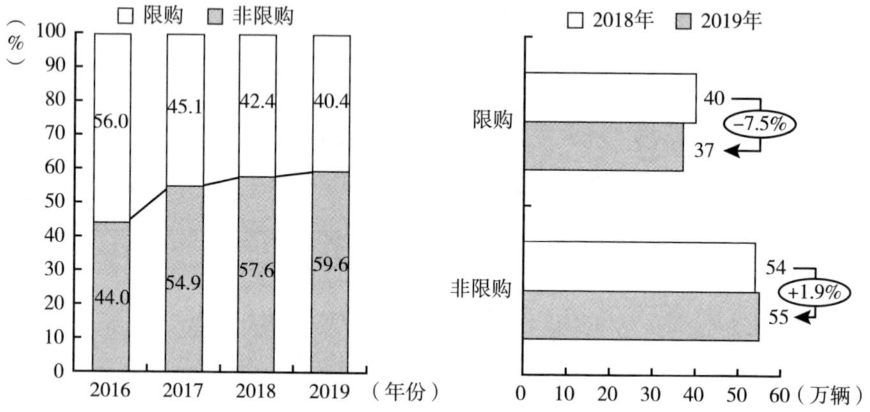

图 17　新能源乘用车限购/非限购城市市场表现

资料来源：中汽中心数据资源中心。

三　2020 ~2021年中国乘用车市场走势预判

（一）中国乘用车市场的宏观环境

1. 经济环境：经济短期波动受到疫情干扰在加大，长期仍维持企稳态势

根据国家统计局数据，2019 年前三季度我国经济实际增速分别为 6.4%、6.2%及 6.0%，呈现逐季下行趋势，经济下行压力较大。但是随着政策作用以及库存周期触底信号的逐渐显现，2019 年第四季度我国经济增速企稳，维持在 6.0%。从拉动经济的三个重要方面来分析，在投资端，固

定资产投资增速前三季度在制造业投资增速的拖累下有所下降，由年初的5.9%回落至第三季度的5.4%，至第四季度企稳，全年累计固定资产投资增速为5.4%；在消费端，消费增速全年处于低位，除了受到经济发展的影响外，汽车消费增速不达预期也是重要的影响因素；在外贸端，全年受到中美贸易摩擦以及外需下行的影响，进出口一度出现负增长，直至第四季度有所缓和，但是整体来看，进出口对经济的拉动力减弱。可以看出，投资增速企稳与进出口增速的回弹是支撑我国第四季度经济企稳的关键因素，尽管我国经济暂处于下行周期的状况未有改变，但是经济内生动力逐渐增强是经济企稳的重要支撑。

然而，经济增速企稳预期被新冠肺炎疫情暂时中断。为了抗击疫情，全国2020年第一季度出现了较大规模的停工、停业，导致企业盈利过程暂时中断，同时对居民收入与就业情况产生了较大负面影响。与此同时，过年期间的居家隔离对消费增速的影响同样显著，旅游、餐饮以及非必需消费品的购买都受到严重打击。整体而言，突发事件对我国经济造成了显著的负面影响。但是从历史经验来看，历次疫情并不会使经济的长期趋势发生改变。在这种情况下，乘用车市场的整体增长同样会受到影响。

2. 政策环境：维持经济稳定增长并助力汽车市场高质量发展

在经济下行阶段，我国经济运行的关键目标是维持经济的稳定增长。汽车消费是我国经济中的重要一环，稳定汽车消费将对我国的经济增长起到显著的支撑作用。如今，汽车市场也发展到了关键的筑底企稳时期，应通过政策利好加强汽车产业的改革创新和开放合作。2020年1月20日工信部召开新闻发布会表示：未来汽车产业政策的主要作用方向将围绕促进汽车消费、推动二手车市场流通以及开拓农村市场等几个方面深化开展。通过多样化供给配合刺激需求的组合方式，助力汽车市场高质量发展。

具体来看，2019年以来国家发改委与国务院办公厅多次发文，1月印发《进一步优化供给推动消费平稳增长促进形成强大国内市场的实施方案（2019年）》，8月印发《关于加快发展流通促进商业消费的意见》，明确提出了实施汽车限购的地区要结合实际情况取消汽车消费限制，逐步探索推行取消限购或逐步放宽的具体有效措施，对有条件购置新能源汽车的地方应给予积极配合与支持。采取“消限转引”的方针，合理释放我国在汽车消费领域的潜在需求。同时，2019 年国家及地方政府陆续推出二手车出口及放开限迁政策，以加快国内外二手车的流转，在满足消费者购买二手车需求的同时推动换购需求，2020 年相关政策效果有望逐渐显现。除此之外，2019 年 1 月国家发改委等十部门发布《进一步优化供给推动消费平稳增长促进形成强大国内市场的实施方案（2019 年）》，涉及新能源补贴、老旧汽车报废与更新、农村汽车更新等问题，其中对农村消费者购买 1.6L 及以下排量汽车给予补贴。同样，推动农村汽车市场发展的问题在 2020 年 1 月工信部新闻发布会中再次被提及，开拓农村汽车市场将是增加汽车需求的有效方式。

3. 人口环境：机动车驾驶员人数增长及城镇化推进为汽车需求提供支撑

我国人口环境将从人口基数、人口结构、城镇化等多方面影响汽车市场。

首先，人口基数的扩大以及驾驶员占总人口比例的持续提升，将支撑我国乘用车市场的发展。依据国务院印发的《国家人口发展规划》及联合国《世界人口展望》的预期，未来 10 年我国人口将继续维持增长趋势。持续扩大的人口规模将为我国乘用车保有量的增长提供有力支撑。与此同时，近年来我国驾驶员人数以及驾驶员人数占总人口的比例持续快速提升，反映出汽车驾驶在我国逐渐普及。因此，在未来人口基数持续扩大以及驾驶员人数不断增加的情形下，我国乘用车市场的增长空间能够得到有力保障。

其次，推动人口城镇化将有效释放居民的购车需求。城镇化建设将是未来拉动经济增长、带动消费需求的重要力量，预计 2019～2024 年，我国城镇化率将以平均每年超过 1 个百分点的速度提升，刺激新的消费需求。在户籍制度改革的助力下，有效解决一部分人的落户问题，将会进一步完善社会保障体系，有效释放消费需求，同时释放受到户籍限制的部分购车需求，刺激汽车销售增速。

然而，年轻人口规模的缩小对新购需求的不利影响将持续。近年来，年轻人口减少对汽车市场的影响逐渐显现，且受到出生率持续下行的影响，这一不利情况仍将持续。同时考虑到，许多年轻人选择在结婚时购车，结婚率降低与初婚年龄的后移同样影响年轻人群的购车需求。

整体而言，在汽车市场仍处于发展中阶段时，庞大的人口基数意味着广阔的发展空间，我国汽车市场发展并不成熟，仍存在许多可以开拓的市场机会，尽管有些局部成熟的市场出现了一些结构性转变，但不影响我国汽车市场全民化、普及化的发展。

4. 企业供给：新车上市、降价促销提振市场销量

随着消费不断升级，消费者的购车需求更加多元化，汽车厂商为满足消费者日益增加且多样化的需求，加快了新车的研发和上市速度，以提升市场地位，实现可持续发展。2020 年，主流车企有多款新车推向市场，大众将迎来产品大年。其中，12 款 SUV/跨界车型以及助力电动化转型的 ID 系列产品面市；本田飞度、思域等多款明星产品迎来改款/换代上市，丰田首款纯电产品 CHR 也将上市销售；吉利、红旗等自主品牌近年的产品和品牌升级策略初现成效，2020 年也有多款新车上市，有望成为新的爆款。

汽车市场竞争激烈，降价成为很多汽车品牌拉拢客户的重要手段。2019 年，乘用车各细分市场终端折扣率较 2018 年明显提升，2020 年豪华品牌特斯拉 Model 3 已率先降价，受此影响，其他豪华车品牌或推出低价格段新能源产品，同时降维打击造车新势力。新一轮的降价促销热潮即将开启，市场终端折扣率有望进一步提升，提振汽车市场销量。

5. 出行方式：公共交通、共享出行分流购车需求

我国交通运输行业日渐发达，同时政府大力提倡绿色出行、低碳出行的理念，面对日益严重的交通拥堵现象，加上油价一路攀高，价廉、高效的公共交通成为绝大多数人主要的出行方式之一。随着公共交通系统的现代化程度和便捷性不断提高，城市公共交通客运量不断增大，在一定程度上分流了部分私家车购买需求。

另外，共享单车、网约车、共享汽车等逐渐成为国民出行的重要选择，近年来共享出行蓬勃发展，用户规模稳定增长，减少了一部分购车需求。整体来看，出行方式的多样化，叠加私家车限号限牌、停车难、养护成本高等问题，人们的购车意愿进一步削弱。

6. 新冠肺炎疫情：销量受挫，需求将转移至疫情结束后

从2020年开始，面对席卷全国的新冠肺炎疫情，全国人民众志成城，奋力抗击。受疫情影响所采取的限制人口流动、区域隔离、假期延长等措施，不可避免地会对我国经济活动产生影响。就中国汽车市场而言，在供给端，疫情使企业延时开工，直接导致产量下降，线下营销活动受限，经销商的销售业务难以正常开展，汽车行业上下游企业压力陡增；在需求端，消费者的购买意愿下降，同时出行受到限制，购车需求将转移至疫情结束之后。疫情持续的时间与对汽车行业的影响程度密切相关：持续的时间越久，造成的市场影响越大。

（二）2020～2021年乘用车销量预测

展望2020～2021年的中国乘用车市场，在稳增长政策的不断作用下，实体经济活性有望得到激发，企业盈利能力有望进一步修复；国家房地产长效机制仍旧以稳定房地产行业为主线，对汽车消费的挤出效应逐渐减弱；机动车驾驶员人数增长为汽车需求提供支撑；城镇化的持续推进，将拉动经济增长，带动汽车消费需求；国家及地方政府不断推出放开限购、放开限迁及二手车出口政策，加快国内外二手车的流转，促进汽车市场流通及需求释放；新车上市及降价促销，满足市场多样化需求并提振市场销量，以上因素将成为支撑中国乘用车市场前行的动力。而经济增速的持续下行，叠加就业压力、高成本压力等因素，造成消费信心依旧不足，对汽车类大额商品的消费意愿降低；年轻消费者、初婚人数减少，进一步降低首购需求；出行方式的多样化分流部分私家车购买需求；新能源补贴的退坡，降低了新能源汽车的购买意愿；限号限牌、交通拥堵等，叠加2020年初新冠肺炎疫情的影响，2020～2021年中国乘用车市场将受到一定的负面影响。

整体来看，我国汽车市场目前处于增速放缓的时期，2020年是“十三五”的收官之年，经济总体“稳字当头”，而汽车产业作为国民经济的支柱产业，在新产品迭代、普惠性政策刺激逐步起效等利好因素影响下，有望走出车市谷底。新冠肺炎疫情会在一段时间影响汽车消费，不过真正驱动汽车

市场消费的因素仍然是消费信心、宏观经济发展、居民收入增长及相关国家政策等。在2020年中国汽车市场受疫情影响出现下滑后，汽车消费的需求势必将转移延期至疫情结束以后，疫情过后市场可能呈现一定程度的复苏和消费反弹，2021年乘用车销量预计将同比增长4.2%。

参考文献

刘春辉：《2019年中国汽车市场发展回顾及2020年展望》，《汽车与配件》2020年第4期。

刘春辉等：《基于大数据的2019年中国乘用车市场研究》，《汽车与配件》2019年第17期。

牛跟尚：《又一次呼吁松绑》，《经营者》（汽车商业评论）2020年第2期。

B.6

新市场变化对中国品牌发展带来的影响

施芸芸　姚会法　姚福太*

摘　要： 2019年是中国汽车市场面临巨大变革，竞争更加激烈、生存更加艰难的一年。在这一年，乘用车市场中的中国品牌面对的压力仿佛更大一些，车企两极分化更加明显，高端化进程受阻，部分新能源乘用车企业的销量出现下滑；而在商用车市场中，随着一系列政策、法规、标准的相继出台与实施，中国品牌车企也在不断改变自己的策略，以期在更激烈的竞争环境中站稳脚跟；在零部件市场中，有实力的企业顶住市场压力调整方向，加快转型，提升技术水平，加快国际化进程，努力完成自身超越，同时扩大合作，拓展市场，增强自身竞争力。

关键词： 新市场变化　中国品牌　高端化　补贴政策

一　新市场变化对中国品牌发展带来的影响——乘用车

（一）两极分化更加明显

2019年，我国自主品牌乘用车销量和市场份额双双下降，导致乘用车

* 施芸芸、姚会法，《中国汽车报》社全媒体采访中心记者；姚福太，《中国汽车报》社主任编辑。

市场从过去的增量竞争转变为存量竞争，发展空间的减小导致中国品牌乘用车的两极分化现象更加明显，“强者恒强，弱者越弱”，部分竞争力不强的产品在市场难以立足，面临被淘汰的命运。

一汽夏利在竞争更加白热化的2019年惨淡离场。2019年末，一汽夏利正式对外披露与中铁物晟科技发展有限公司的资产重组方案。在公告中，一汽夏利表示：“本次交易完成后，公司将全部剥离盈利能力较弱的整车制造与销售相关资产。”谁也没有预料到，曾连续18年占领全国销量冠军的夏利从“国民轿车”的神坛逐渐跌落，频繁靠卖资产来“保壳”，经典的夏利牌汽车在2017年正式停产，一汽夏利最终难逃离开汽车市场的命运。

一汽夏利只是一个缩影，自主品牌乘用车中越来越多的“弱者”正濒临退市的命运。2019年8月，重庆市政府与北汽集团签订了推进北汽银翔战略重组的协议，该项目未来将不会再生产幻速和比速品牌的汽车；同年11月18日，人民法院公告网显示，杭州青年汽车有限公司已经破产。据中国汽车工业协会统计，四川野马、重庆比速、力帆、华泰、众泰等自主品牌乘用车企业，2019年销量均呈同比大幅下滑，最高下滑幅度超过80%。

虽然同样身处“寒冬”，在2019年遭遇了销量同比下滑的难题，但自主品牌乘用车的头部企业队伍开始逐渐稳固，以上汽、吉利和长城为代表的自主品牌乘用车先头部队基本形成。

两极分化的现象在造车新势力中同样如此。小鹏汽车、蔚来汽车和威马汽车跑在最前面，组成了目前国内造车新势力的“三巨头”，量产和交付的规模不仅远远大于后来者，而且差距有望进一步拉大。与之形成鲜明对比的是，曾在《2017年中国独角兽企业发展报告》中与蔚来、小鹏处于同一序列的奇点汽车，从曾经的风光无限发展到如今饱受质疑，令人唏嘘；2019年4月16日，随着拜腾汽车两大创始人毕福康和戴雷的分道扬镳，拜腾汽车也开始渐渐“掉队”，截至当年7月底，拜腾已进行了两次股权质押。此外，游侠汽车的湖州工厂停工半年多，博郡汽车和长江汽车等接连被曝出拖欠员工薪资，已经掉队的造车新势力开始难以为继。

（二）高端化进程受阻

2019 年，中国乘用车消费者对汽车品牌的忠诚度有了进一步提升，达到了 12.1%，这意味着弱势品牌及新品牌面临的挑战越发严峻，不尽快建立相应的品牌形象来提升忠诚度，未来将难以在激烈的市场竞争中生存下来。为了提升品牌影响力和知名度，自主品牌乘用车在 2019 年加快了迈向品牌高端化之路的步伐，但随着技术的迭代进步和配置的不断丰富，高端产品之间的硬件差异越来越小，自主品牌乘用车“加量不加价”的“套路”效果减弱，高端化进程因此受阻。

前两年呈现快速发展态势的 WEY，2019 年开始出现增长放缓的疲态。旗下的 VV7 在 2019 年 12 月仅完成了 1670 辆的销售成绩，全年完成 19469 辆。乘联会统计的数据显示，2019 年进入年度销量前 30 强的 20 万元以上 SUV 中，几乎看不到自主品牌的身影，合资品牌 SUV 在中高端 SUV 领域仍占据绝对领先地位。

一直以来，SUV 都是自主品牌乘用车的优势领域，长城汽车是在这一领域表现最为优秀的自主品牌车企，其在高端化的道路上尚且受阻，充分表明自主品牌乘用车在品牌高端化方面与合资品牌相比还存在较大差距，可谓任重道远。

（三）部分新能源乘用车企业的销量出现下滑

2019 年，新能源汽车补贴大幅减少，标志着我国新能源汽车市场正在从过去的以政策驱动为主转向政策和市场双驱动，最终将进入由市场完全驱动的新阶段，这一点在新能源乘用车领域表现得更加明显。这给过去只盯着补贴政策变动而对消费者研究不足的自主品牌新能源乘用车企业带来了新的挑战，从而造成部分自主品牌新能源乘用车企业在 2019 年出现了增长乏力的现象。

根据乘联会的统计，2019 年北汽新能源共销售纯电动乘用车 8.64 万辆，同比下滑近 40%；江淮的纯电动乘用车销售 3 万多辆，同比下滑 40%；

相较之下，特斯拉以年销量将近 5 万辆的成绩实现了同比 198.4% 的高增长。

多年来我国的新能源汽车补贴政策扶持并帮助了一大批自主品牌新能源乘用车企业发展壮大，使其具备了一定的国际市场竞争力，但不可否认，这也导致部分车企患上了“补贴依赖症”，未能对消费者开展深入而翔实的调研，从而无法提供真正符合市场需求的产品。毋庸置疑，如果自主品牌新能源乘用车企业不能尽快面向消费者推出具有真正市场竞争力的新产品，恐怕很难抵挡住特斯拉这样的外来者，从而可能会丧失难能可贵的先发优势和本土优势。

二　新市场变化对中国品牌发展带来的影响——商用车

当今的商用车市场各个品牌之间的竞争不断升级，从产品质量到售后服务，从安全、节油、高效到智能化、舒适化，商用车品牌之间的竞争与较量从来就没有停歇过。

同时，新的政策、新的用户需求、新的市场环境给我国商用车行业的发展带来了或多或少的影响，各商用车品牌的发展及商用车市场格局也在发生着变化。

从行业发展趋势来看，“大吨小标”事件对货车市场产生深远影响；取消省界收费站、推广 ETC，加速实现高速公路不停车快速收费，一套组合拳让运输从业者拍手称快；按轴收费政策即将实施，势必会对物流运输市场产生一定冲击；受补贴退坡影响，客车市场一蹶不振；“国六”排放标准实施，倒逼商用车企业转型升级……一系列政策刺激着商用车市场起伏不定。此外，商用车股比限制将全面放开，竞争将进一步加剧，中国上百家商用车品牌将面临大洗牌，加速优胜劣汰、产业融合。

（一）“大吨小标”乱象终结，蓝牌轻型货车品牌重新洗牌

2019 年 5 月 21 日，一则“轻卡不轻，空车即超载”的信息如同投下了

一枚深水炸弹，炸响了看似波澜不惊的轻型货车江湖。据悉，自 2016 年“9. 21”治超新政实施以来，对货车超载、超限的治理日益严格，对每个系列的车型都设置了标准的载重数值，尤其是对轻型货车来说，行驶证上限重的数量一般会被作为超载的执法标准。但是很多轻型货车的空车车重已达三四吨，如果按照蓝牌行驶证上的限重来算，其均面临超载的问题。

节目播出的第二天，我国公安部交通管理局一纸《关于开展轻型货车检验登记集中排查工作的通知》给我国轻型货车的超载现象判了“死刑”——停办所有违规车辆的一切业务，陕西、河南、河北等区域第一时间从车管所开始自查、严查，规范上牌流程；节目中涉事的汽车生产企业也被工信部约谈，我国多个地区，如西安、郑州、武汉、广州等地严查 4. 2 米蓝牌车超载行为。之前蓝牌轻型货车的市场格局被打乱，新的市场格局正在形成。

蓝牌轻型货车空车就超载，是行业盛行多年的潜规则，早已是老生常谈的话题。此次事件一出，车辆生产企业、终端用户、政府监管部门都成为众矢之的。

在此背景之下，福田奥铃、福田时代、江淮轻卡、一汽解放虎 VR、庆铃五十铃等主流轻型货车厂商都推出了合规蓝牌轻型货车新品，成为当下市场的“宠儿”。这些轻型货车厂家在短时间内推出了轻量化产品，凭借上牌无忧、年检无忧的合规属性，解决了城配物流运输用户的困扰，也满足了市场对合规车辆的需求。

（二）“国六”排放标准提前实施倒逼商用车行业转型升级

2019 年 7 月 1 日，对于我国商用车行业来说是值得关注的日子。在这一天，我国多个地区开始实施全球最严苛的“国六”排放标准。

目前，“国六”排放标准已在全国各地区逐步实施。其中，在重型车方面，自 2019 年 7 月 1 日开始，所有生产、进口、销售及登记注册的燃气型汽车均需符合“国六”排放标准；在轻型车方面，一些城市和省份出于环保需求，于 2019 年 7 月 1 日前实施机动车“国六”排放标准。这些省份和城市包括：北京、深圳、上海、天津、重庆、河北、河南、广东、山东、山西、海南、安徽、陕西、四川、杭州、南京等。

提前实施“国六”排放标准，对商用车企业来说是极大的挑战，如何化解排放升级带来的压力，在车市寒冬中更好地生存下去，是商用车企业亟须思考和解决的问题。众所周知，“国六”排放标准被称为史上最严的排放法规，是集美标、欧标先进之处，融合了我国实际情况制定的新型标准，比“欧六”标准更复杂，难度也更大。相对于以往“国三”升“国四”、“国四”升“国五”而言，有了很大的变化和不同，无论是从技术水平还是管理手段，抑或是后期的执行监管来看，都将是一个非常大的挑战。在这个背景之下，哪家商用车品牌能提前抓住先机，哪家品牌就会成为行业的标杆和楷模。

目前，一汽解放、东风商用车、中国重汽、陕汽集团、福田汽车、江淮重卡、江淮轻卡、广西日野、北风重汽、东风柳汽、安徽华菱、福田欧马克、江铃重汽、南京依维柯、联合卡车、唐骏欧铃、飞碟汽车等商用车品牌都已完善了其体系下的“国六”标准产品，倒逼整个商用车行业转型升级。

（三）股比放开，中国商用车品牌既有机遇也有挑战

2018 年 4 月，国家发改委官网发布消息，汽车行业将按不同类型实行过渡期开放。我国要在 2018 年取消新能源汽车、专用车的外资股比限制；2020 年取消商用车的外资股比限制；2022 年取消乘用车的外资股比限制，同时还将取消合资企业不能超过两家的限制。通过 5 年的过渡期，汽车行业将取消各项限制措施。

最早开放的领域是专用车和新能源车领域。2017 年我国专用车产量约为 160 万辆，相对于整个汽车市场超过 2800 万辆的产量来说数量较少，且该市场主要由中集集团、一汽解放、东风商用车、中国重汽等国有大型企业占据，外资一直处于劣势地位。股比放开对外资品牌来说是一个机会，外资商用车品牌既可以选择对合资企业控股，也可以选择自己直接投资建厂，对于在与外资品牌竞争中长期占据压倒性优势的自主品牌商用车来说，挑战真

的来了。

与专用车相似的是，在商用车销量方面，中国企业占绝对的优势，以2017年商用车销量为例，总销量416万辆，其中中国品牌销量为402万辆，占比在96%以上。可以说，在股比放开之前我国商用车市场完全是自主品牌的“底盘”，股比放开后，给商用车自主品牌带来的冲击还不好说。

目前，国内已经有东风、福田、上汽、江铃、广汽及四川南骏等商用车企业，与沃尔沃、戴姆勒、依维柯、福特、日野、现代及康明斯等外资企业建立了合资企业。这些合资企业在重型、轻型商用车及发动机等方面均推出了合资产品，这些产品在业内具有相当高的市场地位。同时，通过多年的发展，合资企业引进、消化、吸收外资企业的技术成果，各自推出建立在最新技术基础上的、更加适合国内市场需求的新型产品。

随着股比限制政策的放开，我国商用车企业将不得不提供更具竞争力的产品，技术能力和制造品质将全方位提高。同时，中国自主品牌的实力不仅要在产品上，还要在营销渠道上发挥出来。自主商用车品牌应加码全产业链布局，在关键环节打造优势，塑造我国自主商用车品牌更好的明天。

三　新市场变化对中国品牌发展带来的影响——零部件

2019年，汽车市场低迷，引起零部件配套市场需求下降，导致中国汽车零部件品牌承受巨大压力。其中，一些品牌自觉地把压力变为动力，从而为中国汽车零部件行业注入了新的生机和活力。

（一）逆水行舟用力撑

“逆水行舟用力撑，一篙松劲退千寻。”这是2019年中国汽车零部件品牌发展形势的写照。

2019年，在新车销量下降、零部件价格被整车企业压低以及原材料和人力资源成本上升等多种因素叠加的压力之下，中国汽车零部件行业核心技术缺失、创新能力有待进一步提高、技术基础薄弱等问题暴露无遗。因此，零部件品牌发展如逆水行舟，不进则退。在这样的形势下，那些营业收入负增长的零部件企业被逼到墙角，走投无路，一些中小零部件企业甚至关停和破产。

令人欣慰的是，北京海纳川汽车部件有限公司、广州汽车零部件集团有限公司、青特集团、湖北三环锻造有限公司、深圳市航盛电子股份有限公司（简称航盛）、玉柴等先进汽车零部件企业在2019年的经营业绩有所提高。其中，部分零部件供应商的经营业绩甚至保持两位数增长。

2019年，全球汽车产业向汽车“新四化”（电动化、智能化、网联化、共享化）转型升级，零部件企业遇到严峻挑战和重大机遇。国内一些先进汽车零部件品牌正是把握这样的机遇，勇敢地迎接挑战，逆水行舟用力撑，加快转型升级，加速向专业化、国际化、品牌化发展，才赢得经营业绩逆势增长。航盛就是这样的先进典型。

2019年11月6日，东风启辰汽车公司、航盛和荷兰恩智浦半导体公司联合宣布，随着东风启辰全新启辰T90上市，由3家公司合作打造的新一代智能驾驶舱在全球实现首次量产。

这个智能驾驶舱由东风日产技术中心、航盛和恩智浦联合开发，整合了车家互联、全时在线导航、手机远程控车、智能安全系统、高品质娱乐体验、智能车联服务等功能场景，带来性价比超高的智趣驾乘新体验。

东风启辰总经理马磊表示：“对于恩智浦最新技术能在全新启辰T90上运用，我们感到很高兴。车联网发展，急需这样不断突破边界的产品。我们期待能与合作伙伴在智能汽车技术领域不断深化合作。”

航盛总裁杨洪介绍道：“航盛强大的技术开发、产品制造能力与恩智浦深厚的技术积累、全球合作伙伴生态系统，为启辰T90智能驾驶舱产品开发和率先推向市场提供了保障。这是航盛与恩智浦战略合作的第一款量产智能驾驶舱。我们将深化合作，为启辰及其他战略客户提供更好的产品。”

恩智浦半导体公司总裁Kurt Sievers说：“我们非常高兴地与航盛和东风日产技术中心紧密合作，加快产品开发速度。中国汽车产业正在引领全球车载信息娱乐技术创新。恩智浦致力于系统创新，与中国汽车产业合作伙伴共同推动汽车智能化变革。”

上述情况揭示了这样一个道理：在汽车市场下行时期，零部件企业逆水行舟用力撑，就应该主动顺应汽车技术发展趋势，调整经营战略，加快技术和产品转型升级，全力打造适应甚至引领汽车“新四化”浪潮的零部件品牌。

（二）“双百强”体现先进品牌实力

2019 年，中国汽车产业在转型升级过程中遭受环保标准升级、新能源汽车补贴退坡等诸多因素影响，承受巨大压力，低速运行，汽车产量和销量分别为 2572.1 万辆和 2576.9 万辆，同比分别下降 7.5% 和 8.2%。

汽车产销总量增速放缓，传导至零部件行业。零部件行业是汽车工业最重要的基础。2019 年，在激烈的市场竞争中，中国汽车零部件行业持续夯实基础，全力推动中国汽车产业高质量发展。

2019 年全球汽车零部件行业百强榜显示：相比中国汽车零部件企业，德国、日本、美国汽车零部件企业受汽车市场下行压力影响小，排位靠前，但是，中国汽车零部件行业仍有多家企业入选。这些企业代表中国汽车零部件行业的先进力量，体现中国汽车零部件行业自主品牌的实力。

“双百强”（2019 年全球汽车零部件行业百强和 2019 年中国汽车零部件行业百强）榜还显示：新能源汽车零部件企业与智能网联汽车零部件企业赢得发展机遇，不同细分零部件行业的营业收入各异，传统汽车零部件行业的营业收入下滑严重，新能源汽车零部件行业的营业收入逆势增长；汽车“新四化”的颠覆性浪潮势不可当，传统汽车零部件企业需要直面市场变化，顺应市场发展趋势，及时调整经营战略。

2019 年中国汽车零部件行业百强里发生多起跨国投资案例，主要投资方向是新能源汽车和智能网联汽车零部件业务。比如，2019 年，惠州市德赛西威汽车电子股份有限公司完成对德国先进天线技术公司 ATBB 的收购，ATBB 正式成为德赛西威的全资子公司，双方共同为客户提供智能天线创新产品。

汽车零部件企业的盈利和开发投入多少，直接关系到中国汽车产业能否由大变强。“双百强”榜显示：中国汽车零部件行业一些先进企业的国际化程度正在随着其跨国收购力度的加大而提高，其盈利和开发投入正在随着其国际化程度的提高而增加。

（三）中外合资合作寻求双赢

虽然中国汽车行业整体销量增速放缓，但是，一些自主品牌汽车销量迅猛增长、市场份额不断提升，对发达国家高端品牌零部件的需求不断增加。2019年，一些发达国家高端品牌零部件企业纷纷抓住机会，与中国汽车企业或关联零部件企业组建合资公司，以扩大业务规模。比如，德国采埃孚集团与中国卧龙电气驱动集团在2019年11月18日签署合资备忘录。

双方合资成立卧龙采埃孚汽车电机有限公司。这个合资品牌专门从事汽车专用电机及其零部件生产，进一步丰富采埃孚的产品系列。这些电机及其零部件产品将用于采埃孚驱动系统，也可供应给市场上的其他客户。

卧龙控股集团董事长陈建成说：“我们相信新能源汽车将在汽车市场上占有很大份额。这将为我们双方带来空前的发展机遇。与采埃孚组建合资公司，就是我们抓住这一机遇的关键一步。我们希望卧龙采埃孚汽车电机有限公司快速发展成为全球领先的新能源汽车电机企业。”

采埃孚是国际大品牌，卧龙电气驱动集团是中国优势品牌。双方强强联合，产生卧龙采埃孚这个“混血”品牌。这个“混血”品牌出现在2019年，是中国自主品牌汽车销量迅猛增长带动专用电机及其零部件配套市场需求不断提升的结果。

汽车供应链在汽车“新四化”浪潮之下发生变革。法雷奥、博世等世界领先汽车零部件品牌顺势做出战略调整，以客户需求为导向，加大投资力度，进行多方面布局，以保持领先优势。

2019年10月14日，法雷奥武汉技术中心二期扩建工程正式建成揭幕。

早在1994和1995年，法雷奥集团就分别在荆州和武汉设立了工厂。法雷奥武汉技术中心二期扩建工程建成，将进一步促进法雷奥自动驾驶汽车和智能网联汽车软硬件技术开发。开发内容包含超声波传感器、雷达、智能座舱、远程信息处理平台、电子控制单元（ECU）和网域控制器等产品。经过二期扩建的法雷奥武汉技术中心将成为法雷奥集团在中国乃至世界市场技术创新的基地。

2019 年 11 月 29 日，博世中国氢燃料电池中心在无锡开建。这个中心将在 2020 年底建成，计划在 2021 年实现小批量生产。这将为氢燃料电池技术在商用车和乘用车上的应用铺平道路。

氢燃料电池具有零排放、能量转换效率高、燃料来源多样等优势。中国是世界上最重要的氢燃料电池市场。作为博世集团在德国本土以外设立的第一个氢燃料电池中心，博世无锡氢燃料电池中心开建，是博世布局车用燃料电池市场并积极实现商业化的又一关键性战略举措。

氢喷阀、电子空压机等氢燃料电池关键零部件全套系统在无锡开发与应用以及电堆样品制造，将为氢燃料电池的大规模量产打下坚实基础。在无锡设立氢燃料电池中心，将进一步提升博世的本土竞争力。

法雷奥和博世都是传统汽车零部件行业的国际大品牌。这样的国际大品牌集中在 2019 年以其传统的品牌优势，进入自动驾驶汽车、智能网联汽车或新能源汽车的关键零部件行业，无疑会赋予其品牌新的内涵、新的生机和新的活力。这样的经营战略值得中国自主品牌汽车零部件企业学习和借鉴。

参考文献

朱敏慧：《2019 年度行业盘点　零部件行业之中国投资篇》，《汽车与配件》2020 年第 1 期。

陈燕南等：《中国汽车消费“刚需”仍在 2020 年比拼“硬实力”》，《中国经营报》2020 年第 1 期。

品 牌 篇

The Brand

B.7 中国品牌国际化取得的成绩与面临的新挑战、新机遇

张冬梅*

摘 要： 伴随着经济全球化，中国汽车行业正在积极“走出去”。中国车企参与国际化的途径主要有三种：一是出口，将国内生产的整车和零部件出口至海外，这也是过去数十年中国车企一直在做的事情；二是海外本土化，越来越多的中国车企通过在目标市场建设生产基地、设立研发或设计中心、铺开销售网点等方式，拓展海外市场；三是海外收购，从数量和金额来看，中国车企对海外品牌及股权的收购呈上升态势，通过收购提升自身竞争力，并开始着力布局前沿领域。

以电动化、智能化、网联化、共享化为代表的“新四化”

* 张冬梅，《中国汽车报》社全媒体采访中心记者。

正在深刻影响着汽车行业，打破固有产业格局，为中国汽车企业提供了脱颖而出的好机会。行业格局变化也要求中国企业打破固有的观念和发展思路，以更具前瞻性的思维加快转型升级，提升核心竞争力，助力中国汽车产业高质量发展。

关键词： 汽车出口　海外并购　"新四化"

一　汽车商品出口

一家汽车企业强不强，出口是试金石。相对而言，整车和零部件出口是国内汽车企业早期参与国际化的一个主要途径，尤其是改革开放以来，整车和零部件的出口规模都有了大幅增长。2019 年全球经济下行压力加大，贸易紧张局势加剧，主要汽车市场低迷，给出口带来了一定影响。

（一）整车出口破百万辆

1957 年 10 月 17 日，约旦海外贸易公司订购了 3 辆解放 CA10 卡车，这是中国汽车首次走出国门。1978 年党的十一届三中全会揭开了社会主义改革开放的序幕，我国汽车出口借着改革开放的东风顺势发展。2001 年，中国加入 WTO，大门打开，向外资开放，同时也解放了国内品牌的手脚，尤其是 2003 年以来，我国汽车出口快速增长。

中国汽车工业协会的统计数据显示，2008 年我国汽车出口达到 61.8 万辆（见图 1）。2009 年，受金融危机影响，我国汽车出口结束连续五年的"井喷式"增长，全年整车出口量仅为 33.2 万辆，同比大幅下降 46.3%。2010 年，随着全球经济复苏，我国汽车出口开始摆脱之前的低迷走势，整车出口量达 54.5 万辆，同比增长 64.2%，但与金融危机之前的 2008 年相比，还有一定差距。

2012 年，我国汽车出口首次突破 100 万辆，出口企业前 5 名分别为奇瑞、吉利、长城、上汽和力帆，其中奇瑞和吉利的出口量均超过 10 万辆。不过，2013 ~2016 年，我国汽车出口连续 4 年呈现负增长，直至 2017 年才触底反弹。2018 年，我国汽车出口 104.1 万辆，这也是自 2012 年之后再次突破 100 万辆。

2019 年，我国汽车出口 102.4 万辆，同比下降 1.6%，但依然维持在百万辆级水准。其中乘用车出口 72.5 万辆，同比下降 4.3%；商用车出口 29.9 万辆，同比增长 5.7%。

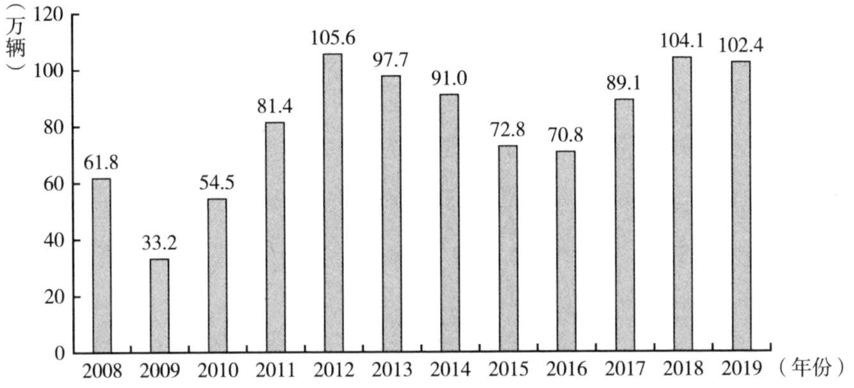

图 1　2008 ~2019 年汽车出口量

资料来源：中国汽车工业协会。

中国汽车工业协会的统计数据显示，截至目前，我国汽车出口目的地已扩展到 200 多个国家和地区，对海外市场的影响力明显提升。除自主品牌外，外资和合资汽车企业的出口规模也不断扩大，合资企业在满足国内市场的同时，已具备出口欧美等发达市场的条件，随着对外开放水平的进一步提升，主要外资企业有望扩大在华生产和出口规模。此外，近年来，受政策激励影响，我国新能源汽车行业踏上高速增长通道。未来几年我国新能源汽车出口有望保持快速增长，成为拉动汽车出口的新兴力量。

（二）汽车零部件出口放缓

近年来，我国汽车零部件的出口额不断增长。海关总署发布的统计数据显示，2017 年我国汽车零部件累计出口金额为 496.6 亿美元，同比增长 8.9%。2018 年在贸易保护主义抬头、贸易摩擦持续等阴云笼罩下，我国汽车零部件出口贸易依然态势良好，出口金额达到 550 亿美元，同比增长 10.8%。不过，进入 2019 年，我国汽车零部件出口大幅放缓，全年出口金额共计 530.4 亿美元，同比下滑 3.6%。

中美贸易摩擦给零部件产业的发展带来不确定性。在汽车零部件领域，我国汽车零部件企业每年出口美国的零部件规模约为 100 亿美元，主要出口产品是车轮和轮胎等。2019 年 5 月 9 日，美国政府宣布，自 2019 年 5 月 10 日起，对从中国进口的 2000 亿美元清单商品加征的关税税率由 10% 提高到 25%。在这次关税调整中，大部分中国汽车零部件被划入美国加征关税清单中，给对美出口占收入比例较大的中国零部件供应商的盈利水平和竞争力带来一定影响。

虽然出口受到一定影响，但国内部分优秀的零部件供应商已经做到全球配套，国际化进程有序推进。《中国汽车报》联合罗兰贝格咨询公司发布的 2019 年全球汽车零部件供应商百强榜中，入围的中国企业有 8 家，分别是：潍柴集团、华域汽车、北京海纳川、均胜电子、中航汽车、宁德时代、玉柴集团、中策橡胶。从上榜企业的变化来看，不同细分板块零部件企业的营收增速各异，传统板块下滑严重，新能源板块逆势增长，智能电子板块依然保持可观增速。从进入百强榜的中国企业数量和主营业务收益可以看到，中国汽车零部件企业的对外开放和国际化程度正在提高。

二　海外本土化

随着汽车行业整体技术水平与研发能力的不断提升，中国汽车企业在全球汽车市场扮演了越来越重要的角色，全球化、国际化的步伐不断加快。

为了谋求新增长点和提升自身竞争力，中国车企正在借助“一带一路”的东风，积极拓展海外市场，且不再满足于单纯的整车及零部件产品出口，而是采取在海外建立生产基地、设立研发中心、铺开销售网点等多种方式，带着工厂、技术和解决方案一起“走出去”。

（一）海外多地建厂

为了进一步贯彻“走出去”的方针，长城、长安、吉利、比亚迪、奇瑞、江淮、上汽等中国自主品牌整车企业热衷于在海外建立工厂，将生产线搬到海外进行生产、组装。

具体来看，长城在保加利亚、突尼斯、厄瓜多尔、伊朗、马来西亚等“一带一路”沿线国家建立了散件组装（KD）工厂。吉利在英国、白俄罗斯、埃及、乌拉圭、印尼、埃塞俄比亚等国建有整车和动力总成制造工厂。江淮有 19 家海外工厂，其中 15 家分布在“一带一路”沿线国家和地区。奇瑞在伊朗、埃及、委内瑞拉等地建立了十余座海外工厂。比亚迪较为特殊，其在美国、巴西、匈牙利、法国以及厄瓜多尔设有海外工厂，但并非主打传统乘用车，而是重点生产纯电动大巴等新能源汽车，已累计向全球交付超过 5 万辆纯电动巴士。

从建厂地来看，中国自主品牌主要选择的是南美、拉美、中东、非洲、东欧等发展中国家和地区，在传统欧美汽车强国还很难见到自主品牌的身影，低价路线依然是主基调。

从工厂类别来看，自主品牌的海外工厂大多以组装工厂为主。2019 年 6 月，长城汽车俄罗斯图拉工厂一期项目竣工投产，这是中国汽车品牌在海外的首个涵盖冲压、焊接、涂装、总装四大生产工艺的整车制造厂，本地化率达到 65%。借此，中国车企由以往的产品贸易输出开始转向工艺技术的标准输出，促进中国制造向高端化转型。

除了整车企业外，不少中国零部件企业也在海外建厂，福耀玻璃、宁德时代等就是典型的代表。福耀玻璃在美国、俄罗斯、德国建有工厂，2019 年 8 月大火的美国纪录片《美国工厂》的主角就是福耀玻璃。2019 年 10 月，宁德时代首家海外工厂在德国图林根州破土动工，计划于 2021 年投产，除近距离供应大众、宝马、戴姆勒外，还将辐射整个欧洲市场。

另外，法士特、潍柴、玲珑轮胎等也建有海外基地，尤其是 2015 年欧美对中国实施“轮胎双反”以来，国内轮胎企业在海外建厂的优势逐渐凸显，玲珑轮胎、赛轮轮胎、中策橡胶等企业的海外营收不断增长。2019 年 3 月底，玲珑轮胎塞尔维亚工厂举行开幕奠基仪式，这是中国轮胎行业首个欧洲工厂。通过建立海外工厂，中国零部件企业可以就近为客户提供配套，开拓欧美发达国家和地区市场，推动中国零部件企业的品牌力提升。

（二）布局全球化研发基地

为了提升技术研发水平，越来越多的中国车企选择在海外设立研发中心、设计中心、工程中心等，集聚当地一流汽车人才，尤其是在欧美发达国家和地区。

以吉利为例，其已形成全球化研发体系布局，建有德国法兰克福、瑞典哥德堡、英国考文垂、中国杭州、中国宁波杭州湾五大工程研发中心，以及中国上海、瑞典哥德堡、英国考文垂、美国加州、西班牙巴塞罗那五大造型设计中心，共有 2 万名研发设计人员。长城旗下的哈弗品牌也在美国、德国、奥地利、印度、韩国、日本等地建立了包括智能驾驶、智能网联、新能源、造型等领域在内的海外研发中心和技术孵化实验室。均胜电子在德国斯图加特、美国密歇根州等地设立了研发中心，主导智能驾驶、汽车电子器件等领域的研发。

除了传统的整车和零部件厂商外，蔚来、威马等造车新势力，以及百度等科技巨头也在海外设立了研发据点。以蔚来为例，其前瞻工程技术中心位于德国慕尼黑，研究方向为电动方程式项目运营管理及 EP9 超跑项目；造型设计中心位于美国硅谷；蔚来汽车美国总部位于美国加州圣何塞市，研究方向是智能网联与自动驾驶。威马则在德国萨尔州拥有整车技术研发中心，在美国硅谷设有人工智能研究院。

中国企业选择在海外设立研发基地，一方面是中国企业正在积极学习和融入国际化的商业模式和产业链，并提升核心技术水平；另一方面，在某种程度上也是为了以此给自家品牌背书，贴上国际化的标签。

从地点来看，美国底特律、美国硅谷、德国法兰克福、德国斯图加特等是中国企业热门的研发中心备选地，一方面是为了有效利用当地优秀的人才，另一方面也是为了与当地企业更好地合作。例如，在自动驾驶热潮兴起后，上汽、吉利、北汽、蔚来、腾讯、阿里巴巴、滴滴等数十家中国企业扎堆美国硅谷，展开自动驾驶竞赛。

（三）与当地企业加深合作

对于“一带一路”沿线国家和地区，以及经济不太发达的国家和地区来说，中国企业能不能和当地企业合作，为该国经济做出贡献，是它们很关心的一件事。为了更好地融入目标市场，中国汽车品牌积极与国外企业加深合作。奇瑞在阿根廷已经与索可马集团（SOCMA）合作了十几年，在巴西与该国最大的汽车制造和销售商 CAOA 集团也达成战略合作协议。

2019 年 6 月，北汽集团与南非工业发展公司（南非 IDC）签订深化合作协议，双方拟就北汽南非汽车有限公司的投资进行深化合作，并同意通过签署新的《股权认购协议》，全方位加深北汽南非项目合作。北汽集团与南非 IDC 合资建立的北汽南非基地是中国企业在非洲投资规模最大的汽车工厂，该厂首款本地组装产品已于 2018 年 7 月下线。

2019 年 8 月，威马汽车与泰国国家石油公司签署合作备忘录，双方将整合各自优势资源，共同探索智能电动汽车技术、新零售模式等领域的合作机会。同时，威马汽车也将为泰国新能源汽车产业的发展提供帮助。有了这份合作协议，威马未来进军泰国市场的步伐可以更轻松一些。

与当地企业成立合资公司，或利用当地企业的销售渠道，已是中国企业拓展海外市场的常用手段。通过和当地企业联手，以“共赢”模式赢得当地市场，让东道主国家享受中国企业带来的红利，成为中国企业扎根当地市场的关键。

三　海外收购

对于中国企业来说，海外收购无疑是全球化的一条捷径。近年来，随着我国整车销量不断扩大，汽车产业也形成了良好的发展势头，但与欧美发达国家的汽车产业水平相比，差距还很明显。中国本土的整车和零部件企业正频繁地在全球汽车产业链上下游“买买买”，以此加速海外市场布局，获取包括技术、海外渠道等多方面的优势资源，推动中国品牌高速发展。

（一）以收购谋技术和市场

2004 年上汽收购双龙汽车，中国汽车企业自此走上了海外收购之路。过去十余年，中国汽车企业海外收购的数量和价值都在迅速增长，其中以民营企业和零部件企业“买家”居多。

中国汽车企业进行海外收购，动机之一是对先进技术的渴求。整车及发动机、底盘等零部件核心技术的研发绝非朝夕之功，与具有几十年甚至上百年积累的国外车企相比，中国企业的技术基础还相对薄弱。收购国外车企，获取它们的核心技术、生产线、造车平台等，无疑是一条捷径。吉利收购沃尔沃就是一个典型的例子，这两年吉利汽车的性能提升，很难说与沃尔沃一点关系没有。

除了技术外，中国企业还希望通过海外收购一并获得更加高端的客户和全球市场。2019 年 11 月，继电器厂商宏发科技股份有限公司发布公告称，公司控股孙公司宏发汽车电子与海拉控股和海拉电气签署了《收购框架协议》。交易完成后，宏发股份将承接海拉集团全球范围内所有继电器业务（售后市场除外），这有利于加快海外市场拓展，迅速提升全球份额。另外，海拉是大众等欧美系传统车企供应商，这次收购可以帮助宏发进一步打开客户渠道，实现与更多海外厂商的深层次合作。

资本合作也是车企加深全球化的途径之一。继收购沃尔沃后，吉利又陆续入手宝腾、路特斯、戴姆勒等世界知名车企的股权。通过股权收购，吉利与戴姆勒加深了“友谊”。成果之一是，2019 年 3 月，吉利与戴姆勒成立了 smart 合资公司，各自持股 50%。继吉利后，北汽也如愿入股戴姆勒。2019 年 7 月，北汽宣布持有戴姆勒 5% 的股份，其中包括 2.48% 的直接持股以及等同于 2.52% 股份投票权的权利。另外，2019 年 8 月，外媒传出大众集团有意入股国轩高科的消息。之后传闻发酵，国轩高科承认双方在探讨合作。

一旦成行，则意味着大众集团将首次直接持有中国电池制造商的股份，国轩高科的全球化也将向前迈一大步。

整体来看，2019 年虽未出现轰动行业的对海外汽车品牌的收购案，但先后传出吉利有意收购玛莎拉蒂、阿尔法·罗密欧，长城接洽捷豹路虎的消息，虽然有些被辟谣，有些收购没能走到最后，但足以证明，中国汽车行业对海外品牌的收购热情并未下降，一直在暗中关注和权衡。

（二）收购更理智

电动化、智能化、网联化已经成为汽车行业发展的主流趋势，各类新技术和产品不断涌现，即便是实力强大的跨国汽车集团也无法独立应对，更何况是相对弱小的中国企业，如果完全依靠自我开发，无论是从时间、资金还是技术水平来看显然都不太现实，在这种情况下，看准国外的优质企业及时出手不失为一条良策。

值得注意的是，在经历过上汽收购双龙等一些失败或不甚成功的收购案例后，中国企业在选择收购对象时更加理智，不再过分看重品牌知名度，而是越来越看重性价比，一些知名度不太高但在关键领域具有卓越技术实力的公司，甚至是前景被看好的初创公司成为选择对象。

以零部件企业潍柴为例，继携手英国锡里斯、加拿大巴拉德后，其在 2019 年 12 月对德国 ARADEX 进行了战略收购。通过认购英国锡里斯的股份，潍柴与对方合力推动固态氧化物燃料电池（SOFC）在中国的商业化；通过投资巴拉德，潍柴与巴拉德成立燃料电池组件合资公司，并由合资公司支付技术转移费，获得巴拉德下一代 LCS 燃料电池电堆在中国的独家生产权利和基于 LCS 电堆的燃料电池模块的组装权利。这两项投资弥补了潍柴的燃料电池项目技术短板，潍柴承诺到 2021 年在中国推广 2000 辆燃料电池商用车。2019 年 12 月，潍柴收购德国 ARADEX，该公司一直致力于电机、电控和电源的研究开发工作，潍柴借此构建起集电池、电机、电控于一体的新能源动力系统。由此可见，潍柴投资和收购的目的性相当明显，即补足自身的技术短板，为企业电动化转型打下基础。

新技术革命的到来引发了新一轮的创新热潮，汽车产业格局正在重组，对于一些有意转型或拓展业务领域的汽车企业来说，通过收购的手段来获取相应的技术无疑是在短时间内完善产业链的有效手段。

四　机遇与挑战并存

作为全球第一新车产销大国，中国汽车产业正处在转型升级、由大到强的关键发展期，中国车企应树立品牌意识，积极拓展国际市场，积极参与国际标准、法规制定，在参与全球市场竞争中不断壮大自己。

当前，宏观经济形势不断下行，自身发展周期等因素影响全球汽车产业，全球汽车产销总量增速正在逐步放缓。同时，智能网联、能源革命等促使全球汽车产业格局进入重构期，行业洗牌加剧，各界互联网科技公司也纷纷跨界而来。“百年一遇的大变革”给中国汽车企业带来了前所未有的挑战，也造就了史无前例的机遇。

（一）海外商品亟须高端化

虽然汽车出口整体势头持续向上，但在百万辆级汽车出口的背后，是中国汽车品牌在全球市场布局分散、大而不强的现实。与国外品牌相比，中国品牌的整车出口车型，中低端产品占据了大部分，这类车型产品的出口单价及利润率均较低。同时，在出口方式上，大多数车企的出口模式较为单一，目标市场以发展中国家为主，针对欧美发达国家的出口较少。

另外，中国汽车企业在海外建厂也主要集中在发展中国家和地区，如中东、非洲、拉美等，生产的车型也主打性价比。这些地区的汽车工业水平相对较低，有些国家甚至没有自己的整车企业，中国车企具有一定的优势。不过，近年来，随着全球主要市场逐步饱和，越来越多的跨国车企也选择向发展中国家倾斜。以印度市场为例，其聚集了铃木、现代、丰田、本田、奔驰、宝马、奥迪、捷豹路虎、沃尔沃等众多品牌，雷克萨斯也把新厂选址确定在了印度。跨国车企加大竞争力度后，中国汽车品牌的生存空间自然遭到挤压。

接下来，中国汽车品牌将走向更加成熟与发达、竞争更加激烈的国际汽车市场，如何赢得更多国际消费者的认可，将是摆在中国品牌汽车企业面前的艰巨任务。造车新势力对此“跃跃欲试”。在2019年法兰克福车展期间，爱驰汽车宣布爱驰U5获得德国莱茵TUV集团颁发的欧盟整车型式认证，计划2020年在德国、法国、瑞士等欧洲地区开始部署。为此，爱驰汽车成立海外销售公司，并且在德国建立了电动跑车的研发中心和生产工厂。爱驰U5还计划2020年进入韩国市场。另外，蔚来也有意进军欧洲市场。造车新势力宣称进军欧洲等发达汽车市场，在某种程度上更像是追求广告效应，但也不失为一条良策。

（二）“新四化”提供突围新路径

在传统汽车领域，在多年的发展下市场格局逐渐固化，中国汽车企业与国际车企之间存在的技术和市场差距很难在短期内得到弥补。不过，以“新四化”为代表的汽车产业变革有望改变这一局面。

我国汽车产业正处在转型升级的战略机遇期。汽车行业在“新四化”（智能化、电动化、网联化、共享化）的推动下，依靠新一轮科技革命及产业革命的推动力，在汽车产品生产、能源消费结构、消费者消费理念等方面，带来了巨大的改变，从而使新动能发展壮大，典型代表是新能源汽车及智能网联汽车等，同时新型的商业模式也将在智能交通和共享出行等领域崭露头角。

受到国家政策的积极扶持与引导，我国绝大多数整车企业在新能源汽车尤其是纯电动汽车领域有一定布局，无论是在技术还是市场占有率方面都有一定积累。

另外，我国对新能源汽车的大力推广，也加速了产业链上下游国内企业与国际企业的合作步伐，大量合作关系涌现，包括江淮与大众、众泰与福特、东风与雷诺－日产联盟、海纳川与采埃孚、华域汽车与麦格纳等。进入2019年，这一现象也非常明显。2019年7月，江铃与雷诺宣布正式成立新能源汽车合资公司；2019 年 11 月 7 日，比亚迪与丰田就成立纯电动汽车研发公司签订合资协议；2019 年 11 月，光束汽车项目代表着长城与宝马“强强联手”的正式启动。同时，富士康母公司鸿海也考虑与菲亚特克莱斯勒成立电动汽车合资公司。这些合作无疑会让国内企业的国际化程度再上一个台阶。

智能网联汽车也是前沿领域之一，是以互联网、5G、大数据、人工智能为代表的新一代信息通信技术与实体经济深度融合的集中体现。工信部、交通部、科技部、国家发改委、公安部等部委已经出台了一系列规划及政策，推动我国智能网联汽车发展。北京、上海、江苏、福建等国内多个省市也出台了智能网联汽车相关规划。在 2019 年 10 月举行的“2019 世界智能网联汽车大会”上，中国电子信息产业发展研究院发布了《世界智能网联汽车产业发展指数（顺义指数）2019》，并指出，我国汽车产业在智能网联技术发展上，位于美国、德国、日本、英国、韩国和荷兰之后，位列第 7，处在第二梯队。

智能网联让汽车的边界更模糊，汽车制造商、科技巨头、创业公司等纷纷加入竞备赛，抢滩布局。自动驾驶热度颇高，一汽、广汽、北汽、长安、吉利等企业都有相应布局，百度数年前就展开测试，华为在 5G 技术方面领先，同时还催生了小马智行、图森未来、地平线等一批相关的初创公司。国内自动驾驶领域已出现了部分相关技术领域的佼佼者。

当前，我国正处于由汽车大国向汽车强国转型的重要时期。作为汽车强国，强大的汽车零部件行业是支撑汽车行业发展的必要基础。汽车产业的整车发展要实现“新四化”，零部件行业的“新四化”是必要的基础，而零部件行业“新四化”需要相关技术革命来指引和推动。近年来，我国在技术水平、产业规模、产业链协同等零部件行业相关发展方面取得了明显的进步，但在总体进度上还是落后于整车发展，核心技术缺失，国际零部件大鳄盘踞在各个零部件细分市场。

不过，受到新一轮汽车产业变革的推动，我国在零部件领域崛起了不少新势力，为进入国际市场赢得了良好的机遇。动力电池市场是一个非常典型的例子。政府对新能源汽车的大力推广使得国内的动力电池产业得到飞速发展，涌现出一批优秀的动力电池供应商，如宁德时代、国轩高科等，尤其是宁德时代，不仅向国内企业供应电池，还进入了大众、宝马等国际厂商的供应链配套体系，并将工厂开到了德国车企的家门口。

可以说，我国整车和零部件产业面临着电动化和自动化技术发展的大好机遇，汽车产业正在电力电子技术、物联网技术、电子信息技术、人工智能应用技术等技术上不断融合交汇，抓住大好机遇的关键就是技术的跨界融合。在产业变革的浪潮下，中国企业有了更多脱颖而出的机会，同时也应做好准备，迎接接踵而来的暴风骤雨。

参考文献

张颖：《潍柴、华域等 8 家中国企业入选全球榜单 2019“双百强”榜单出炉》，《汽车与配件》2019 年第 18 期。

刘回春：《新能源汽车将成国际竞争新兴力量》，《中国质量万里行》2020 年第 2 期。

陈琦：《提质升级：中国汽车贸易高质量发展》，《汽车与配件》2020 年第 4 期。

B.8
中国乘用车品牌竞争力分析

孟 菲　李 康　岳素欣*

摘　要：　本报告通过乘用车品牌在市场上的美誉度、在市场上的活跃度、在零售市场的表现力、在存量市场的表现力四个方面来评价品牌的综合竞争力，同时以互联网舆情数据和汽车市场的大数据为分析基础，建立中国乘用车品牌竞争力综合评价的指标体系，据此对2019年中国乘用车主流品牌的竞争力进行评估，得出以下结论：长安和吉利的品牌活跃度、品牌美誉度、零售市场表现力较高，还需要进一步提升存量市场表现力；哈弗的所有指标均居前五名，但销量过分倚重SUV车型；宝骏的存量市场表现力和零售市场表现力相对突出，但需进一步提升品牌美誉度。

关键词：　乘用车　品牌活跃度　品牌美誉度　市场表现力

从中国一汽1953年成立发展到今天，中国汽车技术获得了长足的进步，但“低档次”等概念仍深深印在消费者心中，在与合资品牌的竞争中仍处于弱势地位。这在一定程度上归因于中国汽车品牌建设的严重不足。中国汽车产业起步较晚，缺乏合资品牌深厚的历史积淀，同时过

* 孟菲，中国汽车技术研究中心有限公司数据资源中心数据业务本部总监；李康，中国汽车技术研究中心有限公司数据资源中心市场数据部研发主任工程师；岳素欣，中国汽车技术研究中心有限公司数据资源中心市场数据部研究员。

去几十年更专注于产品的制造和技术水平的提升，对品牌的构建相对不足。

中国汽车市场处于由增量向存量转变的阶段，汽车市场消费升级的趋势更加明显，逐渐成熟起来的中国消费者对汽车提出了综合性要求，品牌的作用日益凸显，品牌能力的不足逐步成为制约自主汽车发展的重要因素。品牌建设的第一步就是要对自身既有的品牌竞争力建立清晰的认识，基于此方可对长远的品牌建设进行有益指导。本报告从品牌在零售市场的表现力、在市场上的活跃度、在市场上的美誉度、在存量市场的表现力四个方面对中国乘用车品牌的竞争力进行整体综合的解析，利用汽车市场大数据和互联网中汽车行业品牌相关文本分析数据得出相关结论，为相关品牌确定品牌建设的着力点提供参考。

一　品牌活跃度

（一）品牌活跃度的定义

品牌活跃度是品牌通过媒体平台在公众面前表现出来的活跃程度，它在一定程度上能够体现品牌的发展活力及品牌与公众之间的互动程度，这在信息时代是十分必要的，因此可将其看成塑造一个强大品牌形象的重要因素。本报告对各品牌在互联网媒体传播文本中的品牌提及次数和品牌曝光率等相关大数据进行分析，对主流媒体中的相关品牌传播内容，通过大数据分析模型进行科学挖掘，媒体传播渠道覆盖的范围有：新闻资讯类信息、论坛类信息、微博类信息、微信公众号内容及贴吧信息等。

（二）中国乘用车品牌活跃度解析

2019 年中国乘用车品牌活跃度位于第一阶梯的是吉利和长安，同时它们也是中国乘用车品牌中少有的活跃度能够超过百万量级的明星品牌，其次为荣威、哈弗、宝骏、五菱、广汽传祺等品牌（见图 1）。其中，荣威、宝骏、广汽传祺等新兴品牌的活跃度表现较好，在互联网媒体平台的投入程度相较中国传统乘用车品牌更高。

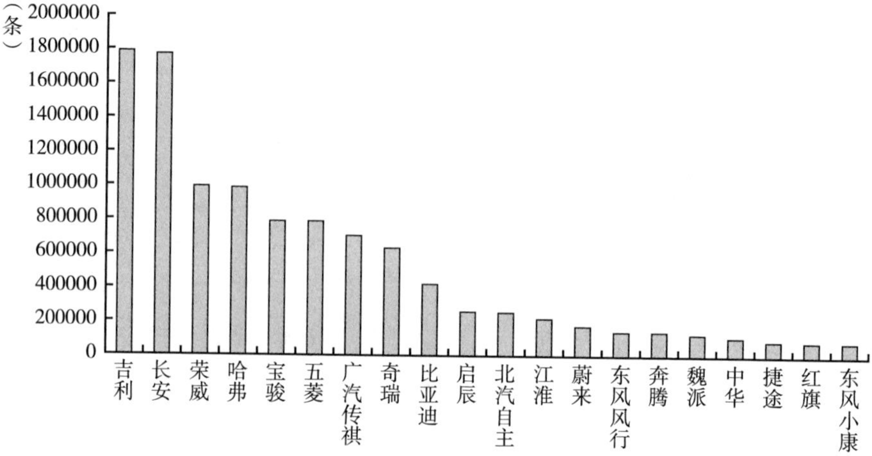

图1　2019年中国乘用车品牌活跃度

资料来源：《中国汽车报》中国汽车品牌研究院。

需要指出的是，本报告中的品牌活跃度主要表现为互联网媒体中品牌的活跃程度，而一些以在传统媒体中宣传为主要营销途径的品牌，其品牌活跃度可能无法统计并展示。但考虑到数字化时代的特点，互联网营销模式逐渐普及且重要性日益凸显，特别是在购车决策过程中，越来越多的用户会将互联网媒体作为主要的信息来源，甚至是唯一的信息来源，因此将其作为品牌竞争力的评价指标是客观适用的。

本报告研究的社交媒体传播信息主要包含论坛信息、微信信息、微博信息等，社交媒体在数字化时代成为日益重要的信息集中地和中转站，是互联网媒体重要的组成部分，这里是互联网用户自发地生产、交流、传播信息的重要平台，由此也成为各品牌倾听用户需求、审视自身不足的重要窗口。此外，相较于垂直媒体，社交媒体更贴合用户视角，直观呈现用户对汽车品牌的关注度与热衷程度。基于此，本报告认为有必要单独考察社交媒体中的品牌活跃度。

2019 年社交媒体方面体现出的品牌活跃度中，吉利相对领先，其次为长安、哈弗、荣威、比亚迪（见图 2），这与它们的整体品牌活跃度排名基本一致，说明这些企业的品牌活跃度有着良好的用户反馈，并不仅依靠官方传媒进行宣传，用户反馈是良性循环的关键所在。之所以看重品牌活跃度，是因为它起到了品牌与消费者之间沟通桥梁的作用，但沟通效果如何还要看双方的投入程度。信息由品牌方传递出来，能够被消费者认可的活跃信息才是有用的，才是真正成功的品牌活跃度表现。不同的品牌活跃度可以反映消费者对品牌认知的不同层次，只有品牌被认可，消费者才有可能购买，走进消费者认知范围是品牌建设首先需要做的，如此才有希望将潜在的消费者转变成自己的客户。

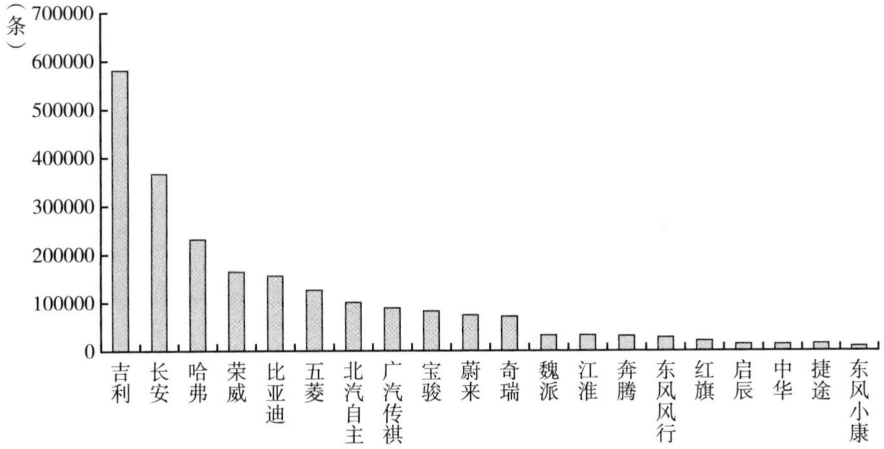

图 2　2019 年中国乘用车品牌活跃度——社交媒体

资料来源：《中国汽车报》中国汽车品牌研究院。

此外，新造车势力中蔚来是唯一一个活跃度较高的品牌，尽管蔚来的社交媒体活跃度在整体中国乘用车品牌中并不算突出，但作为新兴的新能源汽车品牌，蔚来 ES8、ES6 分别于 2017 年 12 月、2018 年 12 月上市，仅一两年在社交媒体的活跃度就已经超越了奇瑞、江淮等传统汽车品牌，直追宝骏、广汽传祺等，鲜明地体现出用户对新能源汽车较高的关注度。新能源汽车的出现或将重塑汽车行业的竞争格局，中国汽车品牌如能抓住此次机遇，在技术与产品方面切实改进，将有助于实现自身品牌溢价能力的巨大提升。

本报告分析的自媒体主要包括微博大V、微信公众号、论坛大V等。与传统的互联网媒体相比较，自媒体平台上信息的传播更加平民化、自主化，每个人都可以对传播的事物做出独立的判断。同时，与其他互联网媒体相比，自媒体的信息内容及信息受众更加集中，传播速度更快，传播效率更高。因此，本报告特别对自媒体平台呈现的品牌活跃度进行分析。

2019年自媒体平台品牌活跃度中，吉利遥遥领先，其次为长安、哈弗，整体品牌活跃度较为领先的荣威和宝骏在自媒体平台的表现稍逊一筹，五菱、北汽自主、比亚迪则分属下一梯队（见图3）。

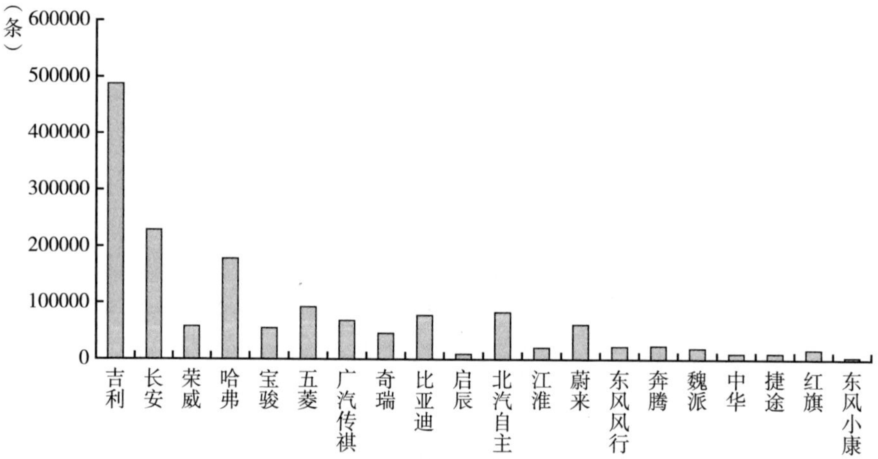

图3 2019年中国乘用车品牌活跃度——自媒体

资料来源：《中国汽车报》中国汽车品牌研究院。

随着自媒体平台的多样化发展，其受众日益广泛，成为诸多用户获取信息的重要渠道，这些自媒体用户可以对所获取的信息进行判断和筛选，转化成自己的认识，还可以对信息进行再传播，从而使自媒体平台的影响力进一步提升。汽车是生活中重要的消费品之一，各汽车品牌应该重视自媒体平台，加强自媒体平台建设，并积极维护自身在平台的活跃度，从而在自媒体平台的信息传播中占据重要的地位。

二　品牌美誉度

（一）品牌美誉度的定义

品牌美誉度是消费者对市场中某一个品牌的喜爱程度，是品牌建设中不可或缺的部分。品牌美誉度是消费者的心理感受，是消费者在体验不同的品牌差异之后产生的，也是消费者从自身角度出发对品牌做出的评价，不是靠广告宣传、营销等手段即可实现的。

（二）中国乘用车品牌美誉度解析

2019 年中国乘用车品牌美誉度表现最好的是长安，哈弗紧随其后，其次为吉利，而荣威、比亚迪、广汽传祺等则分属下一梯队，蔚来、小鹏也成功跻身中国乘用车品牌美誉度 TOP20（见图 4）。

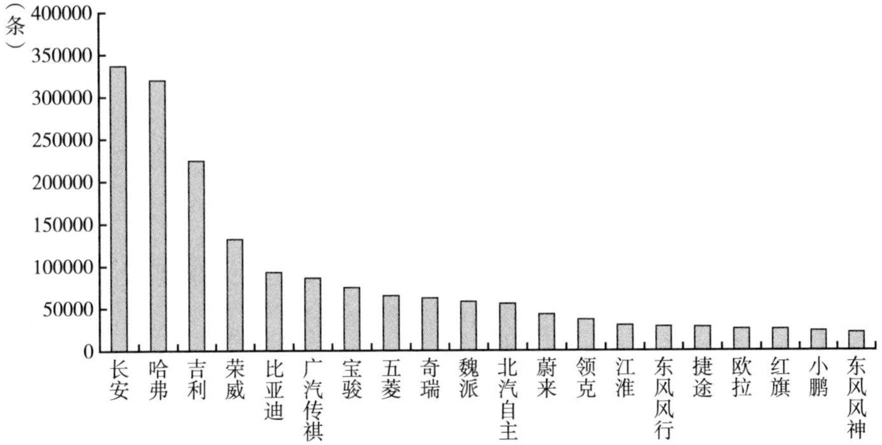

图 4　2019 年中国乘用车品牌美誉度

资料来源：《中国汽车报》中国汽车品牌研究院。

品牌美誉度和品牌活跃度都是评价品牌竞争力的重要指标，两者的联系在于，在一定程度上可将品牌活跃度视为品牌美誉度的重要前提。具备较高活跃度的品牌更有可能被消费者购买和使用，进而产生消费体验和使用评价。但并非所有的品牌活跃度都能顺利转化为品牌美誉度，比如：炒作社会热点事件并借机开展营销的个别企业或品牌可能在短时间内提升品牌的活跃度，但从长远来看这并不是持续提升品牌美誉度的手段。

就社交媒体而言，2019 年长安的品牌美誉度最高，吉利、哈弗大致相当，荣威紧随其后，这四大品牌的美誉度明显领先于其他中国乘用车品牌（见图 5）。

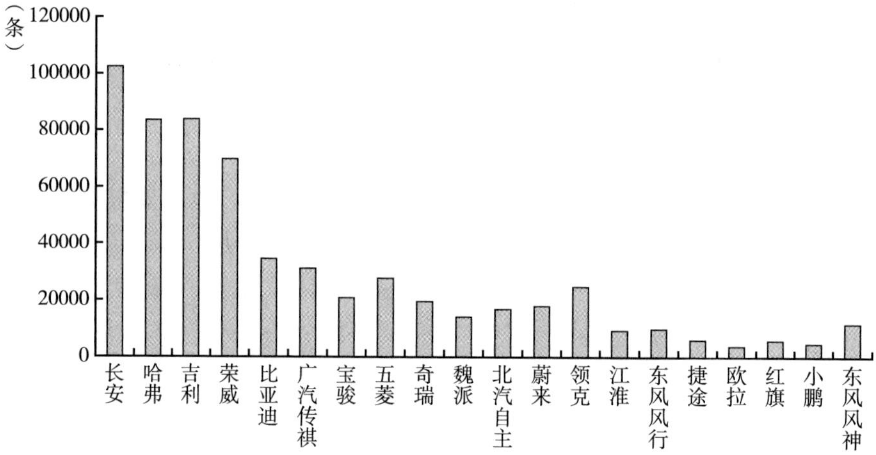

图 5　2019 年中国乘用车品牌美誉度——社交媒体

资料来源：《中国汽车报》中国汽车品牌研究院。

在自媒体方面，哈弗的品牌美誉度居首位，吉利紧随其后，长安位居第三（见图 6）。除此之外，广汽传祺、五菱、领克在自媒体平台的美誉度也相对较高。与社交媒体中的领先优势相比，荣威在自媒体平台的美誉度明显有待提升。

如何在影响力日益提升的自媒体平台树立良好形象成为诸多车企品牌建设中面临的重要问题，也产生了许多品牌的投放预算从传统广告向自媒体广

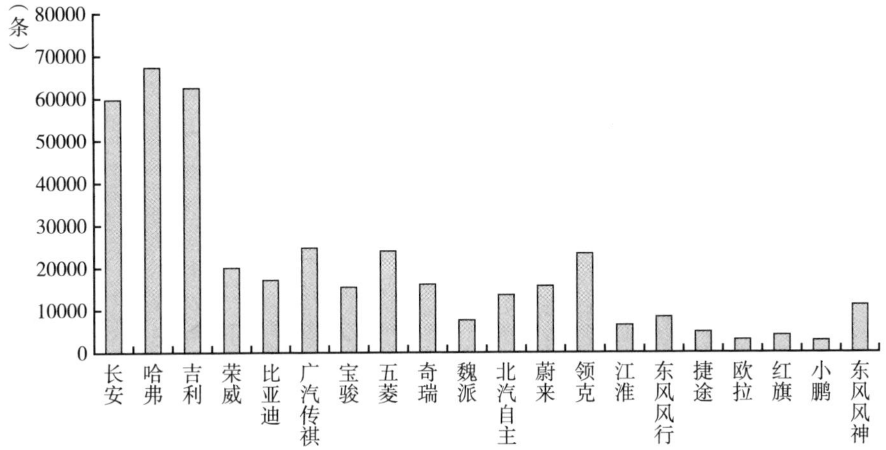

图6　2019 年中国乘用车品牌美誉度——自媒体

资料来源：《中国汽车报》中国汽车品牌研究院。

告迁移的趋势，在此过程中有必要从品牌调性的高度进行统筹规划。应当注意的是自身品牌调性以及品牌形象同品牌所用自媒体账号属性间是否搭配，同时也要注意自媒体账号本身“粉丝”数、阅读量是否满足品牌美誉度的建设需求。短期的广告投放不能以牺牲长远的品牌建设为代价，这不仅是使信息准确触达潜在用户的需要，也是企业及品牌实现可持续发展的重要考量因素。

互联网的一大特点在于具有匿名性，因此成为消费者发泄负面情绪、进行负面评价的平台，这其中不乏夸大事实的现象，但不可否认的是，当诸多用户的负面评价集中爆发时，便有可能对品牌的形象产生严重的不良影响，所以必须对有关品牌的负面评价给予充分和及时的关注，避免因关注不足和不及时演变为影响恶劣的舆论风潮。

在中国乘用车品牌传播声量 TOP 20 中，蔚来的负面评价占比最高，达 19.8%（见图 7）。中国汽车品牌在新能源汽车技术方面仍有较大的进步空间，特别是续航能力、安全水平等方面。任何行业的新兴阶段总会经历阵痛，蔚来起步时间尚短，如果能够不断完善自身产品，靠实力说话，便有希望突出重围。此外，哈弗、捷途、红旗的负面评价占比也相对较高，而荣威、广汽传祺、吉利等品牌表现较好，负面评价占比在 3% 以下。

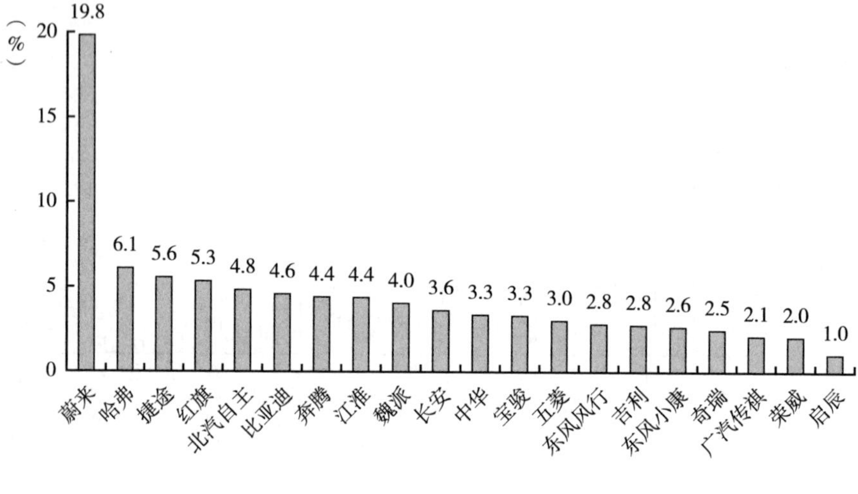

图7　2019 年中国乘用车品牌负面评价比例

资料来源：《中国汽车报》中国汽车品牌研究院。

三　零售市场表现力

（一）零售市场表现力的定义

零售市场表现力是指在某一特定市场品牌下属新车市场份额的具体情况。零售市场表现力指标不同于品牌的市场美誉度、市场活跃度等软指标，它直接反映用户购买行为，是衡量品牌实力的重要硬指标之一。需要说明一点，本报告中各系别品牌的零售市场表现力是建立在对整体乘用车市场的分析基础上，而其余的品牌分析都是基于中国乘用车的整体品牌市场来进行的。

（二）中国乘用车品牌零售市场表现力解析

在整体乘用车的市场占比中，自主品牌的占比连续多年居于首位，2019年占比达 34.9%（见图 8）。但自主品牌的优势地位逐渐受到动摇，德系、日系品牌的零售市场表现力逐年提升，2017 年至今各提升 5 个百分点左右。在德系、日系品牌的强力冲击下，自主品牌的市场份额下滑，相较德系、日系品牌的优势空间不断缩小。此外，美系品牌的零售市场表现也呈现颓势。

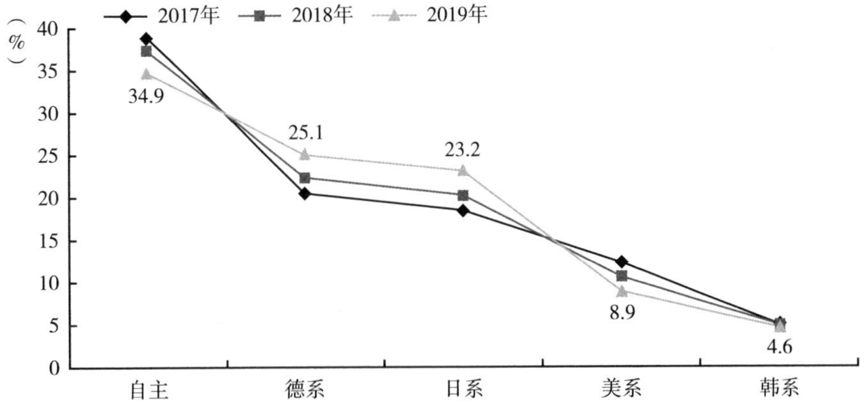

图 8　2017～2019 年中国乘用车市场各系别零售市场表现力

资料来源：中国汽车技术研究中心有限公司数据资源中心。

长期以来，自主品牌在新车零售市场相对领先的很大一部分原因在于，自主品牌靠较高的性价比吸引了大量首购用户群体，这一群体受制于有限的购车预算，自主品牌自然成为其首选。但中国汽车市场正在发生巨变，一方面，随着保有量的不断增加，中国汽车市场由增量时代向存量时代过渡，首购群体对零售市场的贡献度不断下滑；另一方面，中国消费者购买力不断提升的同时，汽车理念也发生了变化，逐渐成长为更加成熟的汽车用户。价格对他们的限制作用明显减弱，仅仅是性价比高并不能成为其购车理由，他们对汽车品牌、产品、服务等各个方面都提出了更高的要求，尤其是对品牌的关注度不断上升。在这样的情况下，曾经对“高性价比”引以为傲的自主品牌，反倒受制于这一标签，对汽车消费者的吸引力不断减弱。加上合资、豪华品牌价格下探，进一步挤压了自主品牌的生存空间，因此自主品牌提升核心竞争力日趋紧迫。

从品牌来看，吉利的零售市场表现力明显领先，2019 年在中国乘用车市场的占比达15.7%，其次为长安、哈弗、宝骏等品牌（见图9）。就历年对比而言，吉利、荣威、比亚迪的零售市场表现力呈上升趋势，宝骏的零售市场表现力则下滑明显。

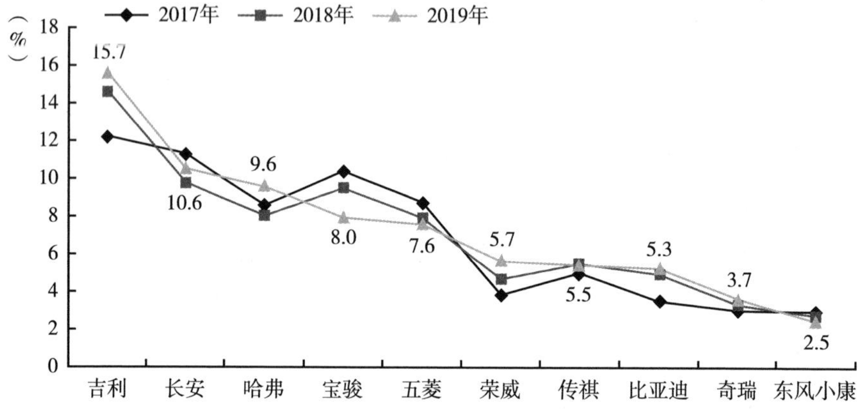

图9　2017～2019年中国乘用车市场分品牌零售市场表现力

资料来源：中国汽车技术研究中心有限公司数据资源中心。

与系别之间的竞争格局大致稳定不同，系别内部各品牌市场地位的波动十分明显。鉴于中国乘用车品牌在整体乘用车市场中的表现力呈下滑趋势，在中国乘用车品牌内部所占份额下滑或基本不变的品牌在整体市场中的表现力自然是不容乐观的。中国乘用车品牌只有做强自己，才能不断做大自主品牌这块蛋糕，如果只是中国乘用车品牌之间互相抢夺用户，不具备与合资品牌一较高下的能力，是很难赢得长远而稳固的市场发展前景的。

考虑到汽车产品属于使用周期长、购买成本高的耐用消费品，汽车市场的发展程度与当地的经济发展水平是直接相关的。中国国土面积广大，在不同地方，经济的发展水平参差不齐，不同品牌间也存在较大的差异，概因产品布局和产品线规划等不同，在不同的经济发展区域，各品牌的零售市场表现力也不同。因此，本报告以不同地区居民的人均可支配收入为判断基础，将全国31个省（区、市）根据居民收入状况划分为两大类：一类是全国平均水平以上的省（区、市），即人均可支配收入较高的省（区、市），以上海、北京、浙江为代表，共9个省（区、市）；另一类是全国平均水平以下的省（区、市），即人均可支配收入较低的省（区、市），以云南、青海、西藏为代表，共22个省（区、市）。

除比亚迪、荣威、广汽传祺、领克等少数品牌外，大部分自主品牌在低收入省（区、市）的零售市场表现力都要高于高收入省（区、市）（见图10），这再一次印证了现阶段自主品牌的吸引力仍主要在于其性价比较高。低收入省（区、市）用户的购车预算相对有限，选择范围也相对狭窄，自主品牌便成为其主要选择。而高收入省（区、市）用户对汽车品牌和产品都提出了更高的要求，整体实力更佳的合资品牌便成为其更加普遍的选择。

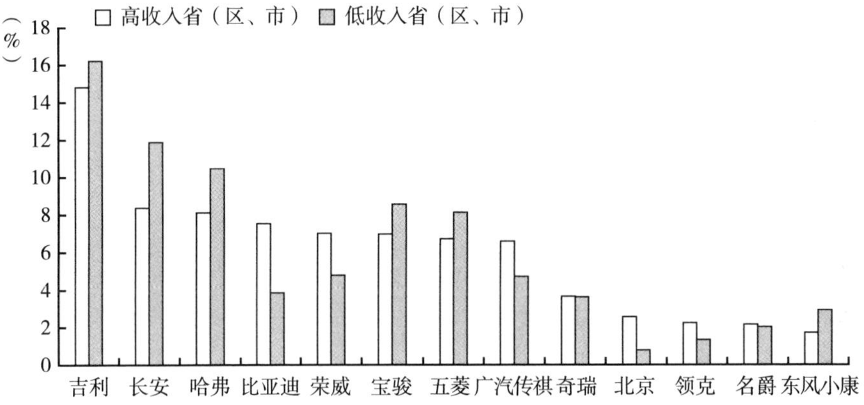

图10　2019年中国乘用车市场分品牌零售市场表现力——分高/低收入省（区、市）

资料来源：中国汽车技术研究中心有限公司数据资源中心。

在高收入省（区、市）表现更好的品牌中，比亚迪主要是受到地域因素和新能源因素的影响。一方面，比亚迪立足经济发展水平突出的深圳，居民消费水平高，有着明显的本土优势；另一方面，限牌政策的实施使得一线城市居民购买新能源汽车的意愿更加强烈。这使得高收入省（区、市）对比亚迪的销量贡献更加突出。荣威、广汽传祺、领克作为新兴自主品牌，起点较高，直接定位于中高端汽车市场。加上这些品牌没有传统汽车品牌

“高性价比”标签的拖累，更容易被高收入省（区、市）的用户接受。这三者都是中国乘用车品牌向上努力的代表，也只有通过注定艰难的品牌向上之路，直面与合资企业的竞争，才能为自身争取生存空间。自主品牌的价格本来就相对较低，与合资、豪华品牌相对充足的价格下探空间相比，几乎没有退路。

四　存量市场表现力

零售市场表现力关注品牌的零售市场表现，存量市场表现力则聚焦品牌的换购市场表现。随着存量竞争时代的到来，企业运营的重点逐步调整为提升本品用户的品牌忠诚度和增加他品用户置换流入的规模，即减少本品换购流失、增加他品换购流入。存量市场表现力具体包括两个细分指标：品牌忠诚度和品牌吸引力。品牌忠诚度帮助企业挽留既有客户群体，形成一个品牌延续的坚实后盾，而品牌吸引力衡量的是企业吸引他品用户流入的存量竞争能力。

（一）品牌忠诚度的定义

品牌忠诚度，即消费者在购买过程中表现出的对某一品牌的偏好。有比较高品牌忠诚度的企业，不仅能在激烈的市场竞争中占据更多机会，还可以更加便捷地吸引新顾客，同时经营成本也会随之降低。本报告中的品牌忠诚度是基于对市场用户的换购行为进行测算得出的，具体的分析公式如下：

$$\text{品牌忠诚度} = \frac{\text{本品本期换购用户中继续选择本品的用户总量}}{\text{本品本期换购用户总量}} \times 100\%$$

为剔除营运类车辆的影响，本报告仅选取换购前使用性质为非营业的车辆计算品牌忠诚度。

（二）中国乘用车品牌忠诚度解析

整体汽车市场的系别忠诚度从2017年至今不断提升，而中国乘用车品牌的系别忠诚度则由2017年的37.6%下滑为2019年的35.6%（见图11），可见整体市场的系别忠诚度主要是在合资品牌的带动下提升的，自主品牌在换购市场的吸引力不断下降。

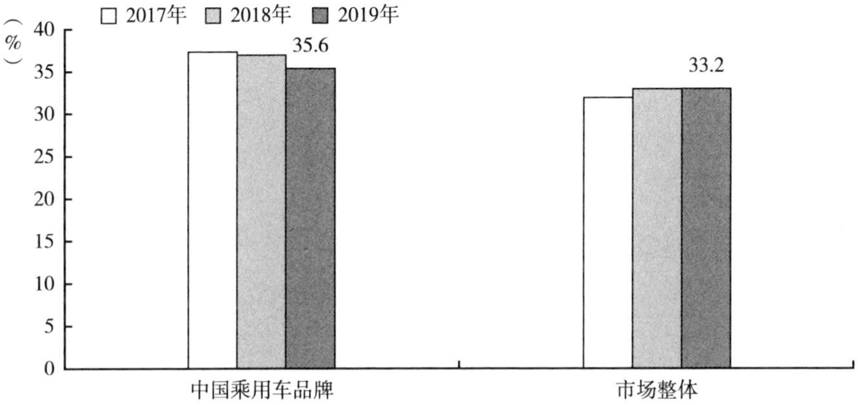

图11　2017～2019年中国乘用车品牌和市场整体忠诚度

资料来源：中国汽车技术研究中心有限公司数据资源中心。

目前来看，自主品牌的系别忠诚度领先于整体市场，但两者的差距逐渐缩小。忠诚用户的价值不仅在于能够帮助企业节省营销成本——毕竟吸引一个新用户的成本大概是保留一个老用户的4～6倍，同时能够为企业带来持续不断的销量，对于基盘客户规模较大的品牌而言尤其如此。更重要的是，品牌忠诚度像是横在企业和市场风险之间的防波堤，消费者较高的宽容度和较低的流失速度能够为企业改进开发设计、重塑产品定位、调整销售策略等提供宝贵的时间，这在市场形势不容乐观的当下尤为重要。因此，自主品牌特别有必要重视品牌忠诚度的提升工作，通过调整产品布局，满足换购用户的消费升级需求。

德系品牌的忠诚度在各系别的忠诚度表现中遥遥领先，且不断稳步提升，2019年高达50.8%（见图12），意味着德系品牌有能力保留半数用户，这主要得益于大众、奥迪、奔驰、宝马等品牌的卓越表现。日系品牌的忠诚度于2019年超越自主品牌，提升至第二位，达36.4%，其中自然要归功于丰田、本田、日产三大品牌的贡献。而自主、美系、韩系的品牌忠诚度均呈下滑趋势。多元化汽车市场的发展，给自主品牌带来诸多发展机遇，同时也带来了严峻的挑战，在品牌忠诚度建设方面，自主品牌还需要付出更多的努力。

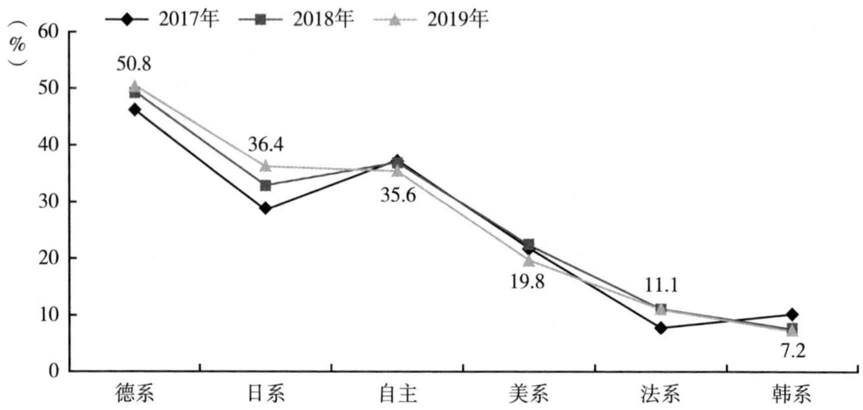

图12　2017～2019年中国乘用车市场分系别忠诚度

资料来源：中国汽车技术研究中心有限公司数据资源中心。

2019年，中国乘用车品牌中忠诚度最高的是五菱，占比达12.1%，其次为广汽传祺，而哈弗、长安、宝骏的品牌忠诚度相差不大，吉利等品牌则分属下一梯队（见图13）。

从历年对比来看，五菱的品牌忠诚度呈下滑趋势，优势空间缩小。这主要是由于换购用户的消费升级趋势日益明显，五菱的产品布局难以承接其换购需求，便造成了更多用户的流失。广汽传祺、宝骏的品牌忠诚度则提升较为明显，考虑到品牌忠诚度意味着用户在今后的消费选择，也是客户满意度的体现，因此可以认为，广汽传祺与宝骏在品牌建设方面已经取得了相应的成绩。

自主品牌与合资品牌相比较，差距还比较明显。品牌忠诚度在中国乘用车市场表现出明显的层次差异，处于第一层次的均为德系品牌，品牌忠诚度均在20%以上，明显领先于其他品牌；能够跻身10%～20%这一梯队的只

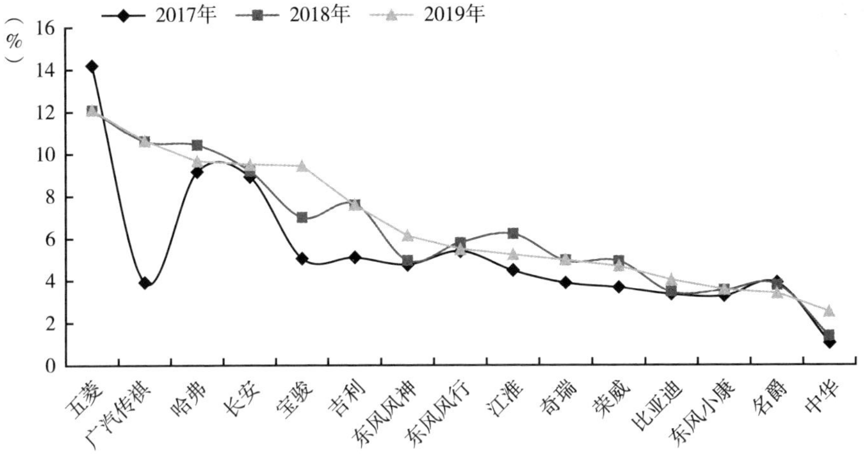

图 13　2017～2019 年中国乘用车市场分品牌忠诚度

资料来源：中国汽车技术研究中心有限公司数据资源中心。

有五菱和广汽传祺这两个自主品牌，此外主要是日系品牌和别克品牌；多数自主品牌的忠诚度在 10% 以下，哈弗、长安、吉利等发展较好的自主品牌，其忠诚度均有待提升（见表 1）。

表 1　2019 年中国乘用车市场品牌忠诚度梯度

单位：%

奔驰	宝马	大众	奥迪					
34.2	23.9	22.8	20.5					
丰田	本田	别克	日产	五菱	广汽传祺	标致		
19.3	14.5	13.6	13.1	12.1	10.6	10.3		
哈弗	长安	宝骏	福特	吉利	现代	雪佛兰	江淮	奇瑞
9.7	9.5	9.4	8.5	7.6	5.8	5.5	5.2	5.0

资料来源：中国汽车技术研究中心有限公司数据资源中心。

（三）品牌吸引力的定义

品牌吸引力是指某品牌有多大的能力吸引到他品用户。本报告将在一定换购周期之内流入用户总数量和流出用户总数量的比值定义为品牌吸引力，两者之间的比值越大，说明品牌的吸引力越大。品牌吸引力大于1，表示该品牌处于用户净流入状态；品牌吸引力小于1，表示该品牌处于用户净流失状态。

（四）中国乘用车品牌吸引力解析

需要事先说明的是，广汽传祺2017～2019年的品牌吸引力分别为13.7、9.2、6.3，领先其他品牌幅度较大，故未在图中呈现。这主要是因为广汽传祺成立时间较短，多数用户尚未达到换购周期，因此用户以流入为主。随着越来越多的基盘用户发生换购，吸引力会逐渐下降。

2019年，中国乘用车品牌中吸引力最大的是宝骏，其次为哈弗、荣威（见图14）。宝骏的品牌吸引力较大主要是因为吸引了较多五菱换购用户，即企业内部换购流转较多，宝骏品牌能够较好地承接五菱用户的升级需求，这在一定程度上说明推出宝骏品牌的策略是比较成功的。在诸多自主品牌中，只有宝骏、哈弗、荣威、名爵的品牌吸引力大于1，即在换购环节产生了用户净流入，而其他品牌都在换购环节流失了较多用户。

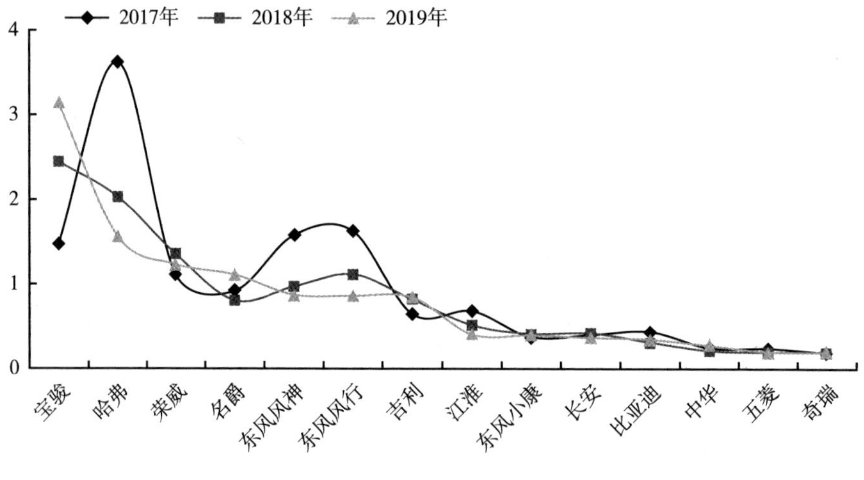

图14　2017～2019年中国乘用车品牌吸引力

资料来源：中国汽车技术研究中心有限公司数据资源中心。

从历年对比来看，宝骏、名爵的品牌吸引力呈上升趋势，哈弗、东风风神、东风风行的品牌吸引力则不断下降。其中，哈弗品牌吸引力下降的部分原因在于哈弗用户逐渐步入换购高峰期，流出基数增大。

在对比之后可以看出，忠诚度居前列的合资品牌的吸引力相对较高，除福特外，其他品牌的吸引力均大于1，即处于用户净流入状态，特别是奔驰、宝马、奥迪三大豪华品牌的吸引力遥遥领先，体现了强劲的发展动力（见图15）。

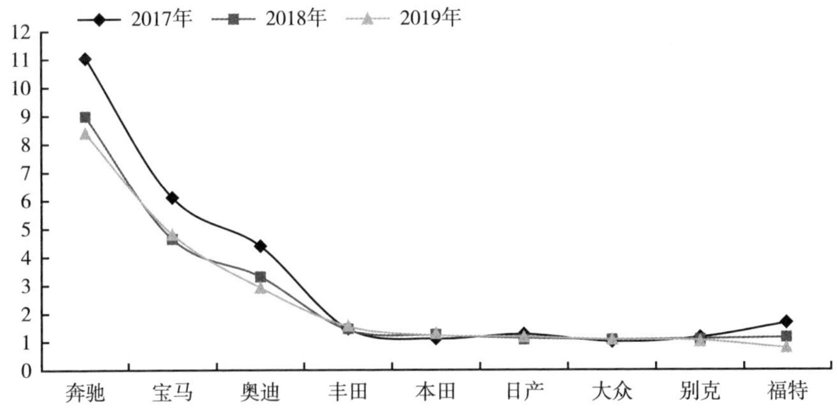

图15　2017～2019年合资品牌吸引力

资料来源：中国汽车技术研究中心有限公司数据资源中心。

整体而言，中国乘用车品牌的忠诚度及吸引力与合资品牌相比存在较大的差距。在消费升级的大环境下，中国的汽车用户对汽车提出了全方位的更高的要求。中国乘用车品牌若要与合资品牌同台竞技，在做好产品的同时，还应努力撕掉既有的“高性价比、低质量”的标签，才能更好地应对基盘客户的换购升级需求，并吸引其他品牌的用户。

（五）中国乘用车品牌存量市场表现力解析

综合来看，2019年自主品牌中，广汽传祺的存量市场表现力最高，其次为宝骏、哈弗；而长安、五菱虽然品牌忠诚度较高，但受到品牌吸引力偏低的拖累，存量市场表现力有待进一步提升；品牌吸引力较高的名爵、荣威则需进一步提升品牌忠诚度（见图 16）。

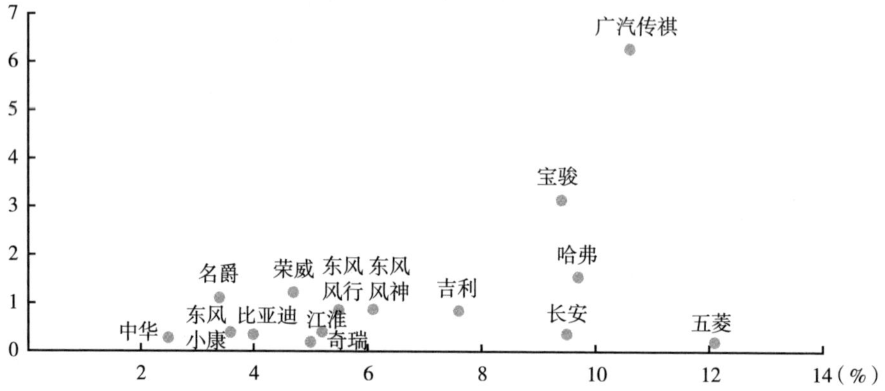

图 16　2019 年中国乘用车品牌存量市场表现力

资料来源：中国汽车技术研究中心有限公司数据资源中心。

五　品牌竞争力综合评价

（一）品牌竞争力综合评价

本报告从品牌活跃度、品牌美誉度、零售市场表现力和存量市场表现力（含忠诚度和吸引力）四个方面对品牌竞争力进行了综合研究，在这四个方面中，品牌活跃度和美誉度是品牌竞争力中的软指标，而后面两个指标则是硬指标。以下选取各品牌中指标数据排在前 15 位的进行相关分析，并剔除了某一项指标过低的品牌，从而对 2019 年各品牌的综合竞争力进行科学评价。

就零售市场表现力来看，吉利、长安、哈弗位居前三，其后为宝骏、五菱（见表 2）。考虑到宝骏和五菱属于统一企业，若从企业角度排序，中国乘用车零售市场表现力位居前三的为吉利、上汽通用五菱、长安。

表 2　2019 年中国乘用车品牌竞争力综合评价排行榜

品牌名称	品牌活跃度	品牌美誉度	零售市场表现力	品牌忠诚度	品牌吸引力
吉利	1	3	1	6	8
长安	2	1	2	4	11
哈弗	4	2	3	3	3
宝骏	5	7	4	5	2
五菱	6	8	5	1	13
荣威	3	4	6	11	4
广汽传祺	7	6	7	2	1
比亚迪	9	5	8	12	12
奇瑞	8	9	9	10	14

资料来源：中国汽车技术研究中心有限公司数据资源中心。

就品牌忠诚度来看，五菱、广汽传祺、哈弗的品牌忠诚度位居前列，但五菱的吸引力较弱，拉低了存量市场表现力。广汽传祺的品牌忠诚度和吸引力均表现亮眼，存量市场表现力突出。零售市场表现力突出的吉利和长安，存量市场表现力有待进一步提升，特别是随着中国汽车市场由增量时代向存量时代转变，品牌在存量市场的表现如何在一定程度上意味着企业的发展潜力，如何提升品牌在存量市场即换购市场的表现成为企业需要思考的重要命题。

（二）结论

从品牌竞争力的各项指标综合数据可以看出，长安、哈弗、吉利、广汽传祺、宝骏是中国乘用车品牌中竞争力较强的品牌。

长安和吉利的品牌活跃度、品牌美誉度、零售市场表现力均较为领先，如果能够进一步提升存量市场表现力，想必会对企业的长远发展大有裨益。哈弗的所有指标均居前五名，也是中国乘用车品牌中的佼佼者。但也应当注意到近年来 SUV 热潮有所减退，目前哈弗的销量过分倚重 SUV 车型，平衡的产品布局更有利于企业应对各种市场变化。宝骏的存量市场表现力和零售市场表现力均相对突出，但在品牌美誉度方面需要进一步提升。

参考文献

李康等:《基于大数据解读中国乘用车品牌忠诚度价值及提升路径》,《汽车与配件》2019 年第 21 期。

B.9
中国品牌乘用车消费人群分析

张 越　李冰阳　宋雨童*

摘　要： 中国乘用车市场进入调整期，增换购消费者数量逐渐增长，与此同时，消费者购车更加理性，对品牌的关注度不断提升，中国品牌乘用车仍需实现品牌的向上突破。本报告通过购买新车、旧车置换、二手车交易这三个方面来研究市场中消费者的购车行为与习惯，运用消费者调研、实际数据分析等科学方法，全面细致地分析中国品牌乘用车的消费人群偏好等行为特征。研究发现："80后"是新能源汽车消费的主力军；换购用户的消费升级体现为品牌和产品级别的全方位升级；消费者对二手车的接受度日趋提高。

关键词： 中国品牌乘用车　消费人群偏好　消费升级

一　新车人群分析

（一）中国品牌乘用车消费人群偏好分析

中国汽车市场继2018年负增长之后，2019年进入政策退出后的调整

* 张越，中国汽车技术研究中心有限公司数据资源中心市场数据部研发工程师；李冰阳，中国汽车技术研究中心有限公司数据资源中心市场数据部部长；宋雨童，中国汽车技术研究中心有限公司数据资源中心市场数据部研发工程师。

期。受经济下行国内消费动力不足、新能源补贴下降等因素影响，乘用车全年销售2166万辆，相比于2018年的2253万辆下滑3.9%，连续3年呈现负增长态势，但2019年同比降幅较2018年有所收窄（见图1）。我国汽车市场已处于增速放缓的普及期，总体发展趋向稳定。随着汽车产品不断丰富，消费者购车拥有更多的选择机会，在制定购车决策时，对品牌的关注度不断提升，品牌或将成为未来汽车市场的核心竞争因素。

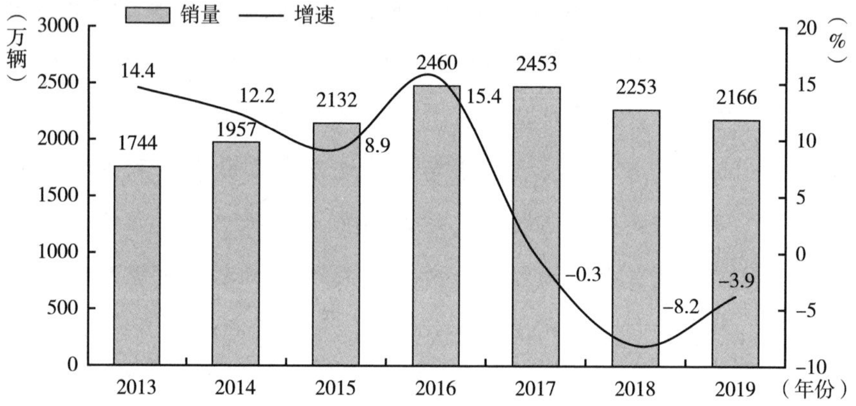

图1　2013～2019年乘用车销售状况

资料来源：中国汽车技术研究中心有限公司数据资源中心。

从消费者购车比例来看，2014～2017年中国品牌乘用车购买比例不断上升，由33.8%上升至39.1%（见图2）。这主要得益于中国品牌乘用车的质量水平有所提升，同时中国品牌乘用车在SUV市场发力，较高的性价比赢得了部分消费者。而从2018年开始，中国品牌乘用车的销售比例有所下降，2019年中国品牌乘用车的购买比例为34.9%。品牌因素在消费者购车决策中的重要性不断提升，中国品牌在经历了几十年的技术积累后，需要加强品牌积累，形成差异化的品牌形象，提升产品溢价，推进品牌升级。

1. 购车关注因素

外观造型、品牌、舒适性、销售价格、安全性能、质量（故障率）、外观品质感、内部空间、内饰造型设计和智能科技感成为消费者购车时重点关注的十大因素。从消费者重点关注的因素来看，视觉感受和体验感受的重要

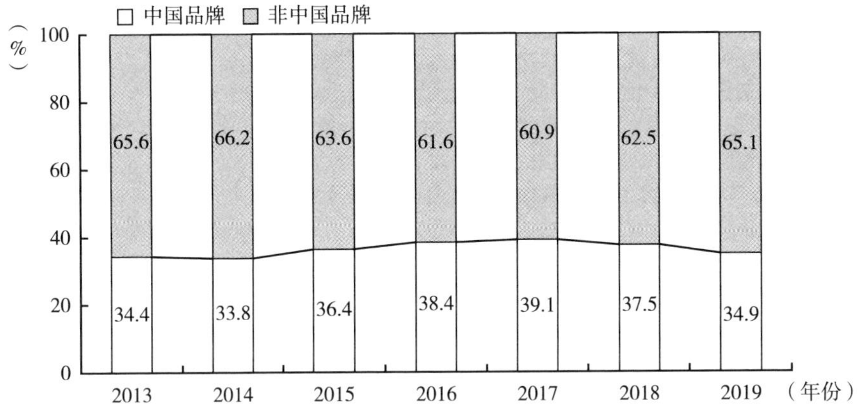

图2 2013～2019年乘用车品牌分类别销售状况

资料来源：中国汽车技术研究中心有限公司数据资源中心。

性不断提升，而随着汽车产品的快速更新迭代以及配置的不断智能化，智能科技感正成为消费者购车时主要考虑的因素之一。

数据显示，关注外观造型的消费者占比为43.5%，“80后”和“90后”是当前乘用车市场消费的主力军，而这部分消费者往往较为关注外观造型；35.3%的消费者将品牌作为购车时的重点关注因素，品牌是产品综合品质的体现，随着汽车消费市场由新购市场向增换购市场转变，消费者购车趋于理性，对品牌的诉求更高；将舒适性作为购车关注因素的消费者比例为33.5%，近年来消费者购车时更多地关注自身的体验感受，无论是自驾出游还是上下班代步，对于驾乘者来说，拥有舒适的驾乘感受是很有必要的；30%的消费者对销售价格依然较为关注，购车预算直接决定了消费者所购买车辆的级别；汽车作为交通工具，保障驾乘人员的安全依然重要，消费者中有29.1%的人将安全性能列为重要参考因素（见图3）。

2. 消费者的购车预算

从购车预算来看，5万～10万元为2019年中国品牌乘用车消费者购车预算的主要区间，将近半数（47%）的消费者选择5万～10万元的乘用车，

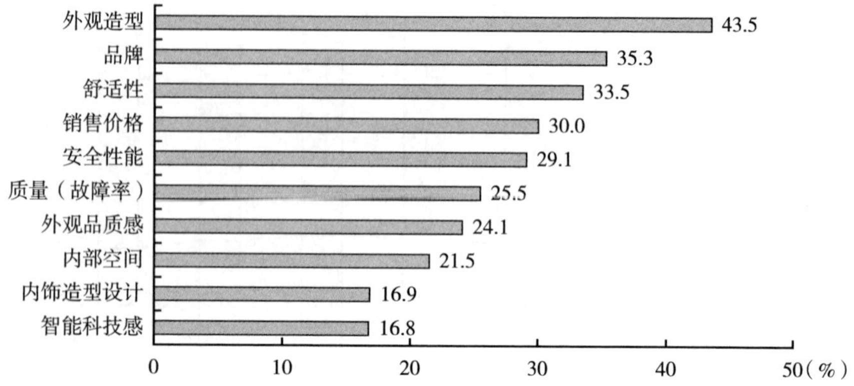

图 3　消费者购车的十大关注因素分析

资料来源：中国汽车技术研究中心有限公司数据资源中心。

33%的消费者预算为10 万 ~15 万元，购车预算在 5 万元以下的消费者占比为 7%，购车预算在 15 万 ~20 万元、20 万 ~25 万元和 25 万元以上的消费者分别占 7%、5% 和 1%（见图 4）。

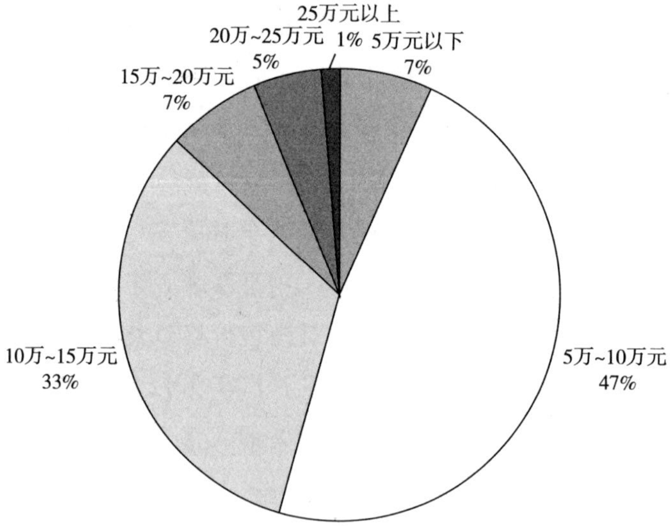

图 4　2019 年中国品牌乘用车消费者购车预算

资料来源：中国汽车技术研究中心有限公司数据资源中心。

3. 消费者的购车类型

2019 年，消费者购买的中国品牌乘用车达到 755.4 万辆，其中轿车类车型 186.4 万辆，SUV 车型 452.8 万辆，MPV 车型 102.9 万辆，而交叉型乘用车的销售量仅为 13.3 万辆。从消费者的车型类别选择来看，轿车购买比例为 24.7%，SUV 的购买比例为 59.9%，MPV 的购买比例为 13.6%，交叉型乘用车的购买比例为 1.8%（见图 5）。

从历年中国品牌乘用车的消费者购车趋势来看，消费者对轿车车型的购买比例有较大幅度下降，2013～2017 年轿车购买比例逐年下降，且降幅近 50%，2018～2019 年轿车购买比例小幅上涨；SUV 车型的购买比例逐年攀升，由 2013 年的 16.8% 提升至 2019 年的 59.9%；MPV 车型的购买比例则呈现先升后降的趋势，2013～2015 年 MPV 车型的购买比例由 16.1% 提升至 24.1%，占比突破 20%，随后几年比例则连续下滑，2019 年 MPV 车型的购买比例已低于 2013 年 2.5 个百分点；交叉型乘用车购买比例的下滑幅度较大，由 2013 年的 24.8% 下滑至 2019 年的不足 2%（见图 5）。

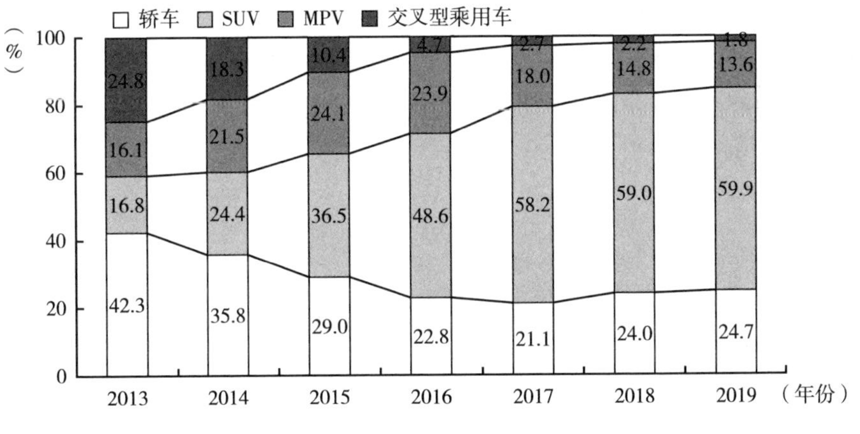

图 5　2013～2019 年中国品牌乘用车消费者的购车类型变化

资料来源：中国汽车技术研究中心有限公司数据资源中心。

SUV 凭借不同于轿车的内部空间大、通过性好、安全性更高和视野宽阔等自身优势，备受消费者青睐。相比于合资及豪华品牌 SUV，高性价比的中国品牌SUV更符合市场需求。中国品牌企业较好地把握住市场机遇，在SUV车型上不断推陈出新，丰富各细分市场产品，给消费者在购买产品时提供了更多的选择，而外观设计的不断完善，也为中国品牌SUV迎来了更多消费者。与此同时，吉利、长城等企业积极布局高端乘用车市场，推出了领克、WEY等高端品牌，不断发力更高级别的SUV市场。

从消费者购买中国品牌SUV和轿车在车型方面的选择情况来看，紧凑型乘用车是绝大多数消费者的首选。2013～2019年小型SUV消费整体呈缓慢下滑趋势，由2013年的29.2%降至2019年的24.3%；紧凑型SUV消费则整体呈现先降后升的态势，2019年紧凑型SUV的消费比例达64.5%，与2013年的消费比例66%趋于持平；中大型SUV的购买比例则呈现先升后降的态势，2017年消费比例最高达14.4%，2019年又降至10.8%；由于中国品牌大型SUV产品较少，所以消费者购买比例很小（见图6a）。

微型轿车的消费比例在2018年达到最高，为17.2%，2019年则迅速回落至8.4%；小型轿车的消费比例下滑较快，由2013年的27.3%下降至2019年的3.7%；紧凑型轿车的消费比例整体迅速上升，由2013年的58.9%上升至2019年的79%；中大型轿车的消费比例缓慢提升，2019年达到8.2%（见图6b）。

（a）SUV

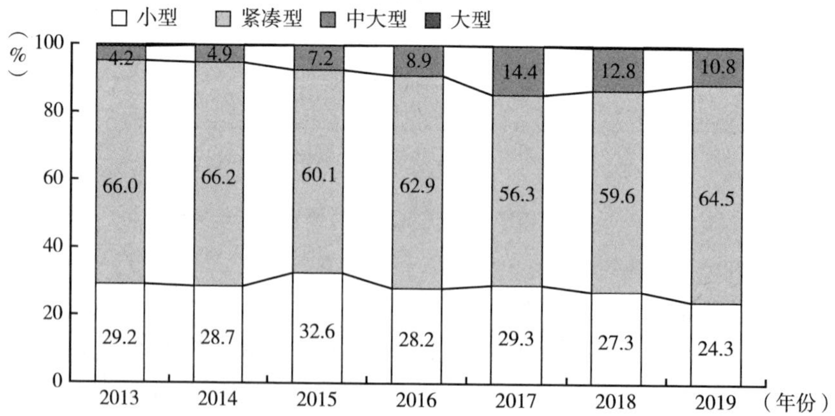

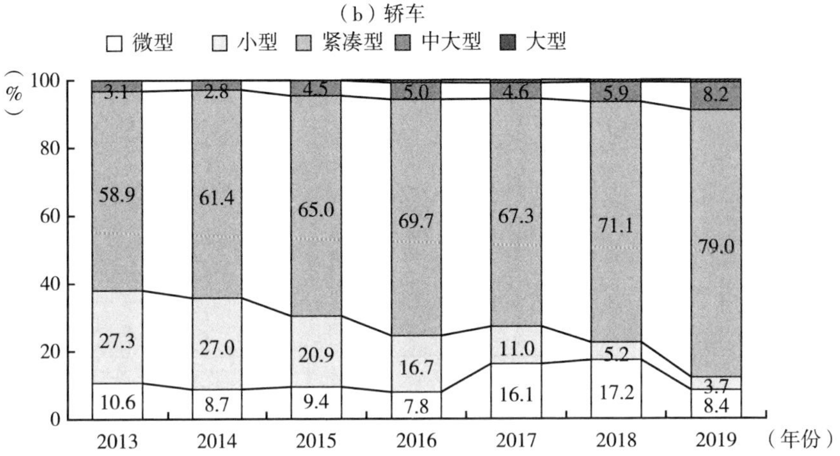

图 6　2013～2019 年消费者购买 SUV 及轿车的车型选择变化

资料来源：中国汽车技术研究中心有限公司数据资源中心。

4. 消费者购车品牌选择

2019 年消费者购买中国品牌乘用车的首选十个品牌如下：吉利、长安、哈弗、宝骏、五菱、荣威、广汽传祺、比亚迪、奇瑞与东风小康。2019 年，吉利依旧是最受消费者欢迎的品牌，购买量达到 119 万辆，从购买量来看优势明显；位列第二的长安品牌购买量为 80 万辆，与吉利相差 39 万辆；哈弗以 72.7 万辆的销量位居第三（见图 7）。近年来吉利品牌致力于提升消费者体验，不断升级自身产品，提高产品配置。自收购沃尔沃汽车之后，吉利的技术研发也取得了长足的进步，加之销售环节深度协同，吉利品牌的市场占有率逐步提升。

5. 消费者购车车型选择

哈弗 H6、五菱宏光 S、帝豪、宝骏 510、长安 CS75、博越、哈弗 M6、传祺 GS4、荣威 RX5 和长安 CS35 是最受消费者欢迎的十大车型。排在首位的是哈弗 H6，2019 年全年购买量为 28.1 万辆，其次是五菱宏光 S，销售 26.8 万辆，排在第三位的是帝豪。近年来哈弗 H6 的表现抢眼，凭借出众的外观设计以及良好的性能，销量一度超越合资 SUV（见图 8）。

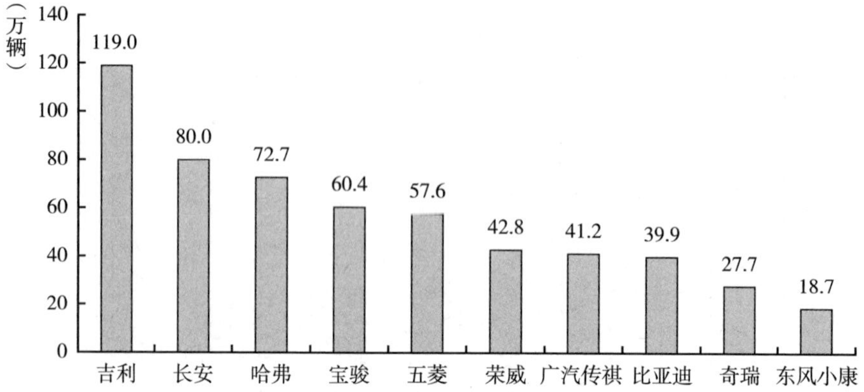

图7　2019年消费者购买中国品牌乘用车品牌选择TOP10

资料来源：中国汽车技术研究中心有限公司数据资源中心。

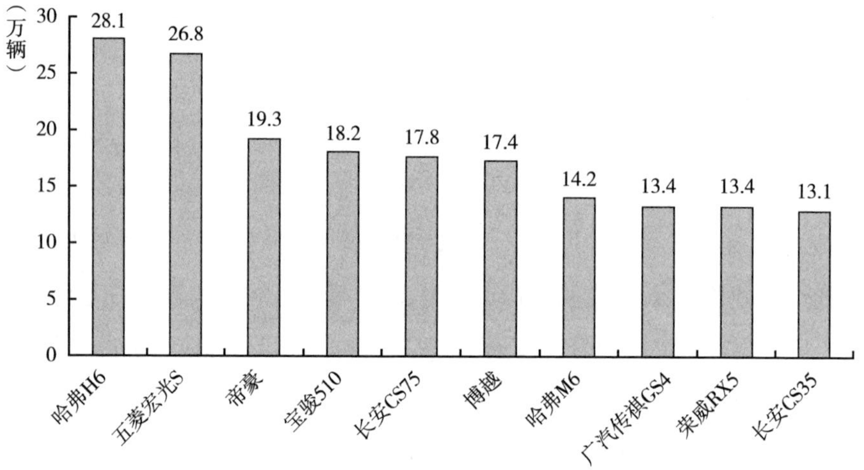

图8　2019年消费者购买中国品牌乘用车车型选择TOP10

资料来源：中国汽车技术研究中心有限公司数据资源中心。

6. 消费者购车颜色选择

如图9所示，从购车时消费者对颜色的选择情况来看，2013年消费者多选择灰色，其比例为37.4%，近年来选择灰色车型的消费者逐渐减少，2019年购买灰色车型的比例仅为7.1%。而白色则成为消费者最喜欢的颜色，2013～2019年实现大幅增长，由19%提升至67.1%，购买白色车型的消费者已超半数。相较于深色车型，白色车型在炎热的夏季不容易吸热，比较耐脏、安全系数较高的优点也使消费者更愿意选择白色车型。棕色车型的消费走势呈“凸”形，2013 年的购车比例为 2.6%，2016 年达到峰值 11.2%，2017 年后比例又逐渐下降，2019 年仅为 2.7%，与 2013 年基本持平。黑色车型的购买比例总体呈现下滑态势，由 2013 年的 12% 下降到 2019 年的 9.2%。红色车型的消费比例稳中有降，2013 ~2017 年的消费比例保持在 6% 左右，2018 ~2019 年有所下滑，2019 年的比例为 4.5%。黄色车型的消费比例则持续下降，由 2013 年的 13.7% 下降到 2019 年的 4.5%。

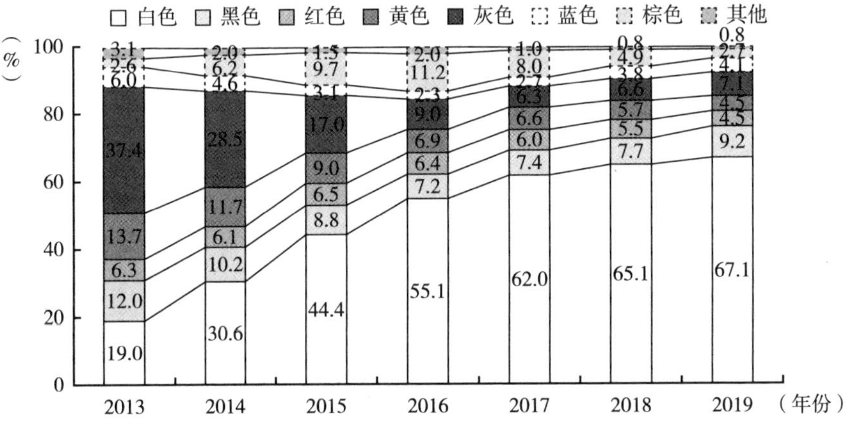

图 9　2013 ~2019 年消费者在购车时对颜色的选择变化

资料来源：中国汽车技术研究中心有限公司数据资源中心。

（二）中国品牌乘用车消费人群在地理上的分布情况

中国面积广大，地形地貌多样，而且不同区域的地理环境和人文环境均存在差异，造成了消费者购车时认知和选择的差异性。如图 10 所示，从 2019 年各区域中国品牌乘用车购买比例数据来看，华东所属区域消费者数量最多，占比达到 30%，其中山东省与浙江省的消费者是最多的。

其次为西南区域，用户比例为16%。排在第三位的是华中区域，用户占比为15%。华南区域紧随其后，用户比例达14%。华北区域以13%的用户比例排名第五，其中河北省的用户比例最高。西北地区的人口分布密度相对较低，用户比例只有8%。东北区域的用户比例更低，仅占总体的4%。

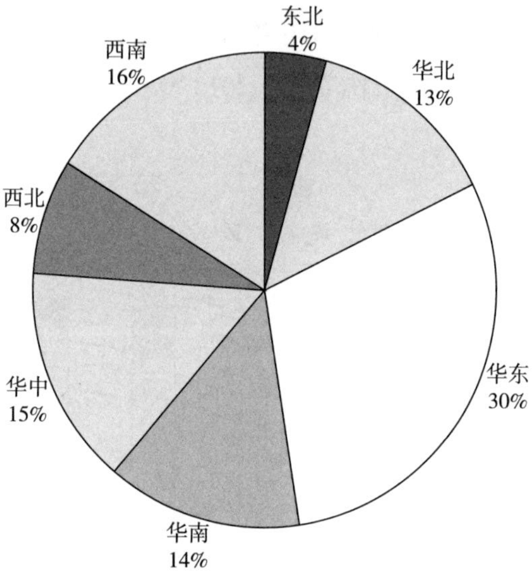

图10　2019年各区域中国品牌乘用车消费者购买比例

资料来源：中国汽车技术研究中心有限公司数据资源中心。

从2019年各省（区、市）中国品牌乘用车购买量与2018年各省（区、市）GDP数据来看，GDP较高的省（区、市）汽车购买量也较高（见图11和表1）。2018年广东省以97277.8亿元的GDP领跑全国，同时也领跑2019年中国品牌乘用车消费市场。河南、山东、河北以及浙江这些省份的GDP均排在全国前列，汽车购买量也居于TOP5。而经济水平相对落后的西部省（区、市）消费者购买中国品牌乘用车的数量也较少。因此，经济水平的高低和汽车购买量之间存在一定正相关性。

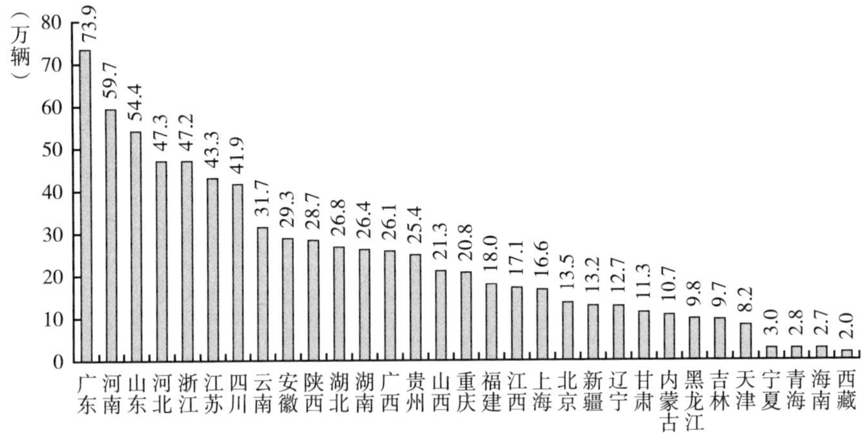

图11　2019年各省（区、市）中国品牌乘用车消费者购买量排名

资料来源：中国汽车技术研究中心有限公司数据资源中心。

表1　2018年各省（区、市）国内生产总值GDP排名

单位：亿元，%

排名	省（区、市）	2018年GDP	2018年GDP增速	排名	省（区、市）	2018年GDP	2018年GDP增速
1	广东省	97277.8	8.4	17	重庆市	20363.2	4.8
2	江苏省	92595.4	7.8	18	广西壮族自治区	20352.5	9.9
3	山东省	76469.7	5.3	19	天津市	18809.6	1.4
4	浙江省	56197.2	8.6	20	云南省	17881.1	9.2
5	河南省	48055.9	7.9	21	内蒙古自治区	17289.2	7.4
6	四川省	40678.1	10.0	22	山西省	16818.1	8.3
7	湖北省	39366.6	11.0	23	黑龙江省	16361.6	2.9
8	湖南省	36425.8	7.4	24	吉林省	15074.6	0.9
9	河北省	36010.3	5.9	25	贵州省	14806.5	9.3
10	福建省	35804.0	11.3	26	新疆维吾尔自治区	12199.1	12.1
11	上海市	32679.9	6.7	27	甘肃省	8246.1	10.5
12	北京市	30320.0	8.2	28	海南省	4832.1	8.3
13	安徽省	30006.8	11.1	29	宁夏回族自治区	3705.2	7.6
14	辽宁省	25315.4	8.1	30	青海省	2865.2	9.2
15	陕西省	24438.3	11.6	31	西藏自治区	1477.6	12.7
16	江西省	21984.8	9.9	总计		914707.7	7.9

资料来源：《中国统计年鉴（2019年）》。

如图 12 所示，2019 年中国品牌乘用车在三线城市最受消费者欢迎，三线城市中国品牌乘用车的购买量为 154.9 万辆，占 20.5%。一线城市中国品牌乘用车购买量仅为 90.3 万辆，一线城市消费者收入较高，更趋向于选择合资及豪华品牌车型。二线城市购买量为 143.5 万辆，四线至六线城市购买量均在 120 万辆左右。

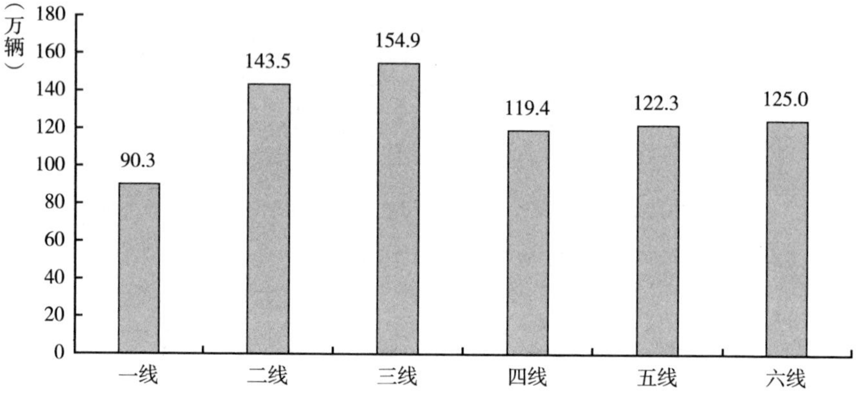

图 12　2019 年各级别城市中国品牌乘用车购买量

资料来源：中国汽车技术研究中心有限公司数据资源中心。

（三）中国品牌新能源乘用车消费人群特征解析

为降低石油等不可再生能源的消耗，以及为了减少尾气排放对空气质量带来的影响，我国提出了推广节能和新能源汽车战略，中国本土多家车企纷纷响应，大力推广并普及新能源汽车。经过数年的不懈发展，中国品牌新能源汽车在电池等关键技术方面取得了重大突破，并结合新兴技术，在智能化及网联化方面不断发力。在国家的扶持与推广下，新能源汽车走进了千家万户，消费者对新能源汽车的认可度不断提升。

2013～2018 年中国品牌新能源乘用车销量呈现高速增长态势，由 2013 年的 1.1 万辆增长至 2018 年的 88.2 万辆，2019 年新能源乘用车受车市寒冬影响销量有所下滑，全年销量为 75.5 万辆，同比下滑 14.4%（见图 13）。

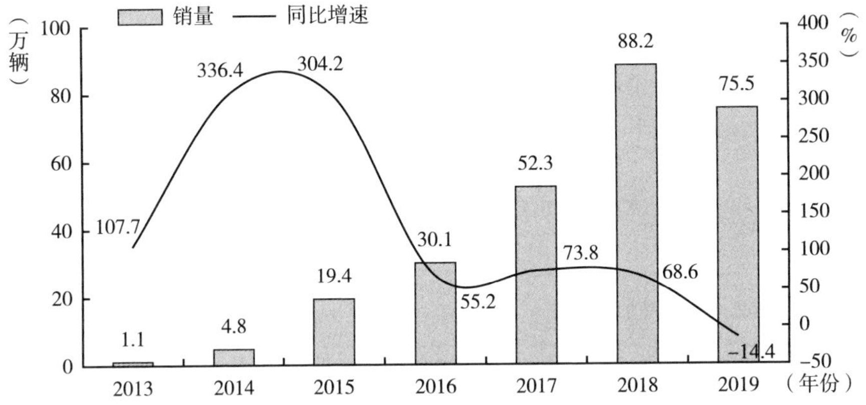

图 13　2013～2019 年中国品牌新能源乘用车销量

资料来源：中国汽车技术研究中心有限公司数据资源中心。

调研结果显示，新能源乘用车用户以已婚男性居多，普遍具有本科及以上学历，收入较高，担任高薪行业的管理者，性格外向乐观且懂得享受生活。部分选择新能源乘用车的消费者表示对新鲜事物比较感兴趣，愿意尝试新产品以拥有全新体验。新能源乘用车用户普遍有较强的环保意识，关注环境保护，不仅体现在购车和用车上，还体现在生活观念上，会主动进行垃圾分类及资源回收，这部分消费者会主动关注环保新闻，响应国家的环保倡议，教育下一代注重环保，并在生活中践行环保措施。

从新能源乘用车消费者的年龄比例来看，“80 后”是消费主力，用户占比达到 66.3%；其次是“90 后”，用户比例为 16.3%；“70 后”用户比例为 15.2%；“60 后”用户比例最低，仅为 2.2%（见图 14）。

调研发现，新能源乘用车用户大多比较年轻，对科技和新兴技术比较关注，喜欢体验新鲜刺激的事物，家里通常会置办智能家居和科技产品，比较了解最新的技术发展趋势，也较为关注车辆的科技属性。在关注车辆是否装备最新的技术、热衷体验新鲜刺激的事物、对科学技术的发展着迷、认为计算机很有趣四个方面表示完全符合或符合的消费者比例分别为 83.5%、75.7%、82.9% 和 81.2%，仅有少部分消费者对高科技的关注度不高（见图 15）。

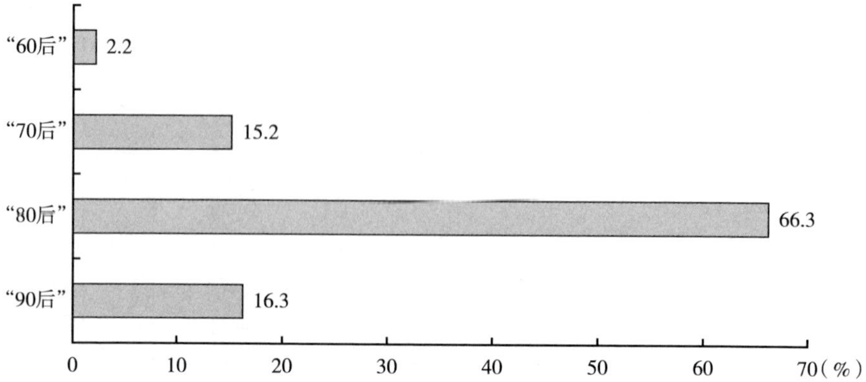

图 14　中国品牌新能源乘用车消费者年龄比例

资料来源：中国汽车技术研究中心有限公司数据资源中心消费者研究。

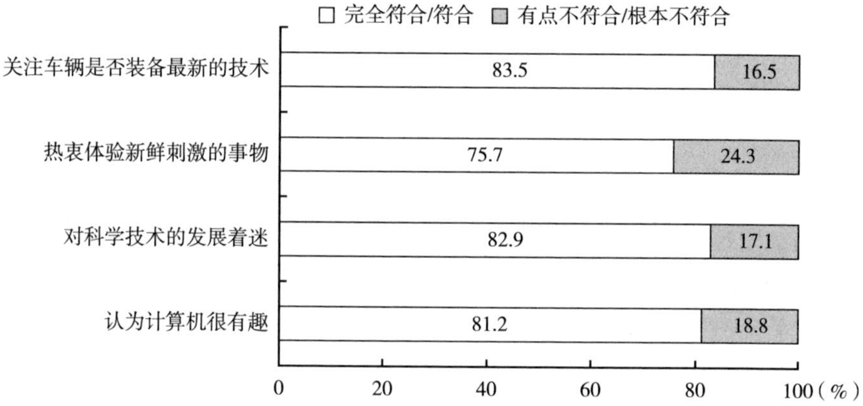

图 15　关注高科技产品的消费者分布

资料来源：中国汽车技术研究中心有限公司数据资源中心消费者研究。

二　车辆换购人群特征分析

（一）消费者换购规模分析

2019 年中国乘用车保有量为 2. 12 亿辆，随着保有量逐年累积，行业发展微增长、零增长甚至负增长逐渐成为常态，市场从增量型转向存量型，增购、换购的数量开始激增。

从零售市场贡献结构走势来看，首购驱动新车销售的动能不足，明显拖累零售市场增长。从首购长期影响因素来看，年轻人向来是首购群体中的主力军，但25～29岁的年轻人口规模从2017年开始缩小，且在生育政策的持续影响下，该人群规模还会继续呈递减态势，这成为首购需求减少的一个重要原因。从2014年起，初婚人数开始下降，同时初婚年龄也在逐渐后移，这两个因素共同导致了汽车消费的后移，从而影响了首购需求。

2019年换购的新车数量约为929万辆，同比增长3.2%，换购对新车的零售贡献度为43%（见图16），在新车市场表现低迷的背景下，换购带动了新车销售的持续增长，存量型用户置换已经成为未来新车市场的主要增长动力之一。

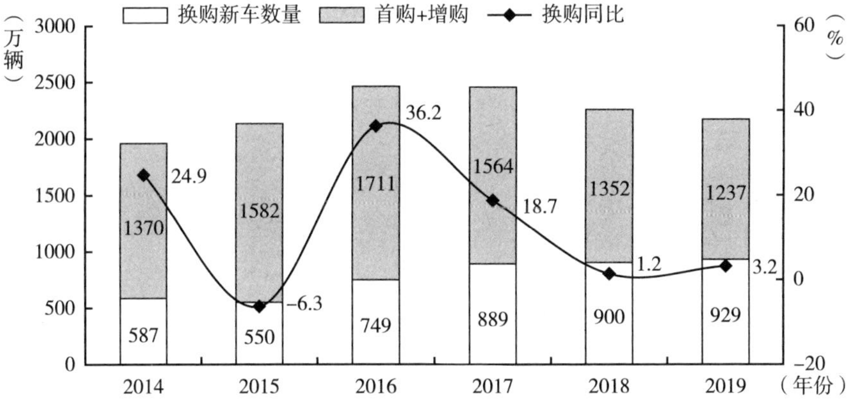

图16　中国乘用车零售市场的贡献结构与变化趋势

资料来源：中国汽车技术研究中心有限公司数据资源中心。

从车型类别来看，发生置换的人群主要为轿车和SUV用户。SUV用户的占比不断提升，由2015年的11.1%提升至2019年的17.8%；同时轿车的用户比例不断下降，2019年轿车置换用户占比为66.3%，相较于2015年下滑3.3个百分点（见图17）。

从城市级别来看，换购人群主要分布在一至三线城市。其中，一线城市

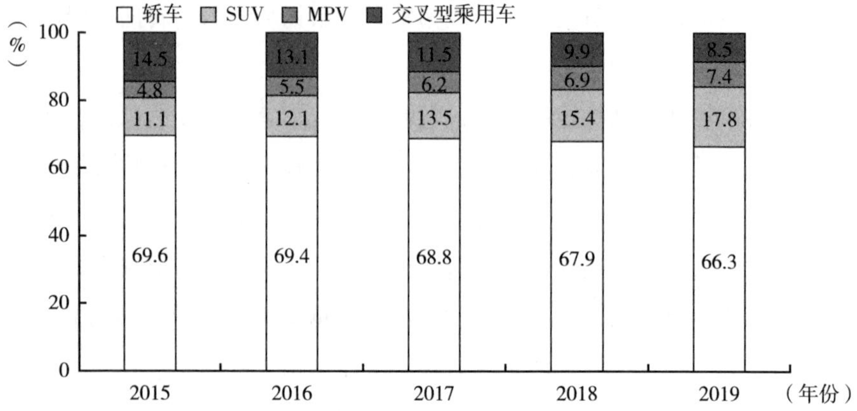

图 17　2015～2019 年置换车型的类别结构

资料来源：中国汽车技术研究中心有限公司数据资源中心。

占比呈逐步下滑趋势，2019 年一线城市换购人群占比为 12.5%，较 2015 年降低 1.8 个百分点；二线城市置换需求逐渐释放，占比小幅提升至 2019 年的 20.1%；三至六线城市的换购用户占比较为稳定（见图 18）。

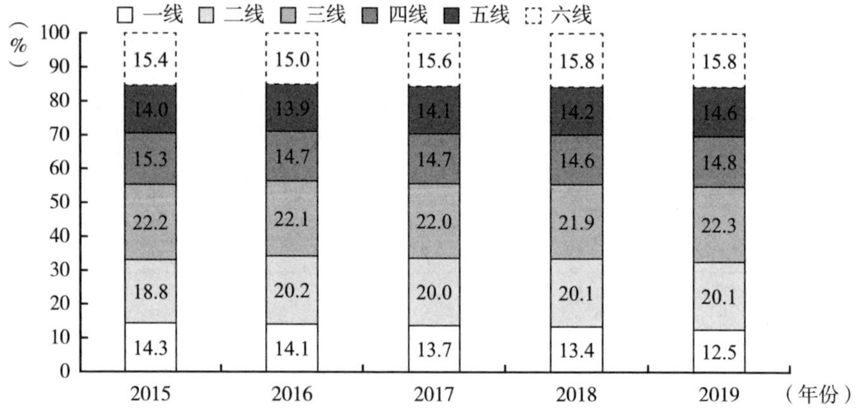

图 18　2015～2019 年置换车型按城市级别的分布变化趋势

资料来源：中国汽车技术研究中心有限公司数据资源中心。

从置换人群的主要城市分布情况来看，北京、成都的置换规模相对领先，2019 年均在 30 万辆以上，拥有庞大的置换人群；郑州、东莞、佛山等城市的置换规模增速较快，换购需求快速释放（见图 19）。

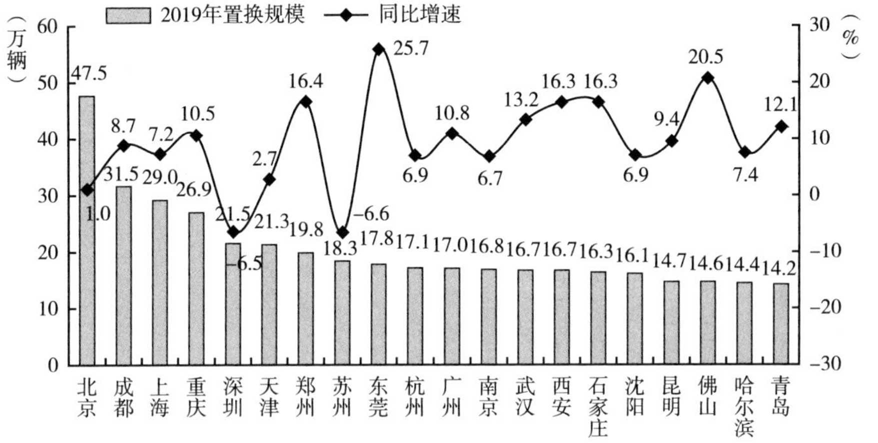

图 19　2019 年置换人群按城市分布的变化状况

资料来源：中国汽车技术研究中心有限公司数据资源中心。

（二）消费者换购周期特征分析

在市场低迷背景下用户推迟换车的趋势明显，整体市场换购周期呈延长趋势，由 2015 年的 6.9 年延长到 2019 年的 7.5 年（见图 20）。换购周期的延长主要源于公共交通系统的现代化程度和便捷性不断提高，减少了私家车的使用需求；加之网约车的活跃用户规模不断扩大，共享单车的市场交易规模也在稳步发展，这些都成为替代出行方式，换购意愿进一步减弱；同时国内经济仍处于下行周期，宏观经济增速的放缓拉长了换购周期，人们的购车意愿进一步削弱。

数据显示，2015 ~2019 年中国品牌乘用车的平均置换水平均低于整体水平，且与非中国品牌乘用车的平均置换周期差距较大，但整体呈缩小态势，2015 年中国品牌乘用车的平均置换周期短于非中国品牌乘用车 0.6 年，2019 年的差距仅有 0.3 年（见图 20）。

从中国品牌乘用车消费者 2019 年的换购周期变化情况来看，换购存在 4 个波峰，分别是在 60 个月（5 年）、71 个月（约 6 年）、108 个月（9 年）和 119 个月（约 10 年），即消费者 5 ~6 年和 9 ~10 年换车的现象较为集中（见图 21）。

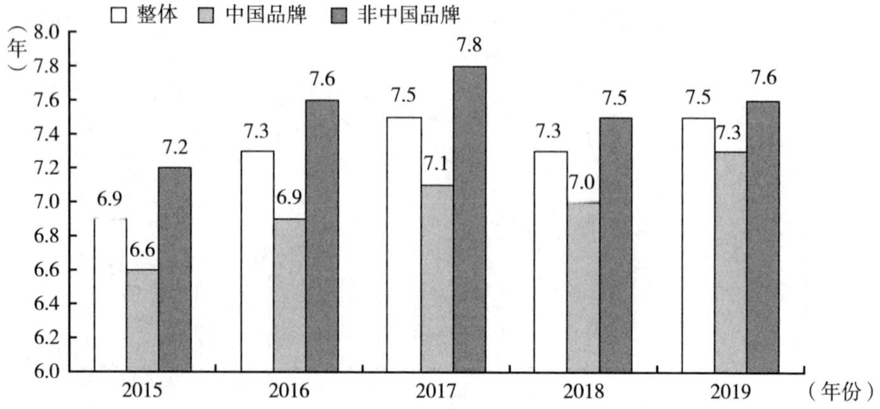

图 20　2015～2019 年平均置换周期的变化

资料来源：中国汽车技术研究中心有限公司数据资源中心。

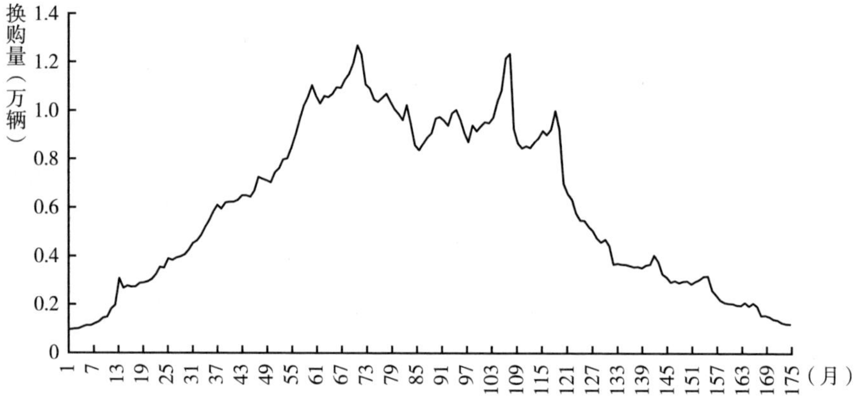

图 21　2019 年中国品牌乘用车消费者换购周期变化

资料来源：中国汽车技术研究中心有限公司数据资源中心。

（三）消费者换购升级趋势解析

换购用户的消费升级体现为品牌及产品的全方位升级，随着对车型空间上的需求逐渐得到满足，换购用户对品牌升级的需求逐步提升，其在购车时更加关注舒适性、动力性、配置、操控性等因素，本质上来讲是消费需求升级。2019 年车型及品牌消费升级变化数据显示，换购品牌级别上升的消费者占43%，而换购车型级别上升的消费者比例为63.4%，其中品牌和车型级别均有所上升的消费者占31.3%（见表2）。

表2　2019年车型及品牌消费升级变化

单位：%

		车型级别			
		上升	不变	下降	总计
品牌级别	上升	31.3	9.1	2.6	43.0
	不变	27.0	16.7	4.1	47.8
	下降	5.1	2.9	1.3	9.3
	总计	63.4	28.7	8.0	—

资料来源：中国汽车技术研究中心有限公司数据资源中心。

从中国品牌乘用车消费者在2019年换购前后的车型类别变化情况来看，MPV用户换购后多选择轿车，比例为46.7%，其次是SUV，占比为37.4%；SUV用户则仍旧更愿意选择SUV，这部分消费者的比例为48.6%；轿车用户换购后仍有56.4%选择轿车（见表3）。

表3　2019年中国品牌乘用车消费者换购前后车型变化

单位:%

车型类别		换购后		
		MPV	SUV	轿车
换购前	MPV	15.9	37.4	46.7
	SUV	6.3	48.6	45.2
	轿车	5.7	38.0	56.4

资料来源：中国汽车技术研究中心有限公司数据资源中心。

在各级别的城市中，中国品牌乘用车的忠诚度（换购前后车型均为中国品牌乘用车）下滑明显。2019年一线城市中国品牌乘用车的忠诚度相较2017年下滑0.8个百分点至30.9%；二、三线城市中国品牌乘用车的忠诚度较2017年下降1.7个百分点至32.5%；四至六线城市则下滑更多，由2017年的42.4%下滑至2019年的40.0%（见图22）。合资品牌逐步挤压自主品牌换购后份额。在存量竞争时代，中国品牌乘用车空间大、配置高、价格低的竞争优势逐渐减弱，品牌力不足的问题凸显，同时随着合资品牌在SUV市场的发力，中国品牌的相对竞争力明显下降，亟须实现品牌力的向上突破。

图 22　2019 年各级别城市中国品牌乘用车换购变化

资料来源：中国汽车技术研究中心有限公司数据资源中心。

三　二手车交易中消费人群特征解析

（一）中国品牌二手车交易中消费人群偏好分析

中国汽车市场正在由增量市场转为存量市场，大量的置换车辆涌现。伴随着二手车电商平台对消费者的广告营销教育，以及国家一系列促进、鼓励二手车流通的政策落实，广大消费者对二手车的接受度日趋提高。二手车的市场整体交易规模，在市场的积极引导、行业政策的有力刺激和消费者消费观念的转变等多方面因素的影响下快速增长。2019 年全国二手车累计交易1309 万辆，同比增速达到 11.3%（见图 23）。

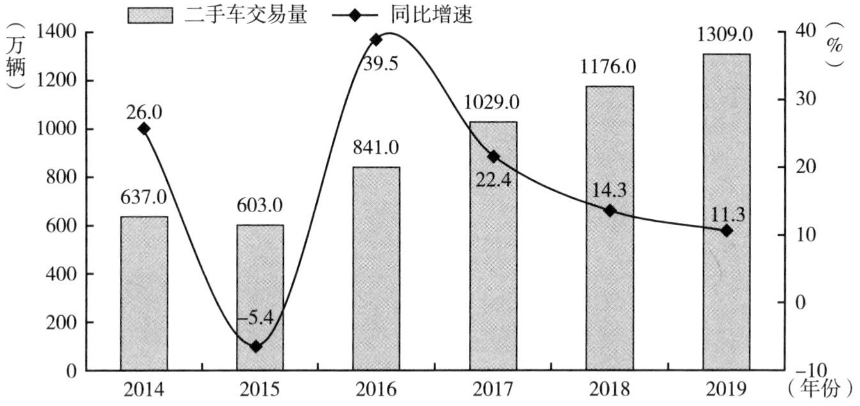

图 23　2014～2019 年二手车交易量及增速

资料来源：中国汽车技术研究中心有限公司数据资源中心。

随着科技的不断发展，大数据、VR 技术、人工智能等被应用到二手车交易、车辆检测认证、残值评估等领域，提供信息查询、车辆检测、残值评估、VR 看车等服务，促进市场信息透明化，提升了服务数字化与自动化水平，助力行业快速发展。2019 年，一号车市、新希望集团、成都锦和等地产投资商进入二手车市场。它们充分发挥自身的场地规划、物业管理等优势，秉承合作共赢的态度，与二手车行业各方积极合作，为二手车市场创造了新的购车体验，促进市场生活化、消费体验一体化。

从 2019 年二手车的消费者性别分布调查情况来看，男性消费者占 77.0%，女性消费者占 23.0%，相比 2018 年女性消费者比例上升 1.9 个百分点（见图 24a）。随着女性消费者可支配收入增多与生活品质的提升，女性的购车需求进一步释放。

二手车消费者年龄分布数据显示，“80 后”消费者比例最高，为 44%；其次为“90 后”消费者，占比达到 38%，在总购车人群中占比仅低于“80 后”6 个百分点；“70 前”消费者的占比为 14%；“70 后”消费者的比例最低，仅为 4%（见图 24b）。

排在中国品牌二手车交易量前 10 位的分别是五菱、长安、比亚迪、吉利、奇瑞、哈弗、一汽、海马、江淮和东风小康。其中，五菱优势明

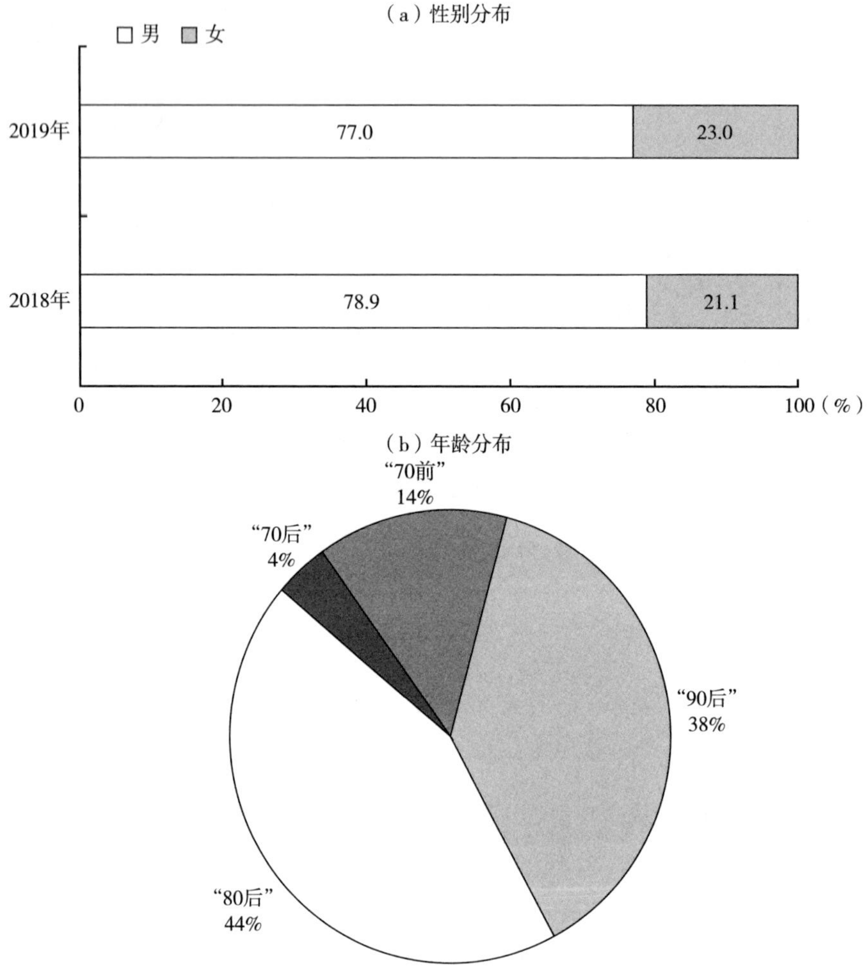

图24　二手车用户性别及年龄分布状况

资料来源：中国汽车技术研究中心有限公司数据资源中心。

显，2019年二手车交易量为84.4万辆，多于第二位的长安23.3万辆（见图25）。

（二）中国品牌二手车消费人群地理分布特征分析

中国品牌二手车的购买人群当前正加速从一、二线城市向三线及以下城市转移，2019年中国品牌二手车交易量达462.7万辆。交易增量主要来自

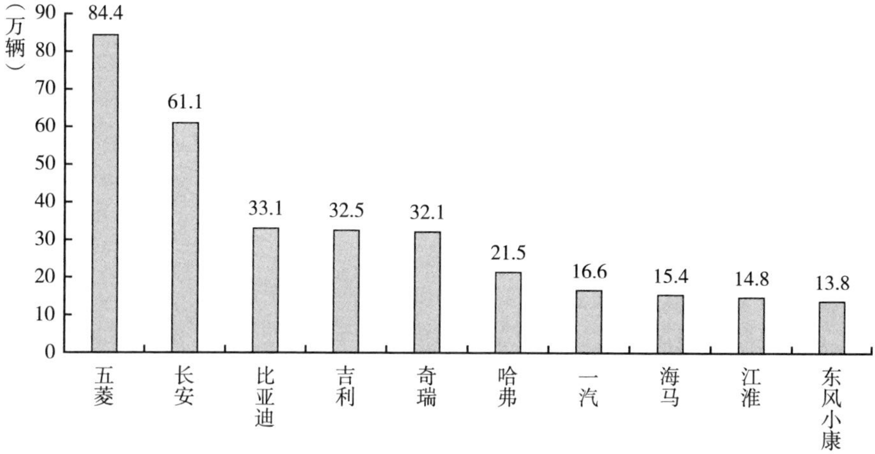

图 25 2019 年中国品牌二手车交易 TOP10

资料来源：中国汽车技术研究中心有限公司数据资源中心。

三、四线及以下等级城市，这些城市对全市场增量的贡献度高达 75.5%（见图 26）。

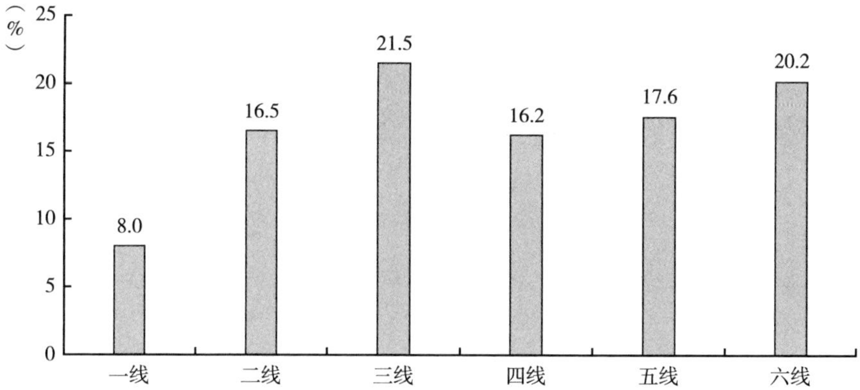

图 26 2019 年中国品牌二手车交易城市分布状况

资料来源：中国汽车技术研究中心有限公司数据资源中心。

根据中国品牌二手车交易量前 20 位省（区、市）来分析，山东、广东、河北的消费者较多；山东、河南和陕西三个省份的同比增速较快，已达到 15%；仅黑龙江二手车交易量同比小幅下滑 1%（见图 27）。

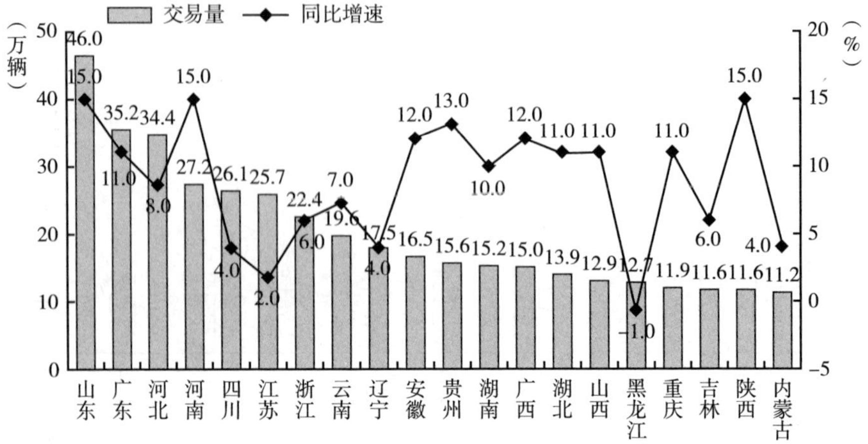

图 27　2019 年中国品牌二手车交易省（区、市）TOP20

资料来源：中国汽车技术研究中心有限公司数据资源中心。

B.10 中国商用车品牌竞争力分析

贾术艳　武彦杰　唐宝安*

摘　要： 本报告以2019年中国商用车品牌竞争力分析为出发点，从品牌集中度、品牌市场表现、品牌综合竞争力等维度剖析行业格局，探寻商用车品牌发展趋势，为支撑和推动商用车行业良性发展奠定基础，同时通过大数据分析和科学研判，得出以下结论：商用车在品牌竞争格局上以自主品牌为主，品牌成熟度较高，表现相对稳定；各企业不断加强对新科技的开发和应用，从而巩固了传统商用车品牌的市场优势；随着市场竞争的日趋激烈，将逐步呈现“强者愈强”的态势。

关键词： 商用车　品牌集中度　品牌市场表现　品牌综合竞争力　品牌格局

引　言

1956年7月13日，从我国第一辆载货车下线至今，中国商用车市场发展已历经63载，从年产几辆、几十辆的规模，扩张为年产销近400万辆的规模，中国商用车在自主品牌发展的道路上，由小到大、由弱变强。总体来

* 贾术艳，中国汽车技术研究中心有限公司数据资源中心市场数据部研发工程师；武彦杰，中国汽车技术研究中心有限公司数据资源中心市场数据部高级主管；唐宝安，中国汽车技术研究中心有限公司数据资源中心市场数据部研发主任工程师。

看，我国商用车市场大致经历了以下四个发展时期。

一是创建时期（1953～1965年）。由于技术限制，我国汽车工业发展初期采取的主要战略是以中型载货车、军用车以及其他改装车为主，形成了我国汽车产业结构“缺重少轻”的局面。1953年7月，长春汽车生产基地建立，拉开了我国汽车工业发展的序幕。1958年后，我国的汽车产业发展开始掀起第一次“热潮”，形成了一大批汽车制造厂、汽车制配厂与改装车厂，汽车制造厂数量由1953年的1家发展到1960年的16家，维修改装车厂数量由16家发展到28家，彻底结束了我国不能制造汽车的历史。

二是成长时期（1966～1980年）。20世纪60年代后期，在“大打矿山之仗”的号召下，我国商用车进入以自卸车为重点的发展时期。同时，随着造车技术的发展，在中型车基础上，逐步生产出轻型车、重型车、改装车，商用车产品体系逐步完善。随着二汽建立和地方汽车产业发展，我国掀起汽车工业发展的第二次高潮，到1976年，我国汽车生产厂家的数量增加到53家，专用改装厂的数量增加到166家，但整体技术水平仍较低，产能仍难以满足经济发展需求。

三是快速发展时期（1981～2003年）。改革开放后，我国商用车掀起了合资合作发展的高潮。在计划经济转向市场经济的过程中，通过引进外资和技术，解决了我国商用车行业“缺重少轻”的问题，产品格局更加完善，尤其是斯太尔、五十铃等技术的引进，推动我国商用车实现了从量到质的飞跃。

四是成熟时期（2004年至今）。在经济发展与产业升级的拉动下，商用车市场迎来了技术成熟、模式多元的发展时期。以一汽集团、东风集团、福田集团等为代表的商用车企业，在不断发展自主研发技术的同时，引进国外先进技术和发展模式，开拓海外市场，发展零部件、车联网等业务，通过科技创新、制造升级提升产品竞争力，逐步与国际接轨，打造全球知名品牌形象。

经过六十余年的发展，中国商用车市场发展进入稳定成熟期，马太效应与鲇鱼效应明显，各类型市场品牌发展程度不一，市场表现及发展潜力差异较大。本报告将从品牌集中度、品牌市场表现、品牌综合竞争力等维度，剖析中国商用车市场品牌发展状况，并探寻未来发展趋势，以达到支持中国商用车产业快速良性发展的目标。

一　商用车市场的品牌集中度

（一）品牌集中度的定义

行业集中度或市场集中度即可理解为品牌集中度，品牌集中度是对整个行业市场集中程度的测量指标，可以衡量企业数量和企业间的相对规模，是衡量市场实力重要的量化指标之一，是相关行业市场排名前 N 企业，所占市场份额（包括产量、销量等因素）的总和。本报告通过品牌集中度分析商用车品牌格局和品牌力，探寻商用车品牌发展趋势。

（二）商用车品牌集中度分析

商用车市场格局演化的本质其实是供需关系的变化。在行业发展初期，品牌发展门槛较低，数量集聚，形成行业发展早期的增量市场竞争环境。随着行业快速发展至高速成长期，市场格局分化，头部企业兴起，并占据市场主要地位；小弱企业被整合、兼并，加速出清，在行业需求饱和度提升的形势下，形成行业发展中后期的存量竞争环境。为了抢夺有限的需求，头部企业借助品牌优势，持续加大产能投放力度，品牌竞争由增量博弈逐渐转变为存量博弈，促使行业供需差扩大、品牌集中度提高，加速后端品牌出清。

由于商用车具有生产资料属性，且车型多，覆盖行业和细分市场广，同时对改装、挂车配套等依赖性较强，因此，商用车企业数量较多，品牌纷杂，各品牌的生产能力和技术水平差异也较大。2019 年商用车行业品牌数量达到 828 个，相比 2018 年增加 68 个。

从销量水平来看，2019 年行业整体销量为 381.3 万辆，各品牌平均销量约为 4600 辆，行业单品牌最高销量为 45.2 万辆。从各品牌销量规模看，1 万 ~5 万辆的有 42 个，5 万 ~10 万辆的有 16 个，10 万 ~20 万辆的有 10 个，20 万辆以上的有 6 个，销量水平低于行业平均水平的品牌数量达到 767 个。总体来看，商用车行业各品牌销量水平差异较大，且销量水平较低的品牌数量占比较高（见图 1）。

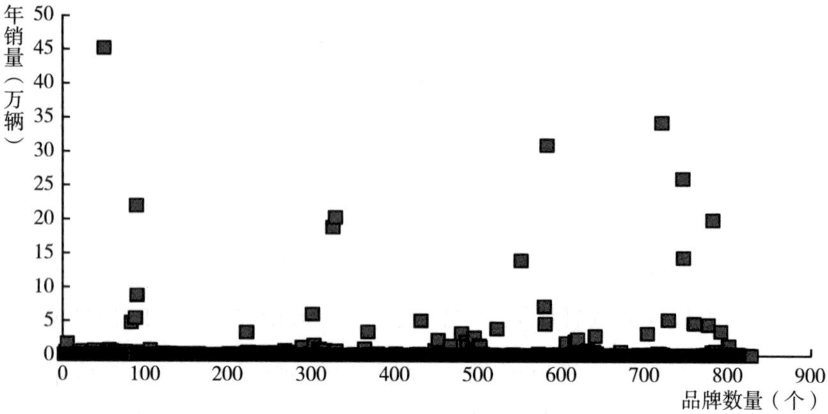

图1　2019年商用车品牌数量及销售情况

资料来源：中国汽车技术研究中心有限公司数据资源中心。

依据品牌集中度来分析，商用车行业品牌集中度逐年提升，行业发展的集中趋势更加明显。具体来看，2019年行业TOP3品牌销量占比为29.0%，高于2018年同期3个百分点；TOP5品牌销量占比为41.6%，高于2018年同期3.2个百分点；TOP10品牌销量占比为64.5%，高于2018年同期1.8个百分点；TOP20品牌销量占比为79.1%，高于2018年同期1.6个百分点（见图2）。同时，在前20名品牌中，列行业第10~20名的品牌销量增长较快，促使行业的品牌集中度进一步提升。

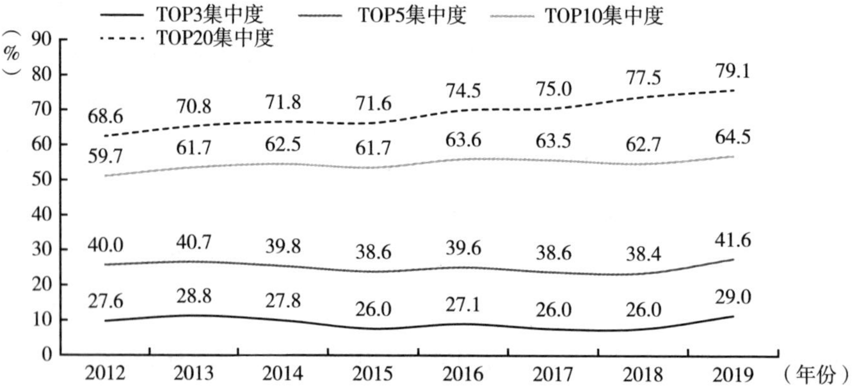

图2　品牌集中度变化趋势

资料来源：中国汽车技术研究中心有限公司数据资源中心。

从商用车行业的洛伦兹曲线来看，各品牌实际销量已经严重偏离绝对平均线（见图3），总体表现出商用车行业品牌数量虽多，但发展水平差异较大，销量较低的品牌占比较高的特点。也就是说，商用车行业大多数品牌规模小，竞争力弱，面临淘汰风险较大。

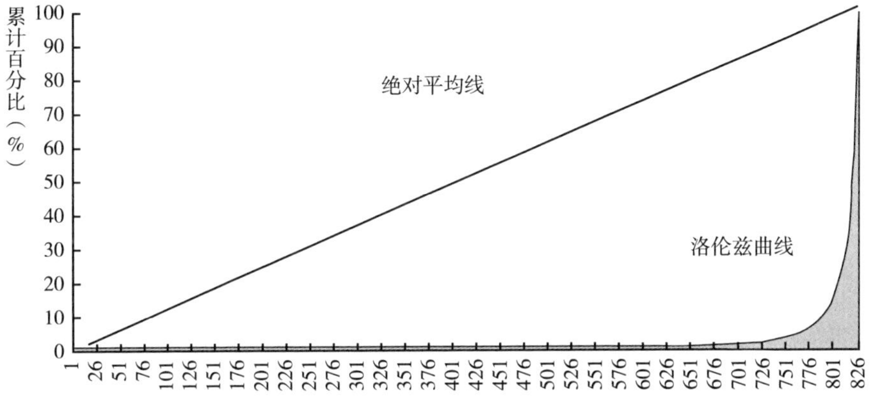

图3　商用车行业的洛伦兹曲线

资料来源：中国汽车技术研究中心有限公司数据资源中心。

目前，商用车行业的竞争环境在一定程度上呈现了两极分化的特点。一方面，头部品牌集中度逐步提高，产销规模不断扩大。从产销数量看，商用车产销量主要集中在前100名品牌，产销合计占比达97.4%。在商用车市场容量逐步饱和的趋势下，存量竞争激烈，品牌影响力对市场占有率提升的作用日益增强。另一方面，后端品牌“小、散、乱”的特点表现明显。相比头部品牌，后端品牌数量较多，但产销规模较小，市场竞争力相对较弱。2019年，商用车行业后端700名品牌产销合计占比不足3%。随着商用车市场进入发展成熟期，后端品牌市场出清将加速，生存和发展空间有限。

二　品牌市场表现

本部分从保有量、产量、销量等维度，以某一细分市场为切入点，分析排名前十品牌在某一领域的市场竞争力。基于各品牌在某一领域的市场表现，后文将对其综合竞争力进行评估。

（一）中重卡市场

1. 排名前十品牌保有量市场表现

2019 年中重卡市场整体保有量达 838.7 万辆，同比增长 3.5%，在经济下行压力加大、工程投资增速放缓的形势下，2019 年中重卡市场仍保持高位运行，存量规模持续增长。从各品牌的保有量市场表现来看，2019 年中重卡保有量排名前十的品牌分别为一汽、东风、福田、陕汽、中国重汽、江淮、柳汽、红岩、中联重科、徐工。其中一汽、东风、福田在中重卡领域的客户忠诚度较高，保有量已突破百万辆；一汽、陕汽近两年在牵引车市场精耕细作，大幅提高了市场对其品牌的认知度和认可度，促使保有量快速增长；东风、福田、江淮因受制于一汽与陕汽，在中重卡市场的竞争力有所下降，2019 年保有量有所下滑（见图 4）。

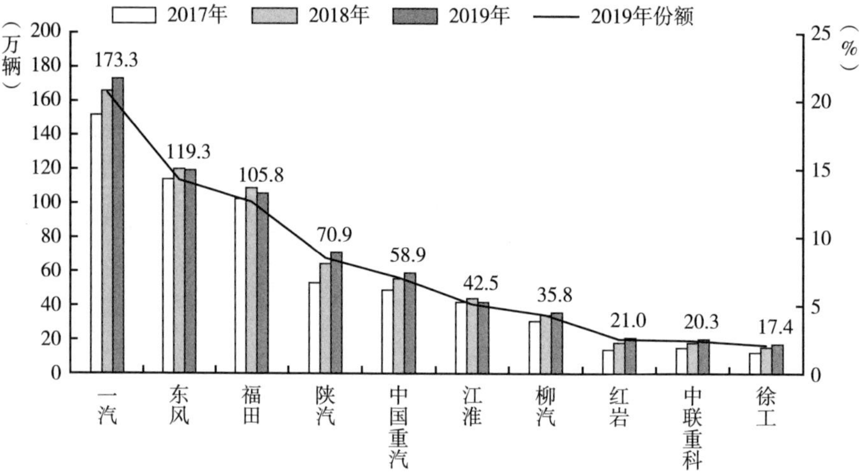

图 4　中重卡市场排名前十品牌保有量市场表现

注：一汽含一汽解放，福田含欧曼，中国重汽含汕德卡、豪瀚、豪沃等，柳汽含乘龙、霸龙。
资料来源：中国汽车技术研究中心有限公司数据资源中心。

从保有量占比变化来看，中重卡前十家品牌保有量占行业整体比重达到79.3%，其中一汽、陕汽在“国六”排放标准实施、牵引车需求增长的拉动下，凭借产品优势，保有量占比大幅提升，东风、福田、江淮保有量占比有所下滑（见图5）。

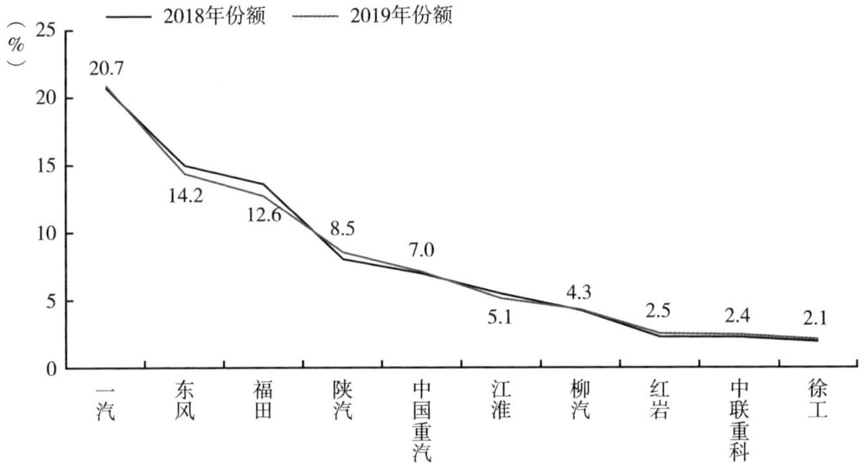

图5　中重卡市场排名前十品牌保有量占比变化

注：一汽含一汽解放，福田含欧曼，中国重汽含汕德卡、豪瀚、豪沃等，柳汽含乘龙、霸龙。
资料来源：中国汽车技术研究中心有限公司数据资源中心。

2. 排名前十品牌产量市场表现

目前，中重卡年均产能在140万辆左右，总体呈现产大于销的态势。2019年，中重卡市场产量达138.3万辆，同比增长29.2%。从产量排名来看，前十名品牌分别为一汽、东风、陕汽、福田、中国重汽、柳汽、红岩、江淮、中联重科、徐工，除江淮中重卡产量下滑外，其余品牌产量增幅均较大（见图6）。随着中重卡需求持续高位运行，各品牌的市场竞争更加激烈。各企业陆续加大投入，扩大产能，促进产品生产成本进一步降低。一汽、东风、陕汽、中国重汽抢抓牵引车、自卸车增长机会，实现产能进一步扩大。

从品牌结构看，前十家品牌产量占行业的76.4%，其中一汽、东风由于集团实力提升以及销量规模增长，产量占比有较大提升，陕汽、福田、江淮品牌的占比有较大下滑（见图7）。

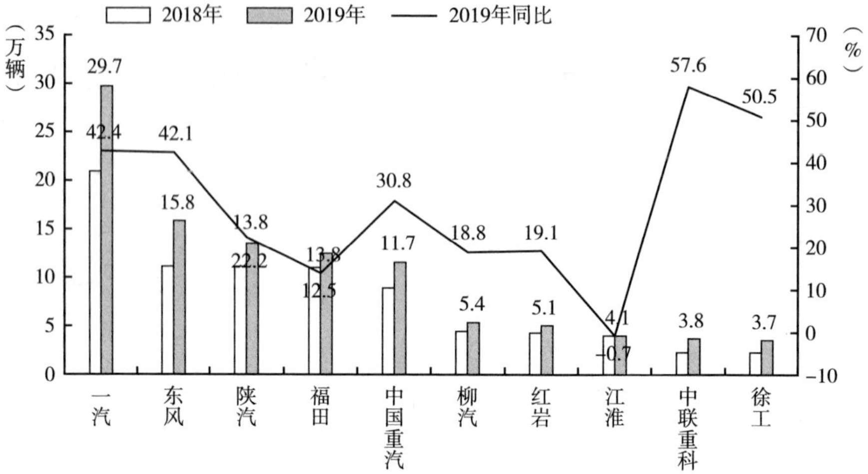

图6　中重卡市场排名前十品牌产量市场表现

注：一汽含一汽解放，福田含欧曼，中国重汽含汕德卡、豪瀚、豪沃等，柳汽含乘龙、霸龙。
资料来源：中国汽车技术研究中心有限公司数据资源中心。

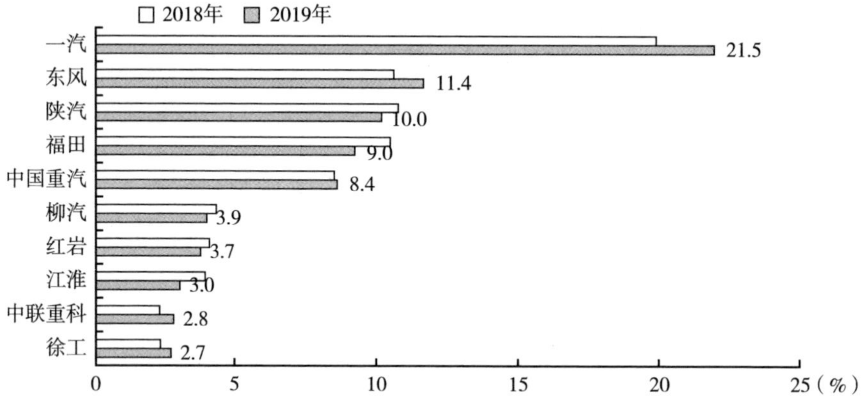

图7　中重卡市场排名前十品牌产量占比变化

注：一汽含一汽解放，福田含欧曼，中国重汽含汕德卡、豪瀚、豪沃等，柳汽含乘龙、霸龙。
资料来源：中国汽车技术研究中心有限公司数据资源中心。

3. 排名前十品牌销量市场表现

2016 年 GB1589 实施后，在政策拉动下，中重卡销量持续高位运行，2019 年中重卡销量再创历史新高，销量规模达到 117.9 万辆，同比增长 11.2%。从品牌排名情况看，排名前十的品牌分别为一汽、东风、陕汽、福田、中国重汽、柳汽、红岩、江淮、徐工、中联重科（见图 8），尤其是一汽解放、东风凭借自身企业实力，以加大投入、创新金融保险促销等手段，重点抓取“国三”老旧车淘汰、区域治超、“国六”排放标准实施等政策机会，增加自身销量，市场竞争力进一步增强，凸显中重卡市场“强者愈强”的发展趋势。

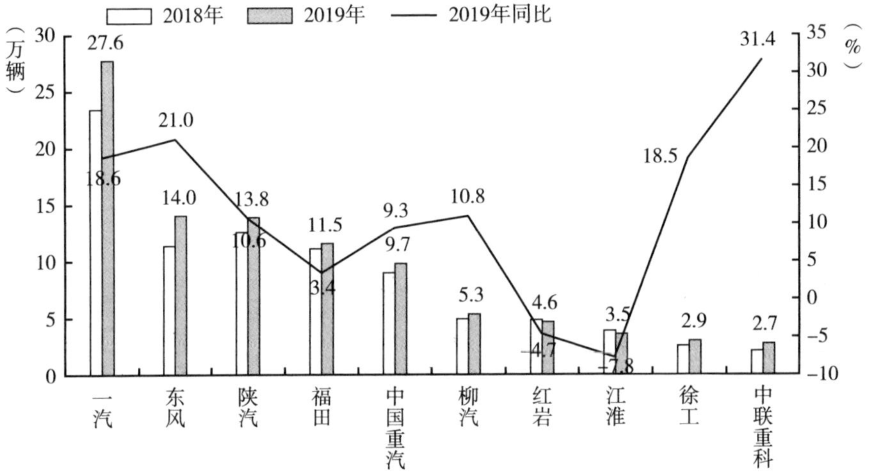

图 8　中重卡市场排名前十品牌销量市场表现

注：一汽含一汽解放，福田含欧曼，中国重汽含汕德卡、豪瀚、豪沃等，柳汽含乘龙、霸龙。

资料来源：中国汽车技术研究中心有限公司数据资源中心。

从销量占比来看，行业前十名品牌的格局相对稳定。2019 年前十家品牌销量占行业总销量的 81.1%，同比增长 0.3 个百分点。其中一汽、东风销量占比有较大提升，且随着产品升级、资源投入加大，品牌竞争力进一步增强，行业地位逐步稳固；红岩、江淮的销量占比呈现下降趋势（见图 9）。

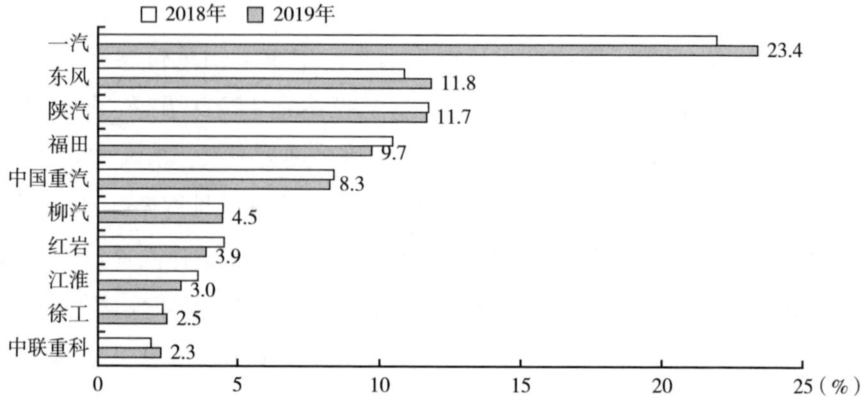

图9　中重卡市场排名前十品牌销量占比变化

注：一汽含一汽解放，福田含欧曼，中国重汽含汕德卡、豪瀚、豪沃等，柳汽含乘龙、霸龙。
资料来源：中国汽车技术研究中心有限公司数据资源中心。

（二）轻微卡市场

1. 排名前十品牌保有量市场表现

2019 年轻微卡保有量排名前十的品牌分别为福田、上汽通用五菱、长安、江淮、江铃、长城、东风、郑州日产、东风小康和中国重汽；其中保有量突破百万辆的品牌包括福田、上汽通用五菱、长安、江淮、江铃和长城（见图 10）。近年来，受环保治理、超载治理、排放标准升级以及皮卡进城等政策因素拉动，主流品牌保有量总体保持增长趋势，尤其是以小轻卡、微卡、皮卡为主业务的上汽通用五菱、长安、长城增长较快，品牌影响力进一步提升。

从保有量占比变化来看，2019 年前十家品牌保有量占行业整体比重为 69.1%（见图 11），较 2018 年增长 1.0 个百分点。近年来前十家品牌的影响力逐渐增强，尤其是上汽通用五菱、长安、长城借助小型卡车市场的增长趋势，保有量占比持续提升，分食了传统强势品牌如福田、东风、江淮等的市场份额。近年来，在政策影响下细分市场快速增长，对于部分企业提升品牌影响力起到了积极作用。

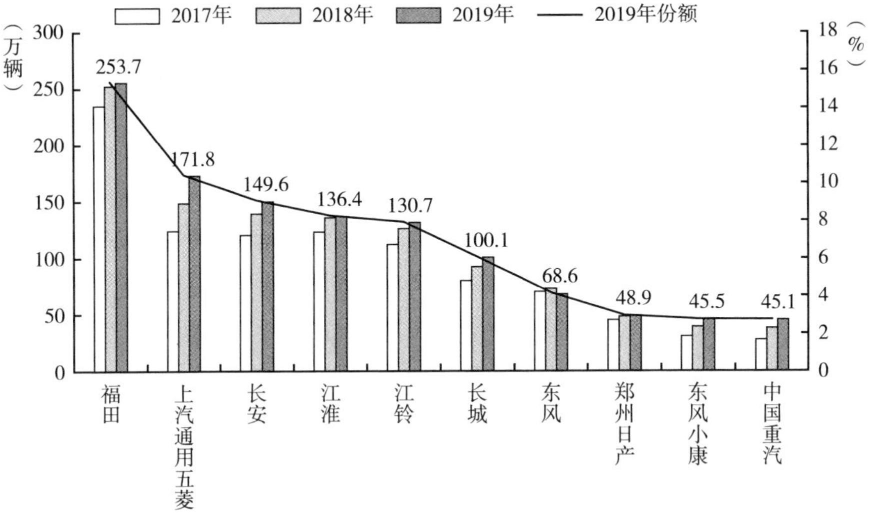

图 10　轻微卡市场排名前十品牌保有量市场表现

注：福田含欧马可、奥铃、时代等，东风含东风股份，中国重汽含豪沃、王牌等。

资料来源：中国汽车技术研究中心有限公司数据资源中心。

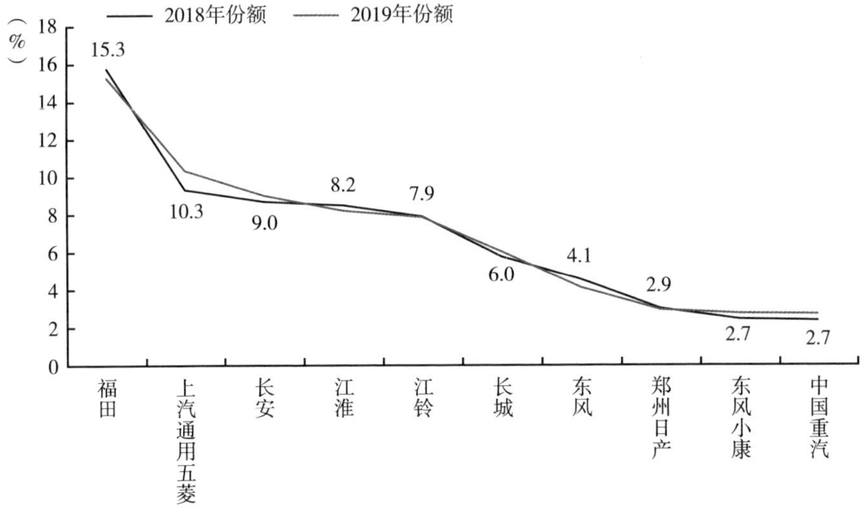

图 11　轻微卡市场排名前十品牌保有量占比变化

注：福田含欧马可、奥铃、时代等，东风含东风股份，中国重汽含豪沃、王牌等。

资料来源：中国汽车技术研究中心有限公司数据资源中心。

2. 排名前十品牌产量市场表现

2019年轻微卡产量达到231万辆，近两年稳步增长，前三位品牌的年产量规模均超过了20万辆，与后序品牌拉开了明显的差距。从产量变化来看，头部品牌如福田、上汽通用五菱和长城的产量有明显的增长，江淮、一汽产量比较平稳，而江铃和东风的产量呈现下滑趋势（见图12）。

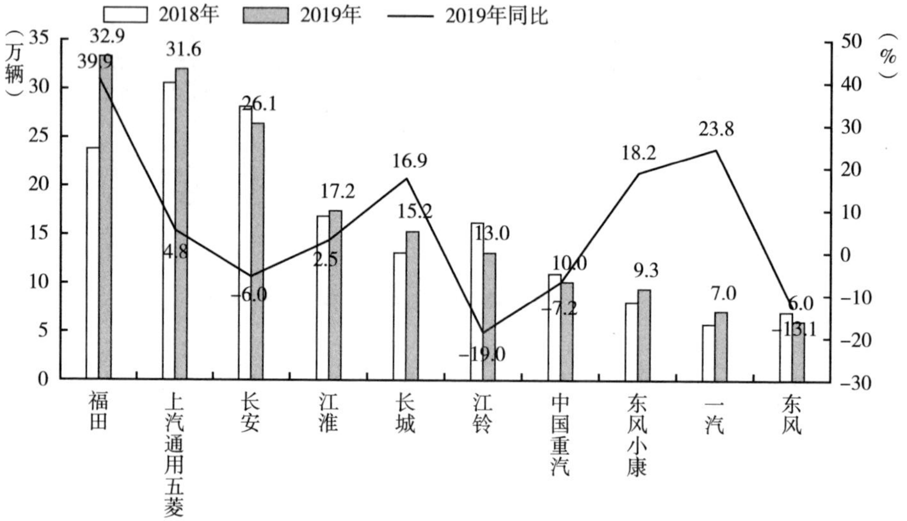

图12　轻微卡市场排名前十品牌产量市场表现

注：福田含欧马可、奥铃、时代等，东风含东风股份，中国重汽含豪沃、王牌等，一汽含解放、红塔等。

资料来源：中国汽车技术研究中心有限公司数据资源中心。

从品牌结构看，前十家品牌的产量占行业的72.7%。其中，福田比重最高，且提升较快；上汽通用五菱、长城、东风小康和一汽的比重也呈现提升趋势；长安、江淮、江铃、中国重汽和东风的比重下滑，其中长安和江铃下滑较多（见图13）。

3. 排名前十品牌销量市场表现

近年来，环保政策逐步趋严，“国三”及以下排放标准的车辆被淘汰，拉动了轻微卡的换购需求。另外，蓝牌轻卡超载治理释放了运力需求，促进了轻微卡市场的增长，使轻微卡市场保持高位运行。在政策拉动下，各品牌

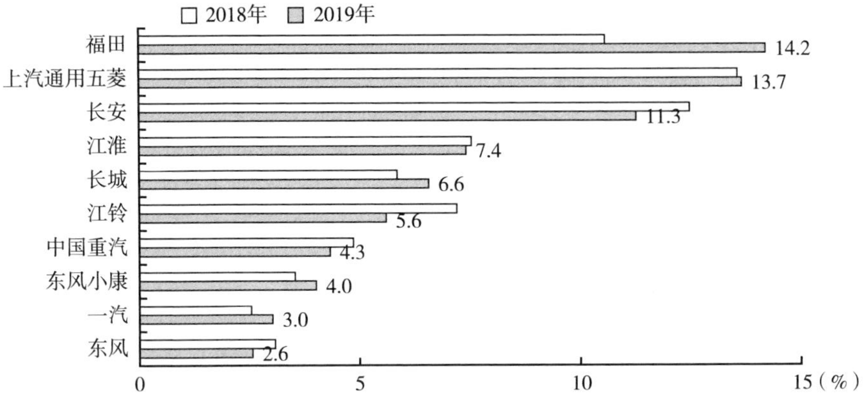

图 13　轻微卡市场排名前十品牌产量占比变化

注：福田含欧马可、奥铃、时代等，东风含东风股份，中国重汽含豪沃、王牌等，一汽含解放、红塔等。

资料来源：中国汽车技术研究中心有限公司数据资源中心。

积极开展有针对性的终端促销活动和细分市场布局，通过对细分市场的深度挖掘，开发更贴近市场需求的产品，并赋予全新定义。通过对新产品、新应用场景的宣传，强化终端用户对品牌的认知和了解，也在一定程度上提升了品牌影响力与知名度。排名前十的品牌销量市场表现见图 14。

从销量占比来看，2019 年前十家品牌销量占行业总销量的 71.3%（见图 15），占比较 2018 年增长 1.5 个百分点。其中，福田凭借多年的用户基础以及全面的产品线，具有较高的品牌知名度，占比提升较快；上汽通用五菱依托快速增长的大微卡市场，比重也得到了显著提升；江铃、江淮、中国重汽的销量占比下滑比较明显。

从纯电动轻微卡销量占比来看，2019 年前十家品牌销量占行业总销量的 80.8%（见图 16），占比较 2018 年增长 23.5 个百分点。随着国家对新能源汽车的鼓励政策由补贴转向运营端，2019 年纯电动轻微卡市场销量出现下滑。从品牌销量占比来看，市场竞争格局虽尚未稳定，但从近年发展来看，吉利、东风、奇瑞等取得了较高的市场比重，暂时占据了头部品牌的地位，促进了品牌知名度的提升，而福田、江淮等传统轻微卡品牌在纯电动市场尚未取得明显突破。

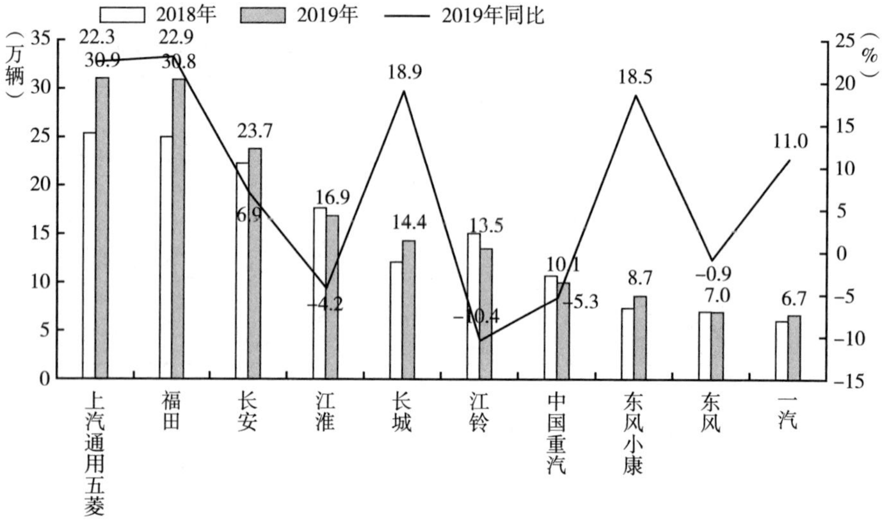

图 14　轻微卡市场排名前十品牌销量市场表现

注：福田含欧马可、奥铃、时代等，东风含东风股份，中国重汽含豪沃、王牌等，一汽含解放、红塔。

资料来源：中国汽车技术研究中心有限公司数据资源中心。

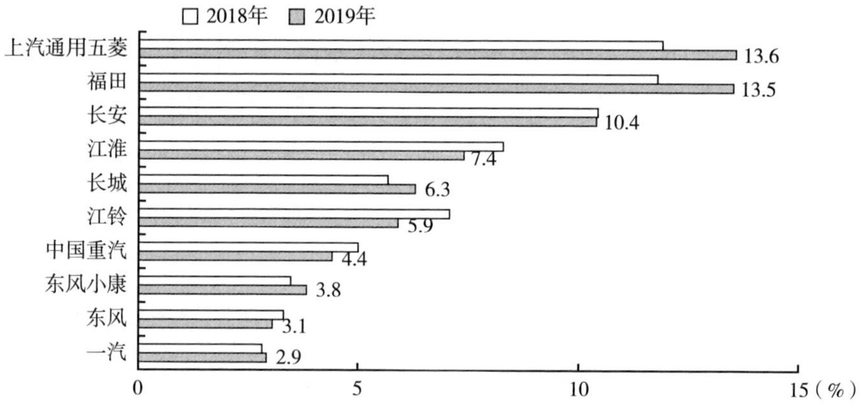

图 15　轻微卡市场排名前十品牌销量占比变化

注：福田含欧马可、奥铃、时代等，东风含东风股份，中国重汽含豪沃、王牌等，一汽含解放、红塔。

资料来源：中国汽车技术研究中心有限公司数据资源中心。

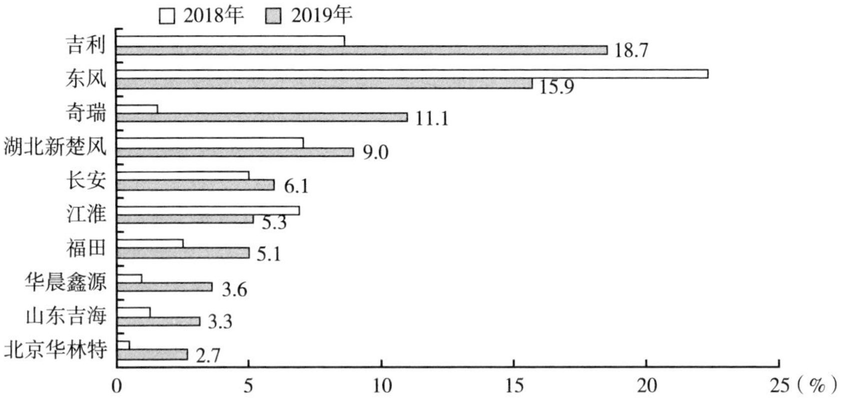

图 16　纯电动轻微卡排名前十品牌销量占比变化

资料来源：中国汽车技术研究中心有限公司数据资源中心。

（三）大中客市场

1. 排名前十品牌保有量市场表现

2019 年大中客市场保有量排名前十的品牌分别为宇通、海格、金龙、金旅、中通、一汽丰田、福田、比亚迪、安凯、东风（见图 17）。其中，宇通保有量持续上涨，2019 年已增至 42.3 万辆，份额高达 30% 以上，其他品牌仅有海格保有量超过 10 万辆。由此可见，在大中客市场，宇通占据绝对的竞争优势，且优势不断扩大。

从保有量占比变化来看，2019 年前十家品牌保有量占行业整体比重为 72.6%（见图 18），同比增长 1.5 个百分点。其中，宇通占比提升 1.4 个百分点，中通、福田、比亚迪凭借新能源客车市场竞争力，占比也有小幅提升。在大中客市场，品牌影响力是客户选购车辆的重要影响因素，市场发展存在较明显的两极分化现象。

2. 排名前十品牌产量市场表现

2012～2017 年，在新能源汽车补贴政策的刺激下，大中客市场年产量保持在 16 万辆左右。自 2017 年以来，随着新能源汽车补贴标准的下调，大中客市场年产量持续下滑，2019 年，年产量不足 12 万辆，其中宇通的产量

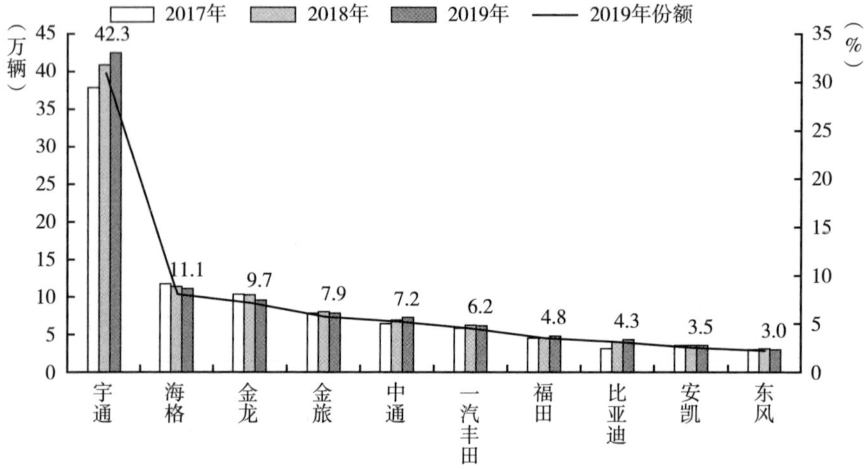

图 17　大中客市场排名前十品牌保有量市场表现

注：海格为苏州金龙，金龙为厦门金龙，金旅为厦门金旅。

资料来源：中国汽车技术研究中心有限公司数据资源中心。

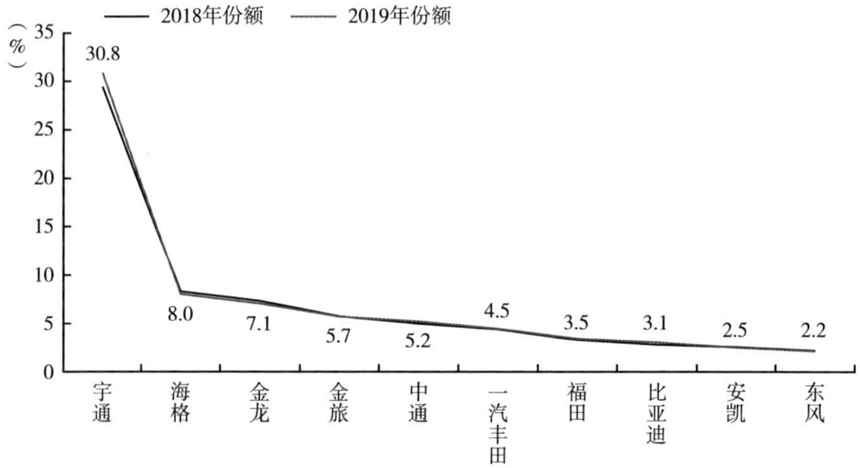

图 18　大中客市场排名前十品牌保有量占比变化

注：海格为苏州金龙，金龙为厦门金龙，金旅为厦门金旅。

资料来源：中国汽车技术研究中心有限公司数据资源中心。

高达 4.2 万辆（见图 19），占据 35% 的市场份额。

从品牌结构看，2019 年前十家品牌的产量占行业的 76.4%（见图 20），

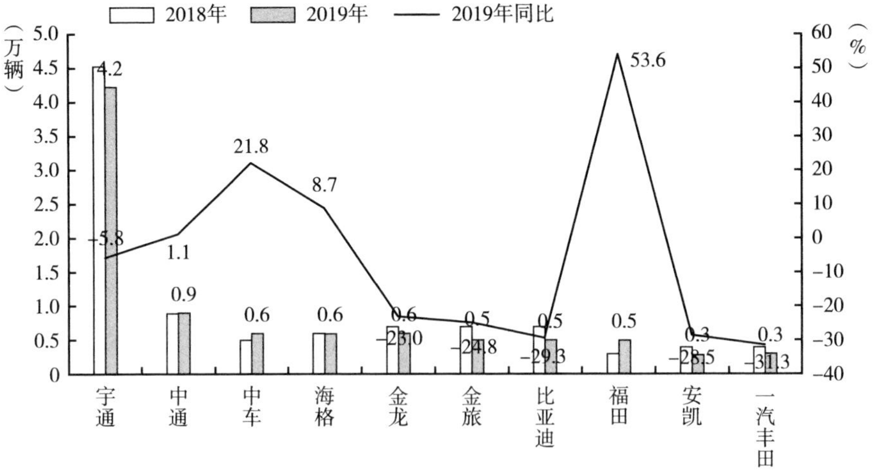

图 19　大中客市场排名前十品牌产量市场表现

注：海格为苏州金龙，金龙为厦门金龙，金旅为厦门金旅。

资料来源：中国汽车技术研究中心有限公司数据资源中心。

较 2018 年提升 8.4 个百分点，产量排名前四的品牌占比有不同幅度的提升，其中宇通占比提升 4.5 个百分点，与其他品牌的差距逐步扩大。

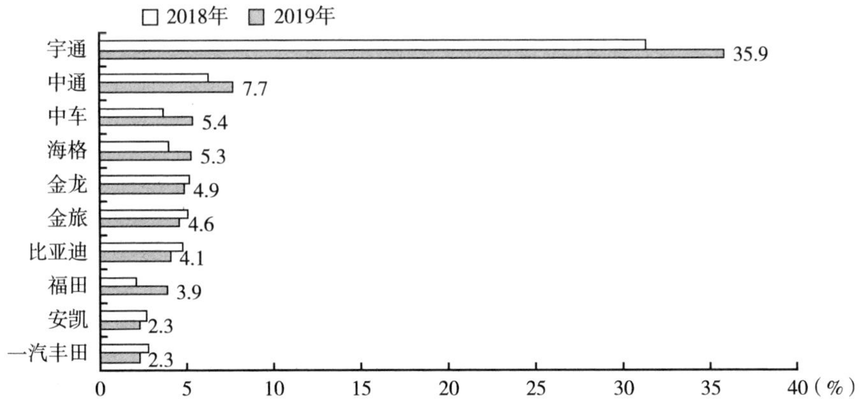

图 20　大中客市场排名前十品牌产量占比变化

注：海格为苏州金龙，金龙为厦门金龙，金旅为厦门金旅。

资料来源：中国汽车技术研究中心有限公司数据资源中心。

3. 排名前十品牌销量市场表现

目前，大中客市场尽管仍保持着“二通三龙”的竞争格局，但随着宇通在常规能源与新能源客车市场两线开花，大中客市场逐渐演变为宇通“一家独大”的局面。在销量 TOP10 企业中，除了宇通的销量高达 4.2 万辆，其他企业间的销量差距较小（见图 21）。2019 年，大中客市场销量 TOP10 企业集中度为 75.3%（见图 22），较 2018 年提升 8.1 个百分点。随着大中客市场不断整合，中小型生产企业逐渐退出竞争序列。

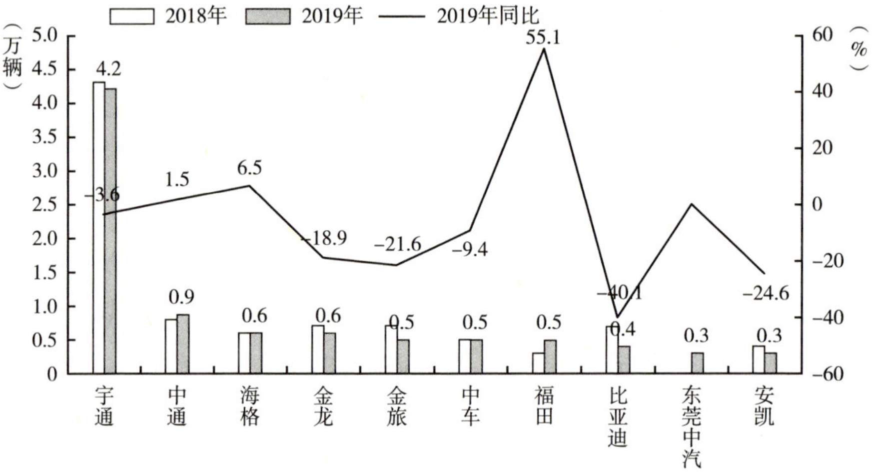

图 21 大中客市场排名前十品牌销量市场表现

注：海格为苏州金龙，金龙为厦门金龙，金旅为厦门金旅；东莞中汽基本实现净增长。
资料来源：中国汽车技术研究中心有限公司数据资源中心。

自 2013 年以来，在新能源汽车补贴标准的刺激下，大中客行业品牌格局洗牌。中通、福田、中车等企业凭借新能源客车优势，进一步提升了在大中客市场的竞争地位；比亚迪、广通、东莞中汽等新兴客车企业在大中客市场快速站稳脚跟。宇通在常规客车领域不断巩固市场地位，同时凭借广阔的销售渠道及其良好的口碑，不断拓展新能源市场，在客车市场的优势地位进一步凸显。传统二线品牌在常规客车领域面临宇通巨大的挤压；在新能源领域，因产品与新兴企业相比不具竞争优势，传统二线品牌的发展面临巨大的挑战。后期大中客市场竞争将更加激烈。

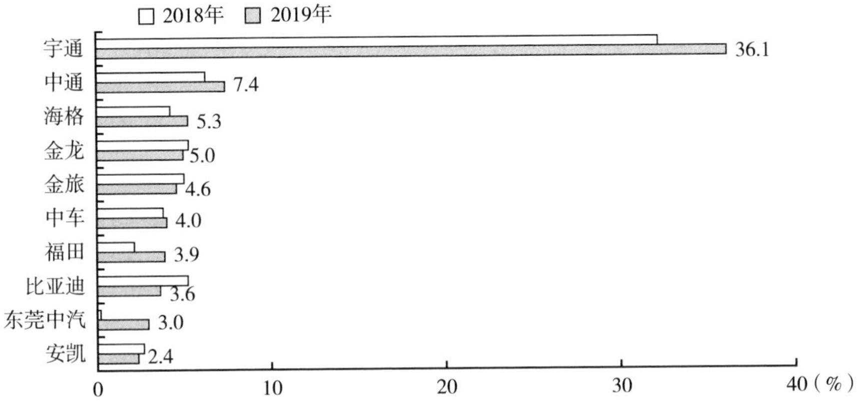

图 22　大中客市场排名前十品牌销量占比变化

注：海格为苏州金龙，金龙为厦门金龙，金旅为厦门金旅。
资料来源：中国汽车技术研究中心有限公司数据资源中心。

（四）轻客市场

1. 排名前十品牌保有量市场表现

2019 年轻客市场保有量排名前十的品牌分别为江铃、华晨雷诺金杯、南京依维柯、福田、上汽大通、长安、金旅、金龙、东风、宇通。从保有量规模来看，行业前两名品牌江铃、华晨雷诺金杯的保有量规模在 50 万辆以上，除华晨雷诺金杯、金旅、东风 2019 年的保有量下滑外，其他品牌保有量均有所增长（见图 23）。

从保有量占比变化来看，2019 年前十家品牌保有量占行业整体的比重为 83.0%，同比增长 0.9 个百分点。其中，江铃汽车受益于产品更新换代以及价格下探，保有量规模上升至行业第一位，华晨雷诺金杯受 453 号文件影响，保有量份额下滑（见图 24）。

2. 排名前十品牌产量市场表现

2019 年，宏观经济下行，制造业及商贸物流企业的经营业绩较差，车

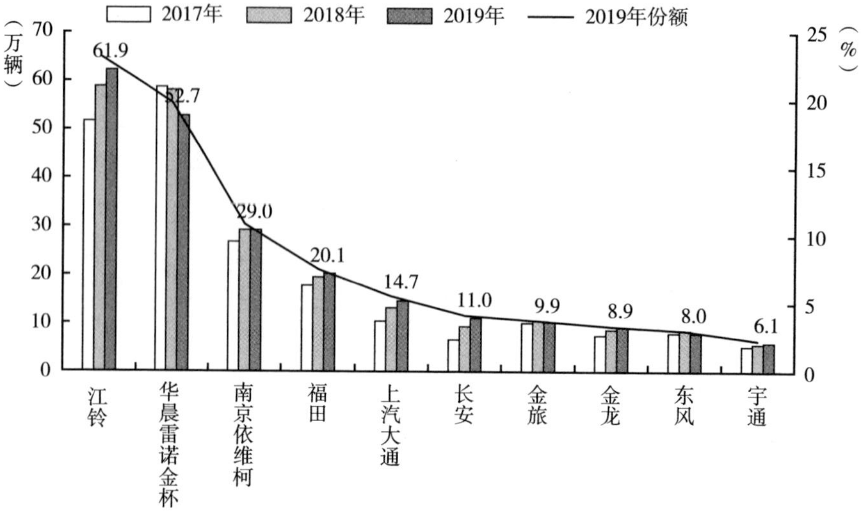

图 23　轻客市场排名前十品牌保有量市场表现

注：福田含风景、蒙派克、图雅诺等，江铃含江铃福特全顺以及江铃特顺，金龙为厦门金龙，金旅为厦门金旅。

资料来源：中国汽车技术研究中心有限公司数据资源中心。

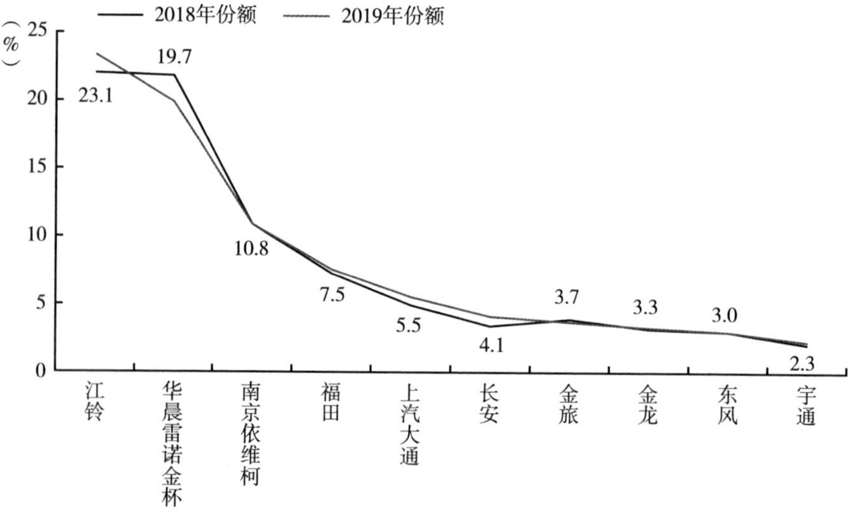

图 24　轻客市场排名前十品牌保有量占比变化

注：福田含风景、蒙派克、图雅诺等，江铃含江铃福特全顺以及江铃特顺，金龙为厦门金龙，金旅为厦门金旅。

资料来源：中国汽车技术研究中心有限公司数据资源中心。

辆购买需求较低，同时商贸流通行业的变革使车辆运输效率提升，许多小企业对保有车辆的意愿逐渐下降。2019 年，除上汽大通、福田产量同比增长外，其他企业产量均呈下滑趋势（见图 25）。

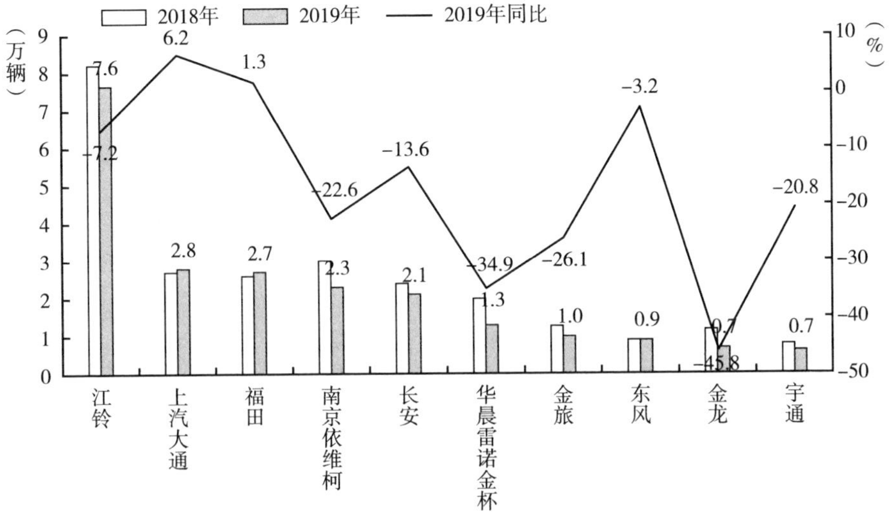

图 25　轻客市场排名前十品牌产量市场表现

注：福田含风景、蒙派克、图雅诺等，江铃含江铃福特全顺以及江铃特顺，金龙为厦门金龙，金旅为厦门金旅。

资料来源：中国汽车技术研究中心有限公司数据资源中心。

从品牌结构看，前十家品牌产量占到行业的 83.6%，其中江铃、上汽大通、福田品牌的占比同比有较大提升，南京依维柯、华晨雷诺金杯、金龙品牌的占比下滑较大（见图 26）。

3. 排名前十品牌销量市场表现

从各品牌 2019 年销量来看，除福田、长安、东风品牌的销量同比增长外，其他品牌的销量均处于下滑态势，其中福田的销量同比增长 12.6%，增幅最大（见图 27）。2019 年 5 月福田图雅诺针对大中 VAN 业务品牌架构重新定位调整，按照“客用、货用、专用”应用场景，产品识别重塑为“红图、蓝图、特专”，福田聚焦细分市场实行定制化，同时依托车联网大数据平台，集合线上、线下多种渠道，深度挖掘客户需求，形成了大批

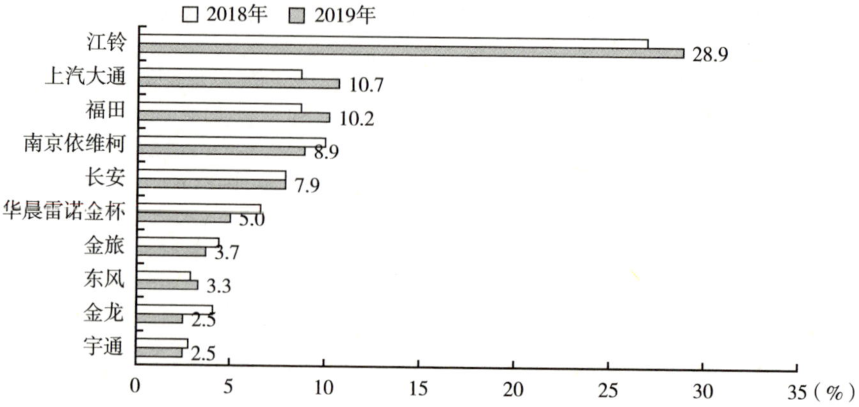

图 26　轻客市场排名前十品牌产量占比变化

注：福田含风景、蒙派克、图雅诺等，江铃含江铃福特全顺以及江铃特顺，金龙为厦门金龙，金旅为厦门金旅。

资料来源：中国汽车技术研究中心有限公司数据资源中心。

量、多品种、深度参与的产品定制模式，为 2019 年销量逆势增长打下了基础。

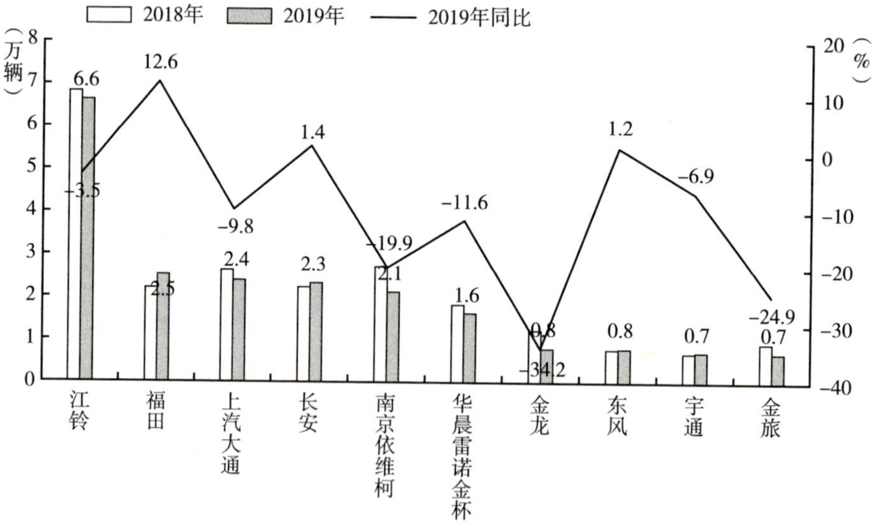

图 27　轻客市场排名前十品牌销量市场表现

注：福田含风景、蒙派克、图雅诺等，江铃含江铃福特全顺以及江铃特顺，金龙为厦门金龙，金旅为厦门金旅。

资料来源：中国汽车技术研究中心有限公司数据资源中心。

从销量占比来看，行业前十名品牌格局相对稳定。2019年前十家品牌销量占行业总销量的84.3%（见图28），同比提升2.0个百分点。其中，江铃、福田的占比有较大提升；南京依维柯、华晨雷诺金杯、金龙、金旅的销量占比呈下降趋势。

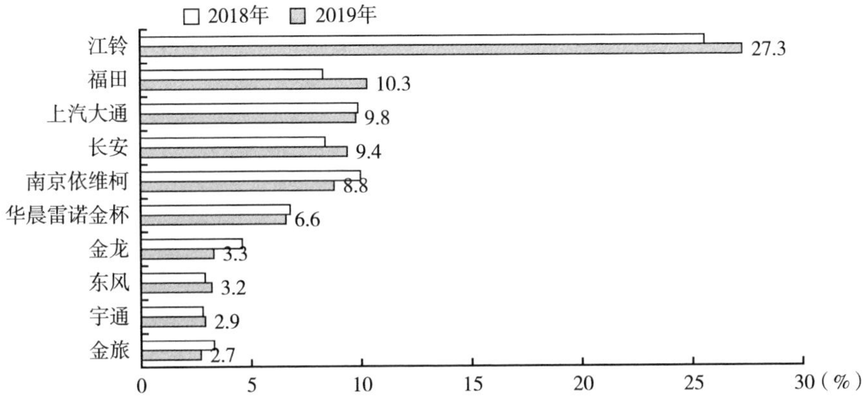

图28　轻客市场排名前十品牌销量占比变化

注：福田含风景、蒙派克、图雅诺等，江铃含江铃福特全顺以及江铃特顺，金龙为厦门金龙，金旅为厦门金旅。

资料来源：中国汽车技术研究中心有限公司数据资源中心。

三　品牌综合竞争力评价

（一）品牌存量综合排名

市场存量在一定程度上可以反映某个品牌长期发展的综合能力，通过各时期品牌存量的变化分析，可以评估某一品牌可持续发展的潜力。从2019年商用车保有量来看，排名前十的品牌分别为福田、一汽、东风、江铃、江淮、上汽通用五菱、长安、中国重汽、长城、陕汽；除陕汽外，各品牌保有量均在100万辆以上（见图29）。存量规模大，在一定程度上可以反映出品牌的客户忠诚度和市场认可度较高。总体来看，福田存量规模最大，长期积淀的客户黏性有利于其后期发展；上汽通用五菱、长安、中国重汽、长城品牌存量增速较快，借助市场强势竞争积累客户资源，也为其品牌发展增添了助力。

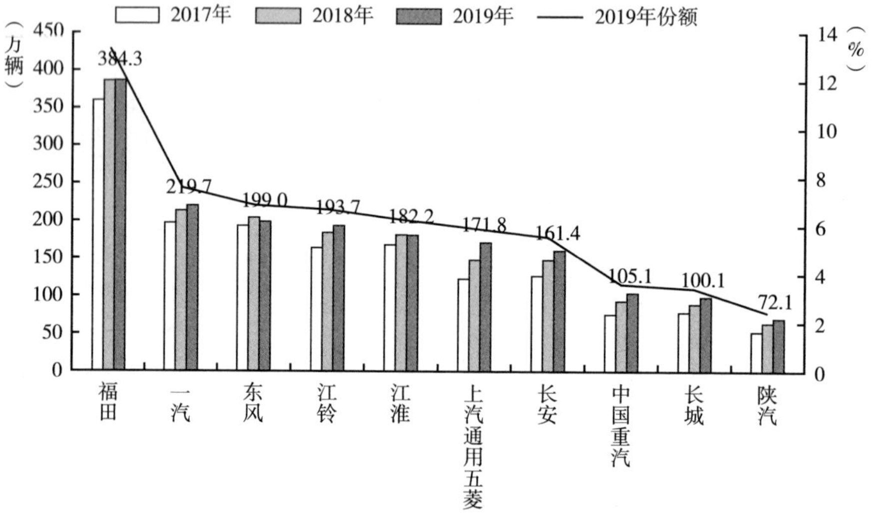

图 29　保有量排名前十商用车品牌

注：福田含欧曼、奥铃、欧辉等，一汽含一汽解放，中国重汽含汕德卡、豪瀚、豪沃等。
资料来源：中国汽车技术研究中心有限公司数据资源中心。

（二）品牌市场竞争力排名

2019 年，市场竞争力排名前十商用车品牌分别为福田、一汽、上汽通用五菱、长安、东风、江铃、中国重汽、江淮、长城、陕汽，且销量规模均在 14 万辆以上，除江铃、江淮品牌的销量下滑外，其他品牌的销量均处于增长态势（见图 30）。从市场占有率来看，行业前十名品牌格局相对稳定，销量占行业总销量的 64. 5%。其中，福田、一汽、上汽通用五菱、东风的销量占比有较大提升，尤其是福田产品线全面，细分车型的竞争力均较强，行业地位稳固；江铃、江淮、中国重汽的销量占比呈下降趋势。

从整体市场竞争力来看，福田、一汽的市场竞争力持续领先，且行业地位稳固；上汽通用五菱、长安、东风争相抢夺市场地位，品牌竞争力较强；长城、陕汽近年市场增长较快，进一步提升了品牌竞争力。

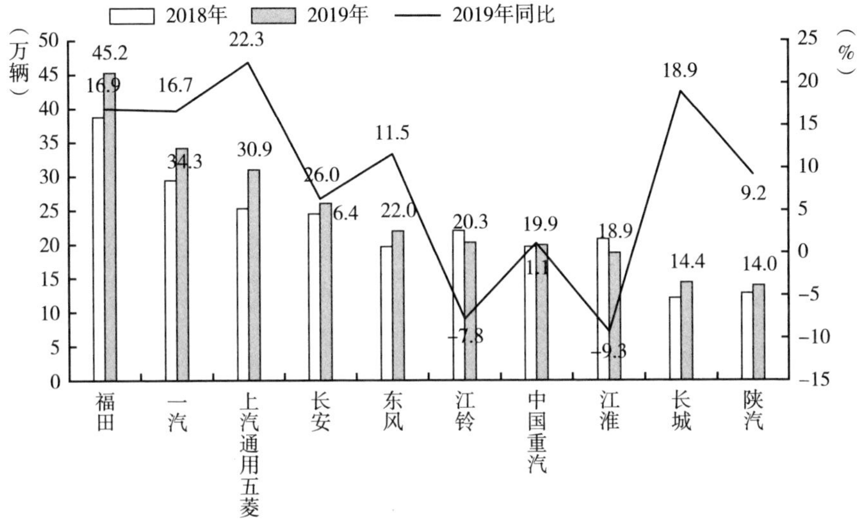

图30　市场竞争力排名前十商用车品牌

注：福田含欧曼、奥铃、欧辉等，一汽含一汽解放，中国重汽含汕德卡、豪瀚、豪沃等。
资料来源：中国汽车技术研究中心有限公司数据资源中心。

（三）品牌覆盖范围排名

商用车的生产资料属性，决定了其车型多、覆盖广的特点。各品牌在发展初期以单一细分市场覆盖为切入点，巩固品牌优势，随着品牌竞争力增强，上延或下探产品线，增强抗风险能力。目前来看，商用车细分市场覆盖范围较广的品牌有福田、一汽、东风、江铃、中国重汽，其产品均覆盖了中重卡、轻微卡、大中客、轻客，且优势市场覆盖面较广；其余品牌覆盖细分市场较少，多围绕某一优势领域精耕深挖，受某一市场需求波动较大影响，抗风险能力相对较弱，尤其是上汽通用五菱、长城、陕汽的产品线相对单一，抗风险能力相对较弱（见表1）。

表1　部分品牌在不同商用车细分领域的分布

品牌	中重卡	轻微卡	大中客	轻客	抗风险能力
福田	★★	★★★	★★	★★	强
一汽	★★★	★	★	★	较强
上汽通用五菱		★★★			弱
长安		★★	★	★★	较弱
东风	★★	★	★	★	较强
江铃	★	★★	★	★★★	较强
中国重汽	★★	★★	★	★	一般
江淮	★	★★		★	较弱
长城		★★★			弱
陕汽	★★	★			弱

注：★代表该品牌产品在此细分市场的占有率大小。福田含欧曼、奥铃、欧辉等，一汽含一汽解放，中国重汽含汕德卡、豪瀚、豪沃等。

资料来源：中国汽车技术研究中心有限公司数据资源中心。

（四）品牌综合竞争力排名

从存量、市场竞争力、品牌覆盖范围三大维度对商用车前十大品牌进行分析，并结合集团实力、产能、产业链依赖度，对各品牌综合竞争力进行评估排名。整体来看，综合竞争力较强的前五名品牌依次为福田、一汽、上汽通用五菱、长安、东风，综合得分在 5 分以上，品牌综合竞争力较强（见表 2）。从品牌发展潜力来看，除一汽、福田外，江铃、东风的市场存量增长较快，品牌影响力不断提升，品牌发展潜力较大。上汽通用五菱、陕汽、长城由于细分市场覆盖范围较窄，受市场波动影响较大，需进一步强化品牌可持续发展能力，优化品牌布局。中国重汽、江淮在激烈的市场竞争中面临发展瓶颈，需进一步思考品牌定位，突破细分市场局限，探索多元化布局，增强品牌竞争力。

表 2　品牌综合竞争力排名

单位：分

品牌	集团实力	产能	产业链依赖度	市场存量	市场竞争力	覆盖范围	综合得分
福田	10	10	4	10	10	5	9
一汽	9	9	5	9	9	4	8
上汽通用五菱	7	8	4	5	8	1	6
长安	6	7	2	4	7	2	6
东风	8	6	5	8	6	4	6
江铃	5	4	5	7	5	4	5
中国重汽	3	5	5	3	4	3	4
江淮	4	3	2	6	3	2	3
长城	2	2	1	2	2	1	2
陕汽	2	1	3	1	1	1	1

注：品牌综合得分是根据指标排名计算而得。

资料来源：中国汽车技术研究中心有限公司数据资源中心。

四　结论

相比乘用车市场，商用车在品牌竞争格局表现上相对稳定，TOP10 品牌成熟度较高，且以自主品牌为主。从客户群体特征及需求来看，“70 后”“80 后”客户群体对传统品牌认可度及忠诚度较高，同时各主机厂不断加强产品智能化、网联化技术开发和应用，持续提升产品品质，使产品品系更加全面，技术水平和创新能力的提升，进一步巩固了传统商用车品牌的优势。随着商用车市场存量竞争日益激烈，逐步呈现“强者愈强”的马太效应。

在经济下行压力加大的形势下，传统汽车制造品牌不断下探产业价值链，由汽车制造前端向后市场转移，拓展利润来源。同时，随着智能网联、大数据、人工智能等科学技术的发展，传统品牌在开放式发展环境中，原先的优势地位受到挑战。初造车企业、科技公司、货运平台等多种造车势力，跨界参与到商用车智能驾驶、车联网、新能源等领域中，推动传统商用车品牌拥抱新趋势，整合行业资源，巩固价值链地位，产生较强的鲇鱼效应。

随着商用车由增量市场过渡为存量市场，以一汽、福田、东风等为核心的传统主机厂，积极布局与零部件厂商、改装厂、物流公司、科技企业、高校及研发机构等合作，推进产品技术创新与商业模式创新，不断提升核心竞争力。马太效应叠加鲇鱼效应，促使商用车品牌集聚化发展，在“强者愈强”的趋势下，品牌整合、多主体跨界融合发展将成为商用车市场品牌发展的大势所趋。

参考文献

李康等：《基于大数据解读中国乘用车品牌忠诚度价值及提升路径》，《汽车与配件》2019 年第 21 期。

B.11
新兴中国乘用车品牌成长分析

刘春辉　冯　杰　沈润杰*

摘　要： 本报告首先从政策、市场两个层面明确新兴中国乘用车品牌的发展背景，一方面，国家对新能源车发展的长期支持，对“新四化”技术发展的大力推动；另一方面，市场也进入了新能源车高质量发展、自主品牌高端化、SUV车型持续火热的阶段。依据品牌属性，将近年来新兴中国乘用车品牌归纳为传统汽车企业和造车新势力两大类，传统车企推出的新兴品牌主打高端化和新能源路线，造车新势力企业则“主攻”新能源市场。同时，根据企业创始人的背景不同，可将造车新势力分为互联网科技造车、传统车企造车以及跨界企业造车。各造车新势力在现今严峻的市场形势下，生产资质不足、融资受困、产品推迟等困境接踵而至，面临巨大考验。因此，新兴中国乘用车品牌需要在品牌认知、运营能力、服务体系、营销策划等各方面进行全面提升，以应对市场变化和激烈竞争。

关键词： 中国乘用车品牌　自主高端品牌　新能源乘用车品牌　造车新势力

* 刘春辉，中国汽车技术研究中心有限公司数据资源中心市场数据部高级主管；冯杰，中国汽车技术研究中心有限公司数据资源中心市场数据部研究员；沈润杰，中国汽车技术研究中心有限公司数据资源中心市场数据部研究员。

一 新兴中国乘用车品牌发展背景

（一）政策背景

近年来，财政补贴、“双积分”、“蓝天保卫战”等近百条支持推广政策的发布表明了国家对新能源汽车行业的高度重视。尤其是在我国汽车产能过剩、国家严控新建产能的背景下发布的《新建纯电动乘用车企业管理规定》，为我国新兴乘用车品牌的兴起敞开大门，促使新兴乘用车品牌如雨后春笋般迅速发展，但认真造车者屈指可数，其中不乏圈钱投机行为。因此，国家发展改革委于2018年12月颁布《汽车产业投资管理规定》，明确规定禁止新建独立燃油汽车企业，同时从多方面对纯电动汽车投资项目做出严格的要求，明显提升了新能源汽车的准入门槛，旨在通过强化监管提高新兴品牌的竞争门槛。但新能源汽车、智能汽车和节能汽车仍是目前的重点投资领域，国家在顶层设计层面仍给予众多支持。

在新能源产业政策方面，2019年国家在稳定汽车消费的基础上继续加强新能源汽车的推广使用，根据行业情况制定新一轮产业规划，将单一补贴转向购买全程支持补贴，两度修订“双积分”政策，同时加强安全监管与行业规范，以期形成长效合理的新能源汽车扶持机制。具体来看，工信部于2019年7月和9月两次对“双积分”政策修订稿征求意见，政策的修订松紧并举，鼓励发展低能耗乘用车，逐年提高积分比例要求，同时调整新能源车型的积分计算方式，强化技术指标的要求，引导企业不断优化整车性能并提升质量安全水平。2019年12月，工信部对《新能源汽车产业发展规划（2021～2035年）》公开征求意见，制定更加合理的规划目标，新版规划新增推动新能源汽车与相关产业融合发展的概念，以新能源汽车高质量发展为主线，促进新能源汽车行业与智慧能源、智能交通、新一代信息通信深度融合。可见智能化技术与出行服务将与新能源汽车高度融合，这无疑会给新兴品牌的成长开辟新的路径。另外，新版规划提到深化新能源产业开放格局，融合全球产业链与价值链相关内容，与2018年我国优先放开新能源汽车的股比限制这一举措相辅相成，特斯拉等国外优质产品实现国产化，陆续进军国内市场，在引进技术支持的同时也给国内品牌带来了竞争压力。

在智能网联政策方面，2018年4月，工信部发布《智能网联汽车道路测试管理规范（试行）》，对测试主体、测试驾驶人、测试车辆等提出要求，为智能网联道路测试奠定了基础。2018年12月，工信部发布《车联网（智能网联汽车）产业发展行动计划》，计划将分阶段实现车联网产业高质量发展的目标。2019年7月，交通运输部印发《数字交通发展规划纲要》，明确提出要加快自动驾驶国家及行业标准体系建设，完善生产制造、测试评价、网络安全、数据共享、运行使用等标准。可见，国家正逐步完善智能网联道路测试、产品技术及应用、标准规范等方面的政策。

电动化与智能化是未来汽车行业的发展趋势，国家在政策层面正在为这两大领域的发展搭建相应的基础设施，营造良好的产业发展环境，新兴品牌需尽快抓住机遇，以期在激烈的市场竞争中证明自己，赢得市场和消费者。

（二）市场背景

在经济与政策等多重因素的作用下，中国乘用车市场在历经过去多年快速发展后增速逐步放缓，2019年市场规模为2166.3万辆，同比下降3.8%。乘用车市场当前正处在转型升级的关键时期，市场由增量型向存量型转变，进入全面调整的发展新阶段，在此过程中也呈现多元化的结构特征。

新能源市场结束高增长，步入高质量发展阶段，但仍为市场重要切入点。自2019年7月开始，新能源乘用车市场呈现高位下滑态势，下半年持续的低迷表现拖累全年市场销量同比下滑2.1%，其中新能源补贴大幅退坡带来的购车成本上升为主要因素。但新能源补贴退坡进一步倒逼企业提升产品技术水平，同时“双积分”政策和《新能源汽车产业发展规划（2021～2035年）》的出台和实施，都促进新能源市场向高质量发展，未来仍将是重点发展市场。

低端市场表现低迷，自主品牌份额持续下降。在宏观环境持续下行及消费升级的环境下，10万元以下的低端市场表现低迷。中汽中心数据资源中心终端零售数据显示，2019年10万元以下价格区间的销量同比下降16.2%。主打低中端市场的自主品牌受到的影响较为显著，所占市场份额由2017年的39.1%下降至2019年的34.9%。自主品牌高端化发展已是企业必然的选择。

SUV市场逆势上扬，为新兴品牌带来新机遇。中汽中心数据资源中心终端零售数据显示，2019年SUV的销量同比逆势增长1.1%，占乘用车市场的份额由2012年的15.5%持续提升至2019年的44.0%，消费者对SUV的热情持续上涨，为新兴品牌带来更多发展机遇。

二　新兴中国乘用车品牌分类及发展现状

新兴中国乘用车品牌近年来不断涌现，根据品牌的从属领域可以划分为两大类：第一类由传统汽车企业创立，以现有资源为基础进军竞争激烈的细分市场，打造更具特色的企业和品牌影响力；第二类由造车新势力全新创建，依托新的行业机遇、秉持新的发展思路、利用新的汽车技术发力新能源市场。

（一）传统汽车企业推出新兴品牌以适应高速变化的市场

快速变化的汽车市场需要企业不断改变以适应新环境，自2016年以来，传统企业相继推出新兴品牌来抢占目标市场。自主车企推出的新兴品牌主导高端化和新能源路线，其中以长城、吉利和奇瑞为代表的自主品牌企业已推出WEY（魏派）、LYNK&CO（领克）和EXEED（星途）多个高端子品牌；备受行业关注的新能源汽车市场也涌现出长城欧拉、北汽ARCFOX以及吉利几何等一系列全新品牌。

1. 自主高端品牌

自主品牌高端化发展已是企业必然的选择，在宏观层面这是中国由汽车大国向汽车强国转变的要求，在消费层面消费升级是目前汽车市场发展的重要趋势，在市场层面自主品牌因主销的10万元以下乘用车的销量大幅下滑而呈现低迷态势。自主品牌单靠“性价比”很难再打动消费者，并且在激烈的竞争市场里又无法向上突破，提升自身产品定位以及冲击中高端市场对自主品牌来说已迫在眉睫，为此成立全新高端子品牌成为重要举措之一。

（1）长城 WEY——轻奢调性的自主高端 SUV 品牌。WEY 是第一款以创始人姓氏命名的中国乘用车品牌，定位为 15 万 ~20 万元级主张轻奢调性的自主高端 SUV 品牌，宣称“以全新的豪华价值，终结合资品牌暴利时代”，WEY 品牌的最高目标就是挑战 BBA，成为自主高端产品的“领军品牌”。自 2017 年成立以来，截至 2019 年累计销量已达到 28.3 万辆（见表 1），旗下目前已推出 VV5、VV6、VV7 三款燃油车以及 P8 一款插电混动车型，其中 VV7 的 PHEV 版也于 2019 年底上市。2019 年 WEY 品牌的销量为 9.5 万辆，虽与哈弗品牌的 70 万销量具有较大差距，但对于提升自主高端品牌的高度具有重要意义。

表 1　WEY 品牌各车型历史销量

单位：辆

车型	燃料类型	2017 年	2018 年	2019 年	总计
VV6	传统燃料		13416	36660	50076
VV5	传统燃料	26218	54330	31677	112225
VV7	传统燃料	40046	50525	24618	115189
	PHEV			94	94
P8	PHEV		2902	2104	5006
总计		66264	121173	95153	282590
占长城汽车比例(%)		7.3	14.9	11.1	11.0

资料来源：中汽中心数据资源中心终端零售数据。

站在三年 28.3 万辆的起点上，WEY 制定了更长远的清晰目标：2020 年，作为品牌全球化战略元年，WEY 将依托长城汽车“7 国 11 地 1 中心”的全球研发体系，通过“过度投入、过度研发、过度配置”的技术驱动方式，实现 WEY 品牌全系产品在“新四化”方面的全面普及；2021 年，WEY 旗下所有车型均将提供电动化选项，推出涵盖 HEV、PHEV、BEV 等多种驱动形式的新能源汽车；此外，WEY 将以规划为契机，正式迈出进军全球市场的步伐，通过 2021 年进入欧洲市场、2023 年进军北美市场的阶段性计划，挑战 2025 年 30 万辆的年度销量目标。

（2）吉利领克——吉利和沃尔沃共同打造的新时代高端品牌。领克是吉利和沃尔沃共同打造的高端品牌，从技术来看，领克使用沃尔沃和吉利共同开发的 CMA 模块化架构，底盘的技术水准很高；从品质来看，领克生产 CMA 车型的工厂拥有国际一流的生产设备，自动化水平和管理水平很高；从渠道来看，领克对渠道的要求很高，通过领克商城、领克中心和领克空间三位一体的渠道模式实现精简的产品匹配，多方位的品牌优势助力领克树立高端品牌新形象。

2019 年，领克品牌累计销售 12.8 万辆（见表 2），为吉利汽车的领头羊地位提供有力支撑。到目前为止，领克已推出 01、02、03 以及对应的新能源车型等多款产品，凭借沃尔沃的技术支持，领克在技术层面的优势日益凸显。2020 年领克 05、06 将陆续上市，进一步完善领克产品序列，其中全新轿跑 SUV 领克 05 于 3 月上市，新车基于 CMA 架构打造，并采用家族式都市对立美学设计理念。

表 2　领克品牌各车型历史销量

单位：辆

车型	燃料类型	2017 年	2018 年	2019 年	总计
领克 03	PHEV	—	—	103	103
	传统燃料	—	6578	51111	57689
领克 01	PHEV	—	3009	4049	7058
	常规混合动力	—	—	11	11
	传统燃料	1732	68189	42476	112397
领克 02	PHEV	—	—	221	221
	传统燃料	—	20887	29551	50438
总计		1732	98663	127522	227917
占吉利汽车比例(%)		0.1	7.3	9.6	5.8

资料来源：中汽中心数据资源中心终端零售数据。

（3）奇瑞星途——以“智能化+服务”打造自主高端品牌新标签。奇瑞作为自主品牌高端化的鼻祖，早于2007年就已推出一款高端品牌——观致，但后续由于研发乏力、股权转让、内部动荡等几经易主。有了前车之鉴，奇瑞推出新的产品序列——星途，代表“智能、高端、活力”的星途将坚持“以用户为中心”的初衷，以智能化为核心，在自主品牌高端化道路上“不断探索、超越自我”，精准把握消费升级浪潮下的市场脉搏，着力于打造“智能化+服务”的自主高端品牌新标签。星途旗下产品基于全新M3X打造，承载奇瑞21年正向研发的技术积累，并通过与集团高端品牌资源共享，吸纳高端汽车研发、生产、管理、营销的全产业链经验，以达到世界级品牌的制造水准和高端品质。

目前星途系列共推出星途TXL、星途TX及星途LX三款车型，2019年累计销量仅为1.1万辆（见表3），与WEY及领克的销量仍存在较大差距，市场表现远不及预期，主要原因可归纳为以下三点。其一，产品定位不清晰，缺乏核心卖点。星途产品定位高于瑞虎系列，虽搭载与瑞虎8同款动力总成，但售价区间仍与瑞虎8大部分重叠，与瑞虎8形成正面冲突。其二，经销商缺乏，区域分布不均。全国范围的经销商、4S店数量不足，消费者对售后服务满意度不足。其三，营销活动不到位。星途系列的营销不够全面，产品传播力度不足。但星途暂时的市场表现并未动摇奇瑞冲击高端市场的坚定信心，在已有三款车型上市的情况下，星途又发布定位更高端的星途产品——全新大型SUV星途VX，虽然上市的具体时间还未确定，但可看出星途推出新车型的节奏之快。

表3　星途品牌各车型2019年销量

单位：辆

车型	燃料类型	2019年
星途TXL	传统燃料	7849
星途TX	传统燃料	786
星途LX	传统燃料	2237
总计		10872
占奇瑞汽车比例(%)		2.8

资料来源：中汽中心数据资源中心终端零售数据。

2. 全新新能源品牌

近年来，我国的新能源汽车产业快速发展，国产新能源汽车自主品牌的竞争优势也非常显著。目前，新能源汽车市场从政策驱动型向市场驱动型转变，让自主品牌企业倍感压力。一方面，“双积分”政策有序实施以及新能源补贴大幅退坡，传统企业需要研发高质量的新能源汽车来应对政策变化；另一方面，各大合资品牌逐渐走向电动化，极大抢占国内新能源汽车市场。在此背景下，不断提高产品竞争力，逐步向中高端领域发展成为自主品牌企业的重要方向。为此，传统车企纷纷成立全新新能源品牌，实现新能源汽车业务专业化、独立化管理，长城欧拉、北汽 ARCFOX 以及吉利几何为其中的代表性品牌。

（1）长城欧拉——围绕年轻用户的新能源乘用车独立品牌。欧拉作为长城汽车集团的新能源乘用车独立品牌，于 2018 年 8 月 20 日正式成立，是长城汽车集团继与宝马宣布合资后在新能源领域的又一重大举措。欧拉（ORA）品牌是 Open（开放）、Reliable（可靠）和 Alternative（非传统）的组合，坚持不做“油改电”、不做“政策车”的原则，以补贴退坡后的新能源乘用车市场健康发展为主要目标。欧拉的愿景是成为电动小车领导者，以新一代都市青年为目标用户，专为城市出行而造。

作为中国第一个电动车专属平台的 ME 平台，为欧拉品牌的产品力带来了巨大优势，打破了“小车不完全”的传统理念，同时 ME 平台除确立智能网联与自动驾驶两大技术方向外，还早已预留 5G 接口，确保智能科技上的不断创新。基于 ME 平台，欧拉旗下新一代纯电紧凑型跨界 SUV 欧拉 iQ 和新一代电动小车 R1 均已推出上市，且有不错的市场表现，2019 年累计销量分别为 1.2 万和 2.4 万辆（见表 4）。此外，电动小车 R2 于 2020 年初上市。长城汽车集团将以推出欧拉品牌为起点，全力出击新能源汽车领域。

（2）北汽 ARCFOX——高端智能新能源乘用车品牌。以往续航里程短、质量不过关的产品正在被边缘化，新能源乘用车市场的竞争也将进入品牌的竞争，更加高端的品牌更容易被消费者认可。北汽新能源作为较早有品牌意识的企业之一，其孵化的高端新能源品牌 ARCFOX 正在以跨界形象走进大众

表 4　欧拉品牌各车型历史销量

单位：辆

车型	燃料类型	2018 年	2019 年	总计
欧拉 R1	纯电动	2726	23728	26454
欧拉 iQ	纯电动	3312	11518	14830
总计		6038	35246	41284
占长城汽车比例(%)		0.7	4.1	2.5

资料来源：中汽中心数据资源中心终端零售数据。

的视野。在高端新能源乘用车领域，ARCFOX 或将成为与外资、合资品牌抗衡的中国乘用车力量的重要代表。

以北汽集团、国家级新能源汽车技术创新中心为实力背书，实施全智能技术平台战略的 ARCFOX，从诞生起便正向开发突破传统，打造“高性能赛车 + 中高端智能家用车 + 无人驾驶智能终端”的全家族化产品矩阵。作为全球首个商业搭载 5G 技术的平台，IMC 智能模块标准架构所蕴含的超级进化能力更为高端新能源乘用车品牌 ARCFOX 注入巨大能量，使其具备超级拓展、超级智能、超级交互、超级进化四大优势。

在产品规划上，ARCFOX 目前有四款车型正在开发。第一款定位为中大型 SUV——MARK 5，为 ECF 量产版车型，新车售价预计在 20 万元以上，2020 年 8 月上市后竞争比亚迪唐 EV 等同级别车型；第二款为中大型轿车，投产代号为 N61，对标特斯拉 Model S，计划于 2021 年初推出；另外两款分别为全新 SUV 和跨界 SUV，预计分别于 2021 年和 2022 年上市（见表 5）。

表 5　北汽 ARCFOX 产品规划

车型	车辆类型	燃料类型	上市时间
MARK 5	中大型 SUV	纯电动	2020. 8
N61	中大型轿车	纯电动	2021
全新 SUV	未公布	纯电动	2021
跨界 SUV	未公布	纯电动	2022

资料来源：网上资料收集。

ARCFOX借鉴现代商业模式，构建数字化运营体系，同时推出面向用户的ARCFOX App，以及全数字化的终端触点和门店，此外，还推出ARCFOX的服务平台计划——ARCFOX GENIUS，聚焦出行、用电、网联、买车、维保、生活六大场景，打破行业与业务的边界，为用户提供具体的可触摸的解决方案，以高质量可持续发展的商业模式树立行业生态服务标杆。

（3）吉利几何——全新定义新能源乘用车进化方向的高端纯电品牌。几何品牌作为吉利新能源的纯电专属品牌于2019年4月11日在新加坡正式发布，目的在于聚焦资源以在电动化的浪潮中占据领先地位。几何品牌的定位是偏家用、高端、纯电、精品，未来将专注推出纯电动新能源车型，与此同时，吉利汽车旗下现有的帝豪EV、帝豪GSe等车型未来也将逐渐归属该品牌旗下。几何品牌未来将主打车联网、自动驾驶、共享化、大数据以及人工智能等领域的发展，也将推出专属App及“几何+”售后服务。

几何品牌旗下首款车型吉利几何A重塑了A级纯电轿车的设计标准，是已上市的A级纯电车里率先达到500km续航里程的车型，外观设计采用全新的“多维流动生命体”设计理念，也承载着吉利新能源品牌崭新的开始。2019年几何A的累计销量为9729辆，占吉利汽车的份额为0.7%，市场表现尚处于爬坡阶段。

几何品牌第二款产品几何C定位为跨界型紧凑型SUV，以现代昂希诺EV、本田X-NV、VE-1等合资电动SUV为主要竞争对手。在未来产品规划上，几何品牌计划到2025年推出十余款新能源车型，实现轿车、SUV、MPV各细分市场的研发、服务全覆盖，新车未来也都将遵循“几何+英文字母”的命名方式。在未来，为支撑几何品牌的发展，吉利汽车将综合运用全球资源、人才和技术，将几何品牌的每款产品都打造成爆款和标杆产品。

（二）造车新势力企业迎难而上推动技术变革

2016年前后，不同行业背景及投资主体成立造车新势力企业，纷纷涌入中国新能源乘用车市场，造车新势力的品牌数量呈现爆发式增长。根据企业创始人背景不同，可将造车新势力分为互联网科技造车、传统车企造车以及跨界企业造车。进入2019年，在宏观经济持续下行和新能源补贴再次大幅退坡的环境下，新能源乘用车市场迎来负增长，与此同时，合资企业加快电动化进程抢占国内市场，生产资质不够、融资受困、产品推迟等问题接踵而至，各类造车新势力面临巨大考验。

1. 互联网科技造车

互联网科技造车企业中主要有蔚来、理想、奇点、小鹏及电咖等，这类企业的发展特征为重视宣传与用户体验。从融资能力、产品技术及交付现状等方面来看，各企业的发展现状呈现明显分化，其中走在前列的企业主要有蔚来、理想和小鹏汽车。

（1）蔚来汽车。当下最具代表性的造车新势力企业——蔚来汽车创立于2014年，是一家立足全球的智能电动汽车公司，致力于通过提供高性能的智能电动汽车与良好的用户体验，为用户创造愉悦的生活方式，服务全球范围的用户。蔚来汽车获得淡马锡、百度资本、红杉、厚朴、联想集团、华平、TPG、GIC、IDC、愉悦资本等数十家知名机构的投资，前后经历8轮融资，累计金额超32.16亿美元，并于2018年9月在美国纽交所成功上市。

发展初期，蔚来汽车选择轻资产的代工生产模式，与江淮签订合作生产ES8的协议，但代工模式无法完全掌控生产线和供应链，难以把控整车质量，也不利于蔚来的品牌定位。因此，蔚来汽车计划在上海嘉定建设自己的工厂，但此计划在当前政策（《汽车行业管理规定》）、自身财务状况及对未来的发展考虑等多方面影响下被取消，蔚来公司在2018年度财务报告发布会上明确表示建厂计划取消，同时其旗下车型继续由江淮汽车代工生产。蔚来汽车一直注重核心科技独立正向研发，分别于2016年、2017年及2018年在研发方面投入14.65亿元、26.03亿元及39.98亿元，2018年蔚来研发开支占收入的比重为82.4%，在“三电”（电机、电控、电池）和“三智”（智能网关、智能座舱、自动辅助驾驶系统）方面全部拥有自主知识产权。此外，蔚来汽车的销售采取全自营模式，销售功能基本依赖线上渠道，线下更多的是品牌展示和用户体验功能。截至2019年12月28日，蔚来已在全国开设 66 家门店，其中包括 22 家蔚来中心和 44 家蔚来空间，销售网络已经覆盖全国 49 座城市。

成立五年来，蔚来在产品技术和用户服务上的持续投入获得了消费者的认可，在 J. D. Power 发布的 2019 年中国新能源汽车体验研究中，蔚来和 ES8 分获品牌和所在细分市场第一名。目前，蔚来旗下主要在售车型有两款，分别为中大型 SUV ES8 和中型 SUV ES6，主打智能、纯电和大空间的中高端新能源 SUV 市场。蔚来的市场销量在新产品的带动下大幅增长，同比增长 82.3%（见图 1）。其中，ES8 2019 年的销量为 9259 辆，ES6 的产能持续爬坡，2019 年的销量为 11490 辆。2019 年，蔚来 ES6、ES8 各月份市场表现见图 2。此外，蔚来第三款量产车——智能电动轿跑 SUV EC6 预计将在 2020 年 7 月公布价格和配置，9 月开启交付。

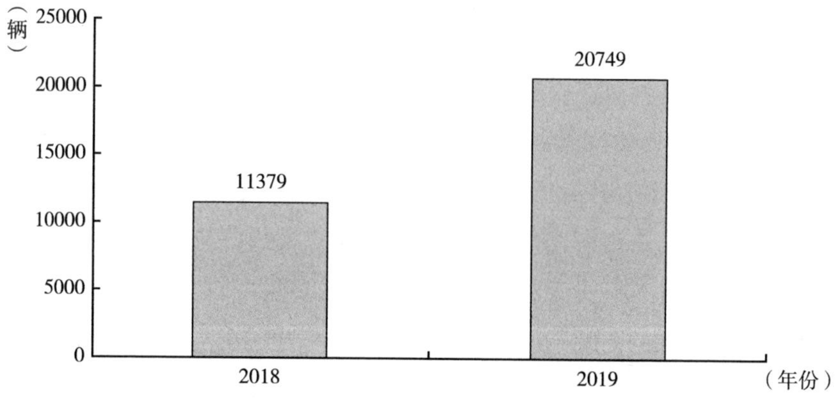

图 1　2018～2019 年蔚来汽车整体市场表现

资料来源：根据中汽中心数据资源中心终端零售数据和公开资料整理。

（2）小鹏汽车。小鹏汽车成立于 2014 年，是中国第一梯队智能汽车设计及制造商，也是融合互联网和人工智能前沿创新科技的公司，专注于针对一线城市的年轻人开展互联网电动汽车的研发、生产及销售。小鹏汽车采用“自建 + 代工”的方式发展，2017 年 5 月与肇庆市政府共同合作规划建设小鹏汽车整车项目，同年 9 月与海马汽车全资子公司签订合作制造框架协议，

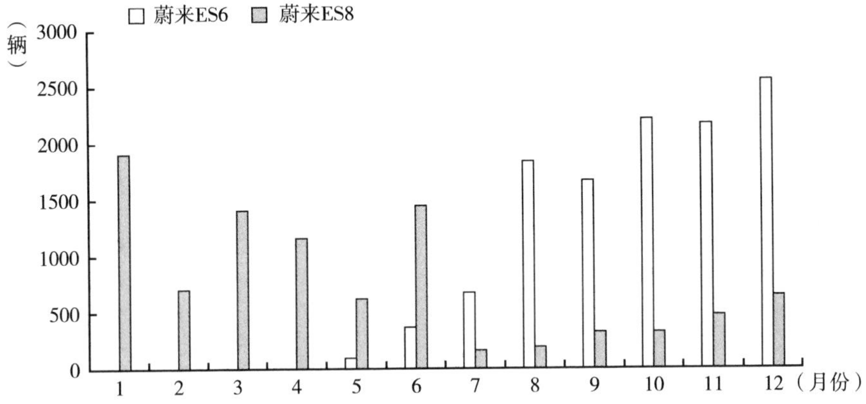

图2　2019 年蔚来 ES6、ES8 各月份市场表现

资料来源：根据中汽中心数据资源中心终端零售数据和公开资料整理。

海马将帮助小鹏汽车获得工信部产品目录并进行生产制造。此外，小鹏汽车于 2017 年 7 月成为造车新势力中第一家获得工信部产品资质的企业。

自 2018 年开始，小鹏汽车加快融资速度，已完成 B 轮、B + 轮和 C 轮融资，融资总额达到 168 亿元。2019 年小鹏汽车运营主体广州橙行智动汽车科技有限公司的 47 名股东将所持股权出质给广东小鹏汽车科技有限公司，业内人士分析小鹏汽车此举或是为公司在海外上市做准备，但目前没有透露具体的上市时间表。小鹏汽车走在前列的标志之一便是成为国内唯一自建超级充电站的造车企业，截至 2018 年底，小鹏汽车已接入近 10 万个第三方充电桩，基本覆盖全国主要核心城市和道路，并提供寻桩、充电、支付、结算一条龙服务，有效消除电动车用户的里程焦虑。

在销售模式方面，小鹏采取“2S（体验/销售） + 2S（交付/服务） + 超级充电”的线上、线下多渠道布局，实行直营与授权相结合的销售模式。2019 年 8 月，小鹏汽车宣布其新零售模式正式落地，首批 11 家授权经营店已经同步开业。在产品方面，小鹏汽车目前在售产品仅有一款紧凑型 SUV——小鹏 G3，该车配备 XPILOT 自动驾驶辅助系统和 Xmart OS 车载智能系统，整车科技感十足。在市场表现方面，小鹏汽车凭借 G3 不错的产品力及新的零售模式在造车新势力中突出重围，2019 年的销量达到 14187 辆

（见图3），小鹏 G3 在其细分市场中排名第二。2018～2019 年小鹏汽车各月份市场表现见图 4。

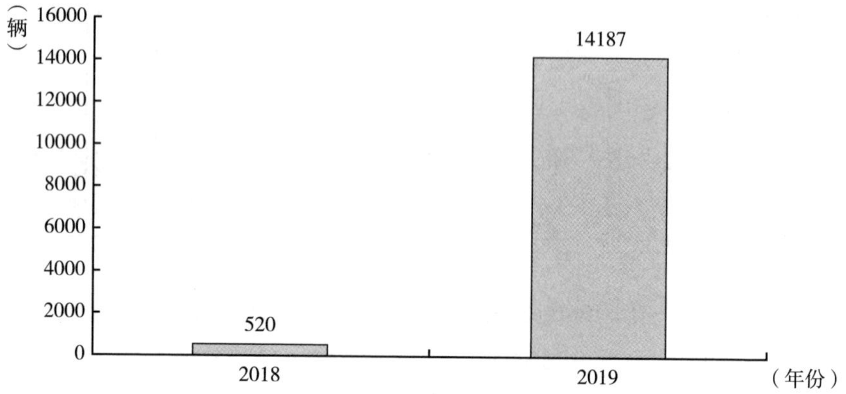

图 3　2018～2019 年小鹏汽车整体市场表现

资料来源：根据中汽中心数据资源中心终端零售数据和公开资料整理。

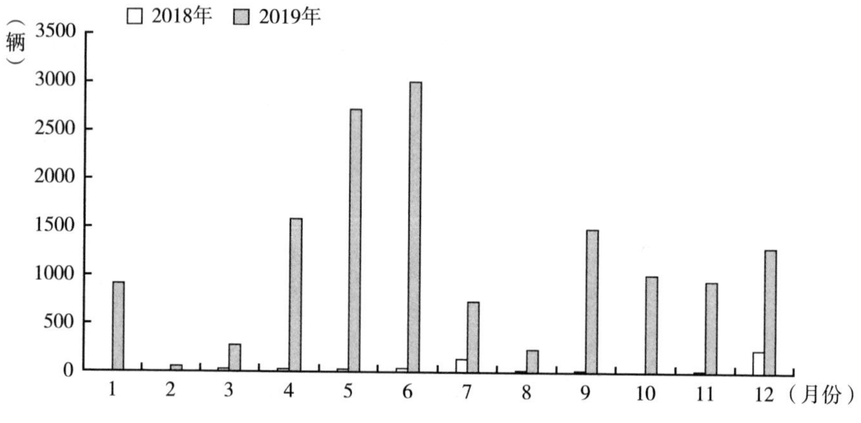

图 4　2018～2019 年小鹏汽车各月份市场表现

资料来源：根据中汽中心数据资源中心终端零售数据和公开资料整理。

（3）理想汽车。理想汽车是由李想在 2015 年 7 月创立的新能源汽车公司，曾命名为“车和家”，2018 年 10 月“车和家”发布智能电动车品牌“理想智造”，又于 2019 年 3 月更名为“理想”。2019 年 8 月，理想汽车宣布完成5.3亿美元C轮融资，至此，理想汽车累计融资额达到15.75亿美元。“车和家”最初的设想是通过自建工厂的形式，自主申报新能源汽车生产资质。因此，早在2016年“车和家”便积极投资自建生产场地，“车和家”智能汽车制造基地位于江苏省常州市武进技术开发区，工厂设计产能30万辆，按照规划一期工厂已于2017年底完成建设，产能达10万辆，二期计划投资30亿元，规划产能20万辆，目前尚未建成。但2017年6月，国家发改委暂停新能源汽车资质审批，“车和家”通过收购力帆汽车才获得新能源汽车生产资质并实现理想ONE的量产，最终理想ONE于2019年4月上市，该车采用较为复杂的增程式技术方案，通过搭载大容量电池组和高功率增程发电系统的动力组合来解决现阶段纯电动汽车续航里程短的问题。

理想汽车采用线上App和线下零售体验店双向并行的营销模式，2019年5月，理想首批零售中心开业，零售中心全部采用直营模式，覆盖全国13个城市，同时推出理想汽车App，实现在线订购、社区交流、远程车控等功能。理想ONE于2019年8月开始交付，截至2019年12月，理想ONE的销量累计达到1283辆。

2. 传统车企造车

传统车企背景的新兴造车企业中主要有威马、合众新能源、拜腾、前途、云度新能源等，这类企业更加重视汽车本身的技术和质量，其中更具代表性的企业有威马、合众新能源及拜腾汽车。

（1）威马汽车。威马智慧出行科技（上海）有限公司成立于2015年12月，其前身是联合创始人杜立刚创立的三电系统研发企业，是国内新兴的新能源汽车产品及出行方案提供商。自成立以来，威马汽车制定明确的集团发展“三步走”战略：做智能电动汽车的普及者；成为数据驱动的智能硬件公司；成长为智慧出行新生态的服务商。2016年以来，威马汽车累计融资金额已近230亿元人民币，是众多造车新势力中最先获得200亿元投资的车企。威马汽车采用自建工厂模式，工厂位于温州市瓯江口，2016年11月23日开始奠基动工，2017年底竣工，2018年3月落实生产资质，年产量可以达到10万辆。

威马汽车旗下首款全车交互智能纯电SUV威马EX5已于2018年9月正式开始交付，成为造车新势力中率先实现批量交付的头部企业之一，目前在售车型有威马EX5和EX6。威马汽车在新产品的助力下实现逆势高增长，2019年销量达到16810辆，同比大幅增长336.6%（见图5），威马汽车已经成为发展最好的造车新势力企业之一。2019年威马EX5、EX6各月份市场表现如图6所示。2020年威马汽车将继续丰富产品阵容，其中一款产品是紧凑型纯电动轿车，自动驾驶可达L3级别，支持5G技术，具有极强的竞争力，预计2020年底交付。此外，威马还计划在2020年率先完成5G技术布设，该技术具备高速率、低时延、广连接等特点，同时将于2020年发布下一代芯片平台，其运算能力将提升10倍。

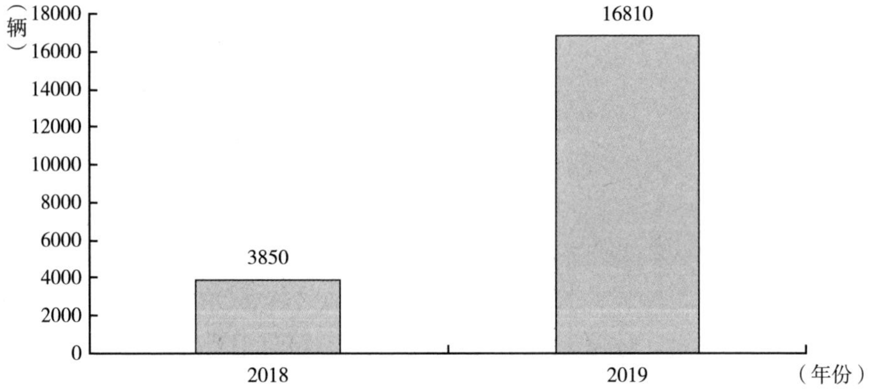

图5 2018～2019年威马汽车整体市场表现

资料来源：根据中汽中心数据资源中心终端零售数据和公开资料整理。

（2）合众新能源汽车。浙江合众新能源汽车有限公司于2014年10月在浙江省桐乡市成立，是业内少有的获得国家发改委核准的整车生产资质及工信部核准的生产资质的“双资质”企业，其位于桐乡的智慧工厂已全面竣工，位于宜春的全生态智慧工厂也于2019年6月正式动工建设。2019年4月完成30亿元的B轮融资后，合众新能源累计融资金额达到70亿元，但

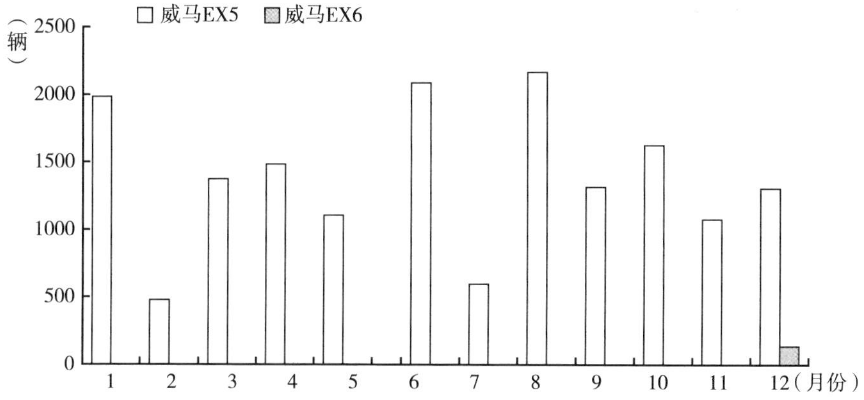

图 6　2019 年威马 EX5、EX6 各月份市场表现

资料来源：根据中汽中心数据资源中心终端零售数据和公开资料整理。

随着后续量产车型的投产交付，未来资金需求仍然较大。凭借“双资质”的优势，合众新能源首款量产车型哪吒 N01 率先在 2018 年实现交付，但产品知名度和销量仍有待提高，续航里程和智能驾驶配置等方面仍需提升。2019 年合众新能源累计销量为 8965 辆（见图 7），未能突破万辆，市场表现较为一般，与小鹏、威马以及蔚来汽车的销量相比略有差距。2018～2019 年合众新能源汽车各月份市场表现见图 8。

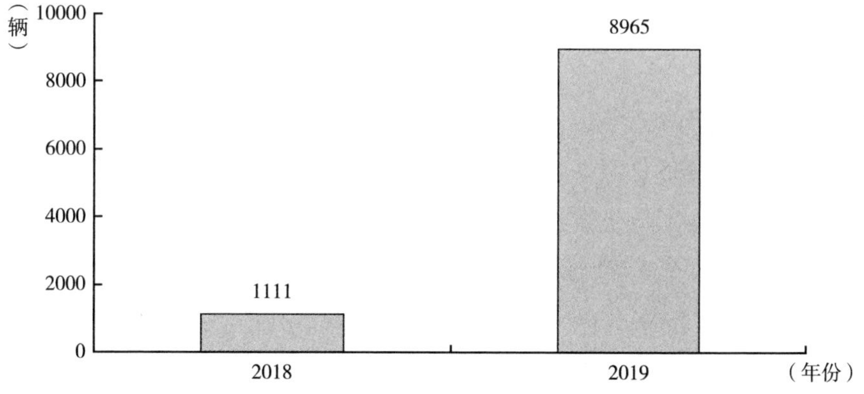

图 7　2018～2019 年合众新能源汽车整体市场表现

资料来源：根据中汽中心数据资源中心终端零售数据和公开资料整理。

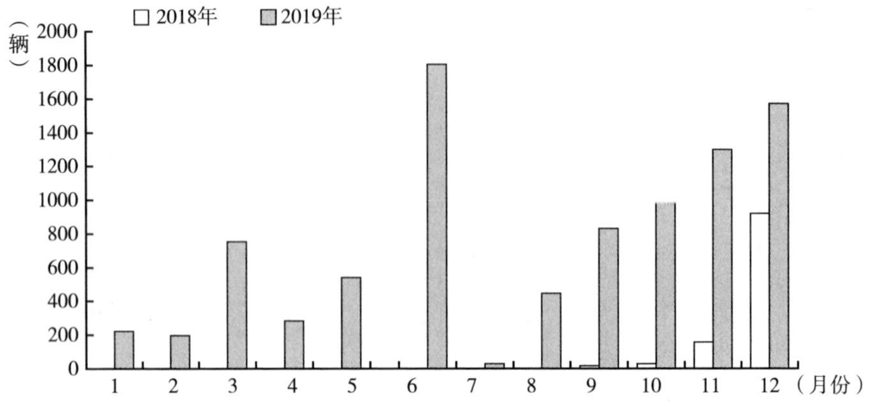

图8　2018～2019年合众新能源汽车各月份市场表现

资料来源：根据中汽中心数据资源中心终端零售数据和公开资料整理。

从合众新能源2018年发布的中期发展战略——“阿基米德计划”中可以看出，合众新能源计划覆盖低、中、高端市场，并涉猎自动驾驶领域。纯电动紧凑型SUV哪吒U于2020年2月正式上市，未来将主要覆盖A00～A+级主流市场，主要聚焦于20万元以下的大众消费市场。“阿基米德计划”还包含了以下几个方面：为用户提供低耗能产品，达到每100公里耗10度电的水平，在整车技术方面，产品的续航里程未来争取突破600公里大关；为保证出行安全，充分体现以技术为核心的企业经营理念，将严格遵循UL的安全标准设计核心零部件；通过硬件、软件和服务的结合，在未来产生海量人车数据，2020年预计单车数据量将达50TB，进而通过大数据分析持续提升用户体验，不断优化产品和服务；在服务方面，合众新能源为家庭提供储能服务，规划了500个哪吒储能站，并计划提供合计5000万人次的用户个性化哪吒数据服务。

（3）拜腾汽车。拜腾是南京知行新能源技术开发有限公司（FMC）旗下的新能源汽车品牌，于2017年9月正式发布。其核心理念是将汽车打造成为下一代智能终端，用数字力量取代传统方式，为用户营造愉悦的出行时光。这种不同于传统车企的布局思维让拜腾汽车拥有鲜明的产品特色与商业模式，拜腾的全新用户界面具有以下三个鲜明的特点：一是长125厘米、高25厘米的用户共享体验大屏幕；二是可以让驾驶员实时操控的SED触摸式方向盘（Touch Wheel）；三是前所未有的直觉式人机互动体验。

在生产资质方面，凭借与一汽集团的合作关系，拜腾成功以1元的价格收购华利汽车获得了乘用车生产资质，但《汽车产业投资管理规定》正式实施，禁止燃油汽车“僵尸”企业的股权变更，同时禁止未列入国家区域发展规划的现有燃油汽车企业整体搬迁至外省，威马、拜腾曲线获取资质的道路不再行得通。

在融资方面，继2017年8月获得苏宁、丰盛控股和南京国资委的A轮融资和2018年6月获得一汽集团、启迪控股等的B轮融资后，拜腾正在进行目标为5亿美元的C轮融资。此外，拜腾汽车官方微博发布消息称，2019年12月5日与日本丸红株式会社签订战略合作协议，丸红将参与拜腾的C轮融资，双方还将在出行服务、能源解决方案及海外生产和销售等多个领域探讨进一步合作。但目前对于拜腾来说，最大的问题是产品的量产与交付。按照规划，拜腾首款量产车M-Byte的交付时间定在2020年，已经比蔚来汽车落后2年，比小鹏、威马等公司落后1年，C轮融资的到位或将加快拜腾首款车型的量产和交付进程。

3. 跨界企业造车

为在新能源乘用车市场中分得一杯羹，不具备整车制造经验的汽车上游零部件企业、家电行业等在现有业务基础上创立汽车业务板块来实现跨界造车。零跑汽车是跨界造车的典型代表，其创始人之一朱江明是一位从安防领域跨界而来的造车新势力领袖，他用“做中国汽车的‘优衣库’”来描述自己的造车理念。

零跑汽车于2015年12月由朱江明、李柯等人牵头成立，从融资情况来看，目前已完成四轮融资，累计融资金额达到40亿元，在主流造车新势力中处于劣势，仍无法实现量产产品大批量交付。2019年6月28日，零跑汽车旗下零跑S01正式交付，但2019年的累计销量仅为1086辆，与很早定下的10万辆的目标存在较大差距。

零跑汽车的三步走战略已经迈出了第一步，接下来的两步势必决定其未来前景：2019~2024年，新产品逐步投放市场，在国内市场抢占到领先位置；2030年成为全球新能源乘用车市场主流品牌。为实现整体发展战略，零跑汽车依据“321”研发周期规划推出T/S/C三大产品平台，通过整车平台化，实现“三年推出全新平台车型，两年大改款，一年小改款”的战略构想。在技术层面，依托大华股份在安防监控和智慧交通领域的技术积累，零跑汽车开发多种智能化技术，为用户提供更加安全、便利的出行体验，全方位的战略规划和技术支撑或将有望助力零跑汽车走出困境。

三　新兴中国乘用车品牌的机遇与挑战

宏观经济持续下行以及中国乘用车市场呈现周期性下滑，是对新兴中国乘用车品牌的重大考验，但“新四化”带来的科技革命和消费结构升级，使用户消费与使用场景正在被重构，市场也迎来更多机遇。总体而言，无论是传统汽车企业推出的高端化品牌和全新新能源品牌，还是不断涌现的造车新势力品牌，都面临前所未有的机遇和挑战。

（一）传统汽车企业

传统汽车企业推出全新品牌，无论是高端品牌还是新能源品牌，都是建立在雄厚的资源基础之上，具有相对完善的研发—生产—销售—售后体系，在资金、技术以及渠道等方面都有一定保障。与此同时，传统汽车企业经过多年的沉淀，在消费者心中已形成良好的形象，市场认可度也较高，这些都是传统汽车企业推出全新品牌的优势和机遇，为新兴品牌的发展和崛起奠定了夯实的基础。

但事实上，2019年以来推出全新品牌，尤其是实现自主品牌的高端化步履艰难。首先，2019年乘用车市场依旧承压，以大幅度促销活动来维持市场份额成为合资品牌的重要手段，尤其是增值税降税及“国六”排放标准的实施掀起了主流合资品牌的降价潮，合资品牌价格下探对自主高端品牌形成冲击，从而进一步挤压其市场份额；其次，从自主高端品牌的产品定位来看，产品自我挤压、内耗严重，以WEY和领克为例，尽管这两个品牌近两年都在计划加速推出新车，但新车型的数量递升并未带来明显的销量提升；再次；消费者对自主品牌的固化认知仍未明显改变，从汽车市场结构来看，自主品牌自发展以来一直处于市场最底层，竞争激烈，低端化、高性价比的标签仍未取消，而且放眼全球，自主品牌高端化还处于普通水平，对标的仍是大众、丰田等一般品牌；最后，相比于高端豪华品牌，营销和服务等软件仍为主要短板，产品硬件基本达到主流合资品牌水平，但对于如何进行品牌建设和高端形象塑造仍缺乏一定的经验。

整体而言，现阶段推出的自主高端品牌和新能源品牌面临的挑战可能大于机遇，需要在品牌认知、运营能力、服务体系、营销策划等软实力方面进行全面提升，未来发展过程中一定会是机遇大于挑战。

（二）造车新势力

新能源汽车与智能网联汽车技术引领汽车产业革命，促使造车新势力强势登场，与传统汽车制造企业相比，它们既存在优势也存在劣势，在汽车产业这一片汪洋大海中，它们面临的不仅有重重挑战，还有未来的无限可能。

在国内市场低迷而竞争格局相对稳定的背景下，资金链难以维持、企业管理体系不完善及管控能力不足、代工生产难以满足新兴电动汽车的生产要求等导致造车新势力面临诸多挑战。一方面，《汽车产业投资管理规定》的实施对新兴造车企业的入局制定了更为明晰的规则，获得资质将难上加难，而且 2018 年外资股比放开政策实施后特斯拉等优质产品更快地进入中国市场，给国内新势力产品带来较大的压力；另一方面，在短时间内市场规模有限，而且新兴企业缺乏造车经验，产品质量、市场认可度及产品盈利能力都存在较大的不确定性，致使其难以与传统的汽车企业相抗衡。

但汽车产业链相对庞大、复杂，其链条上仍然存在很多机会，尤其是 5G 商用时代提早到来，行业内部技术不断变革，造车新势力秉持互联网的开放理念，融入时尚、科技元素，将产品设计贴上 AI、智能网联、自动驾驶等标签，研发设计更加贴合当代消费者的喜好。另外，造车新势力在营销、渠道、用户运营方面有着与传统造车企业不同的策略，它们更多采用线上、线下相结合的营销模式，在降低营销成本的同时通过新的方式、新的模态、新的体验获取更多的用户，因此造车新势力或将推动整个汽车产业进行生态延伸，通过进一步改变人们未来的生活习惯而获得巨大的成长空间。总之，随着企业陆续开始量产，造车新势力未来必然会迎来激烈的竞争，成功之路艰辛漫长，但每一个品牌都应该讲述自己的成长故事。

参考文献

刘媛媛：《造车是一场真正的马拉松》，《中国经营报》2019 年第 9 期。

蔚来：《代表“未来”的专属汽车充电桩》，《上海信息化》2018 年第 10 期。

甄文媛：《小鹏汽车的迭代之惑》，《汽车纵横》2019 年第 9 期。

舆 情 篇

The Public Opinion

B.12 2019年中国汽车品牌舆情分析报告

张 健*

摘 要： 本报告分析了2018年和2019年中国汽车品牌的传播状况，总结了2018年和2019年中国汽车品牌舆情的传播走势。其中，2019年相对2018年品牌传播变化较为剧烈，除吉利和长安两个品牌保持了比较稳定的传播势头外，启辰、蔚来、魏派、领克的品牌传播量上升势头明显。通过整理2018～2019年中国汽车品牌的传播量变化和调性分布情况，揭示中国汽车品牌的舆情传播变化趋势及传播发展特点。本报告通过图表展示出自主品牌的舆情传播量大体呈波状起伏、“逢会必高”的传播趋势，总体舆情传播量逐步提升。其中，舆情声量反映了品牌传播强度，从一个侧面反映了品牌的受关注程

* 张健，《中国汽车报》社中国汽车品牌研究院研究员。

度。舆情传播正负面占比则与品牌的美誉度相关，正面占比越高，说明品牌的口碑越好；若负面占比较高，则表示监测期内对品牌方方面面不满意的声音比较突出。

关键词： 中国汽车品牌　品牌传播量　舆情传播走势　口碑调性分布

一　2018年和2019年中国汽车自主品牌传播量排行榜和调性分布

从2018年中国汽车自主品牌的传播量数据来看，长安品牌继续排在品牌传播量排行榜的榜首，紧随其后的是吉利品牌，排在第三位的是广汽传祺；总传播量超过100万条信息的品牌还有哈弗、荣威、宝骏、奇瑞、比亚迪；传播量在20万~100万条的中国汽车自主品牌有16个；传播量范围在2万~20万条的中国汽车自主品牌有23个（见表1）。

从2019年中国汽车自主品牌的传播量数据来看，吉利排在品牌传播量排行的榜首，排第二位的是长安，排第三位的是荣威；总传播量超过50万条信息的品牌还包括哈弗、宝骏、五菱、广汽传祺、奇瑞；总传播量在10万~50万条的中国汽车自主品牌有9个；总传播量在1万~10万条的中国汽车自主品牌有25个；总传播量低于1万条以下的中国汽车自主品牌有5个（见表1）。

表1　2018年和2019年中国汽车自主品牌传播量及调性分布

单位：条，%

排名	品牌	2018年传播量	2018年正面占比	2018年负面占比	排名	品牌	2019年传播量	2019年正面占比	2019年负面占比
1	长安	2976444	13.6	3.0	1	吉利	1801005	12.6	2.8
2	吉利	2925880	11.2	3.1	2	长安	1784945	19.0	3.6
3	广汽传祺	2430494	7.7	1.2	3	荣威	1000403	13.3	2.0

续表

排名	品牌	2018年传播量	2018年正面占比	2018年负面占比	排名	品牌	2019年传播量	2019年正面占比	2019年负面占比
4	哈弗	1943552	13.5	3.2	4	哈弗	990754	32.4	6.1
5	荣威	1923487	7.4	1.3	5	宝骏	794668	9.4	3.3
6	宝骏	1396501	9.0	3.0	6	五菱	794337	8.2	3.0
7	奇瑞	1367758	8.7	2.0	7	广汽传祺	710957	12.1	2.1
8	比亚迪	1099981	17.4	2.7	8	奇瑞	638882	9.8	2.5
9	众泰	890984	16.0	3.0	9	比亚迪	426165	21.9	4.6
10	五菱	850784	6.6	2.5	10	启辰	261192	5.7	1.0
11	北汽	823379	15.9	2.9	11	北汽	256103	21.6	4.8
12	江淮	692084	8.1	3.5	12	江淮	219793	13.7	4.4
13	启辰	630447	6.5	0.6	13	蔚来	174260	24.6	9.8
14	东风风行	593008	9.4	1.8	14	东风风行	144216	19.8	2.8
15	奔腾	426185	4.4	2.0	15	奔腾	143292	14.4	4.4
16	东风风神	395584	19.9	2.7	16	魏派	129451	44.7	4.0
17	东风小康	350612	5.7	1.5	17	中华	110667	12.2	3.3
18	海马	346950	15.8	2.1	18	捷途	91492	30.4	5.5
19	中华	337141	10.3	2.0	19	红旗	87651	29.4	5.3
20	东南	282842	17.1	1.9	20	东风小康	84791	11.8	2.6
21	蔚来	274904	13.0	1.7	21	领克	83002	44.0	4.0
22	红旗	229155	21.9	3.1	22	众泰	82213	17.1	7.7
23	陆风	214606	12.8	2.0	23	东风风神	72499	28.9	6.3
24	魏派	210471	34.8	4.5	24	猎豹	68560	10.7	7.1
25	猎豹	165393	8.9	3.2	25	东风	68369	6.4	1.2
26	一汽	161525	23.8	4.5	26	威马	67564	30.7	7.2
27	上汽大通	125375	26.4	3.8	27	欧拉	63764	40.2	7.7
28	领克	115762	35.5	6.6	28	小鹏	59533	38.9	9.9
29	观致	95563	18.3	4.0	29	陆风	41797	27.2	6.6
30	力帆	92647	26.8	6.9	30	上汽大通	35729	24.7	4.8
31	斯威	85778	30.7	3.5	31	海马	33064	21.8	6.1
32	江铃	80341	9.4	1.7	32	一汽	23192	32.7	5.1
33	汉腾	63647	32.6	2.9	33	汉腾	20126	44.1	6.8
34	昌河	52794	8.9	1.7	34	野马	19460	9.5	1.6
35	东风风度	51680	3.6	3.3	35	东南	19266	30.1	8.3
36	捷途	46810	43.0	4.6	36	斯威	18890	33.1	4.9
37	威马	45638	38.6	12.7	37	江铃	18774	11.6	4.9

续表

排名	品牌	2018 年传播量	2018 年正面占比	2018 年负面占比	排名	品牌	2019 年传播量	2019 年正面占比	2019 年负面占比
38	野马	43902	17.3	2.5	38	观致	17787	29.5	10.5
39	思铭	41811	2.0	8.1	39	力帆	17063	33.9	7.1
40	凯翼	38833	30.0	3.3	40	思铭	14912	14.9	1.9
41	小鹏	34336	45.3	3.6	41	合众新能源	13952	39.1	5.4
42	比速	33200	29.9	3.3	42	凯翼	11541	32.6	4.9
43	开瑞	28851	16.4	2.5	43	昌河	7616	8.4	1.8
44	福迪	23469	89.0	0.3	44	开瑞	7249	17.2	4.3
45	知豆	22365	18.2	3.6	45	福田	3960	5.8	2.1
46	君马	21255	28.5	2.7	46	东风风度	3319	15.9	4.5
47	福田	20841	4.7	1.2	47	英致	3188	34.3	4.6

注：2018 年的自主品牌传播量选取标准为 2 万条以上的品牌；2019 年自主品牌数据优化调整，选取传播量为 3000 条以上的品牌。

资料来源：中国汽车产业数据信息平台。

通过 2018 年和 2019 年中国汽车自主品牌的传播量数据可以看出，在 2019 年汽车行业发展变化较为剧烈的这一年，吉利和长安两个品牌保持了比较稳定的传播势头，启辰、蔚来、魏派、领克四个品牌的传播量上升势头明显。其中，启辰品牌是广汽集团力推的自主品牌，通过品牌独立和车型不断“推陈出新”，传播关注度和市场关注度日益提高；蔚来品牌是国内互联网造车品牌的典型代表，随着销量的增加和公司各类信息的披露，蔚来品牌可谓站在了国内新能源汽车市场的前沿；魏派和领克作为自主民营企业长城汽车和吉利汽车下属的高端自主车型品牌，从推出以来就深受市场关注，销售业绩和关注度较为突出，是自主品牌“向上”提升自身品牌力的典型代表。

二　2018年中国汽车自主品牌舆情传播走势

从 2018 年中国汽车自主品牌的舆情走势中可以看出，中国汽车自主品牌的舆情传播量呈先降后升再降、总体逐渐上升的变化趋势（见图1）。2018年，中国汽车自主品牌的舆情传播在4月达到最高峰，主要是受到了各品牌参加北京车展的影响。2018年中国汽车自主品牌舆情传播的第二个高峰时段出现在11月，同样是受到广州车展的影响，各个品牌在年终再度发力，舆情传播再现小高潮。2018年中国汽车自主品牌舆情传播趋势中，中性信息最多，占总信息量的87.6%，其传播趋势和总传播趋势基本保持一致；正面信息占总信息量的10.3%，其传播量在4月的北京车展期间有一个较明显的小高峰；负面信息占总信息量的2.1%，其传播量变化相对比较平稳。

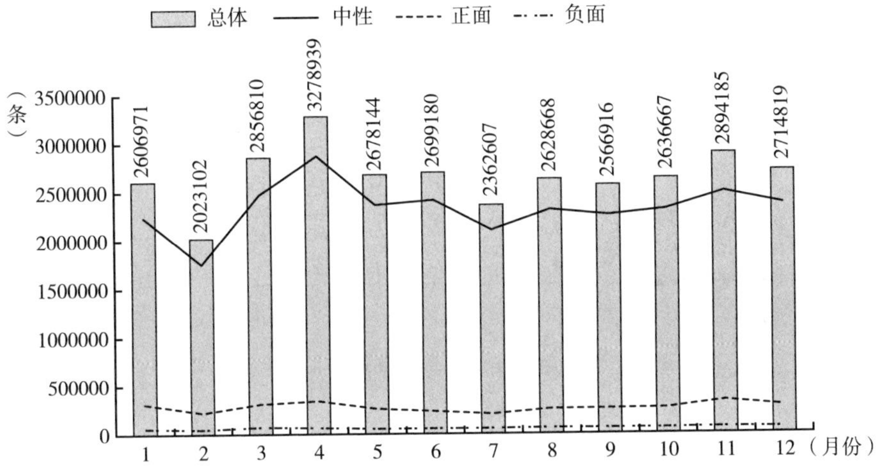

图1　2018年中国汽车自主品牌舆情传播走势

资料来源：中国汽车产业数据信息平台。

三　2019年中国汽车自主品牌舆情传播走势

从2019年中国汽车自主品牌舆情走势可以看出，中国汽车自主品牌的舆情传播量呈波状起伏、“逢会必高”、总体逐步提升的变化趋势（见图2）。2019年中国汽车自主品牌舆情传播量在4月、7月、8月、11月、12

月达到高峰，主要是受到车展新车发布、各品牌半年销量情况公布、对全年预期变化、公司合作、品牌规划公布和人事变更等事件的影响。其中中性的信息最多，占总信息量的79.2%，相较2018年有所下降，传播趋势与总传播量的变化趋势基本保持一致；正面信息占总信息量的16.9%，对比2018年提升明显，5~6月是年内传播量的高点；负面信息占总信息量的3.9%，较2018年有所上升，逐月传播量变化则比较平稳。

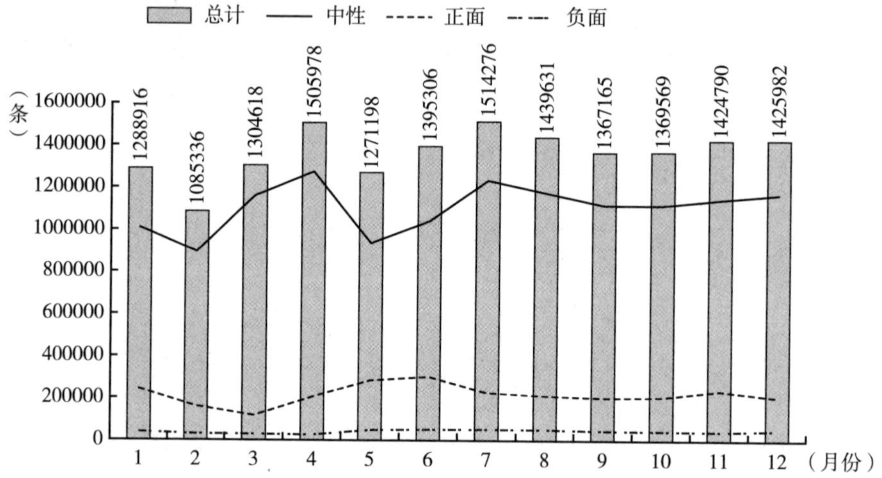

图2　2019年中国汽车自主品牌舆情传播走势

资料来源：中国汽车产业数据信息平台。

B.13

2019年中国品牌轿车舆情分析报告

张 健 刘碧磊*

摘 要： 本报告主要阐述了中国品牌轿车在2018年和2019年的品牌关注度情况、品牌情感概况，以及在品牌满意度方面的表现，从舆情方面展现中国品牌轿车在2018年和2019年的品牌活动影响及取得的舆论效果。本报告以图表的方式展现了2018年和2019年中国品牌轿车传播量TOP50的车型，从中可以看出，2019年中国品牌轿车传播量和销量均较2018年有较大下滑，品牌传播量与销售数据量成正比关系，随着汽车销量的下滑，企业的营收逐渐滑坡，相应的品牌活动也会有所减少。同时可以详细了解这两个时间段的消费者对中国品牌轿车的感受，看出消费者的心理变化需求。通过2019年的分布图可以看出消费者在购车时考虑更周全，更看重实际价值。通过具体分析传播量TOP30车型的满意度，得出相应的结论：轿车品牌综合满意度呈现优质品牌优势突出、车型口碑两极分化明显的特点。

关键词： 中国品牌轿车 品牌传播量 品牌关注度 轿车综合满意度

* 张健、刘碧磊，《中国汽车报》社中国汽车品牌研究院研究员。

一　中国品牌轿车舆情监测

（一）品牌关注度

2018 年中国品牌轿车排行榜上，吉利博瑞、广汽传祺 GA4 和长安逸动排名前三，其中吉利博瑞以 80 余万条的传播量遥遥领先于其他车型（见表 1）。高传播量的背后是大量的品牌营销活动在支撑。无论是海量的车型销售信息，还是有针对性的品牌活动，都极大地提升了博瑞的曝光率。其中吉利博瑞 GE 在 2018 年 5 月上市的消息对于博瑞品牌传播量的提升有极大的推动作用。奥运冠军孙杨作为吉利汽车形象代言人出席博瑞的相关品牌活动，也较高地提升了博瑞的品牌曝光率。广汽传祺 GA4 的传播量为 50 余万条，相比博瑞有大幅差距，但在传播方式和内容方面基本相同，海量的车型销售信息为主要的传播内容，如“传祺 GA4 店内可试乘试驾，售价 7.38 万元起”“传祺 GA4 欢迎莅临赏鉴，购车暂无优惠”等类似的车型销售信息。其中，最重磅的消息自然是其 2018 年初的上市信息，“广汽传祺 GA4 正式上市，售价 7.38 万～11.58 万元”的消息在 2018 年初传播较广。作为自主品牌领域备受期待的年度车型，广汽传祺 GA4 问世以来得到很多关注，销量在自主品牌轿车领域增长较快。由知名歌手张杰为广汽传祺 GA4 上市而量身打造的歌曲《爱的传奇》一时传播较广，也在一定程度上拉升了广汽传祺 GA4 的品牌传播量。长安逸动排在第三位，在传播量方面比广汽传祺 GA4 少 20 余万条。长安逸动的品牌传播内容也涉及上市，其中“2018 款长安逸动正式上市，售价 7.49 万～10.59 万元”的消息传播较广，引发较大关注。此外，长安逸动携手《这！就是灌篮》综艺节目，成为该节目官方用车，也在一定程度拉升了品牌传播量。而且，不同于其他与综艺节目合作的常规方式，长安逸动此次采用“大片”级的特效广告，从多角度以多种内容形式将长安逸动深度植入节目中，达到了较强的传播效果。2018 年其他上榜自主品牌轿车在传播内容方面基本与前三名类同，但在传播力度和传播形式方面不及前三名，其他车型的品牌传播内容依然依靠大量的车型销售信息来支撑。

表 1　2018～2019 年中国品牌轿车关注度

单位：条

排名	车型	2018 年传播量	车型	2019 年传播量
1	吉利博瑞	842852	吉利博瑞	417765
2	广汽传祺 GA4	579439	长安逸动	236197
3	长安逸动	367723	吉利帝豪 GL	206869
4	吉利帝豪 GL	345087	上汽荣威 i6	188432
5	上汽通用五菱宝骏 310	332084	艾瑞泽 5	157723
6	艾瑞泽 5	297979	上汽通用五菱宝骏 310	151044
7	上汽荣威 i6	260391	名爵 6	104284
8	上汽荣威 360	243668	东风启辰 D60	85243
9	广汽传祺 GA8	203813	广汽传祺 GA4	83804
10	长安睿骋	199390	长安逸动 XT	77046
11	广汽传祺 GA6	192307	广汽传祺 GA8	76687
12	名爵 6	190633	上汽荣威 360	72307
13	长安睿骋 CC	178024	长安睿骋 CC	61973
14	一汽红旗 H7	149334	上汽荣威 i5	55490
15	上汽荣威 950	120622	比亚迪 F3	49466
16	北京汽车绅宝 D50	105748	上汽荣威 950	48099
17	比亚迪 F3	96703	广汽传祺 GA6	46217
18	长安逸动 XT	93273	吉利帝豪	45447
19	一汽奔腾 B30	92900	红旗 H5	43306
20	吉利帝豪	86492	奇瑞艾瑞泽 GX	37471
21	比亚迪速锐	84006	吉利远景	35875
22	东风启辰 D60	83367	一汽红旗 H7	32254
23	奇瑞艾瑞泽 7	80894	一汽奔腾 B30	32047
24	海马福美来	76558	比亚迪速锐	29451
25	吉利远景	75373	长安睿骋	19507
26	众泰 Z700	71592	上汽锐行	15680
27	东风风神 L60	67646	东风本田思铭	15416
28	长安悦翔 V7	66075	上汽 MG3	14827
29	上汽荣威 350	65896	海马福美来	13680
30	一汽奔腾 B50	64687	奇瑞艾瑞泽 7	13613

续表

排名	车型	2018 年传播量	车型	2019 年传播量
31	红旗 H5	63655	东风 A9	12371
32	广汽传祺 GA3S	62481	华晨中华 H3	12133
33	众泰 Z360	56795	比亚迪 F0	11537
34	众泰 Z560	54681	一汽红旗 L5	10901
35	长安悦翔 V3	53856	长安逸动 DT	9723
36	东风启辰 D60	53516	比亚迪 F0	11537
37	一汽奔腾 B70	50127	一汽红旗 L5	10901
38	比亚迪 F0	48770	长安逸动 DT	9723
39	海马 M6	47356	奇瑞 QQ	7376
40	东风风行景逸 S50	44586	长安奔奔	7341
41	东风本田思铭	44029	长安悦翔 V3	6882
42	东风 A9	43207	北京汽车绅宝 D50	6701
43	上汽 MG3	42762	吉利金刚	6478
44	江淮 Iev6e	39485	众泰 Z700	5580
45	华晨中华 H3	39409	长安悦翔 V7	4924
46	众泰云 100	38795	东风风神 L60	4850
47	吉利金刚	34297	一汽奔腾 B50	4783
48	一汽骏派 A50	33067	上汽荣威 350	4494
49	上汽锐行	33058	中华 H530	4473
50	东南 V5 菱致	31803	一汽奔腾 B70	3803

注：选取车型为中国品牌轿车全车型品牌传播量前 50 名。
资料来源：《中国汽车报》中国汽车品牌研究院。

2019 年中国品牌轿车关注度排行榜上，吉利博瑞、长安逸动和吉利帝豪 GL 名列前三。吉利博瑞以 40 余万条的传播量位居榜首。2019 年 8 月 19 日，全新一代吉利博瑞正式上市。此消息成为其 2019 年品牌传播的重磅内容。“售价 13.68 万~20.98 万元，2020 款吉利博瑞 GE 上市”的消息传播最广。其他如吉利博瑞签约陆军装备部，以及携手央视《挑战不可能》等消息，都较高地提升了吉利博瑞的品牌曝光率，尤其是与《挑战不可能》栏目的合作，对其品牌传播的效果提升起到很大的作用。《挑战不可能》是央视的王牌综艺栏目，吉利博瑞选择与其合作，不失为促进品牌传播的有效途径。相比吉利博瑞，长安逸动在 2019 年的品牌传播量明显较少，其中车型销售信息是品牌传播的主要内容，占 70% 左右。首发于 2019 年底的长安逸动 plus 得到较多关注，作为全面革新的车型，长安逸动 plus 将于 2020 年 3 月上市的消息格外引人注目。而在 2019 年中，“8. 99 万元起，长安逸动蓝鲸版携手意甲国米传奇火热开启预售”的消息成为重点传播内容。吉利帝豪 GL 的品牌传播量与长安逸动相差不多，作为吉利轿车领域的另一款知名车型，帝豪 GL 的传播内容依然集中在车型销售方面。2018 年 12 月 25 日，全新吉利帝豪 GL 上市。虽然是在 2018 年底上市，但是相关消息的传播则是在 2019 年初，此消息的传播提升了 2019 年吉利帝豪 GL 的品牌曝光率。其他上榜车型的品牌传播内容依然以车型销售信息为主。个别车型新车上市信息的传播形式有一定局限性，达不到较好的传播效果。

比较 2018 年和 2019 年中国品牌轿车关注度排行榜的上榜车型可知，2019 年中国品牌轿车传播量较 2018 年有大幅下滑。无论是在传播形式还是传播内容方面，都不能与 2018 年相比。从中国汽车工业协会公布的产销数据来看，2019 年汽车销量继续下滑。随着汽车销量的下滑，企业营收逐渐滑坡，相应的，品牌活动也会有所减少。比如，2018 年长安逸动与《这！就是灌篮》节目合作提升了曝光率，月均销量过万辆，但在 2019 年并没有选择与该栏目继续合作。2019 年轿车上市消息要明显少于 2018 年，也说明企业在推出新款车型时更加慎重。

（二）品牌情感

从中国品牌轿车在 2018 年和 2019 年的品牌情感分布状况来看，消费者在表达对自主品牌车型的情感方面基本保持一致（见图 1 和图 2）。2018 年排名前三的因素是“科技”、“运动”和“年轻”，目的性很强。既要紧跟时代的科技感，也要魅力十足的运动范，而彰显年轻的因素也成为消费者考虑的重要方面。2019 年排名前三的因素是“运动”、“科技”和“喜欢”。经过一年时间，运动范逐渐成为消费者的主要追求，同时科技含量依然要重点考虑。相比 2018 年，2019 年消费者更直接地以“喜欢”来代替所要表达的情感。“喜欢就买”的现象在汽车消费领域逐渐出现。而且从上榜分布词

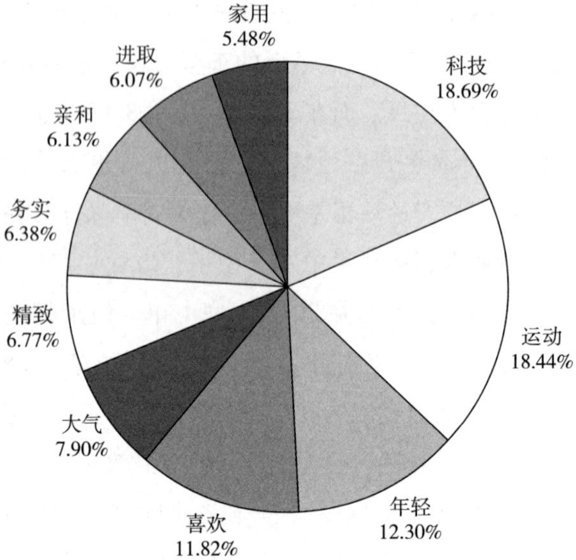

图1　2018 年中国品牌轿车品牌情感占比分析

资料来源：《中国汽车报》中国汽车品牌研究院。

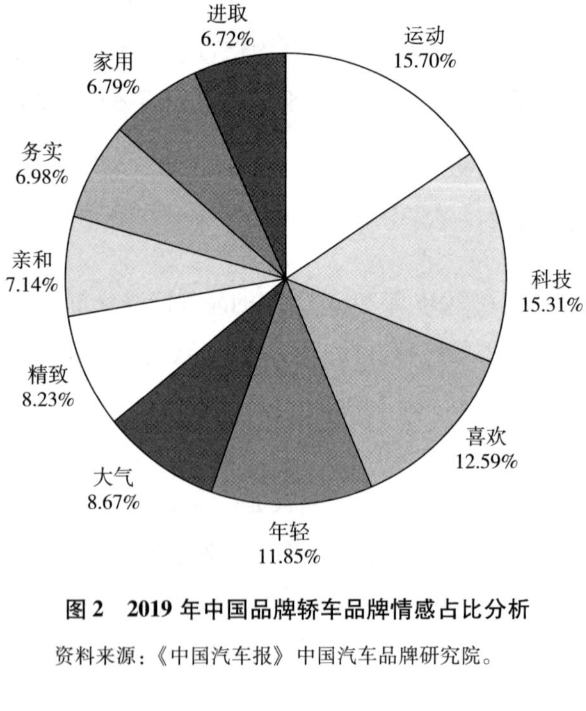

图2　2019 年中国品牌轿车品牌情感占比分析

资料来源：《中国汽车报》中国汽车品牌研究院。

语来看，以年轻一代消费者为主的市场已经逐渐显现。从其他上榜的情感词语可以看出消费者的心理需求变化。比如，“亲和”与“家用”在2019年的分布图上所占比例有所增加，说明消费者在购车时考虑更周全，更重视实际价值。

（三）自主品牌轿车关注度TOP30综合满意度分析

通过2018年中国品牌轿车综合满意度的排行榜数据可以看出，宝骏310是综合满意度排名第1的微及小型轿车车型（见表2）。宝骏310在同级别车型里延续了2017年的优异表现，其优异表现集中在销量满意度与传播量满意度上，尤其是在外观、动力、空间方面的满意度表现出众，在同级别车型中知名度及销量均排在第一位。占据微及小型轿车综合满意度排行榜第2位的车型是长安奔奔，长安奔奔是微型轿车的老牌代表车型。在透露长安品牌准备在2018年推出更新换代新车型的消息后，其关注度进一步提升，其在内饰、外观、性价比方面的满意度表现良好，在同级别车型中销量满意度与传播量满意度都有较好的表现。长安悦翔排在微及小型轿车综合满意度的第3位，长安悦翔是长安品牌争夺小型轿车市场的主力车型，与长安悦翔V3共同支撑起长安品牌在小型轿车细分市场中的“一片天”。第三代悦翔根据长安品牌产品规划在2018年正式上市，与其他同级别车型相比，其微博满意度、传播量满意度较高，外观、动力、内饰方面的满意度都有所提升。

2018年，在紧凑型轿车中，排在综合满意度总体评价第1位的车型是广汽传祺GA4。广汽传祺GA4继2018年初北美车展首发后又在国内上市，成为传祺系列紧凑型轿车最新的成员，同时也是传祺品牌2020年百万销量战略中“重要的一环”，在内饰、外观及配置上满意度很高，同时在微博满意度、论坛满意度和传播量满意度方面排在同级别车型首位。上汽荣威i6是综合满意度排名第2的紧凑型轿车，在2018年推出新款车型，并提高了配置，以延续2017年取得的不俗业绩，继续扩大行业影响。该车型在操控、配置、空间方面的满意度都有所提升，销量满意度、论坛满意度、微博满意度均较高。长安逸动排在紧凑型轿车综合满意度的第3名，经过6年市场中的起伏，长安逸动迎来了换代车型，并于2018年3月上市，在内饰、外观、空间、配置上满意度有了不小的提升，且销量满意度、传播量满意度、论坛满意度、微博满意度均有了大幅提升。

在2018年排行榜中，综合满意度排在第1位的中大型轿车是长安睿骋CC，其代表长安新产品规划中的中型轿车。在造型上，睿骋CC是采用长安第三代设计语言的首款产品，采用了长安极流概念车的设计理念，上市后在配置、内饰、舒适及外观的满意度中表现不凡，其销量满意度、传播量满意度、论坛满意度均排在前列。吉利博瑞排在中大型轿车综合满意度的第2位，其在舒适、配置方面的满意度有所提高，在同级别车型中销量满意度名列前茅，传播量满意度排在首位。长安睿骋列中大型轿车综合满意度第3位，长安睿骋是长安中型轿车的代表车型，经过了多年的市场考验，在油耗和动力方面的满意度有不小的提升，尤其是借助新上市的配备1.5T发动机车型的良好表现，在微博满意度、论坛满意度和传播量满意度上表现出众。

从品牌的角度来看综合满意度排行，获得较高认可的品牌有长安、吉利、广汽传祺、上汽荣威、一汽自主、奇瑞和众泰等品牌。

从2019年自主品牌轿车的综合满意度评价中可以看出，宝骏310在微及小型轿车细分类型中蝉联第1位，在同级别车型中2019年延续了2018年强势的市场表现，在空间、性价比、油耗方面的满意度表现出众，在同级别车型中知名度及销量均名列第1，因此销量满意度和传播量满意度均名列前茅。在微及小型轿车车型中，排在综合满意度第2位的依旧是长安奔奔，作为硕果仅存的微型轿车代表，长安奔奔在2019年维持了较高的关注度。排在微及小型轿车综合满意度第3位的车型是奇瑞QQ，奇瑞QQ作为与长安奔奔“同时代”的自主品牌微型轿车代表，在2019年依旧受到相应的关注，在同级别车型中，销量满意度、传播量满意度表现不错，在动力、油耗、性价比方面具有优势。

在紧凑型轿车中，总体满意度排在第1位的是上汽荣威i5。该车型是上汽荣威在紧凑型轿车级别中新加入的一员，于 2018 年 10 月在国内正式上市。上汽荣威 i5 与其“兄长”上汽荣威 i6 一道撑起了荣威品牌在紧凑型轿车细分市场的“一片天”，其在舒适度、油耗和配置方面满意度较高，销量满意度、口碑满意度、互动满意度，均排在同级别车型前列。长安逸动在紧凑型轿车综合满意度排行榜中排名第 2，2018 年第二代车型上市，2019 年延续了 2018 年的优异市场表现，销量满意度、传播量满意度、口碑满意度、互动满意度都保持了很高的水平，同时在操控、性价比、油耗方面满意度较高。上汽荣威 i6 的综合满意度相对 2018 年排名下降，其在 2019 年继续和“小弟”上汽荣威 i5 共同打拼紧凑型轿车市场，在传播量满意度、口碑满意度上都保持了较高的水准，在油耗、性价比、操控方面具有优势。

在中大型轿车中，一汽红旗 H7 的综合满意度排在第 1 位。作为红旗品牌复兴走向市场的代表车型，一汽红旗 H7 在 2019 年继续更新车型，2019 年 4 月上海车展之后各种信息的曝光提升了关注度，销量满意度、传播量满意度、互动满意度、口碑满意度均排在同级别车型的前面，在外观、配置、内饰、空间方面表现出众。综合满意度位居第 2 的中大型轿车是一汽红旗 H5，一汽红旗 H5 是红旗品牌推向市场的又一款车型，与一汽红旗 H7 形成“高低搭配”，共同开拓市场，一汽红旗 H5 在销量满意度和口碑满意度上表现优良，在性价比、操控和空间方面获得了一致的赞扬。在中大型轿车综合满意度排行榜中名列第 3 的车型是吉利博瑞，2018 年吉利博瑞取得了不俗的市场成绩，2019 年吉利博瑞加大了宣传力度，并推出新款车型来满足消费者需求。在同级别车型中，其互动满意度、口碑满意度和传播量满意度排在前列，在性价比、油耗方面反馈良好。

从品牌表现来看，2019 年品牌满意度较高的有一汽红旗、上汽荣威、吉利、长安、广汽传祺、宝骏等。

表2　自主品牌轿车关注度 TOP30 综合满意度

单位：分

2018 年排名	车型	2018 年综合满意度	2019 年排名	车型	2019 年综合满意度
1	长安睿骋 CC	69.23	1	一汽红旗 H7	69.03
2	吉利博瑞	67.41	2	一汽红旗 H5	68.95
3	广汽传祺 GA4	65.76	3	上汽荣威 i5	64.40
4	上汽荣威 i6	65.57	4	吉利博瑞	63.03
5	一汽红旗 H5	63.73	5	长安逸动	60.66
6	长安逸动	62.29	6	上汽荣威 i6	60.32
7	长安睿骋	62.23	7	上汽通用五菱宝骏 310	59.76
8	吉利帝豪 GL	60.67	8	广汽传祺 GA4	56.21
9	宝骏 310	60.41	9	吉利帝豪 GL	55.61
10	海马福美来	59.89	10	长安逸动 XT	52.82
11	广汽传祺 GA6	59.53	11	广汽传祺 GA8	52.72
12	奇瑞艾瑞泽 5	58.47	12	长安睿骋 CC	51.92
13	广汽传祺 GA8	57.24	13	比亚迪秦	51.52
14	上汽荣威 360	56.78	14	一汽红旗 L5	51.21
15	海马 M6	56.53	15	广汽传祺 GA6	50.75
16	一汽红旗 H7	56.31	16	长安奔奔	48.74
17	一汽骏派 CX65	54.86	17	东风启辰 D60	49.99
18	东风启辰 D60	54.64	18	奇瑞艾瑞泽 GX	48.99
19	众泰 Z560	54.49	19	海马福美来	47.15
20	东风风行景逸 S50	54.40	20	奇瑞 QQ	46.33
21	北京汽车绅宝 D50	54.33	21	吉利帝豪	45.92
22	长安奔奔	52.14	22	上汽荣威 950	44.39
23	长安悦翔 V7	51.05	23	上汽荣威 360	43.81
24	众泰 Z700	51.02	24	一汽奔腾 B30	41.05
25	一汽奔腾 B50	48.89	25	奇瑞艾瑞泽 5	40.56
26	东风 A9	48.26	26	长安睿骋	40.43
27	比亚迪秦	46.78	27	众泰 Z700	38.73
28	长安悦翔	46.33	28	吉利远景	38.18
29	众泰 Z360	45.10	29	比亚迪 F3	36.92
30	吉利远景	44.57	30	东风 A9	36.40

注：2019 年选取标准为关注度达到 1.5 万条以上的车型，2018 年度选取标准为关注度达到 3 万条以上的车型。

资料来源：中国汽车产业数据信息平台车型数据。

二 小结

（一）自主品牌轿车关注度整体分析

从 2018 年和 2019 年中国品牌轿车关注度排行榜可以看出：中国品牌轿车关注度总体呈下降趋势。分析认为，主要原因是销量不断下滑。在销量不断下滑的这个大环境下，企业的新车数量递减，从而导致相关的品牌活动锐减。车型销售信息成为品牌传播的主要内容，支撑了 2019 年中国品牌轿车的品牌传播。另外，合资车型对自主品牌车型的冲击也在一定程度上影响了品牌关注度。

（二）自主品牌轿车满意度整体分析

从 2018 年和 2019 年中国品牌轿车综合满意度可以看出：总体上，轿车品牌综合满意度呈现出优质品牌优势突出、车型口碑两极分化明显的特点。原因在于，在 2019 年这个面临转型的时间点上，中国品牌轿车的品质进一步受到各界关注，优点和缺点被进一步放大，各品牌自身的品牌力得到了进一步提高，其中一汽红旗和上汽荣威表现明显。

B.14

2019年中国品牌 SUV 舆情分析报告

张 健 刘碧磊*

摘 要： 本报告整理了 2018～2019 年中国品牌 SUV 车型的品牌关注度、品牌情感话语和品牌综合满意度的相关舆情数据，得出了排行前 30 的综合满意度数值，并对品牌关注度和综合满意度进行对比和分析，进而得出相应结论：中国品牌 SUV 的品牌传播在 2018 年和 2019 年的传播方式基本一致。通过在 2018～2019 年综合满意度分析数据可以得出，2018～2019 年中国品牌 SUV 车型综合满意度总体呈现两极分化、品牌向上明显的变化趋势。

关键词： 中国品牌 SUV 品牌关注度 综合满意度

一 中国品牌 SUV 舆情传播状况

（一）品牌关注度分析

在 2018 年中国品牌 SUV 关注度排行榜上，吉利博越、长城哈弗 H6 和长安 CS75 名列前三（见表 1）。其中，吉利博越以 60 余万条的传播量排在首位。在品牌传播内容方面，车型销售信息依然占据主导。无论是“18 款吉利博越自动挡最新报价，促销优惠”“2018 款吉利博越、帝豪 GL 深度

* 张健、刘碧磊，《中国汽车报》社中国汽车品牌研究院研究员。

试驾体验会”，还是“深度评测吉利博越2018款，外观时尚、动力强劲”的消息，均说明吉利博越受到较高关注。而“售价9.88万~15.98万元2018款吉利博越正式上市”的消息同样引来较高关注，将上市时间选在国际消费者日3月15日这一特殊日期，更是引人注目。“25个月销量突破50万，吉利博越携手壳牌开启亚欧大陆之旅”的品牌活动同样引发较高关注，也成为吉利博越2018年重要的品牌活动之一。排在榜单第二位的是长城哈弗H6，作为一款知名度很高的畅销车型，随着其他自主品牌同级别车型的不断问世，其地位已经开始动摇。2018年，长城哈弗H6的品牌传播量相较吉利博越少近10万条。截至2019年底，作为“国民神车”的长城哈弗H6的累计销量已近300万辆，可见其庞大的市场基数。但在传播内容方面，基本上以车型销售信息为主。在近几年综艺节目火爆的背景下，车企在营销方面积极介入，取得了很好的品牌传播效果。2018年，长城哈佛H6携手江苏卫视王牌综艺节目《蒙面唱将3》，并与大型综艺节目《最美的时光》合作开展品牌活动，极大地拉升了品牌曝光率。排在第三位的是长安汽车的代表车型——长安CS75，其品牌内容基本也以车型销售信息为主。其他如“2018北京车展：长安CS75上市”“2018款长安CS75上市4个月后，车主们的用车体验是怎样的”“长安CS75出2018款，网友：外观还不如原来”等均真实反映了长安CS75在2018年的品牌传播特性。相比吉利博越和长城哈弗H6品牌活动的多样性，长安CS75在传播方式方面显得较为单调。其他上榜车型的品牌传播内容依然以车型销售信息为主。

表1　2018~2019年中国品牌SUV关注度排行榜

单位：条

排名	车型	2018年传播量	车型	2019年传播量
1	吉利博越	651844	长安CS75	426784
2	长城哈弗H6	563565	吉利缤越	359482
3	长安CS75	488731	吉利博越	338172

续表

排名	车型	2018 年传播量	车型	2019 年传播量
4	广汽传祺 GS4	399138	长城哈弗 F7	254337
5	吉利帝豪 GS	355007	长城哈弗 M6	246009
6	上汽荣威 RX5	354018	长安 CS35	216912
7	上汽荣威 RX3	312992	长城哈弗 F5	210060
8	上汽通用五菱宝骏 510	297378	长城哈弗 H6	186377
9	长安 CS35	290089	长安 CS55	185832
10	上汽通用五菱宝骏 530	272519	吉利帝豪 GS	171584
11	奇瑞瑞虎 3	261628	上汽荣威 RX3	170216
12	上汽荣威 RX8	254308	上汽通用五菱宝骏 530	166080
13	长安 CS95	253055	上汽通用五菱宝骏 510	165265
14	吉利远景 X3	247323	上汽荣威 RX8	163198
15	吉利远景 X1	243383	上汽荣威 RX5	156685
16	长安 CS55	240780	奇瑞瑞虎 5X	126815
17	广汽传祺 GS8	232523	吉利远景 X3	122214
18	奇瑞瑞虎 7	220383	长安 CS95	116852
19	长城哈弗 H6 COUPE	219610	奇瑞瑞虎 7	112875
20	长城哈弗 M6	218604	广汽传祺 GS3	111178
21	众泰 T600	200125	上汽名爵 ZS	104490
22	广汽传祺 GS3	198833	奇瑞瑞虎 3	95527
23	奇瑞瑞虎 3X	196489	上汽名爵 HS	89221
24	奇瑞瑞虎 5X	191343	广汽传祺 GS7	85620
25	广汽传祺 GS7	185702	吉利领克 02	84333
26	长城哈弗 H9	176218	五菱宏光 S3	83235
27	长城哈弗 H2	161594	长安 CS85	82994
28	长城哈弗 H7	151396	奇瑞瑞虎 3X	82386
29	上汽通用五菱宝骏 560	148745	东风风行 T5	81399
30	五菱宏光 S3	147052	捷途 X70	78804
31	MG 名爵 ZS	143999	长城哈弗 H9	78287
32	东风风光 580	141161	吉利远景 X1	77798
33	海马 S5	130864	一汽奔腾 T77	72790
34	江淮瑞风 S7	125798	北京 40	71838
35	北京 40	121935	广汽传祺 GS4	70801
36	东南 DX7	121767	长城 WEY VV7	57468
37	长城哈弗 H8	121671	东风启辰 T90	55832
38	长城哈弗 H2S	120507	东风启辰 T60	53964

续表

排名	车型	2018 年传播量	车型	2019 年传播量
39	众泰 T700	120410	东风风光 580	53335
40	吉利领克 02	106591	东风启辰 T70	43775
41	一汽奔腾 X40	105628	猎豹 CS10	39691
42	中华 V3	105266	上汽荣威 Marvel X	38473
43	东风日产启辰 T70	101154	中华 V3	36701
44	东风风行景逸 X5	98934	江淮瑞风 S4	36030
45	东风风神 AX7	98428	中华 V7	35132
46	众泰 T300	98030	长城 WEY VV5	32488
47	一汽奔腾 X80	97668	东风风光 iX5	32375
48	长安欧尚 X70A	94061	上汽通用五菱宝骏 560	31024
49	猎豹 CS10	85208	江淮瑞风 S7	30525
50	东风风光 S560	84420	长城 WEY VV6	28592

注：车型选取原则为中国品牌 SUV 车型传播量排行前 50 名。
资料来源：《中国汽车报》中国汽车品牌研究院。

在 2019 年中国品牌 SUV 关注度排行榜上，长安 CS75 一跃成为榜首，吉利缤越和吉利博越分列第二、第三位，2018 年排名前三的长城哈弗 H6 跌出前三名。综观长安 CS75 全年重点传播内容，2018 年销量跌幅达 40% 的消息成为关注焦点，这一消息热传于 2019 年初。“2019 成都车展：长安 CS75 PLUS 上市售 10.69 万元起，陈坤代言”的消息也传播较广。一方面，成都车展作为西南重要的车展平台，影响力不容低估；另一方面，陈坤代言的消息更为其品牌传播起到很好的效果。作为知名演员，陈坤的影响力不言而喻，而且陈坤与长安 CS75 都来自重庆，这更博得了网民的关注和共鸣，促使长安 CS75 的品牌曝光率得到较大提升。排在第二位的是吉利缤越，这款车型的正式上市时间是 2018 年 10 月，而后在 2019 年得到很好的品牌传播效果，一举进入年度前三名。作为 2018 年下半年新上市的代表车型，吉利汽车自然会加大宣传力度，使其在 2019 年的品牌曝光率得到显著提升。2019 年第三季度开始，一则“车与酒的跨界！吉利缤越携手江小白在成都演绎‘国潮’”的消息传播较广。通过这种赞助冠名，并与其他知名商品合作的方式，吉利缤越的品牌传播迈上一个新的台阶。吉利汽车的另一款代表车型——吉利博越，排在榜单第三位。相比2018年，吉利博越跌下榜首的位置，品牌传播量大幅减少，这是其排名下滑的主要原因。在传播内容方面，车型销售信息占据主导。2019年成都车展上，吉利博越PRO正式上市，在一定程度上提升了品牌知名度。大量车型销售信息依旧充斥在其他上榜车型的品牌传播内容中。

相比2018年，2019年中国品牌SUV总体品牌传播量有一定下滑，但并没有轿车下滑那么明显，这也很好地说明了SUV市场的坚挺性。尤其是2018年末上市的吉利缤越，能够一跃成为2019年榜单第二名，说明品质车型在网民和消费者的眼中一直值得关注，当然这也与企业的品牌宣传有更大的相关性。在吉利缤越品牌传播量大幅上升的情况下，吉利博越的品牌传播量相比2018年有大幅下滑。这也说明，企业在品牌宣传方面，更加注重市场反应和长远规划，并能有针对性地对相关产品的品牌宣传进行相应调整。

（二）品牌情感

从2018年中国品牌SUV的品牌情感分布占比情况来看，“科技”、“运动”和“大气”几乎占据半壁江山（见图1）。说明消费者在购车时会更多考虑科技因素，其次是运动元素，包括外观、性能和内饰方面是否更有动感，而“大气”则很客观地说明了消费者对外观的要求。另外，“年轻”、“喜欢”、“时尚”、“务实”和“硬朗”也榜上有名，这些词语更能体现出SUV车型的特殊性。在2019年的分布排行上，“科技”和“运动”依然占据主导位置（见图2），说明消费者对车型的基本要求没有变化，而且所占比例较2018年有一定增长，说明消费者购车时依然强调更为突出的科技感和运动范。而“年轻”则更好地说明消费者主要是年轻一代，年轻一代购车时会选择更能符合自己年龄特征的车型。另外，“时尚”的占比相比2018年有一定增长，这也很好地说明消费者在购车时对紧跟潮流的元素同样重视。

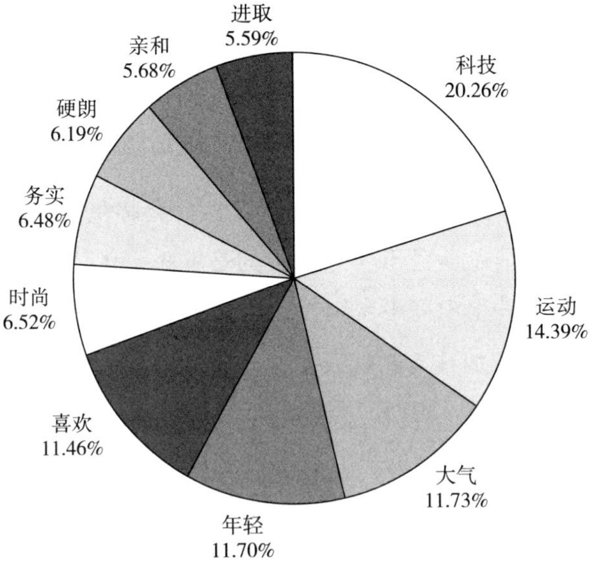

图 1　2018 年中国品牌 SUV 情感占比分布

资料来源：《中国汽车报》中国汽车品牌研究院。

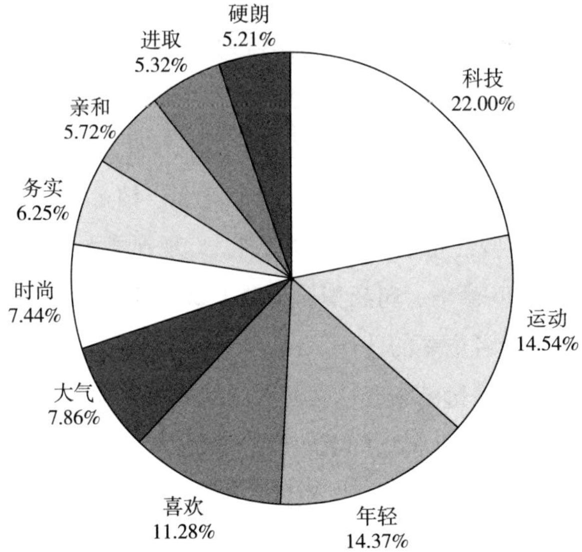

图 2　2019 年中国品牌 SUV 情感占比分布

资料来源：《中国汽车报》中国汽车品牌研究院。

（三）自主品牌SUV关注度TOP30综合满意度分析

从2018年中国品牌SUV综合满意度数据可以看出，长安CS35是小型SUV中综合满意度排第1位的车型（见表2），其在空间、外观、配置方面的满意度表现优异，销量满意度、论坛满意度、传播量满意度和微博满意度较高。综合满意度排在小型SUV第2位的是宝骏510，其在2018年推出了周年纪念版车型供线上电商平台销售，延续了2017年表现不错的综合满意度，2018年在外观、油耗、配置方面的满意度较高，同时销量满意度和传播量满意度也表现突出。东南DX3的综合满意度排在小型SUV的第3位，其外观极具动感、配置丰富的户外版特别车型于2018年上市，在配置、空间、油耗方面的满意度表现良好，同时销量满意度和微博满意度较高。

在紧凑型SUV中，荣威RX3的综合满意度排在第1位。其在2017年11月上市，并于2018年4月推出旗舰版车型，作为荣威SUV家族的又一个新成员，在紧凑型SUV细分市场中，荣威RX3与荣威RX5组成了上汽荣威“兄弟连”。荣威RX3在内饰、外观、油耗方面的满意度排在前列，微博满意度、传播量满意度、论坛满意度同样名列前茅。在紧凑型SUV中，综合满意度排在第2位的是荣威RX5。为满足消费者对科技化、互联化风格的需要，2018年荣威RX5推出两款智联网型车型，在外观、空间、动力方面获得了良好的口碑，在微博满意度、传播量满意度、销量满意度方面同样表现优异。长城哈弗H6曾经是本级别的“霸主”，现在排名紧凑型SUV综合满意度第3，其全新H6豪华、超豪华款车型于2018年推出，提升安全配置和舒适配置，给了消费者更多的选择，在内饰、外观、配置上的满意度有所提升，销量满意度、传播量满意度、微博满意度依旧表现优异。

排在中大型SUV综合满意度第1位的是长城WEY VV7，WEY VV7在2018年脱颖而出，在空间、外观、配置、内饰方面得到相当好的评价，销量满意度、微博满意度、论坛满意度也居于同类车型顶级水平。排在长城WEY VV7之后的是广汽传祺GS8，作为中大型SUV细分市场中传祺品牌的“扛鼎”车型，广汽传祺GS8已经历了数年的“腥风血雨”，在配置、外观、空间方面满意度表现优良，销量满意度、微博满意度和传播量满意度同样出色。东风风光580在中大型SUV中综合满意度排名第3，其在2017年表现出众，在2018年推出新1.5T排量车型，并发布混动车型谍照，意在稳固2017年取得的市场成绩，并争取更好的市场业绩。东风风光580在性价比、动力和空间方面口碑良好，在销量满意度和论坛满意度上也有优良的表现。

从品牌综合满意度的表现可以看出，综合满意度评价较好的品牌有上汽荣威、长安、长城哈弗（WEY）、广汽传祺、上汽宝骏、吉利、奇瑞、华晨中华和众泰等。

从2019年中国品牌SUV的综合满意度情况可以看出，长安CS35排在综合满意度第1位，是小型SUV细分市场中的“魁首”，其在2019年延续了2018年换代以来的优秀表现，在性价比、油耗、舒适度方面受到一致认可，同时销量满意度、传播量满意度和互动满意度领先同级别车型。广汽传祺GS3排在小型SUV综合满意度第2位，其在2019年经过2年的等待迎来了新车型的上市，并且同年内更新了两次，更新频率让人瞩目，其在配置、舒适度、油耗方面的评价比较好，在销量满意度与传播量满意度上均有良好的表现。排在小型SUV综合满意度第3位的是吉利缤越，其是吉利汽车在2018年10月底上市的又一款新车型，意在丰富和更新原有产品线，在操控、性价比、油耗方面均有良好的反馈，在传播量满意度、互动满意度及销量满意度方面均引人瞩目。

上汽荣威RX5的总体评价升至第1位，在紧凑型SUV细分市场“独占鳌头”。上汽荣威RX5在2019年不断推出新车型并透露出更新换代信息，新车型的推出吸引了不少的关注，同时改善了相应的口碑，使其传播量满意度、互动满意度、车型口碑满意度、销量满意度名列前茅，在车型口碑满意度中，在性价比、油耗、操控方面表现不错。综合满意度排在第2位的紧凑型SUV是长城哈弗F7，其是长城哈弗品牌在2018年11月推出的一款新F系列紧凑型SUV车型，科技含量更高。哈弗F7在车型口碑满意度、传播量满意度、销量满意度方面表现优异，其中在车型口碑满意度中，在性价比、科技感和油耗方面获得了一定的好评，是长城哈弗品牌的又一市场增长点。

综合满意度排在长城哈弗 F7 之后的紧凑型 SUV 是长城 WEY VV5，长城 WEY VV5 延续了 2018 年的不错表现，2019 年继续推出新的车型来吸引消费者的持续关注，在传播量满意度、互动满意度和车型口碑满意度上均有着不错的表现，而在车型口碑满意度中，油耗、性价比、动力等方面获得了好评。

长城哈弗 H9 在中大型 SUV 细分车型中，综合满意度排在第 1 位。作为长城哈弗旗下的领军车型，长城哈弗 H9 在 2019 年再一次推出新款型以应对新的排放标准，在市场上取得了不错的效果。在其车型口碑满意度中，空间、配置、油耗、动力等方面都得到了不错的评价，传播量满意度、销量满意度和互动满意度居同类车型前列。综合满意度位居第 2 的中大型 SUV 车型是长城 WEY VV7，在 2019 年长城 WEY VV7 持续更新款型，并推出长城 WEY VV7 家族系列，备受瞩目，在互动满意度及传播量满意度方面表现出众，在车型口碑满意度中，性价比、动力、油耗等方面是其优势所在。综合满意度名列第 3 的中型 SUV 是上汽荣威 RX8，上汽荣威 RX8 在 2019 年同样推出了新款型以应对市场变化，作为哈弗 H9 的对手绝不“屈居人后”，在车型口碑满意度中，在性价比、油耗和舒适度方面口碑表现良好，在传播量满意度和互动满意度方面评价不俗。

从品牌的表现来看，2019 年综合满意度较高的品牌有长城（哈弗、WEY)、长安、荣威、广汽传祺、一汽红旗、吉利和中华等。

表 2　自主品牌 SUV 关注度 TOP30 综合满意度

单位：分

2018 年排名	车型	2018 年综合满意度	2019 年排名	车型	2019 年综合满意度
1	上汽荣威 RX3	63.86	1	长城哈弗 H9	67.33
2	长安 CS35	63.21	2	长安 CS35	65.28
3	上汽荣威 RX5	61.95	3	上汽荣威 RX5	65.27
4	长城哈弗 H6	61.82	4	长城哈弗 F7	65.17
5	宝骏 530	61.75	5	长城 WEY VV5	64.99

续表

2018年排名	车型	2018年综合满意度	2019年排名	车型	2019年综合满意度
6	宝骏 510	60.98	6	长城哈弗 M6	64.42
7	东南 DX3	60.58	7	长城 WEY VV7	64.32
8	吉利博越	60.52	8	上汽荣威 RX8	63.77
9	奇瑞瑞虎 3X	60.28	9	长安欧尚 COS1°	63.70
10	长城 WEY VV7	60.03	10	上汽荣威 RX3	62.73
11	广汽传祺 GS8	59.97	11	红旗 HS5	62.55
12	众泰 T300	59.83	12	中华 V7	60.94
13	东风风光 580	59.13	13	长安 CS75	60.83
14	斯威 X7	58.18	14	比亚迪唐	60.77
15	长安 CS55	57.99	15	广汽传祺 GS8	60.35
16	众泰 T600	57.86	16	长城哈弗 F5	60.31
17	长安欧尚 X70A	57.83	17	吉利领克 02	59.82
18	长安 CS75	57.57	18	东风风光 580	59.36
19	长城哈弗 H9	57.43	19	长安 CS95	59.08
20	上汽荣威 RX8	57.31	20	广汽传祺 GS3	57.86
21	长安 CS95	57.30	21	长城哈弗 H6	57.48
22	吉利远景 X3	57.09	22	长安 CS85	57.42
23	上汽大通 D90	57.02	23	吉利缤越	56.72
24	广汽传祺 GS4	56.66	24	广汽传祺 GS7	56.13
25	东南 DX7	56.25	25	中华 V3	55.05
26	长城哈弗 H7	56.21	26	吉利远景 X3	54.83
27	广汽传祺 GS7	55.67	27	广汽传祺 GS4	54.64
28	中华 V3	55.34	28	上汽大通 D90	54.45
29	长城哈弗 H2	55.22	29	吉利博越	54.21
30	长安 CS15	55.08	30	长城哈弗 H7	52.93

注：2019 年选取原则为关注度达到 3 万条以上的车型，2018 年度选取原则为关注度达到 8 万条以上的车型。

资料来源：中国汽车产业数据信息平台车型传播及口碑数据。

二　小结

（一）自主品牌 SUV 车型关注度整体分析

从 2018 年和 2019 年中国品牌 SUV 的关注度排行榜中可以看出，中国品牌 SUV 的品牌关注度总体依然呈下滑趋势，但并没有轿车的降幅大。这也很好地说明中国品牌 SUV 的市场表现依然坚挺，只不过由于更多大环境的影响（比如车市整体的低迷），品牌关注度呈现一定下降。另外，从传播内容和传播方式来看，中国品牌 SUV 的传播形式要多于轿车。而企业对相关车型的战略调整，会导致一些数据的“异常”，比如吉利缤越的推出在一定程度上影响了吉利博越的品牌关注度。

（二）自主品牌 SUV 车型满意度整体分析

通过 2018 年和 2019 年中国品牌 SUV 车型综合满意度可以看出，中国品牌 SUV 的综合满意度总体呈现两极分化、品牌向上的特点。究其原因，一方面，中国品牌 SUV 虽然在 2019 年面临车市变化的困扰，但经过几年市场的锤炼，品质得到了进一步提升，使得“强者愈强”；另一方面，中国品牌 SUV 在各车企高低搭配、广撒产品线、推出高端品牌等举措的影响下形成品牌车型合力，形成了一个个品牌统领下的产品集团，增强了市场影响力，提高了整体竞争力。

B.15

2019年中国品牌 MPV 舆情分析报告

张 健 刘碧磊*

摘 要： 本报告主要阐述了2018～2019年中国品牌MPV的品牌关注度及品牌情感分布状况，并通过科学方法统计出了品牌满意度方面的情况，从而全面展现了在2018年和2019年中国品牌MPV所经历的活动及所取得的成绩。2018年及2019年中国品牌MPV的品牌传播态势从整体上看较为均衡，广汽传祺GM8、长安欧尚、上汽五菱宏光及宝骏730等代表车型传播均展现了各自的亮点。同时，中国品牌MPV呈现品牌满意度整体略微下滑、新车型不断涌现的新特点。

关键词： 中国品牌MPV 品牌关注度 综合满意度

一 中国品牌MPV舆情传播监测分析

（一）品牌关注度分析

2018年中国品牌MPV的品牌关注度排行榜上，五菱宏光、广汽传祺GM8及上汽通用五菱宝骏730排名前三（见表1）。五菱宏光作为“国民神车”位居第一，其品牌传播呈现多样性。除海量的车型销售信息外，各种社会话题中的调侃戏谑是五菱宏光2018年品牌传播的重要组成部分。

* 张健、刘碧磊，《中国汽车报》社中国汽车品牌研究院研究员。

比如，秋名山系列话题、豪车贴五菱宏光车标话题等，已经成为五菱宏光话题传播中的经典案例。五菱宏光 S 于 2018 年 9 月正式上市，“售 5.28 万~5.58 万元，全新五菱宏光 S 上市”的消息传播较广，吸引大批消费者围观讨论。广汽传祺 GM8 排在榜单第二位，与五菱宏光的传播量相差 12 余万条。在品牌传播内容方面，车型销售信息基本上包揽了广汽传祺 GM8 整年的内容，占比在 95% 以上。广汽传祺 GM8 的正式上市时间是 2017 年 12 月 30 日，其上市消息在 2018 年初传播较广，作为广汽乘用车新推出的 MPV 典型车型，引起较高关注。2018 年底，一则消息成为广汽传祺 GM8 的品牌传播热点——“传祺 GM8 联手携程旅行推出接送服务”。与这家大型综合旅游公司的合作，使广汽传祺 GM8 的曝光率得到显著提升。而其更多的话题则来自相关汽车论坛，比如，“我们不一样，与传祺 GM8 别致的生活!”“创业青年自买 GM8 长测”“光头强与十年后的传祺 GM8 超人气组合!”等热帖，均极大地提升了广汽传祺 GM8 的品牌关注度。排在第三位的是上汽通用五菱宝骏 730。作为另一款上汽通用五菱旗下的代表车型，上汽通用五菱宝骏 730 的销量表现一直不错，但在 2018 年出现连续下滑的局面。在品牌关注度方面，上汽通用五菱宝骏 730 领先于其他绝大多数自主品牌 MPV。车型销售信息自然也是其 2018 年品牌传播量的重要支柱，前面提到其 2018 年销量下滑引发一定围观，并且是连续数月均呈下降趋势，更是引起较高关注。上汽通用五菱宝骏 730 在 2018 年 11 月正式上市，成为 2018 年底最重要的品牌传播内容。在其他上榜车型中，上汽通用五菱宝骏 360 和长安欧尚的传播量均越过 10 万条大关。在品牌传播内容方面，依旧以“多折优惠”“购车大礼包”等车型销售信息为主。

从 2019 年中国品牌 MPV 车型关注度来看，五菱宏光依然排在第一位。长安欧尚上升到第二位，广汽传祺 GM6 挤掉广汽传祺 GM8 排到榜单前三名。无论是哪一年的传播内容，五菱宏光基本都能在“国民神车”的光环下被“大肆”讨论，从而使品牌关注度保持在一个较高的水平。虽然一直被网民称为“国民神车”，但是五菱宏光丝毫不敢松懈或者麻痹大意，而是每年都会去改进产品，然后不失时机地推出新款，以保持既有的地位。“售6.58万~7.98万元，五菱宏光Plus上市”的消息格外引人注目。再来看排名第二的长安欧尚。长安欧尚在2018年的榜单上排名第五，2019年进入榜单第二，并且品牌传播量有大幅上涨。长安欧尚是长安汽车的老牌MPV车型，以其为代表已经衍生出众多改款车型。2019年初，长安欧尚科尚上市，这则消息为长安欧尚带来了较高的关注度。紧接着在2019年7月，长安欧尚科赛上市，也为长安欧尚的品牌传播量带来较高的增长。通过监测可以看到，两款新车的上市不仅丰富了长安欧尚的产品线，也为长安欧尚带来了更多的关注度。“长安欧尚携手去哪儿网、携程租车进军自驾游”的消息在2019年9月传播较广，这种跨界合作进军租车领域的模式引发一定关注。排在第三位的是广汽传祺GM6，这款在2019年初上市的新款MPV车型，一经问世便受到较高关注。随着关注度的提升，在2019年中国品牌MPV榜单中成功将老前辈——广汽传祺GM8挤出前三。被誉为“国民保姆车”的广汽传祺GM6定位为“家用”，故吸引了众多二胎家庭消费者的目光。

表1　中国品牌MPV关注度排行

单位：条

排名	车型	2018年传播量	车型	2019年传播量
1	五菱宏光	345190	五菱宏光	324969
2	广汽传祺GM8	222527	长安欧尚	239163
3	上汽通用五菱宝骏730	178217	广汽传祺GM6	124236
4	上汽通用五菱宝骏360	134956	上汽通用五菱宝骏360	119711
5	长安欧尚	129726	广汽传祺GM8	106415
6	江淮瑞风M3	79631	吉利嘉际	83336
7	东风小康风光370	77570	上汽通用五菱宝骏730	57707
8	东风小康风光330	71635	比亚迪宋MAX	40688
9	比亚迪宋MAX	71471	江淮瑞风M3	33840
10	东风风行S500	64794	东风启辰M50V	30874

续表

排名	车型	2018 年传播量	车型	2019 年传播量
11	江淮瑞风 M4	62821	江淮瑞风 M4	24263
12	江淮瑞风 M5	51650	东风小康风光 330	20374
13	比亚迪 E6	50344	江淮瑞风 R3	20154
14	东风风行 F600	49305	东风风行菱智 M5	18901
15	东风风行菱智 M5	43506	江淮瑞风 M5	17234
16	上汽大通 G10	42963	欧尚 COSMOS(科尚)	16048
17	江淮瑞风 R3	42134	长安欧尚 A600	15844
18	东风启辰 M50V	38250	上汽大通 G10	13750
19	长安欧尚 A600	37331	东风小康风光 370	13688
20	东风风行 CM7	32550	上汽大通 G50	11811
21	北汽幻速 H2	28628	东风风行 F600	11434
22	郑州日产东风帅客	26839	郑州日产东风帅客	9671
23	长安凌轩	26615	东风风行菱智	8973
24	昌河福瑞达 M50	24321	江淮瑞风 M6	7208
25	江淮瑞风 M6	24181	汉腾 V7	6869
26	海马普力马 EV	23106	上汽大通 V80	6160
27	长安欧尚 A800	22083	比亚迪 E6	5003
28	福美来 F7	21545	开瑞 K50	4218
29	广汽传祺 GM6	21140	福美来 F7	3834
30	长安欧诺	20380	福田蒙派克 E	3089
31	东风风行菱智	20059	力帆轩朗	2765
32	上汽大通 G50	16844	东风风行 S500	2618
33	上汽大通 V80	16534	长安睿行 S50	2601
34	开瑞 K60	13809	开瑞 K60	2548
35	开瑞 K50	12121	长安凌轩	2449
36	华晨华颂 7	9686	华晨华颂 7	2402
37	吉利嘉际	8695	北汽幻速 H2	2304
38	力帆轩朗	8606	长安欧诺	2104
39	福田蒙派克 E	7722	北汽幻速 H5	1719
40	北汽幻速 H3	7280	昌河福瑞达 M50	1686

注：选取原则为中国品牌 MPV 排在品牌传播榜前 40 名的车型。

资料来源：《中国汽车报》中国汽车品牌研究院。

对比2018年和2019年中国品牌MPV的关注度可以看出，相比轿车和SUV，中国品牌在MPV 2018年和2019年的关注度相差不大，只是相关车型一些重要内容的较高频次传播导致了名次的变化。五菱宏光依然享受着“国民神车”的光环，任何时间点都有相关话题的传播，而长安欧尚在一年中上市多款车型，以及广汽传祺GM6作为“国民保姆车”的问世，均成为其年度热点传播话题。

（二）品牌情感

2018年中国品牌MPV品牌情感分布图显示，“商用”成为消费者购车时的重点考虑因素，其次是“家用”和“大气”，而“务实”和“喜欢”也占据较高比例（见图1）。2019年品牌情感分布图上，“家用”成为消费者购车时的主要考虑因素，说明越来越多的家庭需要MPV来支持家庭交通出行，其次是“务实”和“科技”（见图2）。对比2018年，2019年消费者在购车时的考虑因素发生了很大的变化，随着二胎政策的不断落实，在家庭出行方面需要考虑座位更多和空间更大的MPV。“科技”成为消费者购车时重要的考虑因素，说明在技术高速发展的当下，消费者的购车心理和实际需求发生了变化。不同于购买轿车和SUV，消费者购买MPV时更注重家庭的因素。这从另一个层面说明MPV的购买群体以已婚人士为主，且以家庭为单位购车的群体正逐渐成为市场主体。

（三）自主品牌MPV综合满意度TOP20分析

2018年中国品牌MPV车型综合满意度评分显示，比亚迪宋MAX、长安欧尚、长安欧尚A800、五菱宏光和东风启辰M50V分别排在前五位（见表2）。

在2018年中国品牌MPV综合满意度中，比亚迪宋MAX排在第1位，其销量满意度、微博满意度和论坛满意度也排在MPV类车型的前列。具体到车型口碑满意度方面，其在空间、外观、性价比方面受到一致的好评。长安欧尚是排在综合满意度第2位的车型，上市时间已久的长安欧尚在2018年

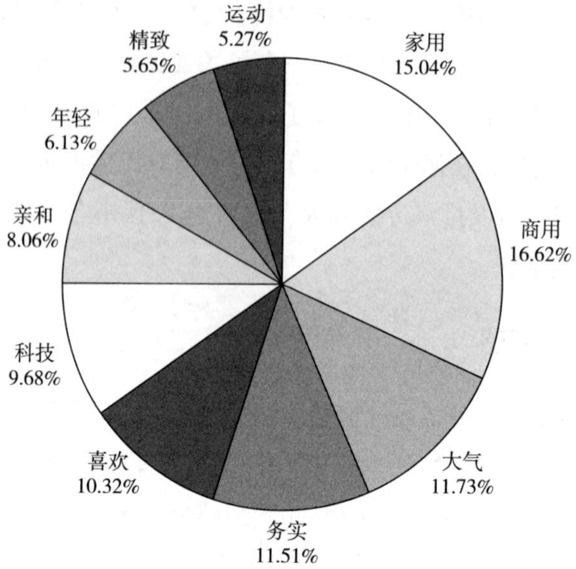

图 1　2018 年中国品牌 MPV 情感占比分布

资料来源：《中国汽车报》中国汽车品牌研究院。

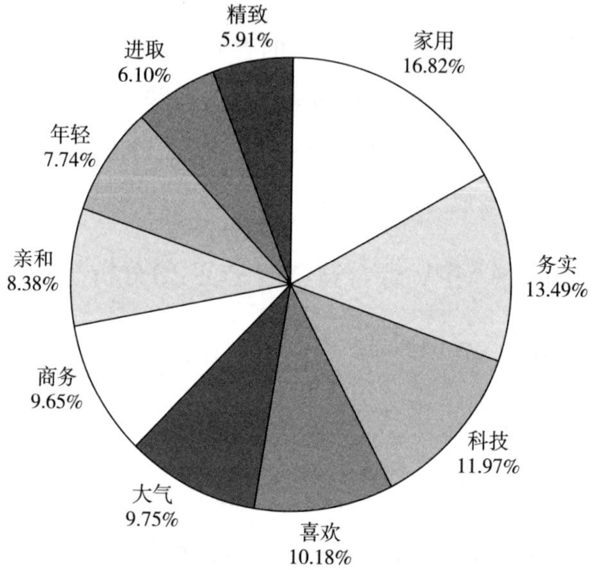

图 2　2019 年中国品牌 MPV 情感占比分布

资料来源：《中国汽车报》中国汽车品牌研究院。

5月推出换代车型，全面更新了外观并提升配置后的新车命名为长安欧尚A600，在外观、空间、油耗方面表现均衡，同时传播量满意度和论坛满意度也都有了不小的提高。排在综合满意度第3位的MPV车型是长安欧尚A800，其与欧尚形成高低搭配，在定位上要高于欧尚，是长安品牌攻略MPV市场的“主力军”。长安欧尚A800在配置、外观、空间方面有较好的市场表现，微博满意度和论坛满意度高于自己的“兄弟”欧尚。有“国民神车”之称的五菱宏光排在综合满意度第4位，2018年延续了2017年的传播量及销量优势。五菱宏光在销量满意度、微博满意度和传播量满意度上依旧出色，具体到车型口碑满意度中，在操控、外观方面口碑有所提高。综合满意度排第5位的车型是东风启辰M50V，其在MPV领域是启辰品牌的“探路”车型。启辰M50V在2018年推出新车型，使消费者进一步被吸引，其在性价比、油耗方面获得较多的好评，同时在传播量满意度和论坛满意度上也有不错的表现。

从品牌综合满意度的整体角度来总结，综合满意度比较高的传统MPV品牌有长安、上汽五菱、比亚迪、上汽宝骏、上汽大通等，而广汽传祺、启辰等中国品牌也新近推出各自的MPV车型，引起了较高关注，同时市场反响也比较好。

从2019年自主品牌MPV车型综合满意度的评分情况可以得出：吉利嘉际、比亚迪宋MAX、长安欧尚、长安欧尚COSMOS（科尚）、广汽传祺GM8分别排在前五位。

在2019年MPV车型排名中，排在综合满意度第1位的是吉利嘉际。吉利嘉际是吉利在2019年推出的新MPV车型，弥补了吉利空缺的产品线，并承担着吉利开拓国内、国际市场的新任务。2019年其产品口碑满意度、传播量满意度和互动满意度都排在MPV车型的前列，销量满意度与同类型的车辆相比也处于较高水平，具体到车型口碑满意度，在配置、舒适度、油耗、操控方面受到一致的好评。排在综合满意度第2位的是比亚迪宋MAX，比亚迪宋MAX可以说是自主品牌MPV车型“向上”的代表车型，2019年比亚迪宋MAX不断推出新车型、完善产品线，销量满意度、车型口碑满意度、传播量满意度和互动满意度都较高，在舒适度、性价比及油耗方面有优异的表现。长安欧尚排在 MPV 综合满意度第 3 位，长安欧尚是长安品牌攻略 MPV 市场的代表车型，并延伸出欧尚 A600、欧尚 A800 系列车型。其传播量满意度、传播互动满意度和产品口碑满意度较高，具体到车型口碑满意度，在空间、油耗和性价比方面都有不错的评价。排在综合满意度第 4 位的是长安欧尚 COSMOS（科尚），长安欧尚 COSMOS（科尚）是长安品牌 2019 年新推出的 MPV 车型，定位高于传统欧尚系列 MPV，是长安 MPV 提升品质的又一力作。其车型口碑满意度、传播量满意度和互动满意度较高，具体到车型口碑满意度，在油耗、配置、舒适度方面口碑良好。广汽传祺 GM8 位列综合满意度第 5，广汽传祺 GM8 作为广汽传祺进军 MPV 领域的一款领军车型，2019 年不断推出新款型，提升了配置，丰富了产品线。其在产品口碑满意度和传播量满意度上表现优良，在空间、舒适度和配置方面得到了较高的评价。

从品牌综合满意度的评分情况可以得出，综合满意度比较高的中国 MPV 车型品牌有吉利、比亚迪、长安、五菱、大通、广汽传祺和江淮等，在这些品牌中，吉利、广汽传祺、长安、大通等品牌在继续推出 MPV 新车型，从而进一步提升了品牌在 MPV 市场中的形象。

表 2　自主品牌 MPV 综合满意度排行榜

单位：分

2018 年排名	车型	2018 年综合满意度	2019 年排名	车型	2019 年综合满意度
1	比亚迪宋 MAX	67.98	1	吉利嘉际	64.79
2	长安欧尚	66.24	2	比亚迪宋 MAX	64.17
3	长安欧尚 A800	66.11	3	长安欧尚	61.78
4	五菱宏光	62.96	4	欧尚 COSMOS(科尚)	61.43
5	东风启辰 M50V	59.53	5	广汽传祺 GM8	59.31
6	长安欧诺	59.46	6	上汽大通 G50	59.04
7	上汽通用五菱宝骏 360	58.84	7	五菱宏光	58.08
8	广汽传祺 GM8	57.32	8	广汽传祺 GM6	57.68
9	上汽大通 G10	57.06	9	上汽大通 G10	55.57

续表

2018 年排名	车型	2018 年综合满意度	2019 年排名	车型	2019 年综合满意度
10	上汽通用五菱宝骏 730	56.01	10	江淮瑞风 M3	55.43
11	东风风行 CM7	55.67	11	长安欧尚 A600	53.50
12	东风小康风光 330	53.79	12	上汽通用五菱宝骏 360	51.63
13	江淮瑞风 M4	53.34	13	江淮瑞风 M4	47.17
14	长安凌轩	51.15	14	江淮瑞风 M5	45.86
15	江淮瑞风 R3	49.63	15	东风风行菱智 M5	45.63
16	东风风行菱智	49.17	16	东风小康风光 330	44.47
17	东风小康风光 370	48.88	17	东风小康风光 370	42.17
18	江淮瑞风 M6	48.29	18	江淮瑞风 R3	41.89
19	福美来 F7	47.44	19	上汽通用五菱宝骏 730	40.48
20	东风风行 S500	42.13	20	东风启辰 M50V	39.64

注：2019 年选取原则为关注度在 1 万条以上的车型，2018 年选取原则为关注度在 3 万条以上的车型。

资料来源：中国汽车产业数据信息平台车型及口碑数据。

二 小结

（一）自主品牌 MPV 车型关注度整体总结

从 2018 年和 2019 年中国品牌 MPV 的关注度来看，两个年度的品牌关注度相差不大，没有轿车和 SUV 表现的差异那么明显。这说明当下 MPV 市场依旧火热，这一点从众多品牌不断推出新车也可以判断。在国家“二孩”政策逐步放开的前提下，已婚人士的购车需求主要集中在 MPV 这一块，直接带动了 MPV 市场的繁荣。这一系列的连锁反应，使 MPV 在关注度方面没有大起大落，而是平稳向上，呈现了良好的发展态势。

（二）自主品牌 MPV 综合满意度整体总结

通过中国品牌 MPV 2018～2019 年的综合满意度数据可以得出，中国品牌 MPV 的综合满意度呈现整体略微下滑、新车型不断涌现的新特征。一方面，进入 2019 年后中国品牌 MPV 市场发生了新的变化，面对更加严峻的市场形势，自主品牌 MPV 在原有基础上不断推出新车型，这些新车型立足更高的起点，带动自主品牌 MPV 整体“向上”；另一方面，中国 MPV 市场竞争日趋激烈，在合资品牌 MPV 产品线不断丰富、产品价格不断下探的情况下，为保证自身的生存，自主品牌 MPV 在扩大、丰富产品线的同时，也在不断磨炼“内功”，提升品质和国际化程度，力争在海外市场获得更好的成绩。

B.16 2019年中国品牌新能源乘用车舆情分析报告

张　健　刘碧磊*

摘　要： 本报告分析了中国品牌新能源乘用车在2018~2019年的品牌关注度、品牌情感分布及品牌综合满意度，对中国品牌新能源乘用车的满意度相关数据用科学公式进行了分析，总结并得出关注度排名前20的品牌综合满意度状况，对车型关注度同综合满意度的状况从整体角度进行了科学分析。新能源乘用车的品牌传播相对更为灵活和丰富其综合满意度呈现如下特点：部分车型跨年度传播量表现不稳定，车辆自燃问题导致综合满意度有很大下滑。在传播方面，中国品牌新能源乘用车在互动媒体上的宣传力度不断加大，对提升满意度、树立良好的口碑起到了重要的作用，为赢得消费者及市场提供了相应的保障。

关键词： 中国品牌新能源乘用车　品牌关注度　综合满意度

一　中国品牌新能源乘用车舆情传播分析

（一）新能源乘用车品牌关注度分析

在2018年中国品牌新能源乘用车品牌关注度排行榜上，蔚来ES8、

* 张健、刘碧磊，《中国汽车报》社中国汽车品牌研究院研究员。

比亚迪唐和上汽荣威 ei6 排名前三（见表1）。蔚来 ES8 和比亚迪唐的传播量均达 20 余万条，上汽荣威 ei6 的传播量为 14 万余条。以传媒起家的蔚来，更注重在品牌营销方面下功夫，作为蔚来汽车的代表车型，蔚来 ES8 的品牌关注度一直居高不下，成为新能源乘用车品牌传播的“常青藤”。在高关注度下，褒贬不一的声音此起彼伏。蔚来 ES8 于 2017 年底上市，但是正式交付用户则在 2018 年上半年，这种订单式生产的方式备受议论。随着相关客户订单的产生，实车交付时间成为关注焦点，直至 2018 年 6 月才算画上一个句号。2018 年 6 月，蔚来 ES8 完成对第一批用户的交付。2018 年底的广州车展上，蔚来 ES8 推出基准版车型，引发一定关注。再来看比亚迪唐，这款在新能源乘用车领域口碑一直表现较好的车型，2018 年的总体关注度也不错。从数据监测来看，其关注度主要来自微博，一系列的话题传播及相关大 V 账号的转发参与，在一定程度上提升了比亚迪唐的品牌关注度。全新一代比亚迪唐于 2018 年 6 月上市的消息成为品牌传播重点内容。在新款上市后，各类试车报告及试驾体验的消息成为品牌传播热点，提升了比亚迪唐的品牌关注度。在 2018 年 11 月举行的广州车展上，比亚迪唐推出 5 座版车型的消息成为关注焦点。值得注意的是，比亚迪唐多以短视频为载体进行品牌传播。上汽荣威 ei6 在 2017 年上海车展正式上市，在接下来的一年多时间里并没有新款车型推出，而是不遗余力地推介这款“老车型”。这款在上市初被抱以较高期望的车型，无论是颜值还是动力对消费者都有一定的吸引力，其品牌传播内容以车主在论坛发帖讨论和车型销售信息为主。其他上榜车型以优惠补贴等消息为主要传播内容。

在 2019 年中国品牌新能源乘用车品牌关注度排行榜上，蔚来 ES8 依然占据榜首，上汽荣威 ei6 升至第二位，比亚迪唐掉落到第三位。2019 年初蔚来 ES8 年销量曝光，引发一定关注，尤其是蔚来汽车董事长与小鹏汽车董事长之间关于蔚来 ES8 销量的“赌约”，更引起较多围观。蔚来汽车整体身陷危机的话题一直层出不穷，而在蔚来汽车有限的产品里面，蔚来 ES8 站在了舆论的风口浪尖，如交车时限、车辆自燃、零件失控等，均成为热点传播内容，也成为蔚来备受质疑的主要因素。2019 年 12 月底“蔚来日”举行的当天，全新蔚来 ES8 正式发布，借助“蔚来日”这一盛大品牌活动来发布蔚来 ES8 新车型，为品牌关注度的提升起到了一定的作用。上汽荣威 ei6 在 2019 年“百尺竿头更进一步”，跃入榜单第二位，充分说明其品牌传播在 2019 年要优于多数新能源乘用车。时隔一年多，上汽荣威 ei6 终于迎来新款车型的发布上市，这一消息受到众多关注此车型的消费者的热议。在发布新款上市受到关注的同时，众多车主曝出的车辆自燃问题更是受到强烈关注。“荣威 ei6 新车 2 年行驶过程中冒烟自燃”“上汽荣威 ei6 插混车起火，方向盘抱死!”“上汽荣威 ei6 混动系统故障冷却液沸腾并溢出”等消息，无疑暴露上汽荣威 ei6 的诸多短板。将于 2020 年推出上汽荣威 ei6 纯电动轿车的消息在 2019 年底开始发酵传播，引发较高关注。比亚迪唐在 2019 年的榜单中排名下滑到第三位，品牌传播量相比 2018 年也有大幅下滑。无论是从口碑还是销量来说，比亚迪唐都能排在前列。一方面，月销量在新能源乘用车领域较高；另一方面，消费者在论坛和微博等自媒体平台上对其良好性能和动力的称赞，均有效提升了比亚迪唐的品牌关注度。全新比亚迪唐 EV 在 2019 年 9 月上市的消息是重要的品牌传播内容，另外，根据此内容延伸发布的一系列短视频得到了更为广泛的关注。其他上榜车型的品牌传播内容以车型销售类信息为主。

对比 2018 年和 2019 年中国品牌新能源乘用车的品牌关注度可发现，两者有明显差距。2019 年品牌关注度降幅较大，主要原因是 2019 年新能源乘用车整体销量有较大下滑。一方面，由于“国六”排放标准提前实施，部分燃油车经销商为了清库存而加大了优惠幅度，使消费者的目光更多地转移到燃油车上；另一方面，由于新能源汽车补贴滑坡，消费者的购车成本增加，阻挡了部分消费者购买新能源乘用车的步伐。从传播内容来看，新能源乘用车在自媒体的活跃度更高，传播形式更直接，如比亚迪唐，更多地以短视频的形式进行品牌传播，更直观地呈现了内容，也容易让网民接受。

表 1 中国品牌新能源乘用车关注度排行

单位：条

排名	车型	2018 年传播量	车型	2019 年传播量
1	蔚来 ES8	246132	蔚来 ES8	111983
2	比亚迪唐	219635	上汽荣威 ei6	99462
3	上汽荣威 ei6	149948	比亚迪唐	92637
4	比亚迪秦	134815	宝骏 E100	87238
5	荣威 eRX5	93430	比亚迪秦	67317
6	长安奔奔 EV	69266	蔚来 ES6	63592
7	上汽荣威 e950	68936	小鹏 G3	62613
8	比亚迪 E5	58798	欧拉 R1	62525
9	比亚迪宋 EV	58503	宝骏 E200	53121
10	长城 WEY P8	53790	威马 EX5	53097
11	比亚迪 E6	50344	上汽荣威 Marvel X	38473
12	威马 EX5	43652	上汽荣威 e950	37426
13	江淮 Iev6e	39485	长安奔奔 EV	35096
14	众泰云 100	38795	比亚迪元 EV	25897
15	小鹏 G3	33058	比亚迪 E5	21893
16	宝骏 E100	28745	奇瑞 eQ	21887
17	东风风神 E70	27419	长城 WEY P8	19702
18	奇瑞 eQ	27120	长安逸动纯电动	19429
19	比亚迪元 EV	24615	北汽新能源 EX5	17963
20	众泰 E200	23719	威马 EX6	17880
21	海马普力马 EV	23106	荣威 eRX5	16766
22	比亚迪秦 EV300	19968	比亚迪宋 EV	16234
23	长安 CS15 电动版	18017	哪吒 N01	15249
24	吉利帝豪 PHEV	17488	东风风神 E70	13250
25	长安逸动纯电动	17394	江淮 Iev6e	13106
26	江淮 iEV7S	16932	艾瑞泽 5e	11961
27	东风风行景逸 S50EV	16059	吉利帝豪 PHEV	9508
28	北汽新能源 EX360	15690	红旗 E－HS3	8140
29	蔚来 ES6	15087	北汽 LITE	7487
30	江淮 iEV	14869	众泰 E200	6017
31	知豆 D2	14283	众泰云 100	5865

续表

排名	车型	2018 年传播量	车型	2019 年传播量
32	蔚来 EP9	13989	蔚来 EP9	5794
33	艾瑞泽 5e	13104	江淮 iEV7S	5019
34	北汽 LITE	12144	比亚迪 E6	5003
35	欧拉 R1	10901	江淮 iEV	3693
36	奇瑞艾瑞泽 7e	9830	欧拉 R2	3458
37	江淮 iEV6S	7897	长安 CS15 电动版	3048
38	广汽三菱祺智 PHEV	7155	众泰 Z500EV	2507
39	汉腾 X5 EV	6414	奇点 iS6	2168
40	东风风行景逸 S50 EV	6135	北汽新能源 EX360	2116

注：选取原则为中国品牌全车型舆情传播量前 40 名的车型。

资料来源：《中国汽车报》中国汽车品牌研究院。

（二）品牌情感

从中国品牌新能源乘用车在 2018 年的品牌情感分布来看，“科技”“运动”“喜欢”排在前三位（见图 1）。新能源乘用车代表乘用车新科技的方向，消费者在购车时自然将技术含量作为头等参考因素。在兼顾科技感的同时，运动范也成为重要的参考指标。另外，“商务”在 2018 年消费者购车时出现的频率较高，这点值得注意，说明 2018 年以集体或企业采购为主。再来看 2019 年的品牌情感分布，“科技”的占比大幅提升，成为消费者购车时需要考虑的重中之重。“喜欢”的占比较 2018 年有一定增加，考虑“运动”因素的比例有所降低，“年轻”则代表消费者逐渐以年轻人为主的趋势。“商务”因素的占比呈直线下降趋势，说明新能源乘用车更多地进入普通家庭。“务实”则代表着消费者更加理性的消费需求，不再因为一些花里胡哨的附加东西而冲动消费，更注重新能源乘用车作为工具的实用性——比如安全性、动力等（见图 2）。

（三）自主品牌新能源乘用车20综合满意度分析

从中国品牌新能源乘用车 2018 年 TOP 综合满意度的数据分析得出：上

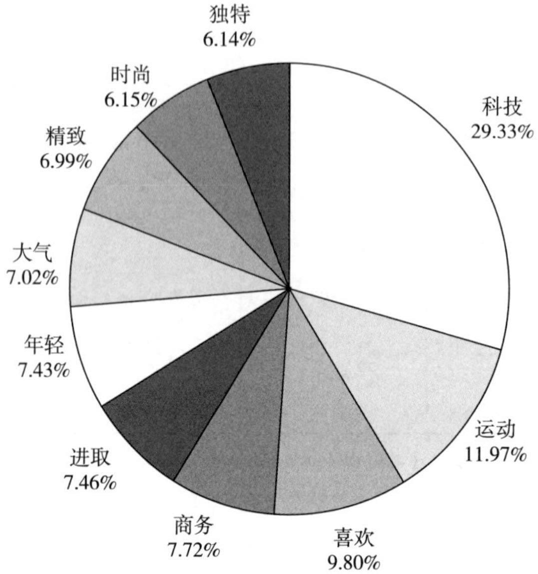

图1 2018年中国品牌新能源乘用车品牌情感占比分布

资料来源：《中国汽车报》中国汽车品牌研究院。

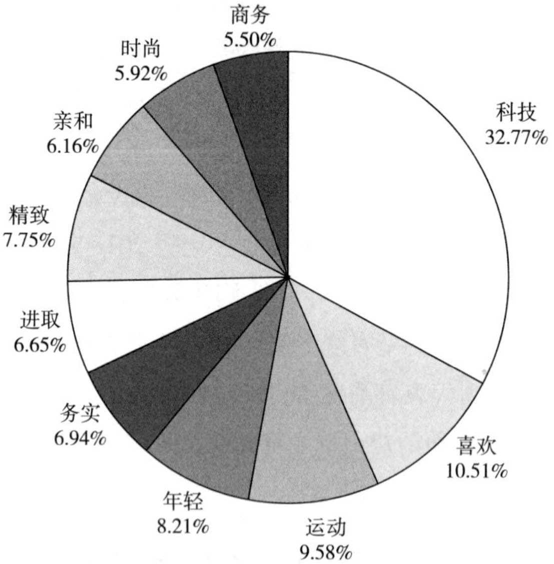

图2 2019年中国品牌新能源乘用车品牌情感占比分布

资料来源：《中国汽车报》中国汽车品牌研究院。

汽荣威 ei6、东风风神 E70 和长安奔奔 EV 分别排在轿车类新能源乘用车前三位；而长城 WEY P8、比亚迪唐、比亚迪宋 EV、蔚来 ES8 和上汽荣威 eRX5 则排名 SUV 类新能源乘用车前五（见表 2）。

表 2　自主品牌新能源乘用车 TOP20 综合满意度排行

单位：分

2018 年排名	车型	2018 年综合满意度	2019 年排名	车型	2019 年综合满意度
1	长城 WEY P8	65.18	1	上汽荣威 Marvel X	62.56
2	比亚迪唐	62.17	2	比亚迪唐	61.55
3	上汽荣威 ei6	59.05	3	比亚迪秦	59.98
4	比亚迪宋 EV	57.97	4	比亚迪宋 EV	58.43
5	蔚来 ES8	57.04	5	上汽荣威 eRX5	57.39
6	上汽荣威 eRX5	56.98	6	长城 WEY P8	55.78
7	比亚迪元 EV	56.79	7	威马 EX6	54.48
8	东风风神 E70	54.38	8	长安逸动(纯电动)	51.97
9	威马 EX5	54.27	9	蔚来 ES8	51.21
10	长安奔奔 EV	53.66	10	长城欧拉 R1	49.69
11	比亚迪秦 PHEV	52.28	11	比亚迪元 EV	49.62
12	江淮 Iev6e	50.43	12	上汽荣威 ei6	49.37
13	江淮 iEV7S	49.75	13	蔚来 ES6	49.05
14	众泰云 100	48.33	14	小鹏 G3	46.32
15	长安 CS15 电动版车型	47.57	15	比亚迪 E5	43.53
16	上汽荣威 e950	46.76	16	威马 EX5	42.91
17	吉利帝豪 PHEV	37.96	17	宝骏 E100	41.89
18	比亚迪秦 EV300	37.74	18	上汽荣威 e950	38.21
19	比亚迪 E5	37.44	19	长安奔奔 EV	37.72
20	宝骏 E100	37.32	20	奇瑞 eQ	37.67

注：2018 年选取了关注度在 2 万条以上的车型，2019 年选取了关注度在 1.5 万条以上的车型。
资料来源：中国汽车产业数据信息平台车型数据。

在 2018 年轿车类新能源乘用车的综合满意度排行中，上汽荣威 ei6 排在第一位，其市场表现自 2017 年以来一贯优异，销量满意度提升明显，传播量满意度也有较大提升，在配置方面好评如潮。东风风神 E70 排在新能源乘用车综合满意度第二位，在性价比、舒适度和空间方面评价优良，并且微博满意度和论坛满意度较高。排在综合满意度第三位的是长安奔奔 EV，作为新能源乘用车中微型轿车类的代表，其微博满意度和论坛满意度较高。不过，要保持现有地位，还有很多工作要做，长安奔奔 EV 不但要面临同级别（微小型车型）车型的竞争，更面临更高级别新能源乘用车带来的市场压力。

在 2018 年 SUV 类新能源乘用车的综合排行中，长城 WEY P8 位列综合满意度第一，长城 WEY P8 接连在国外、国内亮相，吸引了大量关注，为其上市造势。上市后，长城 WEY P8 在操控、外观、舒适度方面都得到了好评，微博满意度及论坛满意度也排在同级别车型前列，不过销量满意度与传播量满意度还有继续提高的空间。于 2018 年迎来换代车型的比亚迪唐排在综合满意度第二位，在内饰、外观、动力方面的车型口碑满意度受到新车上市影响有了进一步提升，论坛满意度和传播量满意度依旧保持在前列。排在综合满意度第三位的是比亚迪宋 EV，随着 2018 年新车上市，比亚迪宋 EV 的综合满意度持续提升，动力、外观方面的口碑满意度进一步提高，微博满意度和论坛满意度同样得到提升。

从品牌综合满意度的评分可以得出，综合满意度整体评价较高的传统车企品牌有比亚迪、长安、上汽荣威、北汽新能源、众泰等，而新晋车企中长城 WEY、蔚来、威马等品牌，更是推出了各自的新能源车型，受到各界的关注和好评。

根据自主品牌新能源乘用车 2019 年综合满意度评价可以分析得出：比亚迪秦、长安逸动（纯电动）和长城欧拉 R1 分别排在轿车类新能源乘用车的前三位；上汽荣威 Marvel X、比亚迪唐、比亚迪宋 EV、上汽荣威 eRX5 和长城 WEY P8 占据 SUV 类新能源乘用车前五位。

比亚迪秦在 2019 年完成了更新换代，从年初申报图信息发布直到 11 月正式上市，一直吸引着广泛的关注，传播量满意度、互动满意度、销量满意度和口碑满意度均排在前列，具体到车型口碑满意度，在耗电性、外观、操控及性价比方面受到一致好评。长安逸动（纯电动）经过上市后一年的市场考验，取得了消费者和市场的认可，销量满意度和口碑满意度较高，具体到车型口碑满意度，在动力、舒适度及性价比方面口碑优良。位列综合满意度第三的是长城欧拉 R1，长城欧拉 R1 在传播量满意度及销量满意度上的表现得到了各方认可，具体到车型口碑满意度，在动力、性价比、耗电性方面得到了好评。作为自主品牌新能源乘用车中微型轿车的新代表，长城欧拉 R1 凭借新颖动人的外观、深厚的实力，在激烈的市场竞争中脱颖而出。

在 2019 年 SUV 类新能源乘用车满意度排行榜中，上汽荣威 Marvel X 排在第一位。自从 2018 年 9 月底上市以来，上汽荣威 Marvel X 取得了不错的市场业绩，具体到车型口碑满意度，在操控、舒适度、耗电性方面得到了一致的好评，传播量满意度和口碑满意度较高。比亚迪唐在 2019 年 SUV 类新能源乘用车综合满意度排名中位列第二，在舒适度、动力、空间和性价比方面反响不错，传播量满意度和传播互动满意度较高。比亚迪宋 EV 排在综合满意度第三位，2019 年比亚迪宋 EV 延续了良好的市场表现，在外观、内饰和配置方面口碑满意度得到了进一步提升，销量满意度也较高。

从品牌综合满意度评分数据可以得出，获得较高评分的品牌有比亚迪、上汽荣威、长安、蔚来、威马、长城 WEY 等品牌，长城欧拉、蔚来、威马等品牌推出的新车型也颇受关注与好评。

二　小结

（一）2019年自主品牌新能源乘用车舆情传播关注度整体总结

从 2018 ~2019 年中国品牌新能源乘用车的品牌关注度来看，2019 年相比 2018 年有大幅下滑。汽车市场整体的低迷是主要原因之一。另外，“国六”排放标准的提前实施以及新能源汽车补贴的滑坡，也导致了 2019 年中国品牌新能源乘用车的销量大幅下滑。从品牌传播内容来看，新车上市、车辆自燃等消息成为新能源乘用车热点传播内容，尤其是车辆自燃的消息，总能引发较高关注。在传播形式方面，更侧重微博、微信及以短视频为主的自媒体平台，使相关内容能够更及时、更直接地呈现在网民面前。

（二）2019年自主品牌新能源乘用车综合满意度整体总结

通过 2018 ~2019 年中国品牌新能源乘用车的综合满意度评价可以得出，部分车型跨年度传播量表现不稳定，而车辆自燃问题的出现，导致总体满意度有很大程度的下滑。在市场和政策的双重影响下，中国品牌新能源乘用车的销量出现一定程度的下滑，但各家车企（包括传统车企和新晋车企）都在积极应对，在提升技术水准和服务水平的基础上，通过发展不同类型的新能源车型，扩大产品线，以适应不同出行需求类型消费者的需要。

相对 2018 年来说，2019 年中国品牌新能源乘用车综合满意度排名呈现两个特点：坚持推陈出新获得了比较稳定的满意度排名；“网红”类单一品牌车型能获得一定时间段内的大量关注及好评，但缺乏延续性，满意度排名随着时间的推移下降比较明显。这说明在大力发展新能源乘用车的国内市场，持之以恒、大力提升“内功”才是持续发展的关键所在。

B.17

2019年中国品牌车企舆情分析报告

张 健*

摘 要： 本报告对中国品牌车企2018年和2019年根据不同类型划分的传播排名状况及排名分布情况进行了整理，对不同车企分类中的中国品牌舆情传播状况进行了分析，对不同传播渠道里中国品牌车企的舆情传播热点进行了总结。2018年，各家车企扩大布局、扩展海外新市场，在国内换代上市新车型、发布新能源车规划，成为传播热点，关注焦点在于电动车和无人驾驶技术；国内车企与跨国车企加强合资合作，为了寻找企业发展新动力，开拓国际市场成为国内车企的共识。2019年，在汽车市场面临新能源和排放政策变化的“动荡”时期，各家车企通过扩大布局、走向海外、新车上市等方式积极应对，在纯电动车、智能网联车、氢能源车发展规划上下大力气；打牢基础、扬长避短，车企合作、跨界合作进一步加深，大力开拓国际市场也是车企做大做强的进一步举措。

关键词： 中国品牌车企 传播排名 传播热点

* 张健，《中国汽车报》社中国汽车品牌研究院研究员。

一　2018年中国品牌车企分类舆情传播分析

（一）中国品牌传统企业：吉利汽车继续领跑，长城联手宝马引各界关注

在2018年中国品牌传统车企的舆情传播排行榜中，排在传统车企排行榜榜首的是吉利汽车（见表1）。2018年，吉利汽车对产品进行了升级换代，延续了2017年以来的品牌策略，同时大力发展新能源车型。为提升品牌形象，其高端品牌接连推出两款领克全新车型，而其采用全新BMA架构设计的首款SUV的曝光，更使吉利汽车的销量与品牌形象大大提升，其中销量增长了20%。在企业高管信息方面，戴姆勒集团最大股东“易主”李书福的消息更是赚足了眼球。位列传统车企排行榜第二的是长城汽车，宝马与长城的“联姻”是企业层面最具震撼性的新闻之一。2018年，长城下属各品牌（包括高端品牌WEY）均取得了不错的销量，高端品牌WEY的销售占比也不断提高，同时长城还积极调整哈弗品牌的产品系列，新增F系列车型更是提振士气。就比亚迪汽车而言，其全新设计的比亚迪秦Pro和全新一代的比亚迪唐在2018年推出的一系列新能源车型中尤其引人注目。2018年，比亚迪宋MAX在MPV市场取得了良好业绩，并且继续准备推出混动版本，口碑不断提升。

表1　2018年中国品牌传统车企传播量排行榜（TOP10）

2018年排名	企业名称	2018年传播量(条)	2017年排名	名次升降情况
1	吉利汽车	2169239	1	—
2	长城汽车	1958633	3	↑1
3	比亚迪汽车	1757895	4	↑1
4	长安汽车	1612692	2	↓2
5	上汽乘用车	1024787	6	↑1
6	北京汽车	1016405	5	↓1
7	广汽乘用车	949720	8	↑1
8	奇瑞汽车	919077	7	↓1

续表

2018 年排名	企业名称	2018 年传播量(条)	2017 年排名	名次升降情况
9	众泰汽车	655814	9	—
10	江淮汽车	337840	10	—

资料来源：《中国汽车报》中国汽车品牌研究院。

通过 2018 年中国品牌传统车企总体传播状况来看，吉利汽车传播量波动相对平稳，总体传播量占据绝对优势，排在第一位；排在总量第二位的长城汽车借助热点新闻，关注度呈逐步上升趋势；比亚迪汽车在 4 月形成 2018 年的关注高峰，主要是由于车展中各方对所发布的新车型极为关注；2018 年下半年，受到广州车展的影响，各个品牌的传播高峰集中在 11 月出现（见图 1）。

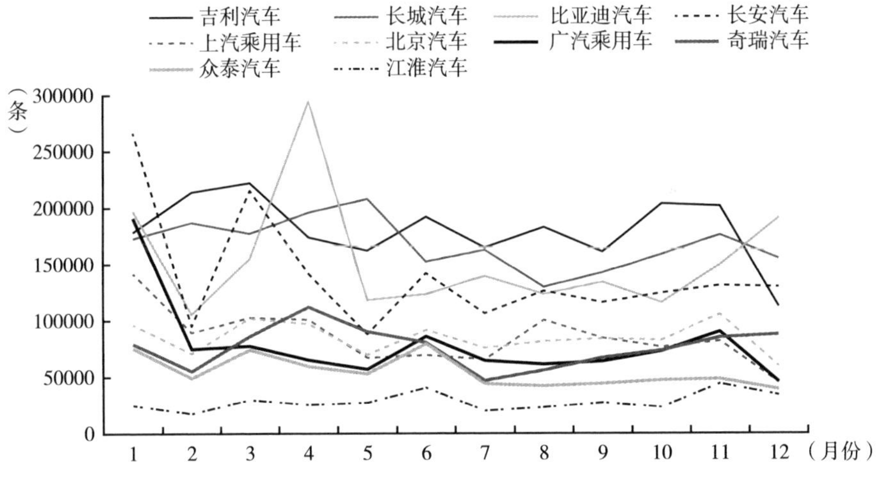

图 1　2018 年中国品牌传统车企各月份传播走势（TOP10）

资料来源：《中国汽车报》中国汽车品牌研究院。

（二）互联网和新兴车企：蔚来汽车 ES8 交付引关注，威马汽车后来居上

在 2018 年舆情传播排行榜中，排在互联网及新兴车企排行榜首位的是

蔚来汽车（见表2）。在4月的北京车展上，蔚来汽车成为“万众瞩目”的对象，蔚来ES8量产并最终交付用户实现其“梦想”，下半年公布出交付数量，更是打消了市场中的疑虑。2018年，橙行智动旗下的小鹏汽车举行了新车首发仪式，小鹏汽车G3是各界关注的重心，“有望于上半年上市”则是希望所在，而“阿里巴巴、富士康、IDG资本联合领投，小鹏汽车22亿B轮融资”的融资信息，显示出其做大做强的“底气”所在，“造车新势力首张新能源汽车专用号牌被小鹏汽车摘得”更是吸引了各界的目光。威马汽车后来居上，2018年的传播量排名第四，上升势头明显。威马汽车被关注的重点是“年内实现量产下线”的信息，具体到车型就是威马EX5。威马汽车计划在2020年投放1.5万辆新能源车布局旅游租赁市场，“威马在互联世界大会代言中国汽车新势力”信息的发布，将威马汽车推到了关注的顶峰。然而，EX5试装车的“自燃事件”，则给威马“蒙上了一层阴影”。

表2 2018年互联网和新兴车企品牌传播量排行榜（TOP10）

2018年排名	企业名称	2018年传播量(条)	2017年排名	名次升降情况
1	蔚来汽车	769872	2	↑1
2	乐视汽车	675202	1	↓1
3	橙行智动	222002	3	—
4	威马汽车	200196	7	↑3
5	智车优行	63413	5	—
6	车和家	63220	6	—
7	百度汽车	24162	4	↓3
8	电咖汽车	20055	无	—
9	华人运通	14933	无	—
10	大乘汽车	8067	无	—

资料来源：《中国汽车报》中国汽车品牌研究院。

根据2018年互联网与新兴车企的舆情传播总体状况分析，在传播量上，蔚来汽车“独领风骚”，在4月车展上新车亮相和9~10月交付车辆数据公布受到了各界关注。在舆情传播总量上排在第四位的是威马汽车，2月和4月是威马汽车舆情传播的两个高峰，究其原因，宣布量产车上市和布局旅游市场相关信息的发布是重要的舆论推手。橙行智动在2018年由于车型亮相和融资成功的消息，在8月引起极大关注，形成舆情传播的最高峰。乐视汽车因为贾跃亭的关系传播量快速下滑。2018年互联网和新兴车企传播走势见图2。

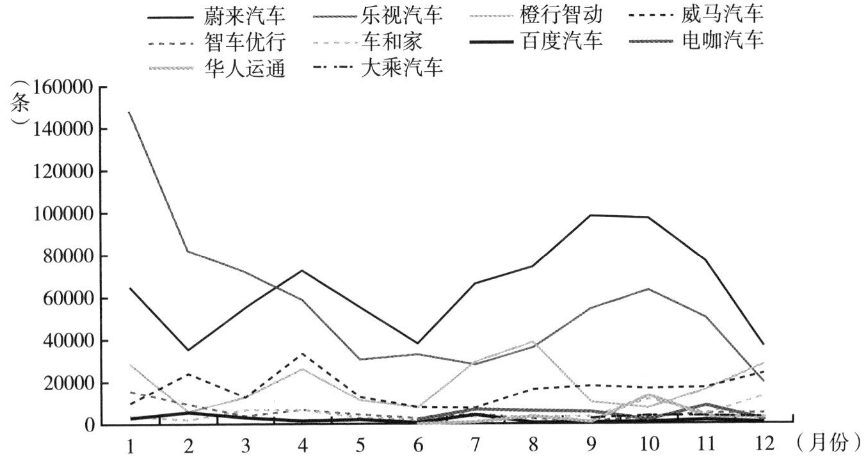

图2　2018年互联网和新兴车企各月份传播走势（TOP10）

资料来源：《中国汽车报》中国汽车品牌研究院。

（三）乘用车企业：长安按计划加速更新，上汽、广汽加速布局

在2018年乘用车企业的舆情传播排行榜中，吉利汽车、长城汽车及比亚迪汽车排在了前三位，紧随其后的是长安汽车（见表3）。根据2017年制定的发展规划，长安汽车在2018年接连上市新一代悦翔、新一代逸动&逸动DT、新款睿骋CC，下半年又推出了全新轿跑SUV车型CS85，让人眼前一亮。在北京车展期间，上汽荣威RX8和纯电SUV Marvel X的成功发布及上市发售，促进了SUV车型销售量的增长，对其应用互联网技术和电气化技术起到了相当大的推动作用。正式上市宝骏360及纯电动车宝骏E100，意味着弥补车型不足的措施正在落实。2018年广汽乘用车接连上市全新的传祺GS5、新款的传祺GS4、新款轿车传祺GA4，这三款车型的市场反响热烈，关注度均较高，布局MPV市场的全新传祺GM6也受到各界的重点关

注。为加速产品布局，覆盖更广泛的市场，广汽乘用车不但正式启动产能20万辆的宜昌项目，还与腾讯车联加速合作。

表3　2018年乘用车企业品牌传播量排行榜（TOP10）

2018年排名	企业名称	2018年传播量(条)	2017年排名	名次升降情况
1	吉利汽车	2112682	1	—
2	长城汽车	1883193	3	↑1
3	比亚迪汽车	1717895	4	↑1
4	长安汽车	1531531	2	↓2
5	上汽乘用车	1013163	6	↑1
6	北京汽车	1003712	5	↓1
7	广汽乘用车	923098	8	↑1
8	奇瑞汽车	870352	7	↓1
9	蔚来汽车	759921	11	↑2
10	众泰汽车	613465	9	↓1

资料来源：《中国汽车报》中国汽车品牌研究院。

通过2018年乘用车企业的总体传播状况可以发现，吉利汽车的总体传播优势比较明显，在上下半年各有一个传播高峰；长城汽车的传播量在4月达到最高，而后下滑再缓慢回升；在车展上比亚迪汽车的焦点效应明显，出现了几个传播高点；长安汽车的传播则呈现波状起伏逐步下降的总体趋势，其传播量波动的高峰出现在3月（见图3）。

（四）商用车企业：宇通、比亚迪大力拓展海外市场受瞩目

2018年商用车企业品牌传播量排行榜中，位列第一的是宇通客车（见表4）。“中国电动百人会宇通客车第三代氢燃料客车亮相”“郑州首条燃料电池公交线路由宇通氢燃料客车运营”“宇通客车股市受关注，氢燃料汽车获政策利好”是宇通客车重视发展氢能源车型最有力的证明。排名2018年商用车企业品牌传播量第二的是比亚迪汽车，“比亚迪占英电动大巴50%市场份额”“比亚迪打造全美最大纯电动机场大巴车队”“比亚迪与美国混合动力合作研发氢燃料电池车”“比亚迪获拉美地区最大纯电动卡车订单”等

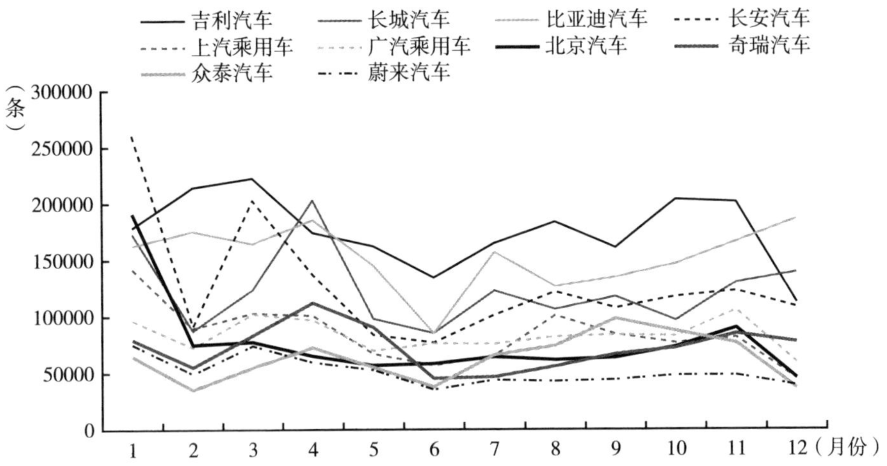

图 3　2018 年乘用车企业各月份传播走势（TOP10）

资料来源：《中国汽车报》中国汽车品牌研究院。

消息显示了比亚迪汽车开拓海外市场取得的累累硕果，比亚迪在西部地区建立新能源车生产基地等消息同样受到各方关注。

表 4　2018 年商用车企业品牌传播量排行榜（TOP10）

2018 年排名	企业名称	2018 年传播量(条)	2017 年排名	名次升降情况
1	宇通客车	158379	1	—
2	比亚迪汽车	140390	3	↑1
3	安凯客车	102517	2	↓1
4	福田汽车	101553	5	↑1
5	长城汽车	92772	6	↑1
6	中国重汽	82456	4	↓2
7	陕西汽车	81815	8	↑1
8	江铃汽车	71343	9	↑1
9	一汽解放	63934	7	↓2
10	中通客车	45777	10	—

资料来源：《中国汽车报》中国汽车品牌研究院。

从 2018 年商用车企业品牌传播量总体状况分析，在传播量上，全年宇通客车占优，但是出现了逐步下滑的趋势，关注焦点是年初发布的 2017 年业绩报告；比亚迪汽车紧随宇通之后，4 月是其全年传播最高峰，而年末传播量又有所回升，被关注的重心是其拓展海外市场的举措；传播总量位居第三的是安凯客车，其传播量走势整体下滑，7 月因为补贴信息的发布，传播量有所回升（见图 4）。

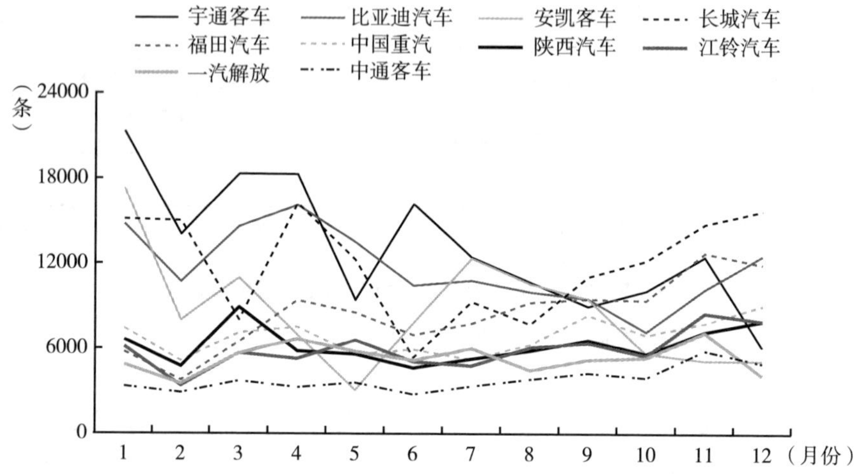

图 4　2018 年商用车企业各月份传播走势（TOP10）

资料来源：《中国汽车报》中国汽车品牌研究院。

（五）客车企业：安凯客车品质保障会议，福田氢能源客车市场出众

2018 年客车企业品牌传播量排行榜中，占据前两位的分别是宇通客车、比亚迪汽车，排在第三位的车企是安凯客车（见表 5）。安凯客车的品质通过“安凯宝斯通 K7 服务中非合作论坛组成同类车型最大团队”“上合青岛峰会交通保障任务安凯客车高标准完成”“安凯客车在 2018 世界制造业大会为中国制造代言”一系列活动中得到体现。位列排行榜第四的是中通客车，“中通客车销售量 2017 年达到 2.14 万辆，大客销量增长 56%”“中通客车新能源客车 2017 年度累计生产 8180 台，排名第三”等销量信息是有关中通客车的正面消息，负面信息“补贴政策持续退坡中通客车前三季度净利润预降七成”则让人不禁为之担忧。福田汽车排名第八，其在新能源客

车领域的发展令人眼前一亮，消息“福田欧辉氢能源客车挂首张新能源客车牌照”“福田欧辉揽获全球首批最大氢燃料公交车订单”“福田汽车押宝氢燃料电池应对后补贴时代”是福田今后发展新能源车型的写照。

表 5　2018 年客车企业品牌传播量排行榜（TOP10）

2018 年排名	企业名称	2018 年传播量(条)	2017 年排名	名次升降情况
1	宇通客车	158219	1	—
2	比亚迪汽车	140046	3	↑1
3	安凯客车	102430	2	↓1
4	中通客车	43728	4	—
5	亚星客车	31165	6	↑1
6	中国重汽	20260	8	↑2
7	上汽大通	19436	9	↑2
8	福田汽车	16287	7	↓1
9	厦门金龙	15090	13	↑4
10	苏州金龙	12969	11	↑1

资料来源：《中国汽车报》中国汽车品牌研究院。

从 2018 年客车企业品牌传播量的总体变化情况来看，排在传播总量前三位的是宇通客车、比亚迪汽车和安凯客车。中通客车主要是受到了新能源客车政策利好的影响，在 3 月有一次传播量的高峰，关注度猛升；亚星客车受新能源车型入选新车公告有利信息的影响，关注度和股市也随之“水涨船高”，并在 3 月迎来了传播量的顶峰（见图 5）。

（六）卡车企业：陕汽国内外并举，重汽无人驾驶吸睛

2018 年卡车企业品牌传播量排行榜中，陕西汽车的总体传播量居第一位（见表 6）。“陕重汽 12 年产销增长 10 倍”“陕重汽销量 2017 年增长稳居行业第四位”等销量信息是其年初受关注的重心，而“阿尔及利亚首辆中国品牌汽车组装下线”“陕汽控股‘走出去’提速出口重卡目标翻番”则是陕汽“走出去”的具体写照。排名位于第二的是中国重汽，“中国重汽合并事件”是整个卡车乃至商用车行业的关注重心，而“全球首台无人驾驶电

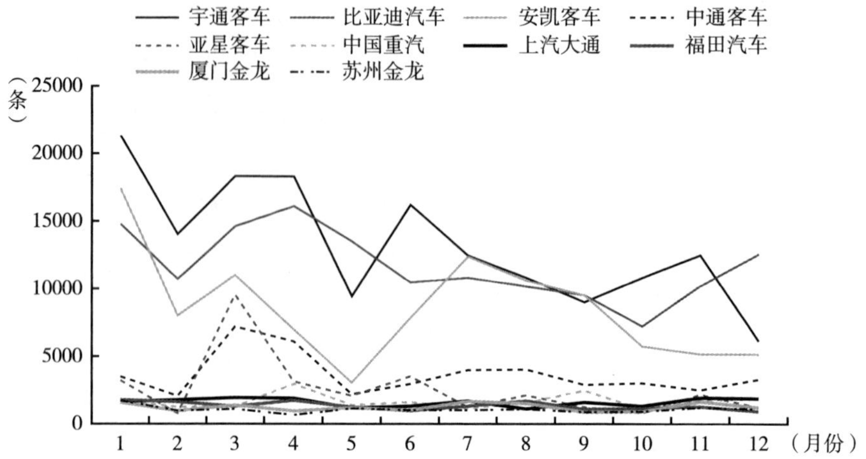

图5　2018 年客车企业各月份传播走势（TOP10）

资料来源：《中国汽车报》中国汽车品牌研究院。

动卡车开启港口试运营”“中国重汽在落地天津港卡车智能 AI 无人驾驶项目”“重汽全球首款无人驾驶电动卡车，成功试运营 5000 多个小时”等报道展示了重汽在无人驾驶技术上取得的成绩。传播量排行榜中一汽解放排在第四位，“一汽解放再夺 2017 年中国重卡销量冠军”体现出一汽解放在重卡领域的实力和市场地位，“第七代卡车解放 J7 正式下线”“解放 J7 摘取‘2019 中国年度卡车’大奖”是解放 J7 卡车备受业界关注的原因，而“中国‘无人化’港口运输车全球首发实现智能技术新突破”也显示了一汽解放在技术端的新发展。

从 2018 年卡车企业品牌传播量排行榜数据分析可知，排在前四位的分别是陕西汽车、中国重汽、福田汽车和一汽解放，卡车企业总体品牌传播量显示出波动性增长态势。陕西汽车的合作信息是关注的焦点，使其在 3 月迎来传播量的高峰；中国重汽受到合并消息的影响，传播量下半年提升较多；一汽解放依靠解放 J7 下线及年终获奖，在 4 月和 11 月形成了两个传播顶点；福田汽车发布新战略、新合作受到了各界的关注，4 月和年末出现与之对应的传播高峰（见图 6）。

表6　2018年卡车企业品牌传播量排行榜（TOP10）

2018年排名	企业名称	2018年传播量(条)	2017年排名	名次升降情况
1	陕西汽车	92018	4	↑3
2	中国重汽	73498	1	↓1
3	福田汽车	67703	6	↑3
4	一汽解放	64033	3	↓1
5	江铃汽车	47816	5	—
6	江淮汽车	25417	7	↑1
7	庆铃汽车	20615	8	↑1
8	华菱星马	13479	9	↑1
9	东风商用车	11738	10	↑1
10	大运汽车	8908	12	↑2

资料来源：《中国汽车报》中国汽车品牌研究院。

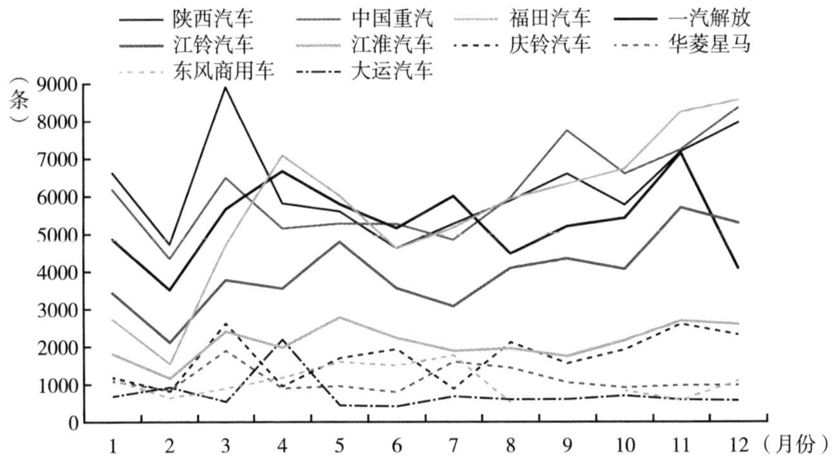

图6　2018年卡车企业各月份传播走势（TOP10）

资料来源：《中国汽车报》中国汽车品牌研究院。

（七）总结

各家车企在2018年继续布局，扩大海外市场，发展新能源车，规划新车型，这些都是车企传播热点所在。其中，关注焦点在电动车和无人驾驶技术的应用上，国内车企与跨国车企间的合资合作进一步加强，为了寻找企业发展新动力，开拓国际市场成为国内车企的共识。

在 2018 年各个中国品牌车企的品牌传播量排行榜中，信息传播的主要渠道依旧是资讯。利用官微和大 V、网红在微博平台上发布车企或品牌的热点活动，促进了关注度的提升，并使传播互动性进一步加强。

二　2019年中国品牌车企舆情分析

（一）中国品牌传统企业：长城国内外再上新台阶，吉利联手戴姆勒落地深耕

2019 年自主品牌传统车企品牌传播量排行榜中，长城汽车攀升到了首位（见表 7）。2019 年 4 月上海车展上，长城汽车发布“新四化”规划引人瞩目；6 月，长城汽车俄罗斯图拉工厂正式竣工投产，标志着中国汽车品牌在海外拓展的又一个里程碑；长城汽车和宝马集团合资打造的光束汽车项目在江苏张家港正式启动同样引发广泛关注。吉利汽车的品牌传播量排名下降一位，但其影响远不止表面现象可见。2019 年是吉利与戴姆勒合作落地并

表 7　2019 年中国品牌传统车企传播量排行榜（TOP10）

2019 年排名	企业名称	2019 年传播量(条)	2018 年排名	名次升降情况
1	长城汽车	1834852	2	↑1
2	吉利汽车	1487151	1	↓1
3	比亚迪汽车	1393972	3	—
4	长安汽车	1196427	4	—
5	上汽乘用车	949687	5	—
6	奇瑞汽车	839004	8	↑2
7	北京汽车	513312	6	↓1
8	广汽乘用车	426488	7	↓1
9	众泰汽车	288858	9	—
10	江淮汽车	233697	10	—

资料来源：《中国汽车报》中国汽车品牌研究院。

进一步深化的一年，双方将成立合资公司，在全球范围内联合运营和推动smart品牌转型；在海外市场，吉利收购宝腾则是其“走出去”的又一行动。奇瑞汽车在2019年逆势而上，推出了一系列“国六”标准新车，上市了自己的高端品牌车型“星途”，其中奇瑞瑞虎8取得了不俗的市场成绩，下半年奇瑞汽车的“混改”更是业界关注的焦点。

从2019年自主品牌车企品牌传播状况来看，长城汽车在上海车展上发布“新四化”规划、俄罗斯工厂投产、与宝马合资生产新能源汽车，使其全年关注度都处在较高水平；吉利汽车的品牌传播量总体呈提升趋势，在2019年5月达到顶峰，主要是由于热门车型在微博宣传引发大量转发；比亚迪汽车新款宋MAX、唐EV600车型的宣传引发较大关注，7月与丰田达成合作，开始探讨纯电动车及动力电池的开发，更是备受各界关注（见图7）。

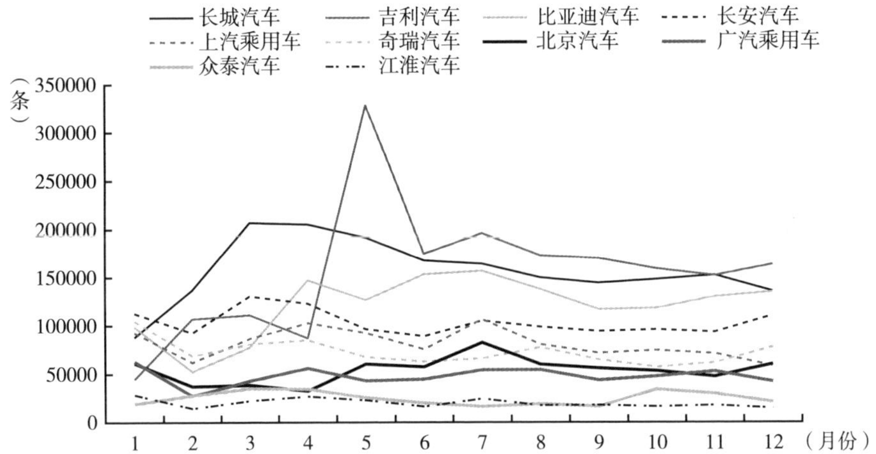

图7　2019年中国品牌传统车企各月份传播走势（TOP10）

资料来源：《中国汽车报》中国汽车品牌研究院。

（二）互联网和新兴车企：蔚来汽车“水火交融”，威马汽车“立竿见影”

2019年互联网和新兴车企品牌传播量排行榜中，蔚来汽车蝉联榜首

(见表8)。2019年蔚来汽车可谓“一半是火焰,一半是海水”:“火焰”是指ES8接连不断出现自燃问题,最终不得不召回改造;“海水”是指ES6车型下线交付,避免了ES8召回可能导致的市场空白。蔚来缩减经营成本和融资相关事宜也是各界关注的焦点。威马汽车2019年取代乐视汽车排名第二。威马汽车2019年实现了量产下线,威马EX5搭载先进智能系统上市,获得了较好的市场预期,同时威马汽车在融资和技术基地建设上得到了大量关注。华人运通2019年的关注度大幅上升,可以说“三大步”中的每一步都吸引了足够关注,从1月发布江苏首条车路协同自动驾驶智能化城市道路“盐城智路”,到7月在上海发布豪华智能纯电汽车品牌高合HiPhi及第一款智能汽车的量产定型车高合HiPhi 1,再到12月在上海向业界展示了“零事故、零排放、零拥堵”的未来城市出行方案,让人目不暇接。

表8 2019年互联网和新兴车企品牌传播量排行榜(TOP10)

2019年排名	企业名称	2019年传播量(条)	2018年排名	名次升降情况
1	蔚来汽车	580970	1	—
2	威马汽车	199595	4	↑2
3	乐视汽车	196503	2	↓1
4	橙行智动	155412	3	↓1
5	华人运通	28567	9	↑4
6	车和家	23952	6	—
7	智车优行	16847	5	↓2
8	光束汽车	15083	12	↑4
9	大乘汽车	8462	10	↑1
10	百度汽车	8319	7	↓3

资料来源:《中国汽车报》中国汽车品牌研究院。

从2019年互联网和新兴车企的品牌传播总体情况来看,蔚来汽车的传播量远超其他车企遥遥领先。6月新车ES6交付和ES8受自燃问题影响召回均受到重点关注,而到12月受裁员和“工资门”事件的影响,关注度再创新高;威马汽车的传播量排在第二位,在5月形成了传播峰值,前期量产车型EX5上市积累的影响终于体现出来;华人运通的传播最高峰出现在7月,在上海发布豪华智能纯电汽车品牌高合 HiPhi 及第一款智能汽车的量产定型车高合 HiPhi 1 引发了关注热潮（见图 8）。

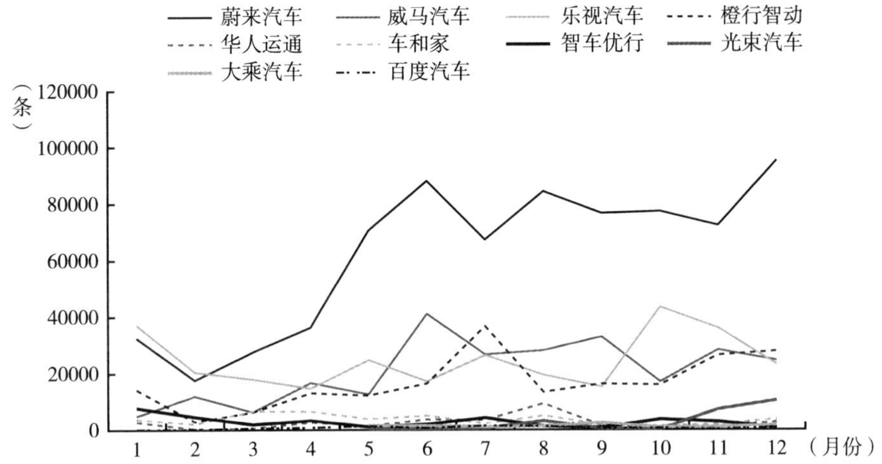

图 8　2019 年互联网和新兴车企各月份传播走势（TOP10）

资料来源：《中国汽车报》中国汽车品牌研究院。

（三）乘用车企业：长安全线更新适新政，五菱转型遇“阵痛”

2019 年乘用车企业品牌传播量排行榜中，吉利、长城、长安汽车占据前三位（见表 9）。长安汽车传播量在 2019 年整体车市面临转折的时候，相比 2018 年提升 1 位殊为不易。2019 年，长安汽车为适应“国六”排放标准，全面更新了 SUV 产品线，从 CS15 到 CS95 均推出了满足新排放标准的新车型，不仅进一步丰富了产品线，同时满足了不同消费者的需求，在市场上也取得了佳绩，备受瞩目。而在技术发展上，长安汽车重庆全球研发中心正式启用，接着长安汽车于全球研发中心正式发布全新动力品牌——蓝鲸动力，在智博会上长安汽车携手战略合作伙伴腾讯展示智能化成果，体现出长安汽车科技制胜的发展思路和行动。2019 年，上汽通用五菱的传播量大幅提升，主要得益于宝骏品牌的新车型接连上市销售，在市场宣传和品牌形象提升上下足了功夫。然而，上汽通用五菱的转型同样面临“阵痛”，品牌提升意味着价格提升，竞争更加激烈，销量下滑的问题亟待解决。

表9　2019年乘用车企业品牌传播量排行榜（TOP10）

2019年排名	企业名称	2019年传播量(条)	2018年排名	名次升降情况
1	吉利汽车	1487151	1	—
2	长城汽车	1029524	2	—
3	长安汽车	1019872	4	↑1
4	比亚迪汽车	1015788	3	↓1
5	上汽乘用车	949687	5	—
6	奇瑞汽车	758712	8	↑2
7	蔚来汽车	580970	9	↑2
8	北京汽车	513312	6	↓2
9	上汽通用五菱	444557	14	↑5
10	广汽乘用车	426488	7	↓3

资料来源：《中国汽车报》中国汽车品牌研究院。

从2019年乘用车企业品牌传播量排行榜来看，吉利汽车总体上升趋势明显，5月微博宣传缤瑞、缤越车型影响巨大，使传播量陡升；长城汽车的传播量低开高走，6月海外俄罗斯图拉新工厂竣工使用是关注的焦点；长安汽车2019年上半年的传播形势好于下半年，新车型发布、科技水平提升都是热点话题；比亚迪汽车的传播波动比较明显，新车型换代受人瞩目（见图9）。

（四）商用车企业：福田汽车登榜首，一汽解放“大发力”

2019年商用车企业品牌传播量排行榜中，福田汽车排名升至第一（见表10）。4月，福田汽车全系“国六”产品在上海车展重磅发布；在“一带一路”高峰论坛期间，巴基斯坦总理伊姆兰·汗一行到访福田汽车北京总部，以及福田汽车与泰国正大集团签约，全面进军泰国市场均是关注的热点；10月国庆，福田国庆专用车辆的亮相报道则是下半年的关注焦点所在。一汽解放在2019年的排名跃升至第三。2019年，一汽解放可谓好事连连：

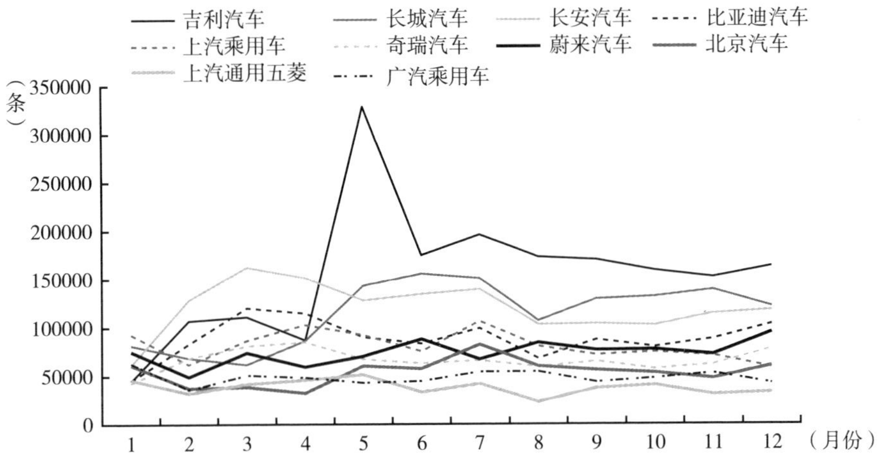

图 9　2019 年乘用车企业各月份传播走势（TOP10）

资料来源：《中国汽车报》中国汽车品牌研究院。

一汽解放党委书记、董事长胡汉杰获得“2018～2019 中国汽车先锋人物”称号；2019 年中国汽车工业科学技术奖颁奖典礼上一汽解放揽获三项大奖；同时，一汽解放携手博世共同推进商用车智能化发展，与中国联通签署战略合作协议；7 月，一汽解放第 100 万辆 J6 下线，是解放发展历史上的重要里程碑。

表 10　2019 年商用车企业品牌传播量排行榜（TOP10）

2019 年排名	企业名称	2019 年传播量（条）	2018 年排名	名次升降情况
1	福田汽车	125103	4	↑3
2	比亚迪汽车	110121	2	—
3	一汽解放	96697	9	↑6
4	宇通客车	86281	1	↓3
5	中国重汽	81304	6	↑1
6	江铃汽车	73841	8	↑2
7	陕西汽车	52966	7	—
8	中通客车	50779	10	↑2
9	安凯客车	41342	3	↓6
10	亚星客车	40730	14	↑4

资料来源：《中国汽车报》中国汽车品牌研究院。

从2019年商用车企业的品牌传播状况来看，福田汽车全年传播量总体呈上升趋势，4月是全年传播的高峰，上海车展新车亮相以及“一带一路”高峰论坛期间外国首脑到访与签约合作是宣传的重点；比亚迪汽车的传播量紧随其后，2019年除去前两个月，整年传播趋势较为平稳，海外市场拓展的相关消息是其被关注的重心所在，在南美和欧洲市场的拓展尤其引人关注；4月和9月是一汽解放品牌传播的高峰，获奖消息、合作拓展智能网联都是关注的焦点（见图10）。

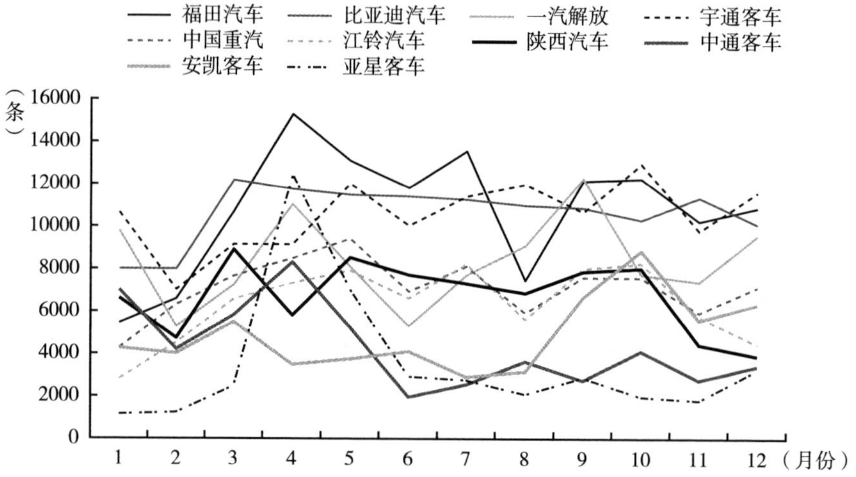

图10　2019年商用车企业各月份传播走势（TOP10）

资料来源：《中国汽车报》中国汽车品牌研究院。

（五）客车企业：比亚迪海外“遍地开花”，中通巩固基础谋海外

2019年客车企业品牌传播量排行榜中，比亚迪汽车升至榜首（见表11）。2019年国内客车市场受到新能源车补贴退坡和“国六”标准出台的影响，比亚迪商用车继续加大力度开发海外市场，从阿根廷、厄瓜多尔、智利、哥伦比亚到西班牙、英国、德国、荷兰都能看到比亚迪的身影。中通客车位列第三，相较2018年提升了一位。中通客车2019年在继续保持纯电动客车优势的基础上，加大力度开发氢能源汽车，并且建立国家新能源客车工

业设计中心以提高自身实力；同时大力开发海外市场，沙特阿拉伯和哈萨克斯坦市场的拓展进一步增强了中通客车“走出去”的信心与实力。

表 11　2019 年客车企业品牌传播量排行榜（TOP10）

2019 年排名	企业名称	2019 年传播量(条)	2018 年排名	名次升降情况
1	比亚迪汽车	110121	2	↑1
2	宇通客车	86281	1	↓1
3	中通客车	50779	4	↑1
4	安凯客车	41342	3	↓1
5	亚星客车	40730	5	—
6	福田汽车	22273	8	↑2
7	上汽大通	21752	7	—
8	中国重汽	20161	6	↓2
9	苏州金龙	17899	10	↑1
10	厦门金龙	11788	9	↓1

资料来源：《中国汽车报》中国汽车品牌研究院。

从 2019 年客车企业品牌传播状况来看，排在传播总量前三位的分别是比亚迪汽车、宇通客车、中通客车。比亚迪汽车的传播趋势除前两月外比较平稳，随各项合资合作及海外拓展消息影响，3～7 月是高峰区间；宇通客车的传播量总体呈波状起伏逐步抬升态势，随着各项合作和市场拓展消息的出现，呈现“锯齿”状高峰；中通客车在 4 月迎来传播量的顶峰，中通氢燃料公交在大同正式投入运营，以及中通客车荣获中国质量检验协会“全国产品和服务质量诚信示范企业”称号是传播的重点（见图 11）。

（六）卡车企业：中国重汽重组影响巨大，庆铃立足轻卡定宏图

2019 年卡车企业品牌传播榜中，一汽解放、福田汽车、中国重汽排在传播排行榜的前三位（见表 12）。一汽解放因领导人物获奖、强强联手发展商用车智能网联、标志性解放 J6 百万台下线等热点备受关注。福田汽车则是在车展、“一带一路”高峰论坛期间受到了各界关注。2019 年是谭旭光“空降”中国重汽的第一个完整年度，中国重汽不仅调整了内部人事关系，

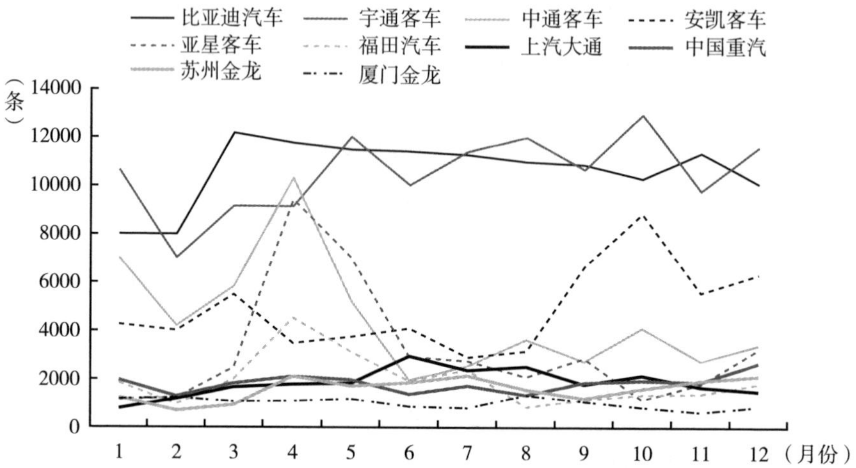

图 11　2019 年客车企业各月份传播走势（TOP10）

资料来源：《中国汽车报》中国汽车品牌研究院。

还在成本控制、市场细化方面花了大力气。9 月，山东重工集团成为中国重汽集团的控股股东，这标志着中国重汽的重组全部完成，山东重工跻身全球销量前三，一举成为中国最大商用车制造商，这是关注的重点。庆铃汽车 2019 年的品牌传播量排名升到第六位。其在传统轻卡领域频频获奖，EV 系列轻卡备受瞩目；同时，新一代重卡巨咖 2020 版亮相车展也预示着庆铃扩大产品线，谋划更大的蓝图。庆铃汽车还与博世联合布局氢燃料电池车，庆铃五十铃 700P 氢燃料车在智博会上大放异彩，成为关注的热点。

表 12　2019 年卡车企业品牌传播量排行榜（TOP10）

2019 年排名	企业名称	2019 年传播量(条)	2018 年排名	名次升降情况
1	一汽解放	96697	5	↑4
2	福田汽车	86463	4	↑2
3	中国重汽	74752	3	—
4	陕西汽车	52966	1	↓3
5	江铃汽车	49149	6	↑1
6	庆铃汽车	26092	8	↑2
7	江淮汽车	24848	7	—

续表

2019 年排名	企业名称	2019 年传播量(条)	2018 年排名	名次升降情况
8	华菱星马	18372	9	↑1
9	东风商用车	11064	10	↑1
10	北奔重汽	6728	13	↑3

资料来源：《中国汽车报》中国汽车品牌研究院。

从 2019 年卡车企业品牌传播状况来看，排在前四位的车企传播特点比较明显。排在第一位的一汽解放在 4 月和 9 月出现两个传播高峰，传播量整体呈较大的波状起伏上升趋势；排在第二名的福田汽车则是后程发力，9～10 月是全年传播的制高点，传播量总体呈初步提升之势；排在第三名的中国重汽则是上半年传播量多于下半年，5 月是其全年传播的顶点，传播量总体呈先升后降的趋势；第四位的陕西汽车是中段发力，5～10 月是传播量较高的阶段，传播量总体呈“两头低中间高”的梯形曲线（见图 12）。

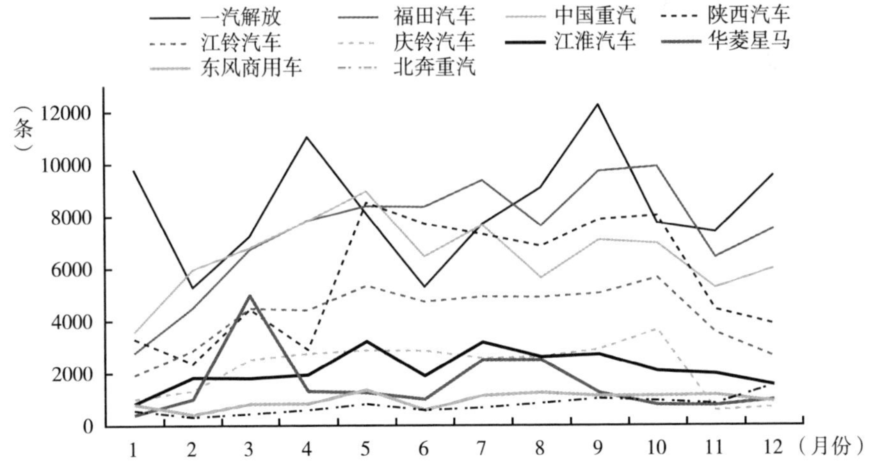

图 12　2019 年卡车企业各月份传播走势（TOP10）

资料来源：《中国汽车报》中国汽车品牌研究院。

（七）总结

2019 年，在汽车市场面临新能源和排放政策变化的“动荡”时期，各家车企通过扩大布局、走向海外、新车上市等方式积极应对，在纯电动车、智能网联车、氢能源车发展规划上下大力气；打牢基础、扬长避短，车企合作、跨界合作进一步加深，大力开拓国际市场也是车企做大做强的进一步举措。

在 2019 年各个自主品牌的车企传播榜中，资讯类的信息占据了“半壁江山”。大 V、网红在微博平台发布热点事件来获得聚焦效应，得到了各方的密切关注及热烈转发。在传播的方式方法上，车企的手段更加灵活，互动性、参与性更强，也更加吸引人。

B.18

2019年中国品牌车企高管舆情分析报告

刘碧磊*

摘　要： 本报告依托《中国汽车报》社下属的中国汽车品牌研究院数据库平台（以下简称数据库平台），选取中国自主车企集团及下属子公司的董事长、总经理中全网舆情关注度排名最高的30位为研究对象，对舆情数据进行多角度的整理、分析和挖掘，分析2019年中国自主品牌车企的相关热点舆论及它们与上述人物之间的相互关联，借此展现自主品牌车企的整体舆论环境氛围，找到舆情信息传播中的缺陷，进而促使企业更有针对性地进行品牌营销活动，进一步提升企业品牌知名度及美誉度。

关键词： 车企高管　舆情传播　中国品牌车企　影响力人物

受到国际市场和国内市场双重的竞争压力，中国品牌汽车企业面临的挑战越来越多。但从事物的两面性可以看到，在充满竞争和挑战的同时，中国品牌汽车企业也面临更多的机遇和更广阔的市场。2018年汽车销量下滑，2019年更是雪上加霜。在这种严峻的形势面前，一方面，国家出台相关政策积极引导拯救市场；另一方面，企业在战略调整和人事变动方面做出更多努力以应对这种复杂局面。

本报告期（2019年）内，中国品牌汽车企业在国家宏观政策要求和市

---

* 刘碧磊，《中国汽车报》社中国汽车品牌研究院研究员。

场现状下，进行有计划和有针对性的战略调整，无论是产品方面还是人事变动方面均取得了一定成效。当然，调整失败甚至破产的也不在少数。企业家及职业经理人在相关过程中，起到了极其重要的作用。本报告对人物舆情中关注度较高的人物数据进行系统和科学的挖掘、整理、分析，对现阶段存在的相关问题和面临的挑战，以及中国汽车品牌发展的脉络，进行梳理和展示，为企业认识外部市场环境及自身发展条件提供相应的参考，便于企业更加准确、及时地把握舆论环境。

一　影响力人物的基本情况分析

本报告所研究的是依托数据库平台，在国内汽车集团或者其下属企业的董事长、总经理（含总裁、CEO，下同）中，全网舆情关注度排名前30的影响力人物（见表1）。需要注意的是，中国品牌汽车企业在报告期间，高层的人事变动可能比较频繁，本报告只监测特定人物担任相应职务期间的关注度数据，不包括上任前和离任后的关注度。其中上汽集团现任总裁王晓秋在2019年7月前也一直供职于上汽集团，担任副总裁，故其监测数据按照在整个报告期内计算。

表1　影响力人物名单（按人物姓氏拼音排序）

人物	任职企业	职务	数据监测时段
安进	江淮汽车	董事长	整个报告期
陈虹	上汽集团	董事长	整个报告期
冯兴亚	广汽乘用车	董事长	整个报告期
何小鹏	小鹏汽车	董事长	整个报告期
景柱	海马汽车	董事长	整个报告期
李斌	蔚来汽车	创始人/CEO	整个报告期
李峰	观致汽车	CEO	截至2019年9月
李书福	吉利汽车	董事长	整个报告期
柳长庆	一汽轿车	总经理	整个报告期
陆正耀	宝沃汽车	董事长	2019年7月起

续表

人物	任职企业	职务	数据监测时段
秦力洪	蔚来汽车	总裁	整个报告期
沈晖	威马汽车	董事长	整个报告期
沈阳	上汽通用五菱	总经理	整个报告期
宋军	吉利销售公司	总经理	整个报告期
王传福	比亚迪	董事长	整个报告期
王凤英	长城汽车	总裁	整个报告期
王晓秋	上汽集团	总裁	整个报告期
魏建军	长城汽车	董事长	整个报告期
吴松	广汽集团	副总经理	整个报告期
夏珩	小鹏汽车	总裁	整个报告期
徐和谊	北汽集团	董事长	整个报告期
徐留平	一汽集团	董事长	整个报告期
杨学良	吉利汽车	副总裁	整个报告期
尹明善	力帆汽车	创始人	整个报告期
尹同跃	奇瑞汽车	董事长	整个报告期
曾庆洪	广汽集团	董事长	整个报告期
张宝林	长安汽车	董事长	整个报告期
张夕勇	北汽集团	总经理	整个报告期
朱华荣	长安汽车	总裁	整个报告期
竺延风	东风汽车集团	董事长	整个报告期

资料来源：《中国汽车报》中国汽车品牌研究院。

这30位影响力人物分别任职于23家汽车企业（含汽车集团或其下属企业）。数据显示，2019年上述企业共销售汽车近2152万辆，占同期行业总销量的85.83%。

按照集团划分，在30位影响力人物中，上汽集团、广汽集团和吉利汽车均有3位（含下属企业）；一汽集团、长安汽车、北汽集团和长城汽车均有2位（含下属企业）；东风汽车等9家企业各有1位；此外，新造车企业蔚来汽车和小鹏汽车均有2位（见图1）。

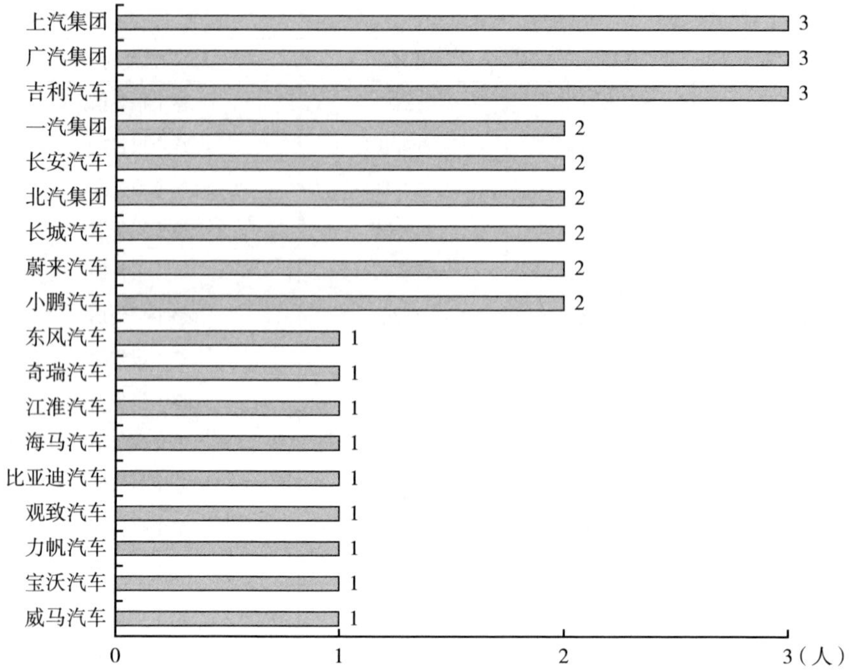

图1　影响力人物任职集团分布

资料来源：《中国汽车报》中国汽车品牌研究院。

二　影响力人物的关注度分析

报告期内，蔚来汽车创始人李斌是全网舆情传播关注度最高的影响力人物，总关注度超过 14 万条；排在第二位的是小鹏汽车创始人何小鹏，总关注度超过 10 万条；分列第三、第四位的是比亚迪汽车董事长王传福和长城汽车董事长魏建军，总关注度也都超过 10 万条；以 6 万余条的数据量排在第五位的是吉利汽车集团董事长李书福；北汽集团董事长徐和谊排在第六位，总关注度为 5.9 万条；奇瑞集团董事长尹同跃、威马汽车集团董事长沈晖、长安汽车总裁朱华荣和上汽集团总裁王晓秋，分别排在第七到第十位（见图 2）。

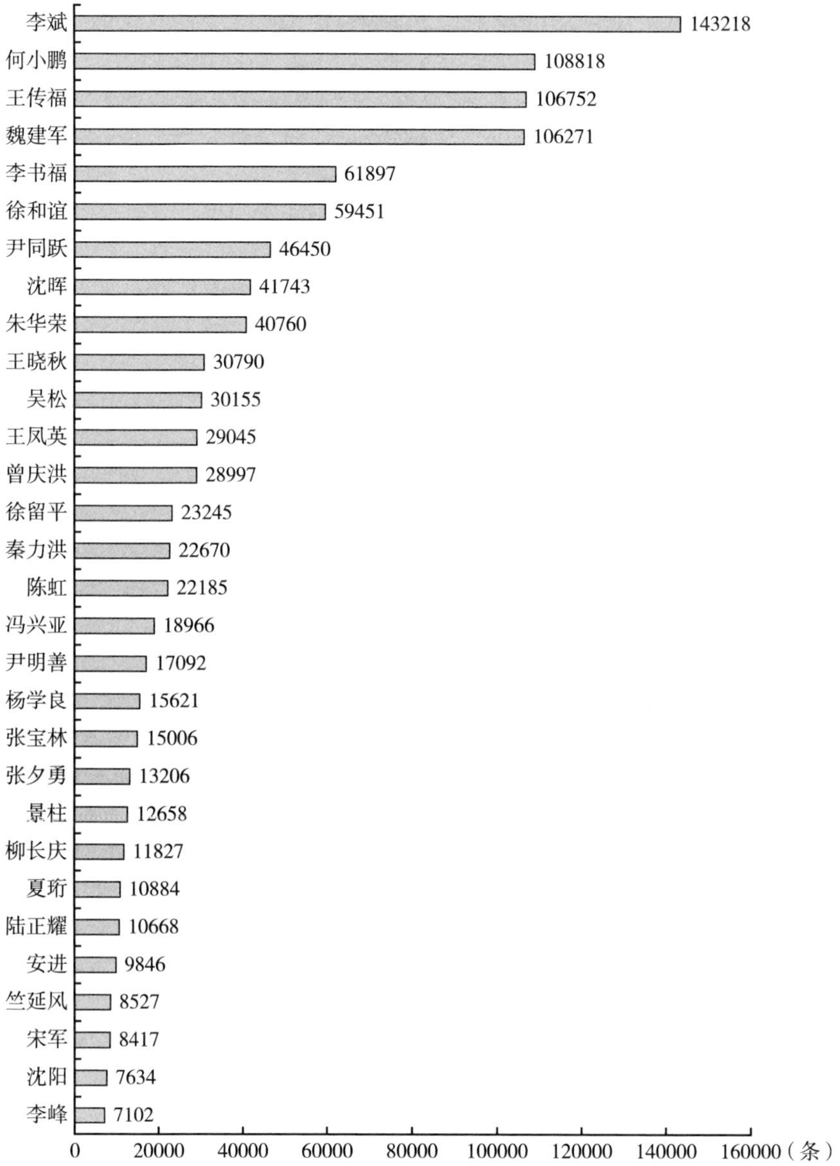

图 2　影响力人物全网关注度排行

资料来源：《中国汽车报》中国汽车品牌研究院。

从统计结果看，关注度在 10 万条以上的影响力人物共 4 位（占总人数的 13.33%）；多数影响力人物的关注度在 1 万～6 万条（占总人数的

70%）；关注度低于1万条的影响力人物共有5位（占总人数的16.67%）（见图3）。

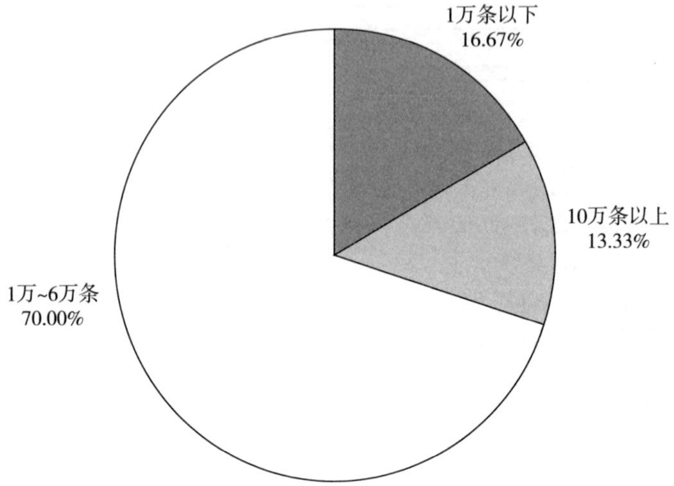

图3　影响力人物全网关注度分布

资料来源：《中国汽车报》中国汽车品牌研究院。

企业关注度影响力指监测时段内影响力人物对任职企业舆论关注度的影响程度，是通过影响力人物全网关注度在相应企业关注度中的占比来计算的。数据统计结果显示，小鹏汽车创始人何小鹏的全网关注度在企业关注度中的占比高达65.84%，蔚来汽车创始人和威马汽车创始人的企业关注度影响力分别为22.66%和17.46%，这三家新造车企业创始人的企业关注度影响力排在前三位。2019年的力帆汽车可谓命运多舛，迫使年逾八旬的创始人尹明善不得不复出，其企业关注度影响力达到14.89%，排在第四名。海马汽车董事长景柱的企业关注度影响力为13.61%。统计显示，企业领导人的企业关注度影响力达到10%的有9位（见图4）。

三　影响力人物的相关热点新闻分析

（一）人物关注度的峰值分析

关注度的峰值是由焦点新闻带来的，是指影响力人物在相关监测时段内

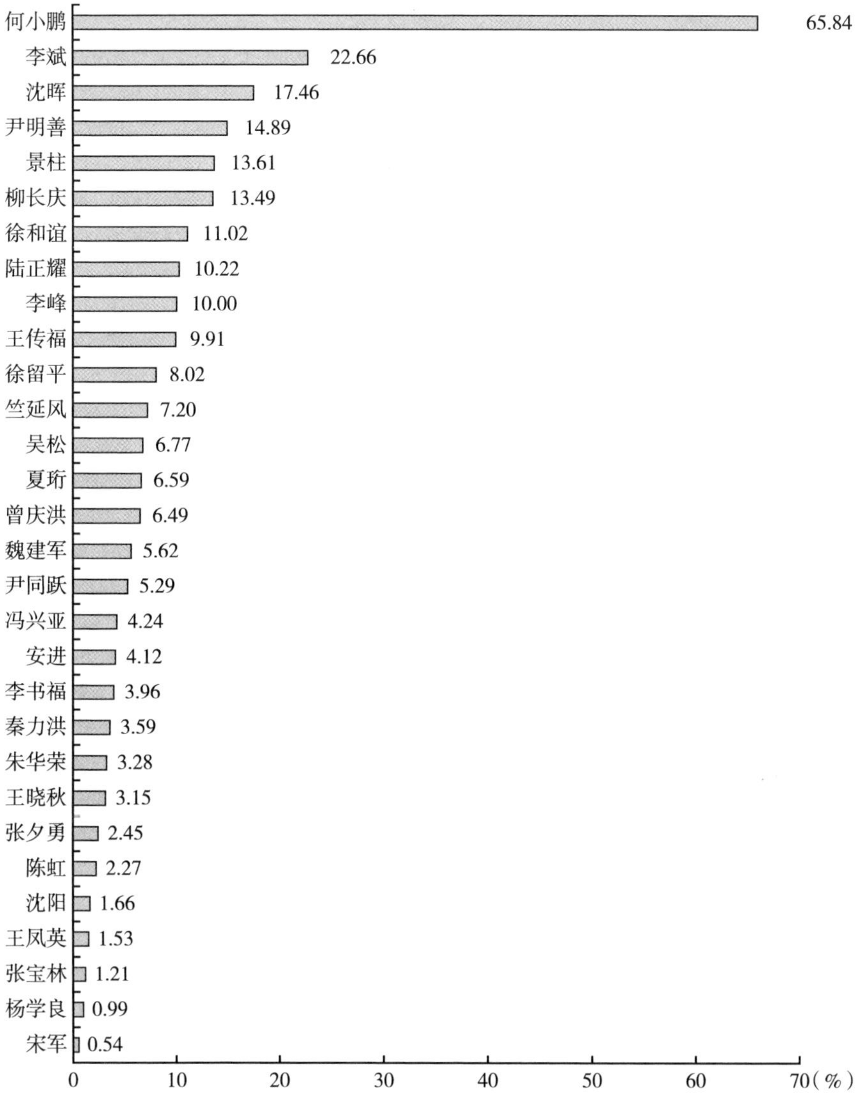

图4　各影响力人物的企业关注度影响力排行

资料来源：《中国汽车报》中国汽车品牌研究院。

单日关注度的最高值。李斌及魏建军的日关注度峰值在30位影响力人物中最高，均超过10000条，李斌的日关注度峰值为11360条，魏建军的日关注度峰值为10601条；李书福的日关注度峰值为9148条，排名第三；徐和谊、王传福、何小鹏、尹同跃的日关注度峰值都在6000条以上，分列第四至七位；沈晖、徐留平和朱华荣等15人的日关注度峰值处于2000~5000条；有6人的日关注度峰值处于1000~2000条；吴松和沈阳的日关注度峰值均在1000条以下（见图5）。

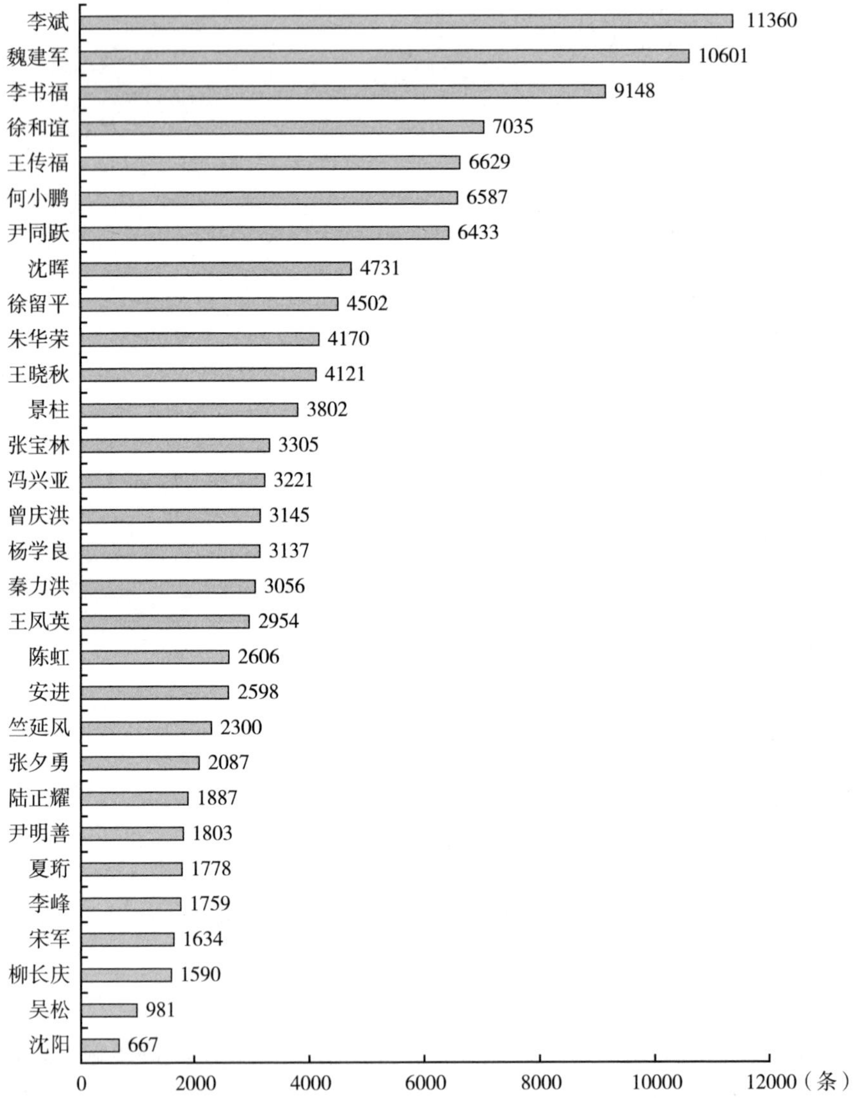

图5　影响力人物的日关注度峰值

资料来源：《中国汽车报》中国汽车品牌研究院。

出现人物的日关注度峰值最多的时间是2019年12月，共11位人物在此时出现日关注度峰值；2019年7月有10位人物的日关注度达到峰值；2019年11月，有3位人物的日关注度达到峰值（见表2）。

绝大多数影响力人物的日关注度峰值按照话题类型划分，对应的焦点新闻属于单一企业性话题，其中比较明显的是强强联合的现象在2019年普遍出现。比如，排名第二的魏建军见证了长城与宝马合资的光束汽车项目的正式启动；排名第四的徐和谊主导北汽收购戴姆勒公司5%的股份，成为戴姆勒的第三大股东；排名第七的尹同跃，对应的焦点新闻是青岛五道口控股奇瑞汽车；排名第十的朱华荣，对应的焦点新闻是长安新能源汽车公司引进战略投资者；其他还有上汽集团董事长陈虹和广汽集团董事长曾庆洪共同见证两家企业签约的事件（见表2）。上述事件充分说明2019年汽车企业在面对持续下滑的汽车市场实施了一系列联合自救的措施，也充分体现了企业领导人在推动这些成果的落实方面做出了巨大努力。

排名第一的蔚来汽车创始人李斌，因为蔚来汽车第三季度财报的公布而受到强烈关注。比亚迪集团董事长王传福因为参加世界新能源汽车大会而受到较高关注。另外，人事变动也成为相关舆论的焦点，比如王晓秋出任上汽总裁、冯兴亚任广汽新能源董事长、陆正耀正式成为宝沃汽车董事长，以及观致汽车CEO李峰或将离职等相关新闻的关注度也较高。

上百名车主维权并要求退车的消息将小鹏汽车董事长何小鹏推到了舆论的风口浪尖；海马汽车业绩的大幅下滑让景柱无力回天；曾风光一时的神龙汽车如今将面临关厂、卖厂及裁员的局面。

表2　影响力人物关注度峰值对应的焦点新闻排行

排序	人物	峰值(条)	峰值日期	相关焦点
1	李斌	11360	2019. 12. 31	12月30日蔚来汽车第三季度财报发布
2	魏建军	10601	2019. 11. 29	长城与宝马合资的光束汽车项目启动
3	李书福	9148	2019. 7. 3	参与百度AI开发者大会
4	徐和谊	7035	2019. 7. 24	7月23日，北汽集团收购戴姆勒5%股份

续表

排序	人物	峰值(条)	峰值日期	相关焦点
5	王传福	6629	2019. 7. 3	王传福在世界新能源汽车大会上发表演讲
6	何小鹏	6587	2019. 7. 15	上百名车主进行维权,要求退车
7	尹同跃	6433	2019. 12. 5	青岛五道口控股奇瑞汽车
8	沈晖	4731	2019. 12. 27	12 月 26 日,沈晖获"新中国成立 70 周年中国汽车创新人物"奖
9	徐留平	4502	2019. 7. 3	7 月 2 日,在世界新能源汽车大会主论坛上,徐留平宣布红旗未来将成为以新能源车型为主体的品牌
10	朱华荣	4170	2019. 12. 20	12 月,长安新能源公司引入战略投资者
11	王晓秋	4121	2019. 7. 5	7 月 4 日,王晓秋将出任上汽总裁
12	景柱	3802	2019. 12. 20	海马汽车销量大幅下降,景柱无力回天
13	张宝林	3305	2019. 9. 27	9 月 26 日,长安汽车和福特汽车在重庆签约
14	冯兴亚	3221	2019. 7. 31	7 月 31 日,广汽集团发布公告,冯兴亚任广汽新能源董事长
15	曾庆洪	3145	2019. 12. 24	12 月 23 日晚间,上汽集团与广汽集团在上海签署了《战略合作框架协议》
16	杨学良	3137	2019. 5. 26	杨学良:下一阶段汽车新能源化和智能网联化将是吉利重点发力方向
17	秦力洪	3056	2019. 12. 27	小鹏汽车与蔚来汽车就充电网络方面达成合作
18	王凤英	2954	2019. 3. 4	3 月 3 日,全国两会开幕,王凤英联合其他企业领导人提出多项建议
19	陈虹	2606	2019. 12. 24	12 月 23 日晚间,上汽集团与广汽集团在上海签署了《战略合作框架协议》
20	安进	2598	2019. 12. 11	12 月 9 日,江淮汽车与华为签署 MDC 平台项目合作协议
21	竺延风	2300	2019. 8. 12	曝竺延风与唐唯实已于上月达成协议:神龙汽车将关厂裁员
22	张夕勇	2087	2019. 5. 9	5 月 8 日,张夕勇到昌河汽车调研
23	陆正耀	1887	2019. 7. 31	7 月 29 日,陆正耀正式任宝沃汽车董事长
24	尹明善	1803	2019. 11. 4	力帆第三季度财报公布,尹明善深陷破产危机
25	夏珩	1778	2019. 12. 16	12 月 10 日,小鹏汽车股东集体出质全部股权

续表

排序	人物	峰值(条)	峰值日期	相关焦点
26	李峰	1759	2019. 7. 18	观致汽车 CEO 李峰或已离职
27	宋军	1634	2019. 11. 5	11 月 2 日,“帝豪向上马拉松公开赛”举办
28	柳长庆	1590	2019. 5. 22	2018 年上市车企高管薪酬公布
29	吴松	981	2019. 12. 18	广汽集团董事及高级管理人员集中竞价减持股份
30	沈阳	667	2019. 7. 12	7 月 11 日,新宝骏 RC-6 和 RM-5 在上汽通用五菱宝骏基地顺利下线

资料来源:《中国汽车报》中国汽车品牌研究院。

（二）高日关注度焦点新闻分析

高日关注度焦点新闻，是指 30 位影响力人物有 2000 条以上日关注度所对应的新闻。根据数据库平台的数据，在报告期内，影响力人物的关注度超过 2000 条的日期共有 332 天，涉及 22 位影响力人物。其中，李斌的高关注度日最多，高达 81 天；李书福为 53 天，排在第二位；魏建军为 52 天，何小鹏为 31 天，徐和谊为 24 天，分列第三至五位；王传福为 21 天，排在第六位；尹同跃和沈晖的高日关注度天数也都在 10 天及以上（见图 6）。

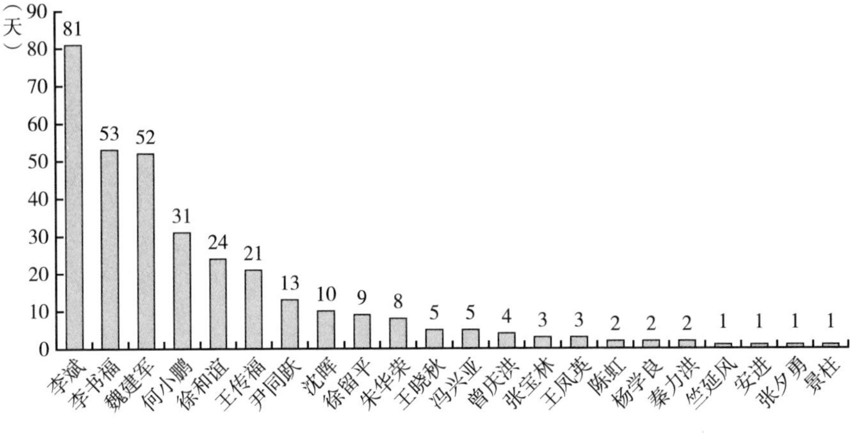

图 6　影响力人物高日关注度天数

资料来源:《中国汽车报》中国汽车品牌研究院。

（三）人物焦点新闻 TOP5

综合日关注度峰值和高关注度天数，在报告期内关注度最高的 5 个影响力人物所对应的焦点新闻分别是：蔚来汽车亏损（李斌）、参加百度 AI 开发者大会（李书福）、长城汽车与宝马汽车签约成立光束汽车（魏建军）、北汽收购戴姆勒公司 5% 股权（徐和谊）、参加世界新能源汽车大会（王传福）（见表 3）。

表 3　焦点新闻 TOP5 关注度概况（以天数排序）

焦点新闻	相关人物	高关注度天数(天)	日关注度峰值(条)
北汽收购戴姆勒 5% 股份	徐和谊	11	6723
蔚来汽车亏损	李斌	11	5861
长城汽车与宝马汽车签约成立光束汽车	魏建军	8	7419
参加百度 AI 开发者大会	李书福	7	8002
在世界新能源汽车大会发表演讲	王传福	5	5144

资料来源：《中国汽车报》中国汽车品牌研究院。

1. 人物焦点新闻 TOP5关注度走势

在报告期内，与影响力人物相关的新闻中，关注度最高的当属北汽集团董事长徐和谊主导收购戴姆勒公司 5% 股权的消息，此消息在 2019 年 7 月 23 日曝出，7 月 24 日达到峰值。徐和谊 7 月 24 日的总关注度为 7035 条，其中关于收购戴姆勒公司股份的关注度则为 6723 条，占比高达 96%（见图 7）。

受车辆自燃、烧钱、车辆交付时间一再推迟等不利因素的影响下，蔚来汽车董事长李斌饱受争议，其中关于亏损的消息持续走热。李斌关注度最高日是 9 月 25 日，数值为 6849 条，涉及亏损的数据为 5861 条，占比为 86%；之后有所回落，在 9 月底出现第二个峰值（见图 8）。

魏建军的日关注度峰值出现在 2019 年 11 月 29 日——在中德两国领导人的共同见证下，长城汽车与宝马汽车集团签约宣布成立光束汽车。该日，

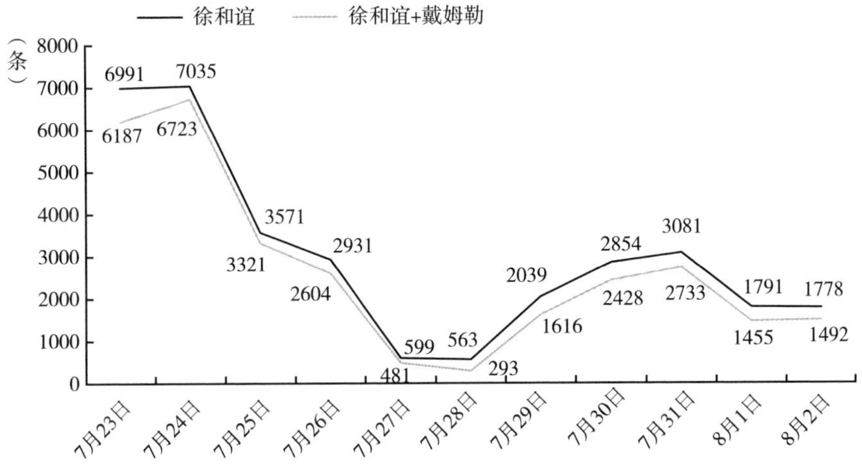

图 7　北汽收购戴姆勒股份关注度走势

资料来源：《中国汽车报》中国汽车品牌研究院。

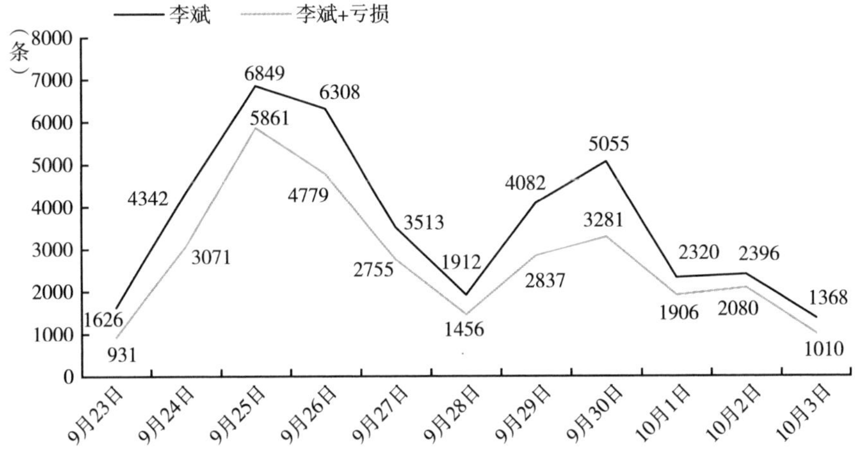

图 8　蔚来汽车亏损关注度走势

资料来源：《中国汽车报》中国汽车品牌研究院。

魏建军的关注度为 10601 条，涉及光束汽车的数据为 7419 条，占比达到 70%（见图 9）。

李书福 7 月 3 日参加百度 AI 开发者大会引发高度关注。数据显示：

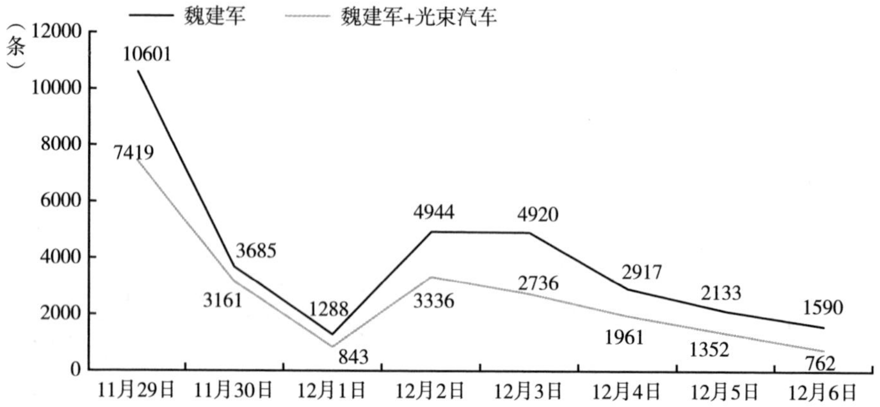

图 9　长城汽车与宝马集团合资成立光束汽车关注度走势

资料来源:《中国汽车报》中国汽车品牌研究院。

2019 年 7 月 3 日，李书福的日关注度为 9148 条，涉及百度 AI 大会的数据为 8002 条，占比约为 87%（见图 10）。

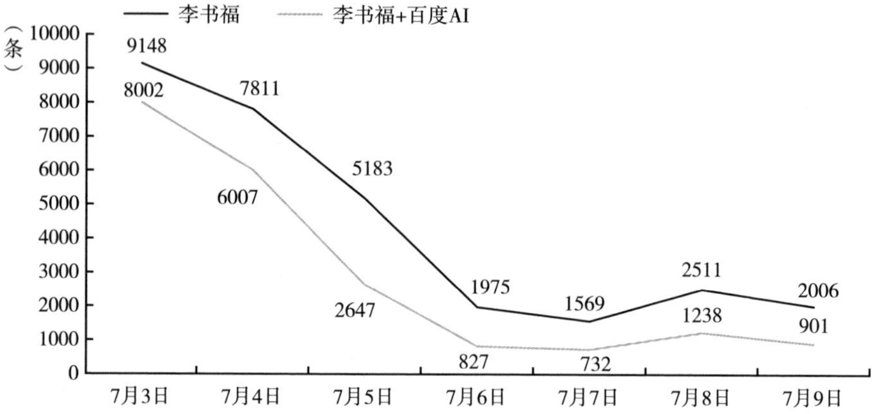

图 10　李书福参加百度 AI 开发者大会关注度走势

资料来源:《中国汽车报》中国汽车品牌研究院。

关于王传福参加世界新能源汽车大会的消息在会议正式开始当日开始走高，7 月 3 日王传福正式发表演讲，使其关注度达到峰值。数据显示：2019 年 7 月 3 日，王传福的日关注度为 6629 条，关于新能源汽车大会的数据则为5144条，占比约为78%（见图11）。之后热度逐渐降低，但数据在三天之内基本保持在1000条以上。

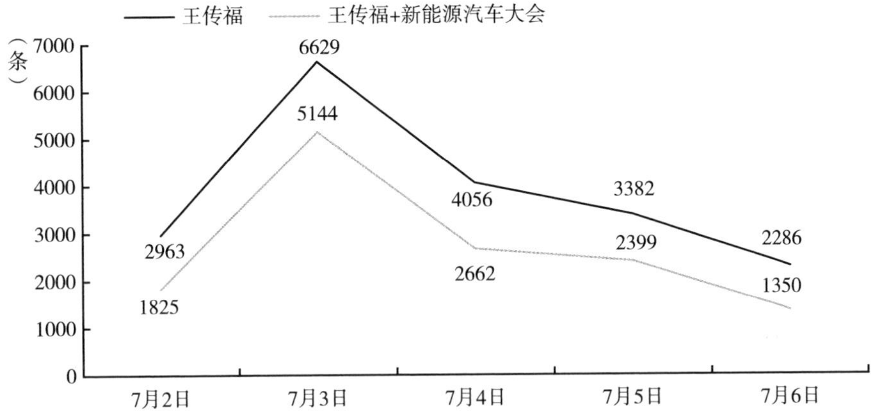

图11　王传福参加世界新能源汽车大会关注度走势

资料来源：《中国汽车报》中国汽车品牌研究院。

2. 人物焦点新闻TOP5传播渠道

数据库后台的舆情数据来源分为9类：资讯、微信、微博、论坛、贴吧、博客、App、问答、视频。其中，在资讯、微信、微博、论坛、App和贴吧这些传播渠道，上述5个影响力人物的焦点新闻关注度较高。数据库后台监测显示：资讯传播占比最高的是长城汽车和宝马集团签约成立光束汽车的消息（71%），微信传播占比最高的是李书福参加百度AI开发者大会和王传福参加世界新能源汽车大会（均占20%），App传播占比最高的是蔚来汽车亏损和长城汽车与宝马集团签约成立光束汽车（均占18%）（见图12至图16）。

四　影响力人物相关热门文章

本报告将以资讯、微博和论坛的形式列出各分类十大热点传播文章，以展示影响力人物在三大渠道的传播影响力和热点消息。虽然微信和App的

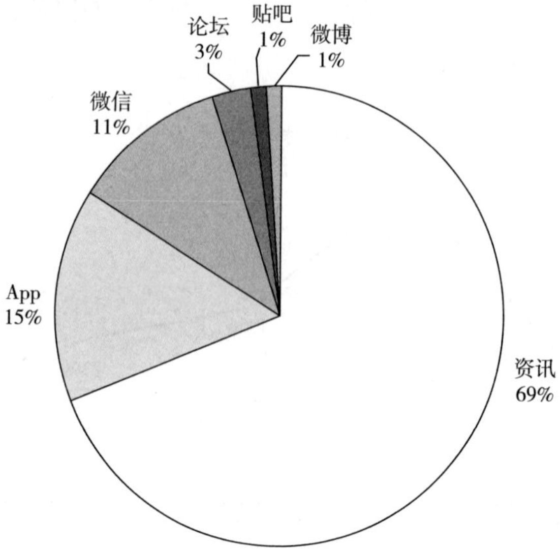

图 12　北汽收购戴姆勒股份传播渠道分布

资料来源：《中国汽车报》中国汽车品牌研究院。

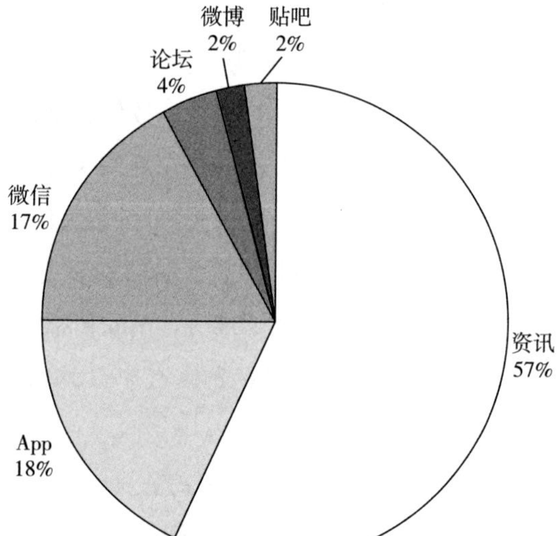

图 13　蔚来汽车亏损传播渠道分布

资料来源：《中国汽车报》中国汽车品牌研究院。

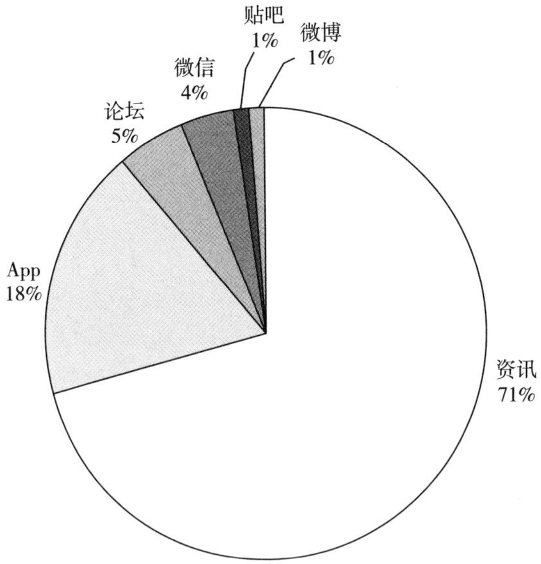

图 14　长城汽车与宝马集团签约成立光束汽车传播渠道分布

资料来源：《中国汽车报》中国汽车品牌研究院。

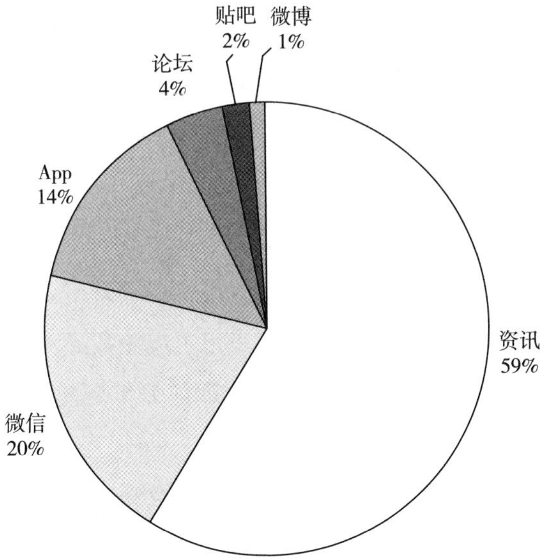

图 15　李书福参加百度 AI 开发者大会传播渠道分布

资料来源：《中国汽车报》中国汽车品牌研究院。

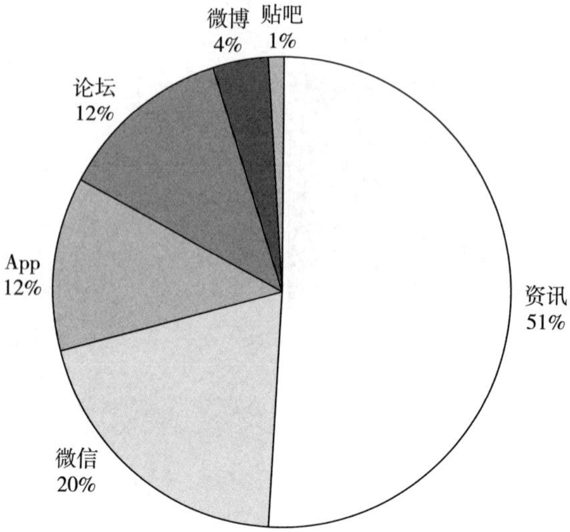

图16　王传福参加世界新能源汽车大会传播渠道分布

资料来源：《中国汽车报》中国汽车品牌研究院。

占比相对微博和论坛要多，但是在影响力方面，论坛和微博这种直接表达网民观点的媒介更能体现品牌传播的价值。

（一）十大热点文章

在报告期内，对30位影响力人物十大热点文章进行排序发现，一汽集团董事长徐留平关于适当放开汽车限购政策，以提升市场活力的消息热度最高。其次是面对严酷的市场环境，中国车市更应该找寻新的动能，其中对应到蔚来汽车董事长李斌。排在第三位的文章是关于新能源汽车领域的消息，对应的影响力人物是小鹏汽车董事长何小鹏。另外，尹明善由首富到被追债的消息也成为热点。数据显示：在十大热点文章涉及的影响力人物中，来自新造车企业的三位高管均榜上有名；从热点文章内容来看，涉及新能源汽车领域的消息占据主导位置（见表4）。

表 4　影响力人物十大热点文章排序

单位：条

文章标题	人物	相似文章数
汽车限购或将放开，你离买车自由更近了吗	徐留平	2837
市场寒流倒逼中国车市寻找"新动能"	李斌	2321
新能源汽车产销量双双破百万，为何能"逆风翻盘"	何小鹏	1755
重庆首富的至暗时刻：车卖不动了，被追债 14 亿	尹明善	1628
从新能源汽车产业发展看中国经济新动能	王传福	1413
哈弗全球 500 万盛典暨全球战略发布会隆重举行	魏建军	1079
除了汽车梦，李书福还有一个教育梦	李书福	856
BEIJING 品牌广州车展开启新未来	徐和谊	801
从全国两会看奋进中国的发展活力	朱华荣	617
"造车梦"不灭！董明珠又出手了	沈晖	404

资料来源：《中国汽车报》中国汽车品牌研究院。

（二）十大热点微博

对 30 位影响力人物的微博传播话题进行分析发现，微博热度与影响力人物关联性较低。从传播内容来看，以社会热点话题为主。比如，蔚来亏损得到同行力挺，尹明善负债被广泛提及，海马汽车在郑州开发房地产被举报等，都成为相对应影响力人物的热点传播内容（见表 5）。

表 5　影响力人物十大微博排序

单位：条

微博内容	人物	转发数
蔚来有未来，我们相信	李斌	2775
重庆首富陷破产危机：身家 40 亿总负债 178 亿	尹明善	1163
何小鹏称财务自由之后很痛苦	何小鹏	812
《福布斯》发布"2019 年全球 100 位最具影响力女性"榜单	王凤英	541
比亚迪使用中文按键被喷！王传福回应	王传福	537
海马汽车在河南郑州做房地产开发	景柱	317
学历该不该成为求职门槛？不该	李书福	185
宾利连年亏损或将被吉利收购？吉利杨学良：没有的事	杨学良	160
曾庆洪：广汽丰田将在今年年底引入丰田氢能源汽车	曾庆洪	157
徐和谊：中国企业要实现"换道超车"，首先要有换道的信心	徐和谊	137

资料来源：《中国汽车报》中国汽车品牌研究院。

（三）十大论坛热帖

从30位影响力人物报告期内的相关论坛信息来看，李斌依然是论坛关注的热点汽车人物；何小鹏有钱后的“苦恼”不仅在微博热传，也被“坛友”热议；另外，车市的严峻局面也成为相关影响力人物话题传播的重点，比如，与徐和谊和李书福相关的帖子，均在阐述车市低迷下的有关话题（见表6）。

表6　影响力人物十大论坛热帖排序

单位：条

热帖标题	人物	回复数
蔚来李斌,2019年最惨的人？蔚来是否还有曙光？	李斌	168
2010年的旧文《为什么要投资万科》	王传福	148
沉睡的巨龙即将觉醒——小象看长安	朱华荣	132
丰田量产全球首款氢能车,充氢3分钟续航644公里	曾庆洪	125
刘中伯书记率队考察一汽集团	徐留平	116
何小鹏表示,自己财务自由后痛苦、空虚、彷徨	何小鹏	109
徐和谊:“汽车业苦日子到了。”你认同吗?	徐和谊	106
十年如一,哪些会变,哪些不变?	魏建军	95
吉利和长城还有大量的燃油车利润和销售额来维持现金流	李书福	87
奥迪A7正式国产,明年上汽大众工厂将实现投产	陈虹	79

资料来源：《中国汽车报》中国汽车品牌研究院。

（四）热门文章分布及正负面占比

根据数据库后台的监测，30位影响力人物在报告期内的TOP50话题代表了其在不同领域的活动轨迹，尤其是跨行业消息的不断增加，说明汽车企业与其他领域的交集越来越广泛，提升了产品的丰富性和竞争力。影响力人物最热门文章TOP50话题分布见图17。

从数据库后台的监测可以看到，30位影响力人物的传播内容以中性为主，但也不表示负面的内容不存在，尤其是蔚来亏损、力帆负债、蔚来ES8自燃、小鹏车主维权退车等消息，均将相关影响力人物推上了舆论的高点。

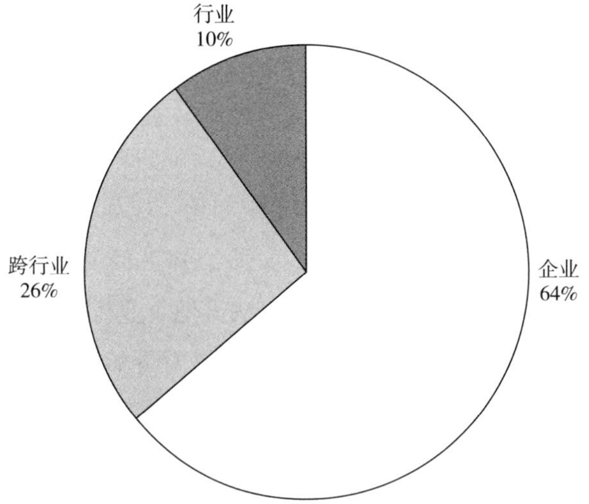

图 17 影响力人物最热门文章 TOP50 话题分布

资料来源:《中国汽车报》中国汽车品牌研究院。

从数据监测中可以看出，正面内容与负面内容占比相当，均达到 13%（见图 18）。

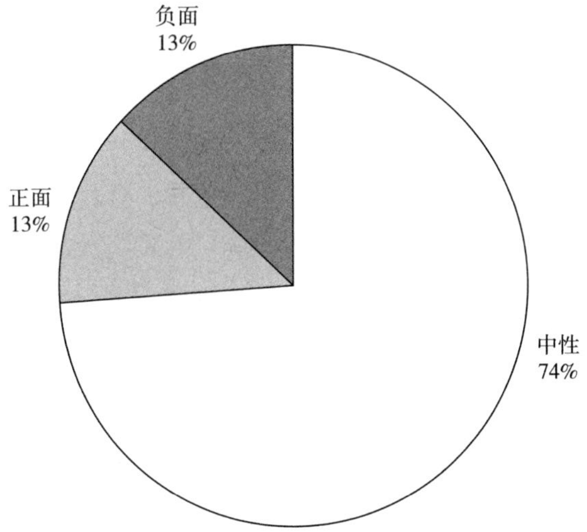

图 18 影响力人物传播内容正负面占比分布

资料来源:《中国汽车报》中国汽车品牌研究院。

五 总结

通过对30位中国车企影响力人物2019年的数据监测发现，整体数据量较2018年有所提高，且上榜人物也有一定变化。比如，2018年上榜的安聪慧、陈安宁、陈宏良、金哲勇、刘洪、刘良、祁玉民、郁俊、杨嵩和郑刚，已经跌出2019年的前30名榜单。其中有去其他企业任职的领导人，比如陈安宁，之前是奇瑞汽车总经理，从2018年11月开始担任福特中国公司总裁。2019年新上榜的汽车企业领导人有小鹏汽车董事长何小鹏、海马汽车董事长景柱、一汽轿车总经理柳长庆、宝沃汽车董事长陆正耀、蔚来汽车总裁秦力洪、上汽通用五菱总经理沈阳、长城汽车总裁王凤英、吉利汽车副总裁杨学良、吉利汽车销售公司总经理宋军和小鹏汽车总裁夏珩。国有汽车集团领导人在2019年的影响力人物中排名最高的是北汽集团董事长徐和谊，其次是长安汽车总裁朱华荣和上汽集团总裁王晓秋。传统造车民营企业领导人在2019年影响力人物排名中最高的是比亚迪汽车董事长王传福，其次是长城汽车董事长魏建军和吉利汽车董事长李书福。

从热议内容来看，遭受一定负面评论的影响力人物不在少数。在经历不断烧钱、ES8自燃、车辆交付时间拖后等事件后，李斌的曝光率显而易见地提升。另一位新造车企业领导人——小鹏汽车董事长何小鹏，也在经受着消费者的考验，实体店中近百名小鹏车主维权退车，让这家新造车企业饱受非议。受到诟病的还有力帆汽车创始人尹明善，其年逾八旬早已退居二线，本应享受幸福的晚年生活，但是随着力帆汽车每况愈下，负债越来越严重，尹明善只能选择复出。还有海马汽车，2019年海马汽车销量仅有29456辆，同比下滑56.41%。在产销双降的局面下，其“不务正业”去搞房地产开发，导致董事长景柱备受质疑。面对严酷的市场环境，企业间的强强联合成为2019年车企最重要的品牌传播内容。比如，长城汽车和宝马集团联合成立的光束汽车项目正式签约；北汽集团收购戴姆勒公司5%的股份，跻身戴姆勒第三大股东；青岛五道口控股奇瑞汽车；长安新能源汽车公司引入战略投资者；上汽集团与广汽集团在上海签署《战略合作框架协议》；小鹏汽车与蔚来汽车在充电网络方面达成合作；竺延风与唐唯实达成协议，神龙汽车将关厂裁员；等等。这些协议和合作的达成都是在日益严峻的市场环境下车企领导人所做出的战略决策，效果如何，还有待时间和市场的检验。人事更替也体现在热点传播方面，比较有代表性的企业领导人有上汽总裁王晓秋、宝沃汽车董事长陆正耀和观致汽车 CEO 李峰。2019 年 7 月，王晓秋和陆正耀相继曝出担任上述职务，而观致汽车 CEO 李峰则是在 2019 年 9 月曝出已经离职的消息。

在品牌传播渠道方面，资讯、App、论坛、微博以及微信成为主要的传播渠道。当然，以短视频的传播方式灵活呈现，也成为 2019 年车企品牌传播的尝试方式之一。不过，较为严谨的消息传播，尤其是有关车企领导人的数据主要还是集中在资讯方面。需要指出的是，在短视频流行的当下，车企的品牌传播更应该利用这种快捷而直观的传播方式。

案 例 篇

The Cases

B.19

抓关键环节，一汽解放逆势而上

郝文丽*

摘　要： 一汽解放，60余年栉风沐雨，走出一条自主创新、替代进口“智造”之路。近四年来销量稳居行业第一位，占据了全国近25%的卡车市场份额，是国内卡车领域当之无愧的“老大”，尤其是在2019年车市下行、“公转铁”、国际贸易诸多不确定因素交织的大环境下，一汽解放一路逆势上扬，销量再次大幅攀升，强势领跑卡车行业，绽放出民族品牌的红色荣光。仔细研究一汽解放的发展历程，无论是在技术研发、生产管理、市场营销、品牌建设还是前瞻布局上，都堪称典范，值得同行业企业学习借鉴。

* 郝文丽，《中国汽车报》社全媒体采访中心记者。

关键词： 一汽解放　商用车　技术研发　生产管理　市场营销

一　技术研发：从“开创者”到“领航者”的巅峰跨越

科技创新一直是一汽解放领航市场的重要支柱，也一直是一汽解放创世界一流的有力支撑。

（一）面向市场打造明星产品

2019 年 7 月 15 日，一汽解放第 100 万辆 J6 下线的仪式，在一汽解放卡车厂的总装车间隆重举行。10 多年畅销不衰，解放 J6 形成了一个难以超越的高点，一汽解放锲而不舍的创新精神在这一经典产品上体现得淋漓尽致。

2000 年，解放 J6 立项；2007 年，J6 投放市场。6 年多时间里，研发团队经历了无数艰苦卓绝的技术攻关，解决了 1500 多个技术难题，获得创新技术 300 多项，申报 197 项国家专利。其中，两个“首次”更是亮点：一是有 46 项创新在国内卡车上属首次应用；二是一次性完成 J6 产品总共五大平台、12 个系列、300 余种车型的开发。这种全系列产品的同时开发，在国内尚属首次。

解放 J6 整车的主要性能指标，包括可靠性、耐久性、动力性、经济性、载重量利用系数，都接近或达到了欧美、日本同类型车的水平，但设计成本只有欧洲同类车的 55% 左右。勇于填补技术空白，持续优化产品性能，一汽解放的创新为产品生命力打下了基础。

而第七代卡车 J7，则代表着一汽解放多年的技术积累和实力积淀，也代表着一汽解放在重卡领域的最高水平。J7 在外观造型、驾驶座舱、节油水平、安全性、主被动安全系统方面都有提升，达到国内一流水平，甚至与欧洲重卡巨头不相上下。

2018 年，解放 J7 卡车从中国出发，跨越 5 个时区，途经哈萨克斯坦、俄罗斯、芬兰、瑞典、丹麦、德国、意大利等 10 个国家，历时 55 天，纵横

2 万余公里，完成了一场壮阔的丝绸之路穿越之旅。在这条昔日古道上，有无垠的戈壁、漫漫的沙漠和险阻的山脉，面对途中多变的天气及复杂的路面状况，解放 J7 凭借诸多智能科技，并以出色的操控性能和周到的安全防护，顺利通过重重考验，在漫漫征途中尽显卓越的性能。

坚持市场导向，为用户着想。解放整个产品系列已经不乏 J6、J7 这样的明星产品，这些产品不仅号准了市场的脉搏，也引领了用户的需求，在市场的检验中呈现技术创新的熠熠光彩。

（二）面向未来掌握核心科技

面向市场，面向世界，面向未来，这样企业才有希望，解放就是这样的企业。

2019 年 7 月，“国六”排放标准开始实施，这让有些企业措手不及。解放长期围绕“四化一高”（低碳化、信息化、电动化、智能化、高品质）研制卡车产品，下手时间早、技术储备足、产品性能好，领先一步，占得先机。

其实，“国六”是最具挑战性的排放标准。从技术角度来说，电控标定难度很大，被控对象的数量比“国五”增加了 1/3，标定的参数翻了一番；“国六”排放标准对指标的要求更严格，包括氮氧化物和颗粒物指标。如此一来，排放达标难度非常大。

解放的技术研发人员对发动机进行全方位的技术升级，采用了电控阀式非对称增压技术，提高了增压器的效率。当前，世界上只有奔驰和解放有类似技术，解放的技术完全是自主研发的，热效率实现了 46.5%，达到同行业先进水平。

同时，通过自主研发，解放实现了发动机离心过滤、提高氮氧转化效率、降低噪声，解决了尿素结晶等难题，凭借技术优势，再次赢得市场。

在顺应世界潮流、发展新能源方面，解放同时采用纯电动、混动、氢燃料三条技术路线。当前，在纯电动和混合动力领域，解放已经开发了 35 款车。同时，解放正在自主研发汽车专用的电驱总成，努力实现新突破，以求解决当前电驱都是工业电机而非汽车专用电机的问题。

如今，智能化已成为商用车未来的发展趋势之一。一汽解放在智能化发展方面也有着清晰的布局，一汽解放总经理朱启昕曾表示，到2020年一汽解放将实现限定区域各场景下L4级智能车的运营落地，2023年实现高速公路L4级智能车商业运营，2025年实现全工况开放区域下L5级智能车运营，全面支撑中国制造2025智能网联汽车产业链与智慧交通体系发展目标的达成。

面向未来，在汽车“新四化”浪潮扑面而来之际，一汽解放正在向“智慧交通运输解决方案提供者”转型。“掌握核心技术，才有更大话语权。”中国一汽总经理助理，一汽解放董事长、党委书记胡汉杰的话道出了解放领航发展的真谛。

二　质量管理：成就大美解放

“解放赢在了质量上”，这句话在一汽解放广为流传。从某种角度来说，一汽解放的成功是品质第一的成功，也是管理艺术的成功。

（一）以他山之石铺管理之路

一汽解放对质量管理的高度重视，使其早在1978年便推行了全面的生产质量管理，曾经成为全国企业的管理样板。

1978年，一汽解放成为国内首批派遣专人到日本丰田学习精益管理的企业之一。2002年，一汽和丰田实现全面战略合资合作之后，丰田汽车派遣专员到一汽解放传授精益管理。所谓精益，“精”指少投入，少消耗资源，节约时间，即降本、提质；而“益”，是指效益，以高品质赢得市场，获得可观的经济利益，实现整个企业的目标升级。用四个字总结便是“精益求精”，这是一汽解放学习丰田的初心。

通过引进丰田的精益管理，一汽解放结合自身实际，研究出富有解放特色的FPS生产管理方式。FPS生产管理方式不仅达到了制造精益化水平，而且强调体系能力，引导员工从身边查找问题点，在工作流程、标准作业、工艺、装备、操作方法、环境等各个方面进行自主改善，在企业生产经营的各个方面，都要有指标，都要受控。这一系列制度的推行，极大地提高了管理质量，使生产过程中遇到的大小事都有据可依，从体系上保障了解放卡车的生产质量。

一汽解放的精益生产之道，还体现在自动化、信息化、智能化上。先进的技术资源、专业型人才、智能化设备成为精益生产的必要条件。在一汽解放的生产车间，集敏捷化、高效化、自动化、信息化于一身的生产线、机加工线比比皆是，在岗人员均具备智能化操作的能力。为了更好地提高员工的生产技能，一汽解放经常进行岗位技能拉练。

行走在一汽解放的每一个车间，不由自主地会被可视化的各种目视信息所吸引；会被现场员工介绍的“等车距布置”“一个流”“店铺管理”“精益配送”“标准化作业”等 FPS 方法所折服；会为操作者、班组长、现场工程师、车间主任等一大批自主改善型人才的涌现所感动。持续的生产管理改进，不仅使解放卡车的品质显著提升、口碑效应集聚，更降低了生产成本，实现了生产效率和效益的稳步提升。

（二）锚定管理抓质量

卡车是一汽的拳头产品，解放卡车具有如此强大的品牌号召力和生命力，与其管理体系密不可分。

一汽解放以国外先进的经验为参照，以自身技术和实力为后盾，通过对道路可靠性试验、质量评审、整车设计保证等管理环节进行大力的改进，创造性地推出了自己的质量管理体系。在重点强化新产品开发的过程中，坚持质量的先期策划及控制，坚持“不接受不合格、不制造不合格、不流出不合格”的产品“三不”原则，强化质量控制，并通过供应商能力评价、对采购产品的监督和检验等相应措施，提升供应商的质量保证能力。

一汽解放的造车理念是，首先要在产品设计上保证可制造性。近年来，解放在设计保证上做了大量的探索和实践。比如，现在国际上最前沿的企业普遍采用 DPS 三维设计，解放引进了先进的数字化设计平台，实现了虚拟仿真设计；对整车的 BOM（物料清单）系统进行了全面升级，打通了从产品 BOM、工艺 BOM、制造 BOM 到售后 BOM 全价值链的无缝衔接，也就是所谓的“解放超级 BOM”。

同时，卡车产品品种多，用户需求多样化。为保证生产制造环节的一致性，一汽解放实现了生产、装备过程可视化。近年来，一汽解放广泛采用模块化的整车装配工艺，并且在生产过程中采用智能扫描防错系统，记录每一辆车的身份，一旦车辆进入市场后出现质量问题，所有生产环节都可追溯，更有利于确认、索赔和持续的质量改进。同时，一汽解放在产品检测上也下足了功夫，检测设备与德国奔驰等国际知名品牌处在同一水准。

再比如，在涂装环节，一汽解放的自动化喷涂程度接近 100%；在焊装方面，实现了整体焊点，机器人自动焊接率约为 70%，主焊线则为 100%，加工深度在国内领先；在冲压环节，采用轿车化全自动封闭式的冲压生产线路。冲压、焊接、涂装、总装四大工艺的自动化装备、自动检测设施的采用，极大地提高了一汽解放的生产效率和生产质量。

（三）“四大工程”激发管理“洪荒之力”

狠抓质量管理，对一汽解放的发展形成了强有力的体系支撑，其产品在激烈的市场竞争中久经考验，反响良好。特别是 2014 年启动的可靠性工程、精细化工程、商品力工程、体系建设工程四大工程，对产品质量的提升功不可没。

可靠性工程是站在用户视角，围绕用户使用过程中出现的一些质量问题，回到产品开发环节进行改进，这是解放全面质量管理的第一个维度，极大地拉近了与用户的距离；精细化工程是基于解放立足世界的战略目标，在产品精细化程度上，向世界最高水平的卡车靠拢；商品力工程是指解放率先在市场上启动了轮端 10 万公里免维护，发动机产品 B10 寿命达到 150 万公里，提升了产品的性价比；体系建设工程是指建立能够保证产品质量的质量管理体系，从 ISO9000 体系到现在的 IATF16949 体系，解放还连续四年外聘顶尖团队对自身的质量体系进行评估，以保证自身持续不断地改进。

几十年发展，几十年奋斗，一汽解放强化了新产品认证、质量改进、过程控制等措施，为实现质量领先夯实了基础，使解放品牌真正具备了国际名牌的底蕴。优质高效的管理体系，使一汽解放在汽车市场保持着销量优势，以国内第一的身份参与国际竞争。

三 智能网联：撬动未来

在国内外智能网联汽车竞争硝烟四起之时，善为远谋的解放早已“排兵布阵”。

（一）产品为先占领市场

不断推出新产品、持续发力新技术、围绕用户需求做文章……一直走在国内商用车前列的解放，在智能网联方面展现了其新视野、新思路、新探索。

解放独具战略眼光，率先推出智能化产品。2018 年 4 月 18 日，一汽解放在青岛港一口气发布了自动驾驶、智能编队、无人环卫、智能港口 ICV 等在内的 L4 级系列智能车产品集群，完成了一汽解放“挚途”战略下九大智能化场景的产品布局。

在港口实地作业中，其实现了自动规划行驶轨迹、检测障碍物避障、监测装载状态及灯光系统、监测油量并行驶至加油区加油，精准高效地完成自动装货、行驶、转向、停车、卸货等一系列动作，全方位满足了不同港口的作业需求，广受好评。

优良的产品无疑是来自解放的核心科技。新发布的 L2 量产级商用车，基于解放 J7 高端平台研发，搭载“挚途领航”智能驾驶辅助系统，拥有车道居中控制（LCKS）、主动智能巡航（ACC）、智能主动刹车（AEBS）和解放行车联网四大核心技术。其智能系统各软、硬件模块均通过车规级产品认证，凸显了解放的科技实力。

以解放 J7 为代表的新一代智能网联重卡产品不只是运输工具，更是定位于搭载信息化技术的智能终端，配合持续进步的万物互联技术，以精细、动态、科学的管理，实现物流的智能化、网络化、自动化、可视化、可控化，持续推动中国物流运输模式向现代化、智能化、集约化方向迈进。

（二）开放合作“巧借外力”

解放之所以能够在智能网联商用车市场保持领先地位，靠的是明确的目标规划、一步一个脚印的落地，以及开放合作的心态。

首先，解放善于利用大数据。一是“大数据 + 设计”，也就是将从车辆产品上反馈的相关数据及信息，作为产品设计的指南；二是“大数据 + 销售”，通过大数据管理营销，打通营销“堵点”；三是“大数据 + 服务”，通过大数据及时了解车辆状况，对车辆进行诊断，发现问题，及时提供服务。如此一来，有效拓展了大数据的应用。

其次，解放将自动驾驶作为智能化的重要发力点，既加强自动驾驶系统装车后的道路测试，积累数据，不断改进和完善，也提升车辆本身与自动驾驶系统的融合度，逐步在自动驾驶领域形成自己独有的技术。

最后，一汽解放能够正确认识与国际先进水平之间的差距，发力追赶，拟在欧洲建立商用车技术研发分部，与国外高校开展技术研发合作，降低时间成本，提高效率，建立良好的研发组织，建设新型研发体系，这是智能网联时代至关重要的基础。

一汽解放的智能网联之路，是自主创新加开放合作“巧借外力”，从 2017 年 4 月解放发布“挚途”战略开始，特别是进入 2019 年，解放的智能网联步伐一直在加速。

2019 年 1 月 19 日，一汽解放在厦门正式发布了“哥伦布智慧物流开放计划”，向外界全面展示了解放对未来的憧憬和规划。

2019 年 5 月，一汽解放在德国与博世集团就智能网联合作签署协议。

2019 年 8 月 8 日，作为一汽解放“哥伦布智慧物流开放计划”的重要组成部分、一汽解放“挚途”战略落地实施的重要里程碑，由一汽解放与智加科技等合资孵化的苏州挚途科技有限公司正式成立。同月，一汽解放与中国联通就智能网联合作签署协议。

在技术分工越来越细、合作难以绕开的时代，解放在智能网联方面的合作确实耐人寻味。一汽解放的目标就如中国一汽总经理助理，一汽解放董事长、党委书记胡汉杰所说："一汽解放要做的是通过数据互联化，助推物流实现生态化，继而达到数据智能化，实现物流智慧化。"

四　营销策略：难以复制的营销典范

事实上，如今一路狂奔的解放，也曾有过销量低迷的困境，也曾为如何打破僵局而苦苦探索。当今天一汽解放的营销模式被市场频繁"克隆"之时，业界不由得惊叹，厚积薄发神速崛起的一汽解放堪称营销典范。

（一）差异化定制车型一炮打响

说到一汽解放的困境，莫过于商用车市场低谷期的2015年，那时解放不仅面临巨大的发展压力，更面临空前的生存压力。如何走出困局？解放决定以用户需求为导向，加快打造产品的差异化、定制化优势。于是，"3 + X"产品研发模式应运而生，"3"即解放销售公司、商用车开发院和产品管理部，"X"即用户。

所谓差异化，就是要围绕不同工况、不同需求点，解决用户的痛点，实现价值。所谓定制化，就是围绕东西南北的地域差异、一年四季的气候变化、产品品系方向等多维度做专向产品开发。解放先后推出的北方款、西南款、南方款、四季款、领航版、质惠版等，都是在这一思路的指导下推出的。

产品创新是每一家商用车企业的目标，但修行者众，修成者寡，而解放差异化的定制车型可谓一炮打响。对细分领域、细分市场、用户需求拿捏得如此到位，解放还是第一家。以备受用户喜爱的北方款为例，其目标就是解决煤炭运输市场的痛点。北方的冬季天寒地冻，煤炭需求异常旺盛，但常常因为车辆事故频发而塞车严重，有时塞车时长甚至达到 24 小时。用户的最大愿望就是单程运输能多拉货多创造利润，同时在较长的塞车时间内能解决取暖问题。

解放深谙用户需求，针对性推出的北方款不仅将轻量化设计和可靠性发挥到极致，以最大限度提高运输效率，更是在取暖和省油之间取得了最佳平衡。就是这样小小的细节改变，带给用户的却是真金白银。这样的车型一投入市场，便带来了用户需求的极大释放，也助力解放打了一场漂亮的翻身仗。

（二）体验式营销步步提升

商用车企业都在宣传“以用户为中心”，但真的洞悉用户需求的企业不多，解放就是其中一家。事实上，货运客户的诉求往往会被隔断，车企想要准确捕捉用户的声音，必须建立线上、线下的触点，与用户有效地、频繁地互动起来。说白了，商用车是生产资料，车做得再好，如果做不到用户的心坎上，不能帮用户创造价值，都是无用功。

一汽解放可以说对“以用户为中心”理解得极为透彻。首先，必须知道用户想要什么，什么能给用户带来价值；其次，要熟悉各种用户，能准确描绘用户的运营场景；最后，要和经销渠道一起为用户提供便捷、高效的服务，让用户从始至终都有愉悦的体验。

本着这样的初心，一汽解放在 2014 年末推出了与用户紧密联系的“百千万体验式营销推广模式”。所谓“百”，是指每年要开展百场以上的品牌活动，打造解放中国第一商用车的品牌形象；所谓“千”，是指要组织几千场各类型的用户联谊、品鉴和订购活动；所谓“万”，是指通过上述活动与几万、几十万个客户建立联系，增强客户对解放的认知，同时实现预订的集客，最终实现成交。

可以说，“百千万体验式营销推广模式”是解放独创，且非常接地气又行之有效的与用户互动的方式。五年间，解放与用户之间形成了一种充满黏性的亲密关系，用户的诉求、心声、反馈能第一时间抵达解放公司，解放再相应做出反馈与调整，解放与用户之间越走越近，解放的产品与服务也就越来越贴近用户的心。

（三）弱势区域各个击破

想要在商用车市场坐稳第一把交椅，一汽解放深知还要补齐木桶的最短一块板。历史上，西部是解放的短板区域，在品牌认知、产品适应性、网络覆盖度、服务满意度等方面，解放与一些主流品牌相比还存在一定差距。解放在牵引、载货车领域拥有绝对优势，但在工程车、专用车市场的排名并不靠前。也就是说，想要在商用车行业持续领跑，必须解决区域和品系结构不均衡的问题。

基于此，2015～2017 年，解放进行了大刀阔斧的改革。比如，对西部的成都工厂进行升级改造，为西部生产全新 J6 产品；成立西部营销部，开展适合西部区域特征的营销服务，解放西部产销体系基本形成。五年来，深耕的决心和战略投入使资源不断向西部倾斜，一汽解放把最年轻、最有干劲的人才队伍派驻到西部，重新设计和开发更适合西部山区的西南款车型。

数字是最好的证明。从销售数据来看，解放在西部市场的销售业绩逐年攀升：2016 年，解放在西部实现万辆突破；2017 年，解放在西部产销超过 2 万辆；2019 年，解放在西部的目标是销售 3 万辆，实现三年 3 倍的跨越式增长。

对于西部市场的发展，中国一汽总经理助理，一汽解放董事长、党委书记胡汉杰说："解放一直有一个西部梦想，那就是无论在高原盆地，还是在山峦丘陵，哪里有路，哪里就有解放卡车。希望解放人用三到五年的时间打造西部 525 工程，即年销量 5 万辆，市场份额占比达到 25%。"解放紧跟"一带一路"倡议，实现西部突破、区域均衡发展的决心和魄力可见一斑。

（四）持续开展前瞻性洞察

从产品定位到营销战略，从"百千万体验式营销推广模式"到聚焦未来生态的"哥伦布智慧物流开放计划"，仔细观察不难发现，一汽解放这些年越来越不拘泥于做一家传统的商用车企业，无论是思维模式还是行动方式，无论是对市场节奏的把握还是对新兴业态的前瞻布局，都透着前卫、现代、科技、商业的眼光和格局，一个新时代中国的世界级企业正展露风采。

在深刻影响商用车市场走向的“921”法规实施的半年前，解放就针对这一法规成立了应对项目团队，分析法规变化下的产品、客户结构和区域市场变化，以及波峰、波谷的需求节奏变化。后来的事实也证明，整个项目团队的策划方案和市场真实节奏完全吻合，营销效果再一次证明了方法论的正确，这也让解放抓住了市场变化的机会乘势而上，在激烈的竞争中实实在在地抢占了先机。

五　公益品牌：领航商用车公益品牌建设

一路走来，一汽解放在公益事业和社会责任方面倾注的心血，并不比在产品研发和市场营销上少。

2018 年 7 月 13 日，在中国首辆国产汽车下线 62 周年纪念日，一汽解放正式对外发布了“解放爱领航”公益品牌。一汽解放将企业实现扶贫、教育、环保等领域的公益事业品牌化、矩阵化，标志着一汽解放的社会公益事业进入新阶段。

“解放爱领航”诞生后一年，无论是公益专项的规划、实施和落地，还是公益品牌精神的传播和宣贯，都取得了一定的成果、获得了一定的赞誉。2018 ~ 2019 年，一汽解放获得了《南都传媒》第 17 届车坛奥斯卡“2018 年度社会责任精准扶贫实践奖”、第八届中国公益节“2018 年度特别致敬大奖”和第八届中国公益节“2018 年度公益项目奖”。

2019 年，一汽解放郑重承诺，每卖出一辆解放汽车，就拿出 15 元（2018 年为 10 元）投入公益事业，为打造“解放爱领航”品牌提供源源不断的资金保障。同时，“解放爱领航”公益品牌已被纳入解放品牌发展战略，与企业品牌、产品品牌、服务品牌、技术品牌、生态品牌一起构成六大品牌矩阵，共同推进解放“中国商用车领航者”品牌形象建设。

“解放爱领航”是中国第一个商用车公益品牌，对于行业来说有着里程碑式的意义。而企业的发展，最后就是凝聚为一个品牌。好的品牌代表一种实力、一种精神、一种态度，更是一笔无形的财富。

参考文献

郝文丽：《一汽解放领航商用车公益品牌建设》，《企业家日报》2019 年第 29 期。
柯峥：《解放汽车如何提升自身品质》，《中国品牌》2010 年第 9 期。

B.20

逆境显本色，长江玻璃公司的奋发与转变

姚福太*

摘　要： 2019年受到客车市场形势变化的影响，作为行业翘楚的长江玻璃公司同样面临巨大的市场压力和资金问题，面对严峻的形势，长江玻璃公司首先抓"内功"，提升管理水平并加强创新，内部挖潜；继而立足市场现状，在巩固原有优势的同时，制定新的营销策略，用更加灵活的方式迎接市场挑战。

关键词： 长江玻璃　安全玻璃　技术创新

2019年，常州长江玻璃有限公司（简称长江玻璃公司）在逆境中奋发有为，成为同行业翘楚。

一　第一次出现"拐点"

长江玻璃公司积累了丰富的玻璃深加工经验，是中国客车安全玻璃行业集设计、制造、销售、服务于一体的领先品牌，是国内较早也是较大的客车安全玻璃生产基地，为全国75%以上的客车生产企业供应过配套产品，全国90%以上一、二线城市的公共汽车配装过长江玻璃。长江玻璃公司被认定为高新技术企业、江苏省新型特种工业玻璃工程技术研发中心、江苏省民营科技型企业，连续16届入选"全国百家优秀汽车零部件供应商"。长江

---

* 姚福太，《中国汽车报》社主任编辑。

玻璃公司董事长万焕春入选“改革开放30年中国汽车零部件行业30位杰出企业家”和“2013年度中国汽车零部件行业杰出企业家”。

长江玻璃公司立足客车玻璃专业市场，持续推进产品创新，注重节能减排，关注驾乘感受，引领客车安全玻璃市场新潮流。

公共汽车事故造成不少人间悲剧。乘客如何能够在公共汽车发生事故时安全避险，成为客车行业必须解决的问题。

从2003年起，长江玻璃公司急社会之所急，开发生产出一系列用于乘客紧急避险的客车外推式紧急出口窗（钢化侧窗结构）。作为专用避险窗，外推式紧急出口窗向外打开可达90度，只需乘客拉动把手向外推开即可下车。相比过去乘客在危急时刻用客车上设置的安全锤敲击玻璃进行避险，外推式紧急出口窗使用起来更加方便、更加直接、更加快捷、更加安全。另外，外推式紧急出口窗还可以和内置推拉窗或内置翻开窗组合，增加通风换气功能，也可依照实际需要选用带支撑杆和气撑杆结构。

长江玻璃公司投入5000多万元，购买设备，新建车间，并从国外引进先进技术和科技专家，研究开发客车隔热安全玻璃，提升客车玻璃隔热效率，有效降低车内温度，延长新能源客车续驶里程。当前，长江玻璃公司已经批量生产隔热夹层前挡风玻璃，采用SLEC隔热中间膜，能有效阻隔紫外线，还能大幅阻隔红外线，同时保持高透光性。在同等条件下，配装前挡风夹层玻璃的客车驾驶台温度可下降10℃左右。

同时，长江玻璃公司成功开发具有高隔热率的遮阳隔热钢化车窗玻璃。遮阳隔热钢化车窗玻璃具有高透光、高隔热、低辐射的卓越性能。相比用阳光控制膜隔热工艺制造的车窗玻璃，遮阳隔热钢化侧窗玻璃具有附着力强、表面光滑、易清洁等优异性能。配装隔热玻璃的新能源客车续驶里程可增加20%左右。

应客车产品轻量化发展之需，长江玻璃公司投入1000多万元，对设备、工艺进行改造，将客车侧窗钢化玻璃厚度从原来的5毫米改进至4毫米，减轻玻璃重量20%以上。

长江玻璃公司还引领同行业产品结构革新，率先开发生产全玻璃面内置推拉窗（第二代内置推拉窗），并成功试制全平面内置推拉窗（第三代内置推拉窗）。

当前，长江玻璃公司已经与宇通、比亚迪、中通、苏州金龙、南京金龙、金旅、福田、豪沃、银隆、中车、中植、中博、申龙、申沃、亚星、江淮、安凯、黄海、百路佳等客车生产企业建立长期合作关系，并为北京、上海、天津、重庆、南京、杭州、广州、福州、海口、济南、郑州、石家庄、西安、兰州、沈阳、长春、哈尔滨、西安、呼和浩特、乌鲁木齐、银川、西宁、武汉、长沙、昆明、贵阳等几百个城市的公共汽车配套安全玻璃。

2019 年，受国内经济下行压力加大、新能源汽车购买补贴持续退坡、地方财政收紧等因素影响，国内客车市场萎缩 30% 以上，尤其是新能源公共汽车的市场需求量严重下滑，有些新能源客车企业的客户订单采购量甚至下降 50% 以上，这直接导致客车玻璃市场需求量下降。作为客车玻璃供应商，长江玻璃公司销售收入出现 1998 年以来持续增长之后的下降“拐点”：全年实现销售收入（含税金额）3.71 亿元，比 2018 年下降 21.3%，没有达到 5.05 亿元（含税金额）的年销售收入计划指标。

同时，新能源客车补贴逐步退坡，导致新能源客车企业普遍资金紧张。因此，新能源客车企业对玻璃等零部件供应商的付款周期延长，导致玻璃等零部件供应商应收账款的回笼风险加大。2019 年，长江玻璃公司应收账款金额为 2.22 亿元，销售收入欠款率高达 59%。其中，部分客车企业经营极度困难甚至停产，给长江玻璃公司造成近 2000 万元的坏账。

二　提升管理水平和创新能力

2019 年前 10 个月，受客车市场需求下降的影响，长江玻璃公司所获订单不足，在职员工数量比 2018 年同期减少。长江玻璃公司各个部门加强内部管理，重点提升工作效率和产品质量，成立客车紧急出口窗专项推进组、总成外观精细化推进组、总成淋雨改善组、钢化玻筋和风斑改善组、前风挡模具痕迹改善组，重点纠改，全面跟进，取得显著效果，提高了产品质量，从而提升了客户满意度。

长江玻璃公司技术部在2019年以不断改进和完善工艺技术为工作重点，依照产品特点和客户需求，不断完善、修订和贯彻落实作业指导书、工艺文件，对新建文件进行专门跟踪检查，对工艺纪律进行不定期检查考核，推动产品质量提升。

2019年第四季度进入生产高峰期后，长江玻璃公司各部门团结协作，克服困难，不断挖掘潜力，生产一线员工主动加班加点，部门之间相互配合，共同努力完成生产计划。在2019年生产过程中，长江玻璃公司各个工段争先恐后，相互支援，及时通报信息。全体员工奋力拼搏，平安度过高产期，保证了产品及时交付，向客户展示了长江玻璃公司敢打硬仗、能打胜仗的实力。

通过设备更新和管理水平提升，长江玻璃公司不断提高产能，增强可塑性：依照客户需要，临时调整供货时间；物流部加强物流供应商管理，减少供货不准时现象；技术部上线工艺卡片管理系统，提升工艺卡片制作和传递的效率和准确性；人力资源部拓宽招聘渠道，快速满足生产一线生产高峰期的临时用工需求；销售部员工仔细核对和协调订单，确保订单准确，避免错误生产；设备部提前安装调试设备，加强日常点检维修，保障高产期设备运行；采购部不断加强供应商管理，同时拓宽采购渠道，保障高产期不缺料；质检部提升检验效率，在生产紧张时期不放松产品质量监管；质管部监督各部门职能完成情况，及时解决部门之间的沟通障碍，保持信息通畅，有序管理。2019年，客户对长江玻璃公司的供货空前满意。

在加强内部管理的同时，长江玻璃公司稳步推进各方面创新。

在订单不足时，长江玻璃公司避开早班峰电期，对夜班实施奖励，以求用足夜班谷电。

优化型材规格，增加常用规格型材采购量，对特殊尺寸产品进行特别定制，同时对生产过程采取管控措施，提高了型材利用率，比2018年节省型材19.1吨，共节约34.3万元。

技术部和研发部通力合作，开发内翻窗排水挡条，解决了内翻窗进风、进尘等问题；加深推拉窗锁扣，同时在窗锁内扣增加一道凹槽，不仅避免了别人从外面拍开推拉窗移窗的危险，而且设计更加人性化，让乘客推拉起来手感更细腻，提高了用户满意度；开发中空推拉窗滑轨和弯弧新结构型材，满足了客户的新需求；全面推广加长异形把手，解决外推窗开启力度不足的问题；组织开发生产模两侧可调节通用型辅助加热装置并大规模批量运用，节省了模具制作材料和摆放空间，实现降本增效；改进新压模炉用生产模的材料和制作工艺，降低制作成本，加快制作速度，使用效果显著；改进和优化环氧树脂检具制作方式，加快了制作速度；有效实行新的夹层新品试制规范流程，提高客车前挡风玻璃新品试装的准确性，过程清晰可追溯；制定一系列生产操作规范，编制隔热玻璃使用维护办法。

采购部结合外部信息，与其他部门合作，协助完成了五项改进：实现4毫米二代推拉窗（新全轻推拉窗）型材和辅料通用化；隐藏式紧急出口窗协助开发；手机扫描生产流程卡，手机扫描采购入库和手机扫描出库；完善人力资源管理系统；建成PLM图纸管理系统。

设备部改造淋雨房，增加玻璃淋雨覆盖面，可根据不同规格玻璃进行调整，改善了淋雨实验效果。

售后服务部依照市场需求，把常用产品批量下单作为备库，避免常用产品重复生产，降低生产成本，缓解在售后维修市场上供不应求的困难，增加了销售额。

2019年，长江玻璃公司深入进行全方位管理和技术创新，为平缓度过下行拐点提供了牢固的基础。

三　在巩固原有市场的同时开拓新市场

2019年，长江玻璃公司接收的订单比2018年下降23.3%。

面对新的市场形势，长江玻璃公司在2019年初制定了新的营销策略，重点开发公共汽车配套市场，提高客车行业重点企业配套比例，大力推广隔热玻璃、紧急出口全玻璃面内置推拉窗等产品。

近年来，长江玻璃公司主动跟踪国内一、二线城市公共交通公司的需求，通过创新，引领产品更新换代，为公共汽车用户个性化定制产品，受到公共汽车用户的好评。

2019 年，在稳定一、二线城市公共汽车配套市场的基础上，长江玻璃公司积极收集三、四线城市公共汽车用户的需求信息，为上百个二、三线城市的公共汽车提供配套产品。

在国内客车售后配件市场上，长江玻璃公司在 2019 年发展和维护 640 多家配件客户，实现销售收入 2741.7 万元。随着公共汽车配套件市场不断扩大，长江玻璃公司已经在大部分城市设立了稳定的公共汽车玻璃维修服务站点，形成规范的服务流程，能够快速、优质地服务公共交通公司。

2019 年，国内客车市场整体订单不足，产品价格下滑，竞争加剧，长江玻璃公司在 20 年持续增长之后出现第一个下行拐点。这个拐点的出现，是客车市场大势所趋。但是，长江玻璃公司逆势而上，以提升效益为宗旨，以系统创新为动力，以降低成本为主线，以提升管理水平为重点，在巩固已有市场的同时不断开拓新市场，实现销售收入和市场占有率领先同行业，显示出长江玻璃品牌的实力，这样的经验值得汽车零部件行业推广。

参考文献

张升：《常州工业技术玻璃有限公司简介》，《城市公共交通》2010 年第 8 期。

附　录

The Appendix

B.21 2018～2019年中国品牌汽车销量

表 1　2018～2019 年自主品牌轿车销量

单位：辆

品牌	车型	2019 年自主品牌轿车销量	2018 年自主品牌轿车销量
吉利	汇总	478040	633658
	金刚	0	16960
	远景	79994	143851
	帝豪	211472	246933
	博瑞	23636	44299
	帝豪 GL	79390	148531
	缤瑞	83548	33084
上汽荣威	汇总	206186	169537
	荣威 550	-1	0
	荣威 950	1244	3248
	荣威 i5	158945	58182
	荣威 i6	44830	73902

续表

品牌	车型	2019 年自主品牌轿车销量	2018 年自主品牌轿车销量
	荣威 350	0	1144
	荣威 360	1168	33061
奇瑞	汇总	200481	189394
	小蚂蚁	18268	17947
	新 QQ	24291	37632
	QQ3	49	0
	星途	15994	0
	风云	1205	7414
	奇瑞 E3	12271	10925
	奇瑞 E5	0	240
	艾瑞泽 GX	71614	10278
	艾瑞泽 EX	5310	0
	艾瑞泽 5	51479	104452
	艾瑞泽 7	0	355
	凯翼 C3	0	151
长安汽车	汇总	163963	190014
	奔奔	2334	15992
	悦翔 V3	0	8359
	悦翔 V7	731	2315
	逸动	124024	125717
	睿骋	46	466
	睿骋 CC	21875	29735
	第三代悦翔	14953	7430
比亚迪	汇总	113009	163326
	E5	29311	46213
	秦	62189	65871
	F3	21390	47573
	F0	0	793
	G6	119	0
	速锐	0	2876
北汽自主	汇总	107736	58058
	D20	801	683
	D70	0	6329
	D50	97967	48695

续表

品牌	车型	2019 年自主品牌轿车销量	2018 年自主品牌轿车销量
	D80	9	0
	绅宝智道	8959	2351
一汽轿车	汇总	77787	50738
	奔腾 B30	18820	12172
	奔腾 B50	451	4692
	奔腾 B70	0	849
	红旗 H5	49889	22960
	红旗 H7	8627	10065
启辰	汇总	73969	64873
	启辰 R50	0	1
	启辰 D60	73969	64872
上汽通用五菱	汇总	68209	157856
	宝骏 630	4368	6192
	宝骏 610	0	1
	宝骏 310	47124	151663
	宝骏 RC-6	16717	0
领克	汇总	52887	9258
	领克 03	52887	9258
长城	汇总	31604	5976
	欧拉 R1	28498	0
	C30	3106	5976
广汽传祺	汇总	26436	55904
	传祺 GA3	407	2548
	传祺 GA6	14950	12975
	传祺 GA8	1771	4115
	传祺 GA4	9308	36266
东风乘用车	汇总	20986	27973
	风神奕炫	18485	0
	风神 A30	15	319
	风神 H30	0	21744
	风神 A60	1882	4007
	风神 L60	375	1646
	风神 A9	229	257
昌河	汇总	14738	23129

续表

品牌	车型	2019 年自主品牌轿车销量	2018 年自主品牌轿车销量
	北斗星	8195	10521
	北斗星Ⅱ代	0	3316
	昌河 A6	6543	9292
江淮	汇总	12526	3165
	嘉悦 A5	8153	0
	和悦 A30	3477	2986
	和悦 A60	896	179
观致	汇总	12416	15839
	观致 3	12416	15839
东南	汇总	7697	6782
	翼舞	7341	4108
	菱悦	216	875
	菱致	140	1799
东风柳汽	汇总	7444	7008
	景逸 S50	7444	7008
众泰	汇总	6209	12677
	江南	0	299
	Z300	1913	7327
	Z100	117	610
	Z500	1672	1861
	Z700	2507	2580
贵航莲花	汇总	4614	2409
	云雀 Q1	4614	2409
湖南猎豹	汇总	3928	1139
	CS9	3928	1139
华泰	汇总	1818	12848
	路盛 E80	1691	9646
	路盛 E70	127	3202
天津一汽	汇总	1796	12861
	夏利	1	2
	威志 V2/V5	220	1120
	骏派 A70	2	392
	骏派 A50	879	8511
	骏派 CX65	694	2836

续表

品牌	车型	2019 年自主品牌轿车销量	2018 年自主品牌轿车销量
华晨中华	汇总	1309	39479
	骏捷	0	5637
	H530	1022	2201
	H230	0	8078
	H330	124	13794
	H220	0	3600
	CROSS	144	3072
	H3	19	3097
力帆	汇总	928	7364
	力帆 520	58	4
	力帆 620	216	4007
	力帆 520i	0	9
	力帆 330	19	1110
	力帆 720	5	37
	力帆 530	1	465
	力帆 820	629	1732
一汽海马	汇总	481	4798
	福美来	473	4419
	福美来专车版	8	379
海马汽车	汇总	355	7362
	M3	339	6405
	M6	16	957

资料来源：《中国汽车工业产销快讯》第 241 期、第 253 期。

表 2　2018 ~ 2019 年自主品牌 SUV 销量

单位：辆

品牌	车型	2019 年自主品牌 SUV 销量	2018 年自主品牌 SUV 销量
长城	汇总	769554	766062
	哈弗 H5	2822	7705
	哈弗 H6	386405	452552
	哈弗 H8	0	1114
	哈弗 H2	37993	106120
	哈弗 H1	2634	5938

续表

品牌	车型	2019 年自主品牌 SUV 销量	2018 年自主品牌 SUV 销量
	哈弗 H9	13434	14635
	哈弗 H7	12451	21391
	哈弗 M6	118811	73018
	哈弗 H4	27341	43017
	哈弗 F7	140770	17109
	哈弗 F5	26893	23463
吉利	汇总	709841	746766
	博越	232327	255695
	缤越	137528	23361
	帝豪 GS	112777	157638
	远景 X6	81934	113309
	远景 X1	2	11911
	远景 X3	94935	116944
	远景 S1	26394	67908
	星越	23944	0
长安	汇总	581763	562947
	CS35	141701	131417
	CS75	193227	140066
	CS15	22772	31249
	CX70	53885	80241
	CS85	22676	183
	CS95	7498	6804
	CS55	112202	165102
	COS1°	11394	7885
	F202	11764	0
	科赛 5	2587	0
	科赛 3	2057	0
奇瑞	汇总	376965	284072
	瑞虎	35595	84736
	新瑞虎 5	60981	54352
	瑞虎 3X	6514	10329
	瑞虎 5	3355	16349
	瑞虎 7	14759	27744
	瑞虎 8	42602	50553

续表

品牌	车型	2019 年自主品牌 SUV 销量	2018 年自主品牌 SUV 销量
	捷途 X70	127524	40009
	T1A	73892	0
	捷途 X90	11501	0
	T19	242	0
上汽通用五菱	汇总	284009	477727
	宝骏 RS-3	20335	0
	宝骏 RS-5	22457	0
	宝骏 510	158138	361403
	宝骏 530	83079	116324
广汽乘用车	汇总	259110	437667
	传祺 GS5	47054	14598
	传祺 GS4	105169	246636
	传祺 GS8	28096	61773
	传祺 GS7	6184	25350
	传祺 GS3	72607	89310
比亚迪	汇总	247640	189126
	S7	0	860
	宋	108999	84327
	元	61900	41861
	唐	76741	62078
上汽荣威	汇总	208366	287258
	荣威 X8	2729	0
	荣威 RX5	119457	220064
	荣威 RX5 Max	39632	0
	荣威 RX3	38418	53938
	荣威 RX8	8130	13256
东风小康	汇总	156315	179793
	风光 580	79384	110975
	风光 S560	59417	60101
	风光 ix5	16256	8689
	风光 F517	1258	28
众泰	汇总	144878	211317
	T600	19726	30418
	大迈 X5	0	8606

续表

品牌	车型	2019 年自主品牌 SUV 销量	2018 年自主品牌 SUV 销量
	SR7	382	9050
	SR9	0	11918
	大迈 X7	0	12043
	T700	18991	37828
	T500	16187	36268
	T300	53217	43665
	君马 S70	8045	12815
	君马 Seek5	28330	8706
一汽轿车	汇总	99403	69780
	奔腾 T77	45424	8295
	奔腾 T33	6163	0
	奔腾 T99	4458	0
	奔腾 X80	1333	4446
	奔腾 X40	42025	57039
魏派	汇总	99299	136099
	VV7	19678	54671
	VV6	57624	18460
	VV5	21997	62968
北汽自主	汇总	89617	99227
	BJ20	663	10444
	B40	20467	24458
	B80	15853	8213
	绅宝 X25	15686	18353
	绅宝 X55	0	42
	绅宝 X65	1000	303
	绅宝智达	25041	25883
	绅宝智行	10907	11531
领克	汇总	75170	111156
	领克 01	51636	89405
	领克 02	23534	21751
斯威	汇总	54235	57895
	斯威 X7	14104	28797
	斯威 X3	5081	6003
	斯威 G01	32064	23095

续表

品牌	车型	2019 年自主品牌 SUV 销量	2018 年自主品牌 SUV 销量
	斯威 G05	2986	0
中国一汽	汇总	47452	36248
	森雅 R7	2449	22718
	森雅 R9	3307	13530
	森雅 R8	62	0
	红旗 HS5	29284	0
	红旗 EV	8343	0
	红旗 HS7	4007	0
东风柳汽	汇总	45304	59159
	风行 T5	45304	0
	景逸 X5	0	44807
	景逸 X6	0	14352
北汽银翔	汇总	41674	129040
	幻速 S2/S3	16585	55391
	幻速 S6	1794	2607
	幻速 S5	8605	37040
	幻速 S7	14690	34002
东风乘用车	汇总	41571	61335
	风神 AX7	36470	45829
	风神 AX3	1469	2440
	风神 AX5	1161	4545
	风神 AX4	2008	6327
	风度	463	2194
启辰	汇总	41490	62427
	启辰 T60	16294	2726
	启辰 T70	14637	36765
	启辰 T90	10559	22936
江淮	汇总	54256	74901
	瑞风 S4	22374	1573
	瑞风 S7	1686	6787
	瑞风 S5	7093	17635
	瑞风 S3	12982	34470
	瑞风 S2	9833	13527
	瑞风 S2 mini	288	909

续表

品牌	车型	2019 年自主品牌 SUV 销量	2018 年自主品牌 SUV 销量
华泰	汇总	30963	76158
	圣达菲	30963	76158
华晨中华	汇总	26695	42050
	V5	0	1060
	S35	122	317
	V3	17903	12185
	S70	27	673
	S30	0	534
	V6	275	14611
	V7	5648	12670
	观境	2720	0
东南	汇总	22945	78579
	DX7	4703	17089
	DX3	12796	61490
	DX5	5446	0
凯翼	汇总	18339	17910
	凯翼 X3	9848	8333
	凯翼 V3	1	1150
	凯翼 X5	8490	8427
观致	汇总	13481	46206
	观致 3 SUV	28	166
	观致 5 SUV	13453	46040
湖南猎豹	汇总	12041	62683
	CS10	3016	16559
	Q6	1380	3756
	CS9	3892	32857
	迈途	3753	9511
昌河	汇总	8972	22096
	Q25	633	1528
	Q35	4147	11011
	Q7	4192	9557
海马汽车	汇总	8366	23514
	海马 S5	2065	23514
	8S	6301	0

续表

品牌	车型	2019 年自主品牌 SUV 销量	2018 年自主品牌 SUV 销量
上汽大通	汇总	7644	6114
	大通 D90	2996	6114
	大通 D60	4648	0
野马	汇总	6484	8845
	T60	6215	0
	T70	152	6809
	T80	117	2036
潍柴	汇总	6117	6047
	英致 G3	1558	2717
	英致 G5	1506	3330
	U70	3053	0
开瑞	汇总	5694	27113
	开瑞 K60	5694	27113
比速	汇总	4669	24917
	比速 T3	1044	3525
	比速 T5	3625	21392
江铃	汇总	4001	25692
	驭胜	1551	6892
	陆风	2450	18800
陆风	汇总	2450	18800
	陆风	2450	18800
天津一汽	汇总	2196	5930
	骏派 D60	1043	5163
	骏派 D80	1153	767
北汽有限	汇总	2044	3377
	勇士	2044	3374
	域胜 007	0	3
力帆	汇总	1303	20624
	X60	2	2895
	X50	231	1232
	X80	247	1485
	迈威	474	9148
	X70	349	5864
一汽海马	汇总	641	17529

续表

品牌	车型	2019 年自主品牌 SUV 销量	2018 年自主品牌 SUV 销量
	S7	541	13809
	S5H	100	3720
广东福迪	汇总	543	1414
	揽福	543	1414
北汽福田	汇总	459	1289
	萨瓦纳	459	1289
庆铃	汇总	148	30
	竞技者	148	30

资料来源：《中国汽车工业产销快讯》第 241 期、第 253 期。

表 3　2018～2019 年自主品牌 MPV 销量

单位：辆

品牌	车型	2019 年自主品牌 MPV 销量	2018 年自主品牌 MPV 销量
上汽通用五菱	汇总	566636	694145
	五菱宏光	374878	476537
	五菱征程	0	2
	宝骏 730	98221	111507
	宝骏 360	62284	106099
	宝骏 RM-5	31253	0
比亚迪	汇总	68175	141068
	宋 MAX	68175	141068
东风柳汽	汇总	63405	62270
	菱智	63405	62269
	景逸	0	1
广汽乘用车	汇总	58760	32745
	传祺 GM8	23097	30769
	传祺 GM6	35663	1976
长安	汇总	57443	105408
	欧诺	27295	56035
	欧力威	0	2917
	欧尚	17908	22773
	欧尚 A800	8251	15353
	科尚	3989	435

续表

品牌	车型	2019 年自主品牌 MPV 销量	2018 年自主品牌 MPV 销量
	凌轩	0	7895
上汽大通	汇总	52899	24857
	大通 G10	24240	24541
	大通 G50	28659	316
江淮	汇总	37566	56083
	江淮瑞风 M3	24490	30746
	江淮瑞风 M4	11677	14146
	江淮瑞风 M5	898	2250
	江淮瑞风 M6	109	91
	江淮瑞风 R3	392	8850
吉利	汇总	32961	0
	嘉际	32961	0
东风小康	汇总	25582	37135
	风光 330	24000	30646
	风光 370	1374	4399
	风光 370N	208	2090
华晨金杯	汇总	23173	32884
	新快运	15258	0
	阁瑞斯	2803	19503
	华颂 7	1184	1069
	金杯 750	1938	10379
	金杯 F50	1990	1933
昌河	汇总	13292	24581
	昌河 M50	7567	15479
	威旺 M60	5725	0
	昌河 M60	0	3576
	昌河 M70	0	5526
北汽银翔	汇总	10827	29043
	幻速 H2	3544	6935
	幻速 H3	6895	20180
	幻速 H6	5	546
	幻速 H5	383	1382
北汽福田	汇总	9578	14707
	蒙派克	7419	7756

续表

品牌	车型	2019 年自主品牌 MPV 销量	2018 年自主品牌 MPV 销量
	伽途 ix	2159	6951
保定长客	汇总	6123	8757
	睿行 S50	6123	8757
奇瑞	汇总	4543	21144
	凯瑞优雅二代	0	153
	K50	4543	20991
潍柴汽车	汇总	3824	7677
	英致 737	1574	2937
	英致 727	2250	4740
新龙马	汇总	2165	2262
	EX80	2165	2262
东风启辰	汇总	2132	4768
	启辰 M50V	2132	4768
一汽海马	汇总	791	2636
	福美来 7 座	791	2636
野马	汇总	117	5399
	斯派卡	117	5399
比速	汇总	110	403
	M3	110	403
力帆	汇总	57	2377
	乐途	2	331
	轩朗	55	2046

资料来源：《中国汽车工业产销快讯》第 241 期、第 253 期。

表 4　2018～2019 年自主品牌新能源车销量

单位：辆

品牌	车型	2019 年自主品牌新能源车销量	2018 年自主品牌新能源车销量
比亚迪	汇总	219353	227152
	E5	29311	46213
	E6	0	6508
	秦(PHEV)	16930	47425
	秦(BEV)	19159	10527
	e1(BEV)	7470	0

续表

品牌	车型	2019 年自主品牌新能源车销量	2018 年自主品牌新能源车销量
	e2(BEV)	7319	0
	e3(BEV)	1649	0
	唐(PHEV)	34014	37146
	唐(BEV)	6931	0
	宋 MAX(PHEV)	5157	0
	宋 DM(PHEV)	16067	39318
	宋 BEV	7462	4316
	元 BEV	61900	35699
	S2 BEV	5984	0
北汽自主	汇总	147945	147959
	D50(BEV)	80164	22996
	D80(BEV)	9	0
	EU300(BEV)	12434	0
	EX3	8939	0
	EC180	12873	91954
	EU5(BEV)	9468	0
	LITE	600	565
	EX360	0	14237
	EV300	0	506
	EU 系列	6998	1967
	绅宝 X25(BEV)	13117	13306
	绅宝智行(BEV)	3340	513
	EX 系列	3	1148
	EX260(BEV)	0	767
吉利	汇总	65730	49813
	帝豪 EV	28450	31426
	帝豪 PHEV	508	362
	帝豪 GL PHEV	4615	67
	博瑞 GE(PHEV)	3046	10474
	几何 A	12662	0
	嘉际(PHEV)	3670	0
	缤越(PHEV)	1203	0
	帝豪 GS(BEV)	10806	7484
	星越(PHEV)	770	0

续表

品牌	车型	2019 年自主品牌新能源车销量	2018 年自主品牌新能源车销量
上汽通用五菱	汇总	60050	25888
	宝骏 E100	60050	25888
奇瑞	汇总	46701	61325
	新 QQEV	21133	29020
	小蚂蚁(BEV)	18268	17947
	艾瑞泽 EX(BEV)	1651	0
	艾瑞泽 5(BEV)	2246	3411
	开瑞 K50(BEV)	0	618
	瑞虎 3X(BEV)	3403	10329
广汽传祺	汇总	42224	20045
	传祺 GA3 PHEV	156	256
	Aion S(BEV)	31929	0
	Aion LX(BEV)	1313	0
	传祺 GS4(BEV)	0	15
	传祺 GS4(PHEV)	1796	10922
	传祺 GE3	7030	8852
长城	汇总	180529	238172
	欧拉 R1	28498	0
	长城 C30(BEV)	0	1730
上汽荣威	汇总	57072	92789
	荣威 550(PHEV)	-1	0
	荣威 950(PHEV)	1241	2807
	荣威 i6(PHEV)	12930	33347
	荣威 Ei5(BEV)	30550	26008
	荣威 RX5(BEV)	519	4497
	荣威 RX5(PHEV)	8897	22711
	荣威 RX5 Max(PHEV)	752	0
	荣威 Marvel X	2184	3419
江淮	汇总	37887	50864
	IEV4(BEV)	0	1
	江淮 IEVA50	2824	2049
	江淮 IEVA60	34	0
	IEV6E(BEV)	18383	43155
	IEV7L(BEV)	4198	0

续表

品牌	车型	2019 年自主品牌新能源车销量	2018 年自主品牌新能源车销量
	江淮 IEV7(BEV)	0	119
	IEVS4(BEV)	4381	0
	IEV7S(BEV)	4192	5540
	思皓 EX20	3875	0
长安	汇总	34101	35962
	奔奔 BEV	2334	10970
	奔奔迷你 BEV	0	1791
	逸动 BEV	23148	5255
	逸动 PHEV	0	769
	尼欧 II(BEV)	99	1043
	欧尚(BEV)	5094	6706
	欧力威(BEV)	0	2917
	F202(BEV)	9	0
	S023(BEV)	17	0
	CS15(BEV)	2677	4564
	CS75 PHEV	723	1947
蔚来	汇总	20139	12807
	ES6	11970	0
	ES8	8169	12807
小鹏	汇总	16609	371
	小鹏 G3(BEV)	16609	371
东风乘用车	汇总	14972	8197
	E70 电动	14972	8197
江铃	汇总	13360	44422
	E100	0	10551
	E200	8963	32513
	E160	3	1358
	E180	32	0
	E300	3363	0
	E400	999	0
华泰汽车	汇总	15198	52737
	路盛 S1iEV360	3921	1738
	路盛 E70(BEV)	127	3202
	华泰 EV160	1865	29938

续表

品牌	车型	2019 年自主品牌新能源车销量	2018 年自主品牌新能源车销量
	圣达菲(BEV)	9285	17859
东风股份	汇总	9465	19226
	俊风(BEV)	9465	19226
一汽自主	汇总	8373	9
	红旗 EV	8343	0
	森雅 R7(BEV)	30	9
东风柳汽	汇总	6002	3369
	景逸 S50(BEV)	5234	2881
	菱智(BEV)	768	488
启辰	汇总	5204	0
	启辰 e30	154	0
	启辰 T60(BEV)	102	0
	启辰 D60(BEV)	4948	0
领克	汇总	3878	4530
	领克 01 PHEV	3291	4530
	领克 02 PHEV	372	0
	领克 03 PHEV	215	0
云度汽车	汇总	2566	7344
	π1	1892	5058
	π3	674	2286
一汽轿车	汇总	2192	3046
	奔腾 X40(BEV)	256	57
	红旗 H7(PHEV)	110	164
	GA10(BEV)	1826	2825
知豆	汇总	2095	15336
	知豆 D2S	2095	0
	知豆 D2	0	14880
	知豆 D3	0	456
众泰	汇总	1941	31573
	云 100	42	6501
	众泰 Z500(BEV)	286	133
	云 TT(BEV)	0	802
	芝麻 E30	0	4842
	E200	1609	18865
	T300(BEV)	4	430
四川野马	汇总	1541	4880

续表

品牌	车型	2019 年自主品牌新能源车销量	2018 年自主品牌新能源车销量
	野马 i3/i5(BEV)	647	0
	E32(BEV)	95	1831
	EC60 博骏(BEV)	792	0
	E70(BEV)	7	3049
东南	汇总	1534	6643
	电咖(BEV)	0	3918
	DX3(BEV)	1534	2725
海马汽车	汇总	1158	10492
	M3(BEV)	0	353
	爱尚电动	1158	10139
昌河汽车	汇总	942	216
	北斗星(BEV)	176	0
	EC100	766	0
	EV3	0	216
魏派	汇总	644	3387
	P8(BEV)	644	3387
上汽大通	汇总	431	180
	大通 G10(BEV)	218	180
	大通 G50(BEV)	213	0
湖南猎豹	汇总	369	3497
	CS9(BEV)	0	2444
	CS9(BEV)	369	1014
	C5(BEV)	0	39
东风小康	汇总	251	0
	小康 580 PHEV	251	0
陆风	汇总	131	0
	陆风(BEV)	131	0
力帆	汇总	67	5813
	力帆 330(BEV)	3	842
	力帆 820(BEV)	10	1198
	力帆 620(BEV)	54	3773
一汽海马	汇总	52	208
	E3(BEV)	52	208

资料来源：《中国汽车工业产销快讯》第 241 期、第 253 期。

Abstract

"Automobile blue book · brand" is a comprehensive series of reports on the development of Chinese automobile brand. China automobile brand development report (2020) is organized by China Automotive News, China Automotive Technology Research Center and Bosch (China) research group to organize a number of researchers from China Automotive brand research institute, China Automotive Technology Research Center data center, industry senior media practitioners and researchers of China Automobile Brand Research Institute And cloud platform monitoring, together to write an authoritative report that accurately and comprehensively discusses the current situation and trend of China's automobile brand development.

The book is divided into six parts: general report, market, brand, public opinion, case and appendix. The general report sorts out the development status, achievements and shortcomings of China's brand automobile and parts industry, and looks forward to the future of China's automobile brands.

The market part analyzes the status and role of Chinese automobile brands in the market from the overall pattern and market segmentation performance of passenger cars, commercial vehicles and parts industries. At the same time, from the three aspects of market, policy and technical route, this paper expounds the status quo and highlights of Chinese automobile brands in the new market and new changes in 2019, and analyzes and clarifies the problems and opportunities faced now, as well as the analysis and prediction of the future market changes from the perspective of new technologies, new enterprises and new market patterns.

The chapter of brand discusses the achievements and progress made by Chinese enterprises in the field of internationalization, and explains the problems and challenges faced by Chinese enterprises in going abroad and opening up overseas markets. At the same time, through the analysis of big data, this paper makes a systematic data collation and clear judgment on the competitiveness of China's passenger car brand, the consumer group of China's automobile brand, the competitiveness of China's commercial vehicle brand, and the growth and development of new Chinese automobile brands.

From the perspective of brand communication, brand attention and brand satisfaction of Chinese brand automobiles, the article summarizes the brand communication and word-of-mouth analysis of Chinese brand automobiles in various market segments, and analyzes the achievements and problems in the development and construction of brands and models. In addition, from the perspective of Chinese brand automobile enterprises, through the analysis of public opinion big data, the achievements and footprints of mainstream Chinese brand automobile enterprises and brands in various subdivided industries are clear and clear.

The case part selects representative typical automobile industry enterprises, combs the achievements and development status of enterprises in recent years, especially in 2019, analyzes the development mode and competitiveness of automobile enterprises and brands from different angles, and summarizes the advantages and problems faced by enterprises.

This book released the detailed data of China's automobile brand development in 2018 - 2019, including brand communication volume, brand attention, brand competitiveness, etc. , predicted the future development trend of Chinese automobile brand, used big data to launch a set of unique Chinese automobile brand evaluation system, and at the same time put forward a large number of beneficial and unique opinions and suggestions for the future development of Chinese automobile brand Suggestions. This book can provide relevant reference for automobile enterprises, automobile consumers, automobile employees and automobile management departments at all levels to study Chinese automobile brands.

In this book, due to the different sources of materials used and quoted by different authors, and the different ways and methods of writing and processing relevant information, data, data, and methods, there may be inconsistent data in some of the same fields. However, each analysis and report is based on open and reliable data, and the data trend and overall conclusion will tend to be consistent under the premise of reasonable and reliable data sources.

Keywords: Automobile Industry; Passenger Car; Commercial Vehicle Parts; Big Data

Contents

Ⅰ General Report

Abstract: The general report sorts out the current situation of China's automobile development in the three major categories of passenger cars, commercial vehicles and spare parts in 2019 and the prospects for future development. It makes a clear and clear analysis in order to recognize the reality of China's automobile development and better build the future of the automobile industry. It systematically combs the development status of China's passenger car brands in 2019, summarizes the achievements and problems of Chinese brands in the period of transformation and development, and discusses the future development road; although the growth rate of China's commercial vehicle industry slows down in 2019, there are continuous bright spots: overseas market, the implementation of "national six" standard, new energy and new science and technology have made breakthroughs; although the passenger car has been affected by the new technology, the development of China's commercial vehicle industry has slowed down However, the export and overseas markets have received "good news" frequently, while the truck market has accelerated the differentiation. Light truck and heavy truck are the two focuses of development. China's spare parts industry will also be affected by the overall development situation of the automobile industry in 2019. With the global development of the vehicle market and the acceleration of technological innovation, the spare parts industry is also faced with the reality of transformation and upgrading, technology upgrading and diversified development. China's spare parts industry should take into account both short-term growth and long-term planning layout to improve "internal strength" At the same time, from more aspects to find market entry point, seize the opportunity, strengthen and develop themselves.

Keywords: Passenger Car; Commercial Car; Auto Parts; Auto Industry; Chinese Auto Brand

Ⅱ The Market

B. 2 Report on the Development of China's Brand Passenger Car Market Pattern in 2019 *Shi Yunyun* / 023

Abstract: In 2019, China's brand passenger cars experienced a more downturn year, and the annual production and sales volume dropped sharply. The sales volume of the three major market segments of cars, SUV and MPV all decreased by more than 15% year-on-year, with MPV falling the most seriously. In the same way as the sales performance, the market share of self owned brand passenger cars was lower than 40% for 8 consecutive months in this year, and it did not return to the level of 42% until December 2019. However, in the overall market downturn, the layout of Chinese brand passenger cars in the luxury market has achieved initial results. With the sales performance of 100000 units, Hongqi brand has entered the top ten sales volume of Chinese luxury brand passenger cars for the first time, and the annual sales volume of high-end brands of Geely and great wall both exceed 100000. In addition, the number of new energy passenger vehicles increased slightly when the new energy vehicle market declined for the first time. Although BYD lost its position as the global sales champion, the top 10 domestic sales of new energy vehicles were still firmly occupied by Chinese brands.

It is worth mentioning that a total of 4 new car manufacturing forces will deliver more than 10000 vehicles in 2019 with a strong growth momentum, which is expected to become a new force in China's independent brand new energy passenger vehicle team.

Keywords: Chinese Brand Passenger Car; New Energy Vehicle; High-end Automobile Marke

Abstract: This report analyzes the market performance and market structure of Chinese brand commercial vehicles in 2019 from the perspective of passenger cars and freight cars to which commercial vehicles belong, and comprehensively analyzes the market share status and corresponding market status of various commercial vehicle brands and products through data from different channels. In the middle of 2019, the production and sales of China's commercial vehicle market will be better than that of passenger vehicles under the promotion of stricter control of overload, elimination of state-3 vehicles, rapid development of new energy logistics vehicles and recovery of infrastructure investment. However, affected by the downturn of the overall automobile market, the growth of domestic commercial vehicle industry will slow down in 2019. Among them, the production and sales of freight cars have reached 3. 888 million and 3. 85 million respectively, with a year-on-year increase of 2. 6% and a year-on-year decrease of 0. 9%. Compared with the same period of last year, the production and sales volume of heavy goods vehicles in the main market segments of freight cars showed an increase trend, while for the light and mini truck market, the annual output increased slightly, while the sales volume decreased slightly. In the medium-sized truck market, the annual production and sales volume showed a significant downward trend. In 2019, the same situation will be seen in the bus industry, with the annual production and sales volume of 472000 and 474000 vehicles, respectively, with a decrease of 3.5% and 2.2% over the same period. Although the growth has slowed down, there are still many bright spots in China's commercial vehicle market this year: the sales volume of heavy goods vehicles has broken through more than one million vehicles once again; the overseas export of passenger cars has been reported frequently; the commercial vehicle enterprises have won a phased victory in "striving for the sixth five years"; unmanned commercial vehicles, hydrogen fuel buses and pure electric logistics vehicles have been constantly innovated; new trends and new technologies are ready for development.

Keywords: Chinese Commercial Vehicle Market Share; Intelligent Internet Connection; 5G Technology; Automatic Driving

B.4 Report on the Development of China's Brand Auto Parts Market Pattern in 2019 *Yao Futai* / 048

Abstract: In 2019, the auto parts market will face the same severe test as the whole vehicle market. This report describes the development and changes of auto parts market in 2019 from the perspective of enterprise and technology development through three aspects: engine and transmission technology upgrading, new "four modernizations" technology application and quality control transformation. It shows the changes of market structure, and summarizes and analyzes the measures taken by various enterprises from the aspects of technology, science and technology and management Methods, reflect the enterprise and even the entire parts industry to actively face the challenges brought by market changes and determination.

Keywords: Auto Parts; Technology Upgrading; "New Four Modernizations"; Product Quality Control

Abstract: After the negative growth of China's passenger car market in 2018, the downturn situation in 2019 has not changed. The reason is that the macroeconomic downturn affects the whole, and relevant policies are adjusted at the national and local levels, resulting in the impact of "holding money while observing" on consumers. Through in-depth analysis of China's passenger car market in 2019, this paper finds that although the sales terminal market, which reflects the overall trend, is still in a downturn, the decline rate has been reduced. Through the overall economic, consumption stimulus, market changes and other reasons, this paper analyzes the structural highlights of the passenger car market from the aspects of region, consumption capacity and technological development, and analyzes and judges the future passenger use At the same time, this paper analyzes the influence of various factors on new car sales, and finally forecasts the possible development situation of passenger car market from 2020 to 2021.

Keywords: China's Passenger Car Market; Automobile Consumption; Purchase Tax; Consumption Upgrading

Abstract: The year of 2019 is a year when China's automobile market is facing great changes, and competition and survival are more "cruel" . In this year, the pressure of Chinese brands in the passenger car market "seems" to be greater. The polarization of vehicle enterprises, high-end, and production and sales of new energy vehicles are all undergoing a huge test. In the commercial vehicle market, with a series of policies, regulations and standards coming out and implemented one after another, Chinese brand vehicle enterprises are also constantly changing their strategies, with a view to becoming more intense. In the spare parts market, the powerful enterprises should withstand the market pressure to adjust their direction, accelerate the transformation, upgrade technology, increase the process of internationalization, and strive to achieve their own transcendence; at the same time, expand cooperation, expand the market, and enhance their competitiveness.

Keywords: New Market Change; Chinese Brands; High-end; Subsidy Policy

Ⅲ The Brand

B. 7 Achievements and New Challenges / Opportunities of Chinese Brand Internationalization *Zhang Dongmei* / 091

Abstract: With the economic globalization, China's automobile industry is actively "going out". There are three main ways for Chinese automobile enterprises to participate in the internationalization: first, to export domestic vehicles and parts to overseas, which is what Chinese automobile enterprises have been doing in the past decades; second, overseas localization. More and more Chinese automobile enterprises expand overseas by building production bases in target markets, setting up R & D or design centers, and spreading sales outlets Market; third, overseas acquisition. From the perspective of quantity and amount, Chinese automobile enterprises' acquisition of overseas brands and equity is on the rise. They enhance their competitiveness through acquisition and begin to focus on the layout of frontier fields.

The "new four modernizations", represented by electrification, intelligence, networking and sharing, are deeply influencing the automobile industry, breaking the inherent industrial pattern and providing a good opportunity for Chinese automobile enterprises to stand out. The change of industry pattern also requires Chinese enterprises to break the inherent concept and development ideas, accelerate the transformation and upgrading with more forward-looking thinking, enhance the core competitiveness, and help the high-quality development of

China's automobile industry.

Keywords: Automobile Export; Overseas M&A; "New Four Modernizations"

Abstract: This report evaluates the comprehensive competitiveness of passenger car brands from the following four aspects: the reputation of the brand in the market, the activity of the brand in the market, the market performance of the brand in the retail market, and the market performance of the brand in the stock market Based on the scientific evaluation index system of comprehensive evaluation of China's passenger car brand competitiveness, this paper evaluates the competitiveness of China's mainstream passenger car brands in 2019, and draws the following conclusions: Chang'an and Geely have good brand activity, brand reputation and retail market performance, and need to further improve the stock market performance; all indicators of haver rank in the top five, but the sales volume is low. The quantity relies too much on SUV; Baojun's stock market performance and retail market performance are outstanding, which need to be strengthened.

Keywords: Passenger Car Brand Activity; Brand Reputation; Market Performance

Abstract: China's passenger car market has entered the adjustment period, and the number of additional and replacement consumers is gradually increasing. At the same time, consumers will be more rational in purchasing cars and pay more attention to brands. Therefore, Chinese brand passenger cars still need to achieve brand breakthrough. In this paper, through the purchase of new cars, replacement of old cars and second-hand car transactions, this paper studies the behavior and habits of consumers in the market, and uses scientific methods such as consumer research and actual data analysis to comprehensively and carefully analyze the behavior characteristics of Chinese brand passenger car consumers such as crowd preference. The post-80s generation is the main force in the consumption of new energy vehicles; the consumption upgrading of exchange customers is reflected in the all-round upgrading of brand and product level; consumers' acceptance of second-hand cars is increasing day by day.

Keywords: Chinese Brand Passenger Cars; Consumer Preference; Consumption Upgrading; Car Purchase Volume

B. 10 Analysis of Brand Competitiveness of Commercial Vehicles in China

Jia Shuyan, Wu Yanjie and Tang Bao'an / 149

Abstract: Starting from the analysis of brand competitiveness of commercial vehicles in China in 2019, this report analyzes the industry pattern from the aspects of brand concentration, brand market performance and comprehensive brand competitiveness evaluation, explores the development trend of commercial vehicle brands, and lays a foundation for supporting and promoting the healthy development of the commercial vehicle industry. At the same time, through big data analysis and scientific research and judgment, the following conclusions are drawn: commercial vehicles in production Brand competition pattern is dominated by independent brands, with high brand maturity and relatively stable performance. Enterprises are constantly increasing the development and application of new technologies, thus consolidating the market advantages of traditional commercial vehicle brands. At the same time, with the increasingly fierce market competition, it will gradually present the situation of "the stronger the stronger".

Keywords: Commercial Vehicle; Brand Concentration; Brand Market Performance; Brand Competitiveness; Brand Pattern

Abstract: Firstly, this paper clarifies the development background of emerging Chinese passenger car brands from two aspects of policy and market, classifies the emerging Chinese passenger car brands in recent years into two categories of traditional automobile enterprises and new automobile manufacturing forces according to the brand subordinate regions, and summarizes and analyzes the development status of independent high-end brands, new energy brands and new automobile manufacturing forces launched by traditional automobile enterprises Finally, it summarizes the opportunities and challenges for the future development of emerging brands.

Keywords: Chinese Passenger Car Brand; Independent High-end Brand; New Energy Passenger Car Brand; New Power of Car Making

Ⅳ The Public Opinion

Abstract: This report analyzes the communication status of China's automobile brands in 2018 and 2019, summarizes the communication trend of public opinions on Chinese automobile brands in 2018 and 2019, and sorts out the changes of communication volume and tonality distribution of Chinese automobile brands during this period, so as to reveal the change trend and development characteristics of public opinion of Chinese automobile brands. The public opinion volume of the whole brand and the proportion of positive and negative aspects of public opinion communication are shown in the list. Among them, the volume of public opinion reflects the intensity of brand communication, and from one side reflects the degree of brand attention. The positive and negative proportion of public opinion communication is related to the brand reputation. The higher the positive proportion, the better the brand reputation. If the negative proportion is high, it means that the voice of dissatisfaction with all aspects of the brand is more prominent during the monitoring period.

Keywords: Chinese Automobile Brand; Brand Communication Volume; Public Opinion Communication Trend; Word-of-Mouth Tonality Distribution

B. 13 Public Opinion Analysis Report on Chinese Brand Cars in 2019

Zhang Jian, Liu Bilei / 205

Abstract: This section mainly describes the brand attention, brand emotion and brand satisfaction of Chinese brand cars in 2018 and 2019. From the aspect of public opinion, it shows the influence and public opinion effect of Chinese brand cars in 2018 and 2019. This report shows the top 50 Chinese brand car models in the two periods of 2018 and 2019 in the form of chart, so that people can understand the attention of Chinese brand cars in these two periods in detail, and analyze the top models in the communication list through specific examples. In the satisfaction list, the top 30 models are selected, and the reasons why typical models can obtain high satisfaction are analyzed.

Keywords: Chinese Brand Cars; Brand Communication; Brand Attention; Car Comprehensive Satisfaction

B. 14 Public Opinion Analysis Report of Chinese Brand SUV in 2019

Zhang Jian, Liu Bilei / 216

Abstract: This report collates the relevant public opinion data of brand / model attention, brand emotional discourse and brand / model comprehensive satisfaction of Chinese brand SUV models from 2018 to 2019, so as to scientifically analyze the data of Chinese brand SUV attention in 2019, and obtain the comprehensive satisfaction value of the top 30 satisfaction ranking, and analyze the public opinion communication attention and comprehensive satisfaction. Through comparison and analysis of the situation, the corresponding conclusion is drawn: the communication mode of Chinese brand SUV in 2018 and 2019 is basically the same. Through the comprehensive satisfaction analysis data from 2018 to 2019, it can be concluded that the overall comprehensive satisfaction of SUVs from 2018 to 2019 presents a polarization and obvious upward trend of brand.

Keywords: Chinese Brand SUV; Brand Attention; Brand Comprehensive Satisfaction

Abstract: This section mainly describes the attention of brand public opinion communication and the distribution of brand communication emotion of Chinese brand MPV from 2018 to 2019, and calculates the satisfaction of brand by scientific methods. So as to show the achievements of MPV in 2018 and in China. The situation of MPV brand communication of Chinese brands in 2018 and 2019 is relatively balanced on the whole. The spread of representative models such as GAC motor gm8, Changan Auchan, SAIC Wuling Hongguang and Baojun 730 showed their own highlights. At the same time, the brand satisfaction of Chinese brand MPV models shows a slight decline as a whole, and the new models' word-of-mouth is constantly emerging.

Keywords: Chinese Brand MPV; Brand Attention; Comprehensive Satisfaction

Abstract: This report analyzes the public opinion communication attention, brand emotion and public opinion distribution of Chinese brand new energy vehicles from 2018 to 2019, and analyzes the relevant data of communication satisfaction of new energy vehicles of Chinese brands with scientific formula, and concludes the comprehensive satisfaction of top 20 brands / models of public opinion communication attention. In addition, the paper makes a scientific analysis on the relationship between the attention degree and the comprehensive satisfaction degree. The spread of new energy vehicle brand is more flexible and rich than other classification models. The characteristics of the change of overall satisfaction in Chinese brand new energy vehicles are as follows: some models' cross year communication is not stable, and the problem of vehicle spontaneous combustion appears, which leads to a considerable decline in overall satisfaction. In terms of communication, the publicity effect and strength of Chinese brands in the interactive media is increasing, which plays an important role in improving their satisfaction and establishing good word-of-mouth, and provides corresponding guarantee for winning consumers and the market.

Keywords: Chinese Brand New Energy Vehicles; Brand Attention; Comprehensive Satisfaction

Abstract: This report sorts out the communication ranking and ranking distribution of Chinese brand automobile enterprises according to different classifications in 2018 and 2019, analyzes the communication status of Chinese brand public opinions in different categories of automobile enterprises, and summarizes the public opinion communication hotspots of Chinese brand automobile enterprises in different communication channels in 2018 and 2019. In 2018, with the expansion of the layout and expansion of overseas new markets, the new models and new energy vehicle planning for domestic replacement and listing have become the communication hot spots of various automobile enterprises, focusing on electric vehicles and unmanned driving technology; the joint venture cooperation between domestic and multinational automobile enterprises has been further enhanced, in order to find new driving force for enterprise development and explore the international market, it has become the focus of domestic automobile enterprises Consensus. In 2019, in the "turbulent" period when the automobile market is facing changes in new energy and emission policies, all automobile enterprises actively respond by expanding the layout, going overseas and listing new cars, and make great efforts in the development planning of pure electric vehicles, intelligent connected vehicles and hydrogen energy vehicles; lay a solid foundation, develop strengths and avoid weaknesses, further deepen cooperation between automobile enterprises and cross-border, and vigorously explore the international market. It is a further measure for automobile enterprises to become bigger and stronger.

Keywords: China's Brand Car Enterprises; Brand Communication Ranking; Communication Hot Spots

Abstract: Relying on the database platform of China Automobile Brand Research Institute (hereinafter referred to as the database platform) under China Automotive daily, this report selects the top 30 of the board directors and general managers of China's independent automobile enterprise group and its subsidiary companies as the research object, carries out multi angle sorting, analysis and mining of public opinion data, and analyzes 2019. It is hoped that this paper can show the overall public opinion environment atmosphere of independent brand automobile enterprises in China and find the defects in public opinion information dissemination, so as to promote enterprises to carry out brand marketing activities more targeted, and further enhance the brand awareness and reputation of enterprises.

Keywords: Senior Executives of Automotive Enterprises; Communication of Public Opinion among Senior Executives; Chinese Brand Automotive Enterprises; Influencers

V The Cases

B. 19 Grasp the Key Link, FAW Liberates and Goes against the Market *Hao Wenli* / 292

Abstract: After more than 60 years of wind and rain, FAW has embarked on a road of independent innovation and "intelligent manufacturing" to replace imports. In the past four years, FAW's sales volume has steadily ranked the first in the industry, occupying nearly 25% of the truck market share in the country, and is worthy of being the "number one" in the domestic truck field. Especially in the environment of downward pressure on the car market, rail transit, international trade and many uncertain factors in 2019, the company went against the trend and rose again, leading the truck industry strongly and showing the red glory of national brands. A careful study of the development process of FAW Jiefang can be regarded as a model in terms of technology research and development, production management, marketing, brand construction and forward-looking layout, which is worthy of learning from the enterprises in the same industry.

Keywords: FAW; Commercial Vehicle; Technology R& D; Production Management; Marketing

Abstract: Affected by the change of bus market situation in 2019, Changjiang glass company, as the industry leader, is also faced with huge market pressure and capital problems. In the face of severe situation, Changjiang glass company first focuses on "internal skills", improves management and strengthens innovation, and then develops new marketing strategies based on the current market situation and consolidating the original advantages. To meet market challenges in a more flexible way.

Keywords: Changjiang Glass; Safety Glass; Technological Innovation

Ⅵ The Appendix

皮书

智库报告的主要形式
同一主题智库报告的聚合

✧ 皮书定义 ✧

皮书是对中国与世界发展状况和热点问题进行年度监测，以专业的角度、专家的视野和实证研究方法，针对某一领域或区域现状与发展态势展开分析和预测，具备前沿性、原创性、实证性、连续性、时效性等特点的公开出版物，由一系列权威研究报告组成。

✧ 皮书作者 ✧

皮书系列报告作者以国内外一流研究机构、知名高校等重点智库的研究人员为主，多为相关领域一流专家学者，他们的观点代表了当下学界对中国与世界的现实和未来最高水平的解读与分析。截至 2020 年，皮书研创机构有近千家，报告作者累计超过 7 万人。

✧ 皮书荣誉 ✧

皮书系列已成为社会科学文献出版社的著名图书品牌和中国社会科学院的知名学术品牌。2016 年皮书系列正式列入“十三五”国家重点出版规划项目；2013~2020 年，重点皮书列入中国社会科学院承担的国家哲学社会科学创新工程项目。

中国皮书网

（网址：www.pishu.cn）

发布皮书研创资讯，传播皮书精彩内容
引领皮书出版潮流，打造皮书服务平台

栏目设置

◆ **关于皮书**

何谓皮书、皮书分类、皮书大事记、
皮书荣誉、皮书出版第一人、皮书编辑部

◆ **最新资讯**

通知公告、新闻动态、媒体聚焦、
网站专题、视频直播、下载专区

◆ **皮书研创**

皮书规范、皮书选题、皮书出版、
皮书研究、研创团队

◆ **皮书评奖评价**

指标体系、皮书评价、皮书评奖

◆ **互动专区**

皮书说、社科数托邦、皮书微博、留言板

所获荣誉

◆ 2008 年、2011 年、2014 年，中国皮书网均在全国新闻出版业网站荣誉评选中获得“最具商业价值网站”称号；

◆ 2012 年，获得“出版业网站百强”称号。

网库合一

2014年，中国皮书网与皮书数据库端口合一，实现资源共享。

S 基本子库
UB DATABASE

中国社会发展数据库（下设 12 个子库）

整合国内外中国社会发展研究成果，汇聚独家统计数据、深度分析报告，涉及社会、人口、政治、教育、法律等 12 个领域，为了解中国社会发展动态、跟踪社会核心热点、分析社会发展趋势提供一站式资源搜索和数据服务。

中国经济发展数据库（下设 12 个子库）

围绕国内外中国经济发展主题研究报告、学术资讯、基础数据等资料构建，内容涵盖宏观经济、农业经济、工业经济、产业经济等 12 个重点经济领域，为实时掌控经济运行态势、把握经济发展规律、洞察经济形势、进行经济决策提供参考和依据。

中国行业发展数据库（下设 17 个子库）

以中国国民经济行业分类为依据，覆盖金融业、旅游、医疗卫生、交通运输、能源矿产等 100 多个行业，跟踪分析国民经济相关行业市场运行状况和政策导向，汇集行业发展前沿资讯，为投资、从业及各种经济决策提供理论基础和实践指导。

中国区域发展数据库（下设 6 个子库）

对中国特定区域内的经济、社会、文化等领域现状与发展情况进行深度分析和预测，研究层级至县及县以下行政区，涉及地区、区域经济体、城市、农村等不同维度，为地方经济社会宏观态势研究、发展经验研究、案例分析提供数据服务。

中国文化传媒数据库（下设 18 个子库）

汇聚文化传媒领域专家观点、热点资讯，梳理国内外中国文化发展相关学术研究成果、一手统计数据，涵盖文化产业、新闻传播、电影娱乐、文学艺术、群众文化等 18 个重点研究领域。为文化传媒研究提供相关数据、研究报告和综合分析服务。

世界经济与国际关系数据库（下设 6 个子库）

立足“皮书系列”世界经济、国际关系相关学术资源，整合世界经济、国际政治、世界文化与科技、全球性问题、国际组织与国际法、区域研究 6 大领域研究成果，为世界经济与国际关系研究提供全方位数据分析，为决策和形势研判提供参考。

法律声明